普通高等院校"十三五

银行会计

YINHANG KUAIJI

汪运栋　孙速超　李　莹◎主　编
位　华　倪明明　卢　欢　王晓芳◎副主编
钟子亮　石玉红◎参　编

清华大学出版社
北 京

内 容 简 介

银行会计是我国会计体系的重要组成部分，它以货币为主要计量单位，采用特定的会计方法对银行的经营治理活动进行连续、系统、全面的核算和监督，是商业银行管理工作的重要组成部分。本书依据《企业会计准则》要求的会计确认、计量、记录、报告原则，详细阐述了银行会计的基本理论和基本核算方法，并在此基础上，对商业银行的现金业务，存款业务，信贷资产，投资业务，支付结算业务，电子银行，外汇业务，资金清算，代理业务，银行其他资产业务，收入、费用与利润，所有者权益的核算，以及年度决算等进行了全面、系统的介绍。

本书适合大学本科院校金融学、会计学、财务管理等专业的学生使用，也可作为银行从业人员业务培训用书和自学参考书。

图书在版编目(CIP)数据

银行会计 / 汪运栋，孙速超，李莹主编. —北京：清华大学出版社，2018（2022.1重印）

（普通高等院校"十三五"规划教材）

ISBN 978-7-302-50100-8

Ⅰ.①银… Ⅱ.①汪… ②孙… ③李… Ⅲ.①银行会计-高等学校-教材 Ⅳ.①F830.42

中国版本图书馆 CIP 数据核字（2018）第 106253 号

责任编辑：刘志彬
封面设计：汉风唐韵
责任校对：宋玉莲
责任印制：曹婉颖

出版发行：清华大学出版社
     网　　　址：http://www.tup.com.cn，http://www.wqbook.com
     地　　　址：北京清华大学学研大厦 A 座　　　邮　　编：100084
     社 总 机：010-62770175　　　邮　　购：010-62786544
     投稿与读者服务：010-62776969，c-service@tup.tsinghua.edu.cn
     质量反馈：010-62772015，zhiliang@tup.tsinghua.edu.cn

印 装 者：三河市国英印务有限公司
经　　销：全国新华书店
开　　本：185mm×260mm　　　印　　张：19.25　　　字　　数：486 千字
版　　次：2018 年 6 月第 1 版　　　印　　次：2022 年 1 月第 8 次印刷
定　　价：57.00 元

产品编号：077912-01

前　言

　　"银行会计"作为金融学等专业核心课程群的主干课，具有较强的理论性和实践性。为了满足"银行会计"课程的教学要求，更好地适应现代商业银行管理的要求，更加贴近银行业务实际操作和风险防范规定，我们组织编写了本书。本书依据《企业会计准则》要求的会计确认、计量、记录、报告原则，详细阐述了银行会计的基本理论和基本核算方法，并在此基础上，对商业银行的现金业务，存款业务，信贷资产，投资业务，支付结算业务，电子银行，外汇业务，资金清算，代理业务，银行其他资产业务，收入、费用与利润，所有者权益的核算，以及年度决算等进行了全面、系统的介绍。

　　书中对各种业务的核算都与有关法律法规及国家相关政策紧密结合，准确把握业务操作规范，业务处理和会计核算尽量贴近银行实务操作，使本书在具有完整理论体系的基础上，兼具实用性和可操作性。为方便读者学习，每章最后附有习题，学生可通过扫描二维码进行练习，有助于加深对理论知识的理解和认识，提高实务操作技能。通过本书的学习，能使在校生全面掌握银行业务核算手续，加深对银行业务实质的认识，为毕业后从事银行会计工作打下坚实的基础。

　　本书由汪运栋（齐鲁工业大学）、孙速超、李莹任主编，位华（齐鲁工业大学）、倪明明、卢欢、王晓芳任副主编，钟子亮、石玉红参与编写。

　　本书是编者结合多年的银行会计教学经验及银行员工业务培训经验撰写而成，适合作为金融学专业、会计学专业和财务管理专业的本科教材，也可作为银行员工业务培训用书和自学参考书。编写本书的过程中，中国民生银行济南分行的汪扬同志提出了很多宝贵意见，在此表示感谢。

　　由于作者水平所限，书中尚有诸多不足之处，恳请各位专家和各位读者不吝赐教。

汪运栋

目　录

第一章
总　论

学习目标

1. 掌握银行会计的概念、特点和作用。
2. 掌握银行会计核算的前提、基础和会计信息质量要求。

第一节　银行会计概述

　　银行是以货币信用为经营对象的特殊企业，随着经济的发展，其业务也在吸收存款、发放贷款、代收代付等传统业务的基础上逐步引入了投资理财、资金管理、网络银行、外汇基金等新型业务，成为能为客户提供信贷、结算、支付、信息、理财等全方位服务的综合性金融企业。银行会计通过一系列会计程序，提供决策有用的信息，并积极参与经营管理决策，提高企业经济效益，保证银行健康有序发展。

一、银行会计的概念

　　会计的主要使命是反映企业的财务状况、经营成果和现金流量，并对企业经营活动和财务收支进行管理和监督。会计是随着人类社会生产的发展和经济管理的需要而产生、发展并不断完善起来的。人类文明不断进步，社会经济活动不断革新，生产力不断提高，会计的核算内容、核算方法等也得到了较大发展，逐步由简单的计量与记录行为，发展成为以货币单位综合地反映和监督经济活动过程的一种经济管理工作，并在参与单位经营管理决策、提高资源配置效率、促进经济健康持续发展方面发挥积极作用。

　　银行会计是以货币为主要计量单位，以凭证为依据，采用确认、计量、记录和报告等专门的方法，对银行的经营活动进行连续、系统、全面的核算和监督，向投资者、债权人、监管部门提供银行的财务状况、经营成果和现金流量的一种管理活动。银行会计不仅是银行经营管理活动的重要组成部分，而且是银行一切工作的基础。

二、银行会计的特点和作用

（一）银行会计的特点

由于银行的服务对象和经营内容与一般工商企业不同，使得银行会计核算程序、形式和方法具有自身的特殊性，具体表现在以下几个方面。

▶ 1. 银行会计核算与业务处理具有同步性

银行的会计核算与业务处理基本由柜员完成，因此，银行的会计核算与业务处理是同时进行的，柜员对业务的处理过程就是对该业务的核算过程；反之，对业务的核算过程也就是对该业务的处理过程。由于银行的业务处理与业务核算具有相互融合的一致性，所以要想做好银行业务就必须学习好业务会计核算；反之亦然。

▶ 2. 银行会计核算具有及时性

"日清月结"是银行会计业务处理及时性的总结。虽然所有的会计都强调及时性，但是银行会计处理的及时性比其他行业会计的要求更高，这既是客户对银行的服务要求，也是银行自身提高核心竞争力的需要。为此，银行广泛采用现代化的处理手段，使会计信息的处理和传输迅速、准确。银行的资金汇划系统、证券交易系统、行情分析系统对于业务的处理迅速、敏捷，提供的信息准确、可靠，客户也可通过查询系统和电子屏幕全面、及时地了解信息。这样使得会计信息得以充分披露，供投资者和有关部门查询、分析和利用，为决策服务。

▶ 3. 银行会计在内部管理和账务组织上具有严密性

银行与国民经济各部门、各行业及每一个企业都有广泛而密切的资金和信息关联，这就要求银行会计核算不仅要及时，而且要准确、完整、安全，其内部必须有规范的控制制度、严密的账务组织程序、安全的运行体系。例如，凭证合法、及时传递，科目账户、正确使用，当时记账、账折核对，收入现金、先收后记，付出现金、先记后付，转账业务、先借后贷，他行票据、收妥抵用，有账有据、账据相符，账表凭证、换人复核，当日记账、总分核对，内外账务、定期核对，印压凭证、分人保管，重要单证、备忘核算，领用发售、逐项登记，定期查库、账实相符，会计档案、依法保管，人员变动、交接清楚，做到账账、账款、账据、账实、账表、内外账务六相符。

▶ 4. 银行会计的核算内容具有社会性

银行是国民经济的综合部门，与国民经济各部门、各企业、各单位有着密切的联系，通过筹集、融资、分配资金与其保持广泛的信用关系。银行会计核算必须面向社会、面向客户，所反映的国民经济活动具有广泛的社会性，其提供的会计核算资料和所反映的经济内容也就具有广泛性和全面性，既能反映一家银行的财务状况、经营成果和现金流量，也能反映整个国民经济的运行状况。

▶ 5. 银行会计业务处理具有较强的政策性

银行在社会经济活动中发挥着信用中介、支付中介及信用创造的功能，银行会计在业务处理过程中应认真执行国家的经济政策、财政政策、货币政策、信贷政策及现金管理规定等，遵守国家的财经纪律，从而确保国民经济健康、有序运行，为企业的迅速发展提供有力支撑。

（二）银行会计的作用

银行会计通过一系列会计程序，提供决策有用的信息，并积极参与经营管理决策，提高企业经济效益，保证银行健康有序发展。

▶ 1. 有助于提供决策有用的信息，提高企业透明度，规范企业行为

银行会计通过其反映职能，提供银行财务状况、经营成果和现金流量等方面的信息，是投资者和债权人进行决策的依据，也是监管部门进行依法监管的重要资料。例如，对于作为企业所有者的投资者来说，他们为了选择投资对象、衡量投资风险、做出投资决策，不仅需要了解银行的毛利率、总资产收益率、净资产收益率等反映盈利能力和发展趋势方面的信息，也需要了解有关银行经营情况方面的信息及其所处行业的信息；对于债权人来说，不仅需要了解银行的流动比率、速动比率、资产负债率等反映短期偿债能力和长期偿债能力的指标，也需要了解银行所处行业的基本情况及其在同行业所处的社会地位；对于监管部门来说，为了进行宏观调控，配置社会资源，贯彻国家的财政、货币政策等，需要从总体上掌握银行的资产负债结构、损益状况和现金流转情况，掌握银行的资产质量状况和风险程度。

▶ 2. 有助于加强经营管理，提高经济效益，促进银行健康有序发展

银行经营管理水平的高低直接影响银行的经济效益、经营成果、竞争能力和发展前景，在一定程度上决定银行的发展和命运。为了满足内部经营管理对会计信息的需要，现代银行会计已经渗透到了银行内部经营管理的各个方面。例如，通过分析和利用有关银行财务状况、经营成果和现金流量方面的信息，可以全面、系统、总括地了解银行经营活动情况、财务状况和经营成果，并在此基础上预测和分析未来发展前景；可以发现过去经营活动中存在的问题，找出存在的差距及原因，并提出改进措施；可以进行预算的分解和落实，建立内部经济责任制，从而做到目标明确、责任清晰、考核严格、赏罚分明。这将有助于发挥会计工作在加强银行经营管理、提高经济效益方面的积极作用。

▶ 3. 有助于考核银行管理层经济责任的履行情况

银行吸收了社会各个阶层的存款，接受了包括国家在内的所有投资者和债权人的投资，有责任按照其预定的发展目标和要求，合理利用资源，加强经营管理，提高经济效益，接受考核和评价。银行会计提供的会计核算信息有助于评价银行的业绩，有助于考核银行的管理层经济责任的履行情况。例如，对于作为所有者的投资者来说，他们了解银行当年的经营活动成果和当年的资产保值、增值情况，需要将利润表中的净利润与上年度进行对比，以反映银行的盈利发展趋势；需要将其与同行业进行对比，以反映银行在与同行业竞争时所处的位置，从而考核银行管理层经济责任的履行情况；对于作为社会经济管理者的政府监管部门来说，它们需要了解银行执行计划的能力，以及所经营的经济业务的依法合规情况，需要将资产负债表、利润表和现金流量表中所反映的实际情况与计划、预算进行对比，反映银行完成预算的情况，表明银行执行预算的能力和水平。

第二节 会计基本假设、银行会计核算基础和信息质量要求

一、会计基本假设

会计基本假设是企业会计确认、计量和报告的前提，是对会计核算所处时间、空间、

环境等所做的合理设定。会计对象的确定、会计政策的选择、会计数据的收集整理等都是建立在会计基本假设基础上。会计基本假设包括会计主体假设、持续经营假设、会计分期假设和货币计量假设。

（一）会计主体假设

会计主体是指企业会计确认、计量和报告的空间范围。为了向财务报告使用者反映企业财务状况、经营成果和现金流量，提供对决策有用的信息，会计核算和财务报告的编制应当集中反映特定对象的活动，并与其他经济实体区别开来，才能实现财务报告的目标。

在会计主体假设下，企业应当对其本身发生的交易或者事项进行会计确认、计量和报告，反映企业本身所从事的各项生产经营活动。明确界定会计主体是开展会计确认、计量和报告工作的重要前提。

明确会计主体，才能划定会计所要处理的各项交易或事项的范围，才能将会计主体的交易或者事项与会计主体所有者的交易或者事项，以及其他会计主体的交易或者事项区分开来。在会计工作中，只有那些影响银行本身经济利益的各项交易或事项才能加以确认、计量和报告，那些不影响银行本身经济利益的各项交易或事项则不能加以确认、计量和报告。银行会计工作中通常所讲的资产、负债的确认，收入的实现，费用的发生等，都是针对特定会计主体而言的。

（二）持续经营假设

持续经营是指在可以预见的将来，企业将按当前的规模和状态继续经营下去不会停业，也不会大规模削减业务。在持续经营前提下，会计确认、计量和报告应当以商业银行持续、正常的生产经营活动为前提。

银行是否持续经营对于会计原则、会计方法的选择有很大影响。一般情况下，应当假定银行将按照当前的规模和状态继续经营下去。明确这个基本假设，就意味着会计主体将按照既定用途使用资产，按照既定的合约条件清偿债务，会计人员就可以在此基础上选择会计原则和会计方法。如果判断银行会持续经营，就可以假定银行的固定资产会在持续经营的经营过程中长期发挥作用，并服务于经营过程，固定资产就可以根据历史成本进行记录，并采用折旧的方法，将历史成本分摊到各个会计期间或相关产品的成本中。如果判断银行不会持续经营，固定资产就不应采用历史成本进行记录并按期计提折旧。

如果在银行不能持续经营时还假定银行能够持续经营，并仍按持续经营基本假设选择会计确认、计量和报告的原则与方法，就不能客观地反映银行的财务状况、经营成果和现金流量，会误导会计信息使用者的经济决策。

（三）会计分期假设

会计分期是指将一个企业持续经营的生产经营活动划分为一个个连续的、长短相同的期间。会计分期的目的在于通过会计期间的划分，将持续经营的生产经营活动划分成连续、相等的期间，据以结算盈亏，按期编制财务报告，从而及时向财务报告使用者提供有关企业财务状况、经营成果和现金流量的信息。

在会计分期假设下，银行应当划分会计期间，分期结算账目和编制财务报告。无论是银行的生产经营决策还是投资者、债权人等的决策都需要及时的信息，都需要将银行持续的经营活动划分为一个个连续的、长短相同的期间，分期确认、计量和报告银行的财务状况、经营成果和现金流量，不能等到歇业时一次性地核算盈亏。会计期间分为年度、半年度、季度和月度。最常见的会计期间为一年，以一年确定的会计期间称为会计年度，按年编制的财务会计报告称为年报。我国《会计法》规定，会计年度自每年的 1 月 1 日起至 12

月 31 日止。凡是短于一个会计年度的财务会计报告都称为中期报告，如半年度、季度、月、旬等。

明确会计分期假设意义重大，由于会计分期，才产生了当期与以前期间、以后期间的差别，才使不同类型的会计主体有了记账的基准，进而出现了折旧、摊销、应收、应付、递延、预提等会计处理方法。

（四）货币计量假设

货币计量是指会计主体在财务会计确认、计量和报告时，以货币计量反映会计主体的生产经营活动。

在会计的确认、计量和报告过程中，之所以选择货币为基础进行计量，是由货币本身的属性决定的。货币是商品的一般等价物，是衡量一般商品价值的共同尺度，具有价值尺度、流通手段、贮藏手段和支付手段等特点。其他计量单位，如重量、长度、容积等，只能从一个侧面反映企业的生产经营情况，无法在量上进行汇总和比较，不便于会计计量和经营管理，只有使用货币进行计量才能充分反映企业的生产经营情况。《企业会计准则——基本准则》规定，会计确认、计量和报告选择货币作为计量单位。

二、银行会计核算基础

在银行会计实务中，某些交易或者事项的发生时间与相关货币收支时间并不完全一致，如银行的应收、应付利息等。为了更加真实、公允地反映特定会计期间的财务状况和经营成果，《企业会计准则》明确规定，企业在会计确认、计量和报告中应当以权责发生制为基础，因此银行会计核算以权责发生制为基础。在权责发生制下，凡是当期已经实现的收入和已经发生或应当负担的费用，无论款项是否收付，都应当作为当期的收入和费用，计入利润表；凡是不属于当期的收入和费用，即使款项已在当期发生收付，也不应当作为当期的收入和费用。

收付实现制是与权责发生制相对应的一种会计核算基础，它是以收到或支付的现金作为确认收入和费用等的依据。目前，我国的行政单位会计采用收付实现制，事业单位会计除经营业务可以采用权责发生制外，其他大部分业务采用收付实现制。银行会计中，营业外收支、部分表外科目尚以收付实现制为基础。

三、银行会计信息质量要求

银行会计信息质量要求是对银行财务报告中所提供的会计信息质量的基本要求，是使财务报告中所提供会计信息对投资者等使用者决策有用应具备的基本特征，主要包括可靠性、相关性、可理解性、可比性、实质重于形式、重要性、谨慎性和及时性等。

（一）可靠性

可靠性要求企业应当以实际发生的交易或者事项为依据进行确认、计量和报告，如实反映符合确认和计量要求的各项会计要素及其他相关信息，保证会计信息真实可靠、内容完整。

会计信息要有用，必须以可靠为基础，如果财务报告所提供的会计信息是不可靠的，就会给使用者的决策产生误导甚至造成损失。为了贯彻可靠性要求，银行应当做到以下几点。

（1）以实际发生的交易或者事项为依据进行确认、计量，将符合会计要素定义及其确认条件的资产、负债、所有者权益、收入、费用和利润等如实反映在财务报表中，不得根据虚构的、没有发生的或者尚未发生的交易或者事项进行确认、计量和报告。

（2）在符合重要性和成本效益原则的前提下，保证会计信息的完整性，其中包括编制的报表及其附注内容等应当保持完整，不能随意遗漏或者减少应予披露的信息，与使用者决策相关的有用信息都应当充分披露。

（3）财务报告中的会计信息应当是中立、无偏的。如果企业在财务报告中为了达到事先设定的结果或效果，通过有选择地列示有关会计信息以影响决策和判断，这样的财务报告信息就不是中立的。

例如，某银行于 2017 年年末发现该行无法实现年初确定的中间业务收入目标，但考虑到自身经济利益，该行将部分利息收入转作中间业务收入。这种处理不是以其实际发生的交易事项为依据，而是虚构的交易事项，违背了会计信息质量要求的可靠性原则，也违背了我国会计法规的规定。

（二）相关性

相关性要求企业提供的会计信息应当与投资者等财务报告使用者的经济决策需要相关，有助于投资者等财务报告使用者对企业过去、现在或者未来的情况做出评价或者预测。

会计信息是否具有价值，关键是判断该信息是否与使用者的决策需要相关，是否有助于决策或者提高决策水平。会计信息质量的相关性要求企业在确认、计量和报告会计信息的过程中，应充分考虑使用者的决策模式和信息需要。但是，相关性是以可靠性为基础的，两者之间并不矛盾，不应将两者对立起来。也就是说，会计信息在可靠性前提下，应尽可能地做到相关性，以满足投资者等财务报告使用者的决策需要。

（三）可理解性

可理解性要求企业提供的会计信息清晰明了，便于投资者等财务报告使用者理解和使用。

企业编制财务报告、提供会计信息的目的在于使用，这就要求财务报告所提供的会计信息应当清晰明了、易于理解。只有这样，才能提高会计信息的有用性，实现财务报告的目标，满足向投资者等财务报告使用者提供决策有用信息的要求。

（四）可比性

可比性要求企业提供的会计信息应当相互可比。可比性包括以下两层含义。

（1）同一企业不同时期可比（纵向），即便于投资者等财务报告使用者了解企业财务状况、经营成果和现金流量的变化趋势，比较企业在不同时期的财务报告信息，全面、客观地评价过去、预测未来，从而做出决策。会计信息质量的可比性要求同一企业不同时期发生的相同或者相似的交易或者事项，应当采用一致的会计政策，不得随意变更。但是，满足会计信息可比性要求，并非表明企业不得变更会计政策，如果按照规定或者在会计政策变更后可以提供更可靠、更相关的会计信息，则可以变更会计政策。有关会计政策变更的情况，应当在附注中予以说明。

（2）不同企业相同会计期间可比（横向），即便于投资者等财务报告使用者评价不同企业的财务状况、经营成果和现金流量及其变动情况。会计信息质量的可比性要求不同企业同一会计期间发生的相同或者相似的交易或者事项，应当采用规定的会计政策，确保会计信息口径一致、相互可比，以使不同企业按照一致的确认、计量和报告要求提供有关会计信息。

（五）实质重于形式

实质重于形式要求企业应当按照交易或者事项的经济实质进行会计确认、计量和报告，不仅仅以交易或者事项的法律形式为依据。

（六）重要性

重要性要求企业提供的会计信息应当反映与企业财务状况、经营成果和现金流量有关的所有重要交易或者事项。

（七）谨慎性

谨慎性要求企业对交易或者事项进行会计确认、计量和报告应当保持应有的谨慎，不应高估资产或者收益、低估负债或者费用。

要求企业对可能发生的资产减值损失计提资产减值准备、对发放的贷款计提贷款损失准备等，就体现了会计信息质量的谨慎性要求。

（八）及时性

及时性要求企业对于已经发生的交易或者事项，应当及时进行确认、计量和报告，不得提前或者延后。

会计信息的价值在于帮助所有者或者其他人员做出经济决策，具有时效性。即使是可靠、相关的会计信息，如果不及时提供，就失去了时效性，对于使用者的效用就大大降低甚至不再具有实际意义。在会计确认、计量和报告过程中贯彻及时性，一是要求及时收集会计信息，即在经济交易或者事项发生后，及时收集整理各种原始单据或者凭证；二是要求及时处理会计信息，即按照《企业会计准则》的规定，及时对经济交易或者事项进行确认或者计量，并编制出财务报告；三是要求及时传递会计信息，即按照国家规定的有关时限，及时将编制的财务报告传递给财务报告使用者，便于其及时使用和决策。

第三节 会计要素

会计要素是会计核算内容的具体化，是根据交易或者事项的经济特征所确定的财务会计对象的基本分类，是会计对象按经济特征所归集的项目，是构成会计报表的基本因素，即报表的大类项目，也是设置会计科目的依据。会计要素按照其性质分为资产、负债、所有者权益、收入、费用和利润六项。其中，资产、负债、所有者权益是静态会计要素，形成反映一定时点财务状况的平衡公式，即

$$资产＝负债＋所有者权益$$

收入、费用、利润三个要素是动态会计要素，形成反映一定期间经营成果的基本公式，即

$$收入－费用＝利润$$

一、资产

（一）资产的定义

资产是指企业过去的交易或者事项形成的，由企业拥有或者控制的，预期会给企业带来经济利益的资源。资产具有以下几个方面的特征。

▶ 1. 资产预期会给企业带来经济利益

资产预期会给企业带来经济利益是指资产直接或者间接导致现金和现金等价物流入企业的潜力。这种潜力可以来自企业日常的生产经营活动，也可以来自非日常活动；带来的经济利益可以是现金或者现金等价物，或者是可以转化为现金或者现金等价物的形式，或者是可以减少现金或者现金等价物流出的形式。

资产预期能否为企业带来经济利益是资产的重要特征。例如，银行发放贷款给借款人，借款人使用贷款进行生产经营活动取得经济收入，用收入偿还银行借款本息，银行取得的利息收入即银行所获得的经济利益。如果某一项目预期不能给企业带来经济利益，那么就不能将其确认为企业的资产。前期已经确认为资产的项目，如果不能再为企业带来经济利益，也就不能再确认为企业的资产。

例如，某银行在 2017 年发生无法收回的损失，有一笔短期贷款 1 000 万元，尽管采取了一切可采取的措施，履行了一切可履行的法律手段仍然无法收回，并在资产负债表中作为流动资产予以反映。但由于该部分贷款已经成为损失贷款，预期不能为企业带来经济利益，不符合资产的定义，不应再在资产负债表中确认为一项资产。

▶ 2. 资产应为企业拥有或者控制的资源

资产作为一项资源，应当由企业拥有或者控制，具体是指企业享有某项资源的所有权，或者虽然不享有某项资源的所有权，但该资源能被企业所控制。

企业享有资产的所有权，通常表明企业能够排他性地从资产中获取经济利益。通常在判断资产是否存在时，所有权是考虑的首要因素。在某些情况下，资产虽然不为企业所拥有，即企业并不享有其所有权，但企业控制了这些资产，同样表明企业能够从资产中获取经济利益，符合会计上对资产的定义。如果企业既不拥有该资产也不控制资产所能带来的经济利益，就不能将其作为企业的资产予以确认。例如，某银行以融资租赁方式租入一项固定资产，尽管银行并不拥有其所有权，但是如果租赁合同规定的租赁周期较长，接近于该资产的使用寿命，银行控制了该资产的使用及其所能带来的经济利益，则应将其作为银行资产予以确认、计量和报告。

▶ 3. 资产是由企业过去的交易或者事项形成的

资产应当由企业过去的交易或者事项所形成，过去的交易或者事项包括购买、生产、建造行为或者其他交易或事项。也就是说，只有过去的交易或者事项才能产生资产，企业预期在未来发生的交易或者事项不形成资产。例如，银行有购买某项资产的意愿或者计划，但是购买行为尚未发生，就不符合资产的定义，不能因此而确认资产。例如，银行和某单位签订了一项借款合同，合同尚未履行，即借贷行为尚未发生，因此不符合资产的定义，不能因此而确认为资产。

（二）资产的确认条件

将一项资源确认为资产，需要符合资产的定义，同时还要满足以下两个条件。

▶ 1. 与该资源有关的经济利益很可能流入企业

能否带来经济利益是资产的一个本质特征，但在现实生活中，由于经济环境瞬息万变，实际上，与资源有关的经济利益能否流入企业或者能够流入多少带有不确定性。因此，资产的确认还应与对经济利益流入的不确定性程度的判断结合起来，如果根据编制财务报表时所取得的证据，与资源有关的经济利益很可能流入企业，那么就应当将其作为资产予以确认；反之，不能确认为资产。会计实务中，确认会计事项出现概率的表述方法有"基本确定""很可能""可能"和"不可能"四种。"基本确定"指发生的可能性大于 95% 小于

100%；"很可能"指发生的可能性大于 50％小于或等于 95％；"可能"指发生的可能性大于 5％小于或等于 50％，"不可能"指发生的可能性大于 0 小于或等于 5％。

▶ **2. 该资源的成本或价值能够可靠地计量**

会计系统是一个确认、计量和报告的系统，其中计量起着枢纽作用，可计量性是所有会计要素确认的重要前提，资产的确认也是如此。只有当有关资源的成本或者价值能够可靠地计量时，资产才能予以确认。在实务中，企业取得的许多资产都发生了实际成本，如银行发放的贷款、贴现、购置的设备等，对于这些资产，只要实际发生的购买成本或者生产成本能够可靠计量，就视为符合了资产确认的可计量条件。在某些情况下，企业取得的资产没有发生实际成本或者发生的实际成本很小，如银行持有的某些衍生金融工具形成的资产，对于这些资产，尽管它们没有实际成本或者发生的实际成本很小，但是如果其公允价值能够可靠计量，也被认为符合资产可计量性的确认条件。

（三）资产的构成

银行的资产分为流动资产和长期资产。一般而言，能在一年内变现的资产称为流动资产，一年以上才能变现的资产称为长期资产。银行的资产主要包括现金、存放中央银行的款项、同业存款、拆出资金、衍生金融资产、买入返售资产、贷款、垫款、贴现、应收利息、应收股利、以公允价值计量且其变动计入当期损益的金融资产、持有至到期投资、贷款及应收账款、可供出售金融资产、长期股权投资、抵债资产、固定资产、递延所得税资产等。

二、负债

（一）负债的定义

负债是指企业过去的交易或者事项形成的，预期会导致经济利益流出企业的现时义务。负债具有以下几个方面的特征。

▶ **1. 负债是企业承担的现时义务**

负债必须是企业承担的现时义务，它是负债的一个基本特征。其中，现时义务是指企业在现行条件下已承担的义务。未来发生的交易或者事项形成的义务不属于现时义务，不应当确认为负债。

▶ **2. 负债预期会导致经济利益流出企业**

预期会导致经济利益流出企业也是负债的一个本质特征，只有企业在履行义务时会导致经济利益流出，才符合负债的定义；如果不会导致企业经济利益流出，就不符合负债的定义。在履行现时义务清偿负债时，导致经济利益流出企业的形式多种多样，例如，用现金偿还或以实物资产形式偿还，以提供劳务形式偿还，部分转移资产、部分提供劳务形式偿还，将负债转为资本等。

▶ **3. 负债是由企业过去的交易或者事项形成的**

负债应当由企业过去的交易或者事项所形成。只有过去的交易或者事项才形成负债，企业将在未来发生的承诺、签订的合同等交易或者事项，不形成负债。

例如，某银行吸收的活期储蓄存款 1 500 万元，即属于过去的交易或者事项所形成的负债。银行与中央银行达成了 2 个月后借入 2 000 万元的借款意向书，该交易不属于过去的交易或者事项，不应形成企业的负债。

（二）负债的确认条件

将一项现时义务确认为负债，需要符合负债的定义，还需要同时满足以下两个条件。

▶ **1. 与该义务有关的经济利益很可能流出企业**

预期会导致经济利益流出企业是负债的一个本质特征。在实务中，履行义务所需流出的经济利益带有不确定性，尤其是与推定义务相关的经济利益通常需要依赖于大量的估计。因此，负债的确认应当与对经济利益流出的不确定性程度的判断结合起来，如果有确凿证据表明，与现时义务有关的经济利益很可能流出企业，就应当将其作为负债予以确认；反之，如果企业承担了现时义务，但是会导致企业经济利益流出的可能性很小，就不符合负债的确认条件，不应将其作为负债予以确认。

▶ **2. 未来流出的经济利益的金额能够可靠地计量**

负债的确认在考虑经济利益流出企业的同时，对于未来流出的经济利益的金额应当能够可靠计量。对于与法定义务有关的经济利益流出金额，通常可以根据合同或者法律规定的金额予以确定，考虑到经济利益流出的金额通常在未来期间，而且有时未来期间较长，有关金额的计量需要考虑货币时间价值等因素的影响。对于与推定义务有关的经济利益流出金额，企业应当根据履行相关义务所需支出的最佳估计数进行估计，并综合考虑有关货币时间价值、风险等因素的影响。

（三）负债的构成

一般情况下，商业银行的负债分为流动负债和长期负债，商业银行的流动负债是指在一个月内到期或一个月内偿还的短期负债，其余为长期负债。风险管理中，将银行的负债分为核心负债和非核心负债。核心负债包括距到期日三个月（含）以上定期存款和发行的债券，以及活期存款的 50%。负债总额中扣除核心负债后的部分为非核心负债。银行的负债主要包括单位活期存款、定期存款、居民储蓄存款、向中央银行借款、同业及其他金融机构存放款项、拆入资金、以公允价值计量且其变动计入当期损益的金融负债、发行债券、衍生金融负债、卖出回购金融资产款、应付利息、应付职工薪酬、应交税费、预计负债、递延所得税负债等。

三、所有者权益

（一）所有者权益的定义

所有者权益是指企业资产扣除负债后，由所有者享有的剩余权益。公司的所有者权益又称为股东权益。所有者权益是所有者对企业资产的剩余索取权，它是企业资产中扣除债权人权益后应由所有者享有的部分，既可反映所有者投入资本的保值增值情况，又体现了保护债权人权益的理念。

（二）所有者权益的来源构成

所有者权益的来源包括所有者投入的资本、直接计入所有者权益的利得和损失、留存收益等，通常由股本（或实收资本）、资本公积（含股本溢价或资本溢价、其他资本公积）、盈余公积和未分配利润构成。银行在税后利润中提取的一般风险准备也构成所有者权益。所有者权益是商业银行的核心资本。

所有者投入的资本是指所有者投入企业的资本部分，它既包括构成企业注册资本或者股本部分的金额，也包括投入资本超过注册资本或者股本部分的金额，即资本溢价或者股本溢价，这部分投入资本在我国企业会计准则体系中被计入了资本公积，并在资产负债表中的资本公积项目下反映。

直接计入所有者权益的利得和损失是指不应计入当期损益、会导致所有者权益发生增减变动的、与所有者投入资本或者向所有者分配利润无关的利得或者损失。其中,利得是指由企业非日常活动所形成的、会导致所有者权益增加的、与所有者投入资本无关的经济利益的流入。损失是指由企业非日常活动所发生的、会导致所有者权益减少的、与向所有者分配利润无关的经济利益的流出。直接计入所有者权益的利得和损失主要包括可供出售金融资产的公允价值变动额、现金流量套期中套期工具公允价值变动额(有效套期部分)等。

留存收益是企业历年实现的净利润留存于企业的部分,主要包括累计计提的盈余公积、未分配利润及一般风险准备。

（三）所有者权益的确认条件

所有者权益体现的是所有者在企业中的剩余权益,因此,所有者权益的确认主要依赖于其他会计要素,尤其是资产和负债的确认,所有者权益金额的确定也主要取决于资产和负债的计量。例如,企业接受投资者投入的资产,在该资产符合企业资产确认条件时,就相应地符合了所有者权益的确认条件;当该资产的价值能够可靠计量时,所有者权益的金额也就可以确定。

（四）所有者权益与负债的区别

所有者权益在本质上也是一种义务,反映的是企业所有者对企业资产的索取权,负债则是债权人对企业资产的索取权,两者在性质上有本质的区别:

(1) 负债需要偿还,而所有者权益没有到期日;

(2) 负债需要以支付利息为代价,而所有者权益应在企业清算时,清偿所有的负债之后返还给所有者;

(3) 所有者权益能够分享利润,而负债不能参与利润的分配。银行应当严格区分负债和所有者权益,以如实反映财务状况,尤其是企业的偿债能力和产权比率等。

四、收入

（一）收入的定义

收入是指企业在日常活动中形成的、会导致所有者权益增加的、与所有者投入资本无关的经济利益的总流入。收入具有以下几个方面的特征。

▶ **1. 收入是企业在日常活动中形成的**

日常活动是指企业为完成其经营目标所从事的经常性活动以及与之相关的活动。商业银行对外贷款、办理支付结算等,均属于企业的日常活动。明确界定日常活动是为了区分收入与利得,因为非日常活动所形成的经济利益的流入不能确认为收入,而应计入利得。

▶ **2. 收入是与所有者投入资本无关的经济利益的总流入**

收入会导致经济利益的流入,从而导致资产的增加。例如,银行发放贷款应当收取利息或将来收取利息,才表明该交易符合收入的定义。但是在实务中,经济利益的流入有时是所有者投入资本的增加所导致的,所有者投入资本的增加不应确认为收入,应将其直接确认为所有者权益。

▶ **3. 收入会导致所有者权益的增加**

与收入相关的经济利益的流入会导致所有者权益的增加,不会导致所有者权益增加的经济利益的流入不符合收入的定义,不应确认为收入。例如,银行向中央银行的借入款项,尽管也导致了企业经济利益的流入,增加了在中央银行的存款,增加了一项资产,但该流入并不导致所有者权益的增加，反而使企业承担了一项现时义务——向中央银行借款。所以，对于因借入款项所导致的经济利益的增加，不应将其确认为收入，应确认为负债。

（二）收入的确认条件

银行应当把符合收入的定义且符合确认条件的经济利益流入列入利润表。收入只有在经济利益很可能流入企业从而导致企业资产增加或者负债减少，且经济利益的流入额能够可靠计量时才能予以确认。即收入的确认至少应当符合以下条件：一是与收入相关的经济利益很可能流入企业；二是经济利益流入企业的结果会导致企业资产的增加或者负债的减少；三是经济利益的流入额能够可靠地计量。需要注意的是，这里所说的"与收入相关的经济利益很可能流入企业"中的"很可能"是指经济利益流入的可能性大于不流入的可能性，即收回的可能性超过50%。

（三）收入的构成

银行的收入通常包括利息收入、金融企业往来收入、中间业务收入、投资收益、汇兑收益、其他业务收入等。

五、费用

（一）费用的定义

费用是指企业在日常活动中发生的、会导致所有者权益减少的、与向所有者分配利润无关的经济利益的总流出。费用具有以下几个方面的特征。

▶ **1. 费用是企业在日常活动中形成的**

费用必须是企业在其日常活动中所形成的，这些日常活动的界定与收入定义中涉及的日常活动的界定相一致。企业日常活动所产生的费用通常包括营业成本、职工薪酬、折旧费、无形资产摊销费等。将费用界定为日常活动所形成的，目的是将费用与损失相区分，企业非日常活动所形成的经济利益的流出不能确认为费用，而应计入损失。

▶ **2. 费用是与向所有者分配利润无关的经济利益的总流出**

费用的发生会导致经济利益的流出，从而导致资产的减少或者负债的增加，最终也会导致资产的减少。费用的表现形式包括现金或者现金等价物的流出、固定资产和无形资产等的流出等。向所有者分配利润也会导致经济利益的流出，而该经济利益的流出显然属于所有者权益的抵减项目，不应确认为费用。

▶ **3. 费用会导致所有者权益的减少**

与费用相关的经济利益的流出会导致所有者权益的减少，不会导致所有者权益减少的经济利益的流出不符合费用的定义，不应确认为费用。例如，银行对某企业发放400万元贷款，并将400万元存入借款人存款账户，这项活动并不会导致企业所有者权益的减少，它使银行增加了一项资产（贷款），同时也形成了银行的一项负债，并未影响到银行所有者权益的变化。在这种情况下，就不应将该经济利益的流出确认为费用。又如，某银行支付应付利息100万元，该偿付行为尽管导致企业经济利益流出100万元，但是该流出没有导致企业所有者权益的减少，而是使企业负债（应付利息）减少了，因此不应将该经济利益的流出作为费用予以确认。

（二）费用的确认条件

费用的确认除了应当符合定义外，也应当满足严格的条件，即费用只有在经济利益很可能流出从而导致企业资产减少或者负债增加，且经济利益的流出额能够可靠计量时才能予以确认。因此，费用的确认至少应当符合以下条件：一是与费用相关的经济利益应当很可能流出企业；二是经济利益流出企业的结果会导致资产的减少或者负债的增加；三是经济利益的流出额能够可靠计量。

（三）费用的构成

一般情况下，银行的费用包括利息支出、金融企业往来支出、手续费支出、资产减值损失、业务及管理费用、其他业务支出等。

六、利润

（一）利润的定义

利润是指企业在一定会计期间的经营成果。通常情况下，如果企业实现了利润，表明企业的所有者权益将增加，业绩得到了提升；反之，如果企业发生了亏损（即利润为负数），表明企业的所有者权益将减少，业绩下滑。因此，利润往往是评价企业管理层业绩的一项重要指标，也是投资者等财务报告使用者进行决策时的重要参考。

（二）利润的确认条件

利润反映的是收入减去费用、利得减去损失后的净额，因此，利润的确认主要依赖于收入和费用，以及利得和损失的确认，其金额的确定也主要取决于收入、费用、利得和损失金额的计量。

（三）利润的来源构成

利润包括收入减去费用后的净额、直接计入当期利润的利得和损失等。其中，收入减去费用后的净额反映的是企业日常活动的业绩，直接计入当期利润的利得和损失反映的是企业非日常活动的业绩。直接计入当期利润的利得和损失是指应当计入当期损益、最终会引起所有者权益发生增减变动的、与所有者投入资本或者向所有者分配利润无关的利得或者损失。企业应当严格区分收入和利得、费用和损失之间的区别，以更加全面地反映企业的经营业绩。一般情况下，银行的利润项目包括营业利润、营业外收入、营业外支出、利润总额、净利润等。

七、会计要素计量属性

会计计量是为了将符合确认条件的会计要素登记入账并列报于财务报表而确定其金额的过程。企业应当按照规定的会计计量属性进行计量，确定相关金额。从会计角度来讲，计量属性反映的是会计要素金额的确定基础，主要包括历史成本、重置成本、可变现净值、现值和公允价值等。

（一）历史成本

历史成本又称实际成本，是指取得或制造某项财产物资时实际支付的现金或者其他等价物。在历史成本计量下，资产按照其购置时支付的现金或现金等价物的金额，或者按照购置资产时所付出的对价的公允价值计量。负债按照其因承担现时义务而实际收到的款项或资产的金额，或者承担现时义务的合同金额，或者按照日常活动中为偿还负债预期需要支付的现金或者现金等价物的金额计量。

（二）重置成本

重置成本又称现行成本，是指按照当前市场条件，重新取得同样一项资产所需支付的现金或现金等价物金额。在重置成本计量下，资产按照现在购买相同或者相似资产所需支付的现金或者现金等价物的金额计量。负债按照现在偿付该项债务所需支付的现金或者现金等价物的金额计量。

（三）可变现净值

可变现净值是指在正常生产经营过程中以预计售价减去进一步加工成本和销售所必需的预计税金、费用后的净值。在可变现净值计量下，资产按照其正常对外销售所能收到现金或者现金等价物的金额扣减该资产至完工时估计将要发生的成本、估计的销售费用，以及相关税金后的金额计量。

（四）现值

现值是指对未来现金流量以恰当的折现率进行折现后的价值，是考虑货币时间价值因素等的一种计量属性。在现值计量下，资产按照预计从其持续使用和最终处置中所产生的未来净现金流入量的折现金额计量。负债按照预计期限内需要偿还的未来净现金流出量的折现金额计量。

（五）公允价值

公允价值是指在公平交易中，熟悉情况的交易双方自愿进行资产交换或者债务清偿的金额。在公允价值计量下，资产和负债按照在公平交易中，熟悉情况的交易双方自愿进行资产交换或者债务清偿的金额计量。

本章小结

银行会计是以货币为主要计量单位，以凭证为依据，采用确认、计量、记录和报告等专门的方法，对银行经营的活动进行连续、系统、全面的核算和监督，向投资者、债权人、监管部门提供银行的财务状况、经营成果和现金流量的一种管理活动，同时也是银行一切工作的基础。与其他行业会计相比，银行会计有其自身的特点，主要表现在业务处理上的及时性、业务处理与会计核算具有一致性、社会性、政策性，以及组织上的严密性。

银行作为社会服务行业，必须执行《企业会计准则》，其会计核算也必须建立在会计主体假设、持续经营假设、会计分期假设及货币计量假设的前提之下，以权责发生制为会计核算基础；可靠性、相关性、可理解性和可比性等是会计信息首要质量要求，是会计信息应具备的基本质量特征，并且还要贯彻实质重于形式、重要性、谨慎性和及时性原则对会计信息质量要求进行完善和补充。另外，及时性也是会计信息相关性和可靠性的制约因素。

本章习题

第二章
银行会计核算的基本方法

学习目标

1. 掌握银行会计科目的分类和记账方法。
2. 掌握会计凭证的种类，以及会计凭证的填制、审核及传递要求。
3. 掌握账务组织及银行错账的冲正方法。

会计方法是用来反映和监督会计对象，执行和完成会计任务的手段。完整而科学的会计方法体系包括会计核算方法、会计分析方法和会计检查方法。银行会计的核算方法包括基本核算方法和具体业务核算方法两部分。基本核算方法是具体业务核算方法的基础，具体业务核算方法是基本核算方法的具体运用。两者有机结合在一起构成完整的银行会计核算的方法体系。本章主要介绍银行会计基本核算方法，这是银行会计核算的基础。

第 一 节 会 计 科 目

一、会计科目的概念

作为体现会计要素的构成并反映会计要素变化情况的会计科目，是会计信息记录、生成、归类、传输的重要手段，因此会计科目的设置应当努力做到科学、合理、适用。银行的会计科目就是对银行会计对象具体内容所做的分类，即对银行的各项业务和财务活动按照银行经营管理和会计核算的需要而划分的类别。设置会计科目是进行会计核算的前提，因为只有设置了会计科目之后才能设置账户以分类记载经济业务，同时也只有设置了会计科目之后才能确定财务报告的报表项目。

银行设置会计科目应当从会计要素出发，根据《企业会计准则》《金融企业会计制度》《金融企业财务规则》等法规的规定，并结合会计核算和经营管理的要求确定所需要的会计科目。

二、会计科目的分类

银行的会计科目按照资产负债表和利润表的关系划分，可分为表内科目和表外科目两类。表内科目是用来记载和反映能够引起银行资产、负债、所有者权益及损益实际发生增减变动，以及未来可能会导致实际资金增减变化的经济业务的会计科目，原属于或有资产、或有负债的经济业务也纳入表内科目核算。表外科目是指银行用来记载本身价值较小或不涉及银行资金增减变化等重要业务事项的会计科目，如有价单证、空白重要凭证等。表内科目按照所记载经济业务的性质，可划分为以下几类。

（一）资产类科目

资产类科目用于核算银行拥有或控制的能以货币计量并预期能带来经济利益的资源，用于记载和反映银行的各项财产、债权及其他权利。银行常用的资产类科目主要有现金、存放中央银行款项、存放同业款项、贷款、贴现、垫款、应收利息、呆账准备、交易性金融资产、持有至到期投资、可供出售金融资产、长期股权投资、固定资产、无形资产、抵债资产及待处理财产损溢等。资产类科目在科目表上是按照所反映资产流动性的大小排列的，流动性大的资产项目在前。资产类科目的余额一般借方；部分资产类科目的余额在贷方，如呆账准备、累计折旧等；个别资产类科目的余额方向不确定，如固定资产清理、待处理财产损溢等。

（二）负债类科目

负债类科目用于核算银行所承担的能以货币计量，预期会导致经济利益流出的债务，用于记载银行所担负的各项债务。负债类科目包括各项存款、各项借入资金、金融机构存放资金、各种应付款项、预收款项及其他长期负债等。负债类科目也是按照流动性的大小排列的，流动性大的负债项目在前。负债类科目主要有单位活期存款、活期储蓄存款、单位定期存款、定期储蓄存款、向中央银行借款、同业拆入、同业存放、应解汇款及临时存款、汇出汇款、应付利息、应付工资及其他应付款等。负债类科目的余额在贷方。

（三）资产负债共同类科目

资产负债共同类科目用于记载核算银行之间，以及银行内部不同部门之间代理收付款项而形成的资金往来。实务中，银行之间发生往来是必然的，当一家银行或银行的一个部门代理其他银行或部门收款时（以下称代收业务），必然形成代理行的应付款项，从而形成代理行的负债；反之，当一家银行或银行的一个部门代理其他银行或部门付款时，必然形成代理行的应收款项（以下称代付业务），从而形成代理行的资产。一个营业日中是发生代收业务还是代付业务，或者说，发生的代收业务多还是代付业务多是事先无法确定的，因此银行设置共同类科目核算这类经济业务。这类账户的一方登记发生的代付业务，形成银行的应收债权属于资产性质；另一方登记发生的代收业务，形成银行的应付款项属于负债性质，所以称为资产负债共同类科目。这类科目的余额要根据代理收付款业务的发生情况而定，当发生的代付业务大于代收业务时，表明应收大于应付，相抵之后为应收差额，此时科目余额在借方；反之，当发生的代收业务大于代付业务时，则表明应付大于应收，轧差之后为应付差额，此时科目余额在贷方。资产负债共同类科目的余额需要根据当天借贷双方发生额轧差反映，余额方向是不确定的。

应当注意，余额方向不确定的会计科目不一定是共同科目，例如，资产类科目中就存在余额方向不确定的情形。余额方向不确定是指这类科目当天余额可能在借方，而下一个工作日就有可能出现在贷方。每日营业结束，发生额也就确定了，当科目为借方余额时，就表现为资产性质；反之，则表现为负债性质。总之，这类科目在使用中也要符合借贷记账的基本要求，资产增加（代付业务）记借方，负债增加（代收业务）记贷方，余额借贷双方发生额轧差之后，借方余额简称借差，为应收差；贷方余额简称贷差，为应付差。

正确使用资产负债共同类科目的关键在于区分一笔业务代收代付的性质，那么，如何区分往来业务中的业务性质呢？通常情况下，可按照下列标准进行判断：当收款人在本行开户，付款人在其他银行开户时，发生的业务为本行的代付业务；反之，则为代收业务。需要注意的是，一家银行为代收业务，另一家银行一定为代付业务，而且代收代付金额相等且方向相反。

资产负债共同类科目一般有联行往来、清算资金往来、通存通兑款项及待清算辖内往来等。

（四）所有者权益类科目

所有者权益类科目用于核算投资者在银行的资产中享有的经济利益，包括实收资本、股本金、资本公积、盈余公积、本年利润及利润分配等。

（五）损益类科目

损益类科目用于核算银行的收入、成本和费用，包括营业收入，投资收益，营业支出，其他营业支出，税金及营业外收、支等。反映商业银行收入的科目主要有利息收入、金融企业往来收入、手续费收入、贴现利息收入、其他营业收入及投资收益营业外收入等。各收入类科目的发生额反映在收入类科目的贷方；反映商业银行成本和费用的科目主要有利息支出、金融企业往来支出、收费支出、营业费用、所得税及增值税等。成本费用类科目的发生额都反映在借方。损益类科目在科目表上是按照先收入后支出费用来列示的。

实务中，为了便于迅速识别和方便使用会计科目，银行通常对会计科目进行编号，大多数银行都采用：1代表资产类，2代表负债类，3代表共同类，4代表所有者权益类，5代表成本类，6代表损益类，7或9代表备忘类或表外科目等。在此基础上，按照会计科目的级别对会计科目进行编号，从形成会计科目编号。各家银行的科目编号通常自成体系。部分会计科目编号、名称与使用范围如表2-1所示。

表 2-1 部分会计科目编号、名称与适用范围

顺序号	编　　号	会计科目名称	适 用 范 围
一、资产类			
1	1001	现金	
2	1002	银行存款	
3	1003	存放中央银行款项	银行专用
4	1011	存放同业	银行专用
6	1021	结算备付金	证券专用
7	1031	存出保证金	金融共用
8	1051	拆出资金	金融共用
9	1101	交易性金融资产	
10	1111	买入返售金融资产	金融共用

顺序号	编 号	会计科目名称	适 用 范 围
11	1121	应收票据	
12	1122	应收账款	
13	1123	预付账款	
14	1131	应收股利	
15	1132	应收利息	
22	1241	坏账准备	
23	1251	贴现资产	银行专用
24	1301	贷款	银行和保险共用
25	1302	贷款损失准备	银行和保险共用
26	1311	代理兑付证券	银行和证券共用
27	1321	代理业务资产	
39	1441	贵金属	银行专用
40	1442	抵债资产	金融共用
43	1501	待摊费用	
44	1511	独立账户资产	保险专用
45	1521	持有至到期投资	
46	1522	持有至到期投资减值准备	
47	1523	可供出售金融资产	
48	1524	长期股权投资	
49	1525	长期股权投资减值准备	
50	1526	投资性房地产	
51	1531	长期应收款	
52	1541	未实现融资收益	
53	1551	存出资本保证金	保险专用
54	1601	固定资产	
55	1602	累计折旧	
56	1603	固定资产减值准备	
57	1604	在建工程	
58	1605	工程物资	
59	1606	固定资产清理	
60	1611	融资租赁资产	租赁专用
61	1612	未担保余值	租赁专用
67	1701	无形资产	
68	1702	累计摊销	
69	1703	无形资产减值准备	

续表

顺序号	编　号	会计科目名称	适　用　范　围
70	1711	商誉	
71	1801	长期待摊费用	
72	1811	递延所得税资产	
73	1901	待处理财产损溢	
二、负债类			
74	2001	短期借款	
75	2002	存入保证金	金融共用
76	2003	拆入资金	金融共用
77	2004	向中央银行借款	银行专用
78	2011	同业存放	银行专用
79	2012	吸收存款	银行专用
80	2021	贴现负债	银行专用
81	2101	交易性金融负债	
82	2111	卖出回购金融资产款	金融共用
83	2201	应付票据	
84	2202	应付账款	
85	2205	预收账款	
86	2211	应付职工薪酬	
87	2221	应交税费	
88	2231	应付股利	
89	2232	应付利息	
94	2312	代理承销证券款	证券和银行共用
95	2313	代理兑付证券款	证券和银行共用
96	2314	代理业务负债	
97	2401	预提费用	
98	2411	预计负债	
99	2501	递延收益	
100	2601	长期借款	
101	2602	长期债券	
106	2801	长期应付款	
107	2802	未确认融资费用	
108	2811	专项应付款	
109	2901	递延所得税负债	
三、共同类			
110	3001	清算资金往来	银行专用

续表

顺序号	编　号	会计科目名称	适 用 范 围
111	3002	外汇买卖	金融共用
112	3101	衍生工具	
113	3201	套期工具	
114	3202	被套期项目	
四、所有者权益类			
115	4001	实收资本	
116	4002	资本公积	
117	4101	盈余公积	
118	4102	一般风险准备	金融共用
119	4103	本年利润	
120	4104	利润分配	
121	4201	库存股	
五、成本类			
六、损益类			
129	6001	主营业务收入	
130	6011	利息收入	金融共用
131	6021	手续费收入	金融共用
132	6041	租赁收入	租赁专用
133	6051	其他业务收入	
134	6061	汇兑损益	金融专用
137	6101	公允价值变动损益	
138	6111	投资收益	
142	6301	营业外收入	
143	6401	主营业务成本	
144	6402	其他业务支出	
145	6405	主营业务税金及附加	
146	6411	利息支出	金融共用
147	6421	手续费支出	金融共用
156	6602	管理费用	
159	6701	资产减值损失	
160	6711	营业外支出	
161	6801	所得税	
162	6901	以前年度损益调整	

第二节　借贷记账法

借贷记账法是根据复式记账原理，以"借"和"贷"作为记账符号，以"有借必有贷，借贷必相等"作为记账规则，对企业资产负债的增减变化过程及其结果进行记载的一种记账方法。

一、借贷记账法的理论依据

借贷记账法以"资产＝负债＋所有者权益"的会计恒等式作为理论依据。根据这一平衡原理，任何一项经济业务的发生，都会引起资产、负债及所有者权益中至少两个项目发生增减变化，而且增减变化的金额相等。

二、借贷记账法的记账符号

记账符号是以简化的形式来表示经济业务的数量变化，采用一种符号标记来代表数量变化的方向。借贷记账法以"借"和"贷"作为记账符号，账户的左边为"借方"，账户的右边为"贷方"，用来记录资产、负债、所有者权益和费用的增减变化。其中，一方记录经济业务数额的增加，另一方记录经济业务数额的减少。何种情况下计入"借方"和"贷方"取决于账户的基本性质：对于资产类和费用类账户，"借"表示资产和费用的增加，"贷"表示资产和费用的减少；对于负债类、所有者权益类和收入类账户，"借"表示负债、所有者权益、收入的减少，"贷"表示负债、所有者权益、收入的增加。任何账户的正常余额都反映在增加额的一方，即资产类和费用类账户余额在借方，负债类、所有者权益类、收入类账户余额在贷方。

三、借贷记账法的记账规则

借贷记账法以"有借必有贷、借贷必相等"作为记账规则，即发生的每项经济业务都以相等的金额、相反的方向登记在相互联系的两个或两个以上的账户中。也就是说，在计入一个账户借方的同时，以相等的金额计入另一个或几个账户的贷方；计入一个账户贷方的同时，以相等的金额计入另一个或几个账户的借方。具体来说，借贷记账法的记账规则应当为：资产（包括支出和费用）增加记借方，减少记贷方；负债（包括收入、利润、所有者权益）增加记贷方，减少记借方。对于资产负债共同类科目来说，首先确定经济业务的性质，当经济业务为代收业务时，记有关科目的贷方；当经济业务为代付业务时，记有关科目的借方。各类账户的借方和贷方所记载的内容如表 2-2 所示。

表 2-2　各类账户的借贷方所记载的内容

借方（左）	贷方（右）
资产增加	资产减少
费用增加	费用减少
负债减少	负债增加
所有者权益减少	所有者权益增加
代付业务	代收业务

续表

借方(左)	贷方(右)
收入减少	收入增加
支出增加	支出减少
或有资产增加	或有资产减少
或有负债减少	或有负债增加

注: 1. 代收业务和代付业务是指资产负债共同类科目核算的两类不同性质的业务。

2. 收入减少和支出减少是指在银行结转损益时的减少,只有在这时才能分别计入收入和支出账户的借方和贷方。在日常的会计核算中,根据金融企业财务制度的规定,对于收入类科目来说,不得出现借方发生额;对于支出类科目来说,则不得出现贷方发生额。

3. 或有资产、或有负债类科目列为表内科目的,比照资产类、负债类科目规则登记。

不论经济业务有多复杂,变化速度有多快,归纳起来不外乎四种情况:

(1) 一个资产类项目增加,另一个资产类项目减少;

(2) 一个负债类或所有者权益类项目增加,另一个负债类或所有者权益类项目减少;

(3) 一个资产类项目增加,另一个负债类或所有者权益类项目增加;

(4) 一个资产类项目减少,另一个负债类或所有者权益类项目减少。

四、平衡公式

(一) 平衡原理

会计基本等式"资产=负债+所有者权益"是借贷记账法账务平衡的理论依据。企业的一切经济活动归根到底是资产、负债、所有者权益之间的增减变化,在变化过程中,企业赚得收入使所有者权益增加、企业发生费用使所有者权益减少。因此,会计基本等式可扩展如下:

$$资产=负债+所有者权益+(收入-费用)$$

即

$$资产+费用=负债+所有者权益+收入$$

以上会计等式表明,一个企业运用在各项资产和费用上的资金,都是从一定渠道如负债、所有者权益、收入中获得的,它们是同一资金的两个不同方面,表明的是资金的来龙去脉。

(二) 平衡关系

采用借贷记账法处理每一笔业务时,都遵循"有借必有贷,借贷必相等"的记账规则,因此,每天或一定时期内,各科目所属账户的借贷累计发生额及其余额都必须体现不同方向的数量平衡。

▶ 1. 发生额平衡

发生额平衡用来检查本期每一项或全部经济业务的借贷金额是否相等,其平衡公式如下:

$$所有科目借方发生额合计=所有科目贷方发生额合计$$

▶ 2. 余额平衡

余额平衡公式如下:

$$所有科目借方余额合计=所有科目贷方余额合计$$

期末余额平衡是建立在上期余额平衡和本期发生额平衡基础上的，即

$$期末余额＝期初余额＋本期增加－本期减少$$

具体计算时，本期末各方余额的计算公式如下：

$$本期末借方余额＝期初借方余额＋本期借方发生额－本期贷方发生额$$

$$本期末贷方余额＝期初贷方余额＋本期贷方发生额－本期借方发生额$$

手工记账时，每笔业务的试算平衡是通过编制凭证及会计分录进行的，全部发生额、余额试算平衡在银行是通过编制业务状况表进行的。

五、借贷记账法的运用

运用借贷记账法处理所发生的经济业务时，首先，根据经济业务的内容确定资金增减变化属于资金运动四种类型中的哪一种；其次，确定经济业务涉及哪几个账户，哪些账户反映增加，哪些账户反映减少；最后，根据账户结构确定哪些账户记借，哪些账户记贷，记账金额应为多少。

（一）资产负债表变动事项的记账

由于资产、负债、所有者权益业务直接引起资产负债表有关事项变动，故称为资产负债表变动事项。

【例 2-1】某银行 2017 年发生下列有关资产、负债、所有者权益。

（1）1 月 8 日，该行收到 A 公司缴存现金 10 000 元。

分析：该事项属于资产和负债同时增加，涉及资产——现金增加，负债——单位活期存款增加。依据记账规则和账户的性质，资产增加记借方，负债增加记贷方。会计分录如下：

借：现金——库存现金 10 000

 贷：单位活期存款——A 公司户 10 000

（2）1 月 9 日，B 公司签发支票用其活期存款归还短期贷款 500 000 元。

分析：该事项属于资产和负债同时减少，涉及资产——短期贷款减少，同时，负债——单位活期存款减少。根据记账规则和账户性质，负债减少记借方，资产减少记贷方。会计分录如下：

借：单位活期存款——B 公司存款户 500 000

 贷：短期贷款——B 公司借款户 500 000

（3）1 月 10 日，该行将现金 40 000 元缴存中国人民银行。

分析：该事项属于资产一增一减，涉及资产——现金减少，资产——存放中央银行款项增加。根据记账规则和账户性质，资产增加记借方，资产减少记贷方。会计分录如下：

借：存放中央银行款项 40 000

 贷：现金——库存现金 40 000

（4）1 月 15 日，董事会决定将盈余公积转增资本 5 000 000 元。

分析：该事项属于所有者权益一增一减，涉及所有者权益——盈余公积减少，所有者权益——实收资本增加。根据记账规则和账户性质，所有者权益减少记借方，所有者权益增加记贷方。会计分录如下：

借：盈余公积 5 000 000

 贷：实收资本 5 000 000

例 2-1 中的借、贷方发生额均为 5 550 000 元，是平衡的。各账户的余额是在发生额

平衡的基础上计算出来的，因此，当各账户结计出余额后，分别汇总全部的借方、贷方余额，也是平衡的。

（二）经营成果变化事项的记账

资金运营过程中要发生费用、取得收入，从而实现利润。如果将"资产＝负债＋所有者权益"变换形式，则平衡公式可演变为"资产＝负债＋投入资本＋利润"，而"利润＝收入－费用"，即"资产＝负债＋投入资本＋收入－费用"。可见，收入与费用的加入不会影响其平衡关系。

第三节 会计凭证

会计凭证是办理和记录经济业务、明确经济责任，并据以登记账簿的书面证明。银行会计凭证又称传票，是指银行各项业务和财务收支的书面证明，是银行办理资金收付、登记账簿的依据，也是明确经济责任、核对账簿、事后查考的依据。银行每发生一笔经济业务都必须取得或者填制会计凭证后方可办理资金收付或者记载账务。

一、会计凭证的设置原则

银行的会计凭证涉及面很广，有些会计凭证不仅供本单位会计核算使用，而且还要提供给开户银行、开户单位，以及同行业其他会计主体使用，根据这一特点，要求银行在设置会计凭证时应遵守以下原则。

（一）会计凭证必须真实、准确地反映各项经济业务的主要内容

根据这一原则，除设置共同使用的基本凭证以外，还必须根据发生业务的不同要求和规定设置特定的专用凭证，用于记载各项经济业务。

（二）会计凭证的格式和内容应做统一的规定

各种会计凭证的格式必须与中国人民银行和财政部规定的格式相统一。会计凭证要有会计分录栏，以便填明应记科目和发生金额，凭以登记有关账簿。付款单位及其开户银行的名称及账号应列在凭证的左方，收款单位及其开户银行的名称和账号应在凭证的右方。

（三）会计凭证的设置必须有利于提高会计工作质量和工作效率

会计凭证尽量与专用凭证相结合，以节省人力和物力，便于提高工作质量和工作效率；会计凭证的内容既要能说明经济业务又要简明扼要；会计凭证的联数既要保证需要又不宜过多，以方便套写；会计凭证应大小适宜，以便装订保管；会计凭证的颜色应尽量固定，以便会计人员识别，例如，借方凭证一般用黑色或蓝色油墨印刷，贷方凭证通常用红色或紫色油墨印刷。

二、会计凭证的种类

会计凭证可以按照不同的标准来分类，一般可按照凭证的来源和填制顺序分为原始凭证和记账凭证，需要说明的是，在银行会计实务中，大量的原始凭证直接作为银行的记账凭证使用，即在银行会计中原始凭证和记账凭证的界限并不清晰。所以，在银行会计的教

学和实务中一般不做原始凭证和记账凭证的分类。下面对银行会计中常用的会计凭证分类进行介绍。

(一) 按照会计凭证的形式划分

按照会计凭证的形式划分，可分为复式凭证和单式凭证。

▶ **1. 复式凭证**

使用复式凭证时，每笔经济业务所涉及的应借应贷科目都填列在一张会计凭证上，复式凭证既是借方凭证又是贷方凭证。其优点是资金的来龙去脉清楚，账户之间的对应关系非常明确，同时事后查考也较方便。缺点是不便于分工记账，也不便于按科目汇总发生额，记账过程中容易发生漏记。

▶ **2. 单式凭证**

使用单式凭证时，每张会计凭证只填列一个会计科目，一笔经济业务涉及几个会计科目就要填列几张会计凭证。为了便于明确会计科目之间的对应关系和相互核对，在同一笔经济业务的有关会计凭证上，应注明所涉及的对方科目名称或代号。记载借方科目的凭证称为借方凭证，记载贷方科目的凭证称为贷方凭证。单式凭证的优缺点正好与复式凭证相反，由于单式凭证每张凭证只填列一个会计科目，便于会计凭证的传递，也便于会计人员分工记账和迅速处理业务；每日营业终了便于按照会计科目汇总发生额，也便于整理和装订。单式凭证的缺点是不能在一张会计凭证上完整地反映每笔经济业务的全貌及资金的来龙去脉，因此事后查考比较麻烦。

复式凭证和单式凭证各有优缺点，从简化手续，便于分工记账，组织会计凭证科学、合理地迅速传递，缩短每笔经济业务的处理时间，提高工作效率和服务水平等方面来看，单式凭证更适合银行业务会计核算的要求。因此银行在进行会计核算时所采用的会计凭证一般为单式凭证。

(二) 按照会计凭证的使用范围划分

按照会计凭证的使用范围划分，可分为基本凭证和专用凭证。

▶ **1. 基本凭证**

基本凭证是指会计人员根据有关经济业务事实和原始凭证自行编制的凭以记账的记账凭证。基本凭证包括现金收入传票(见表2-3)、现金付出传票(见表2-4)、转账借方传票(见表2-5)、转账贷方传票(见表2-6)、特种转账借方传票(见表2-7)、特种转账贷方传票(见表2-8)、表外科目收入传票(见表2-9)和表外科目付出传票(见表2-10)等。

表2-3 现金收入传票

(贷)
(借)　　　　　　　　　　　　　　　　　　年　月　日

户名或账号	摘　要	金　额										
		亿	千	百	十	万	千	百	十	元	角	分
合　计												

表 2-4　现金付出传票

（借）

（贷）　　　　　　　　　　　　　　　年　月　日

户名或账号	摘　要	金　额										
		亿	千	百	十	万	千	百	十	元	角	分
合　计												

表 2-5　转账借方传票

科目（借）　　　　　　　　　　　年　月　日　　　　　　　　　　　对方科目（贷）

户名或账号	摘　要	金　额										
		亿	千	百	十	万	千	百	十	元	角	分
合　计												

表 2-6　转账贷方传票

科目（贷）　　　　　　　　　　　年　月　日　　　　　　　　　　　对方科目（借）

户名或账号	摘　要	金　额										
		亿	千	百	十	万	千	百	十	元	角	分
合　计												

表 2-7　特种转账借方传票

年　月　日

付款人	全　称		收款人	全　称		
	账号与地址			账号与地址		
	开户银行	行号		开户银行		行号

金额	人民币（大写）	亿 千 百 十 万 千 百 十 元 角 分

原凭证金额		赔偿金	
原凭证名称		号码	

转账原因	银行盖章	会计　复核　记账　制票

表 2-8 特种转账借方传票

年 月 日

付款人	全 称				收款人	全 称				
	账号与地址					账号与地址				
	开 户 银 行		行号			开 户 银 行			行号	

金额	人民币（大写）	亿	千	百	十	万	千	百	十	元	角	分

原凭证金额		赔偿金		
原凭证名称		号码		
转账原因	银行盖章	会计 复核 记账 制票		

表 2-9 表外科目收入传票

表外科目（收入）

年 月 日

户 名	摘 要	金 额								
		百	十	万	千	百	十	元	角	分

表 2-10 表外科目付出传票

表外科目（付出）

年 月 日

户 名	摘 要	金 额								
		百	十	万	千	百	十	元	角	分

　　以上会计凭证中，现金收入、付出传票和转账借方、贷方传票主要用于商业银行内部资金和财务收支的业务处理和核算，通常不对外使用；特种转账借方、贷方传票主要用于由银行主动发起的客户付款经济业务，如贷款、承兑到期扣款等，由于银行主动扣款所以需要向客户说明原因，因此有"转账原因"栏，同时由于它对外使用（基本凭证中唯一能对外使用且非出售凭证），所以金额必须是确定的，既有大写金额又有小写金额；表外科目收入、付出传票主要用于表外业务或备忘业务。另外，目前部分银行对于表外业务也用借贷记账法核算，因此也要使用转账借方、贷方传票。

　　需要提醒的是，现金收入、付出传票不是现金科目的凭证，虽然银行在会计业务核算中使用单式凭证，但是在现金业务中不单独编制现金科目凭证。因为现金收入业务中的借方一定是现金科目，现金付出业务中的贷方一定是现金科目，银行会计核算时利用现金科目在现金收付业务中的这个规律性，也就不单独另编现金科目的凭证了，所以在银行会计现金科目中没有记账凭证。例如，某公司签发现金支票到银行支取现金5万元，尽管现金支票是"单位活期存款"科目现金付出凭证，但是该公司存款减少5万元的同时，银行的"现金"科目也减少了5万元。现金支票这一张凭证就能说明该笔取款业务，因此就没有必要单独编制"现金"科目的凭证。

▶ **2. 专用凭证**

专用凭证是根据某项经济业务的特殊需要和规定而制定的具有专门的格式和用途的特定凭证。专用凭证分为两类：一类是由开户单位提交的或由其他金融单位寄来或票据交换提入的，用来代替传票凭以记账，如现金缴款单、转账支票、汇兑凭证等；另一类是银行自制的专用凭证，如报单、储蓄存单等。专用凭证种类较多，格式也不相同，其具体内容将在以后有关的业务处理方法中加以说明。

（三）按照会计凭证的管理方式划分

按照会计凭证的管理方式划分，可分为空白重要凭证和一般凭证。空白重要凭证是指无面额的、经银行或客户填写金额等要素并签章后即具有支付效力或证明资金权属关系的空白凭证。一般凭证是银行作为记账凭据填用，但不具备支付效力的凭证。

（四）按照会计凭证的用户对象划分

按照会计凭证的用户对象划分，可分为个人用户凭证和单位用户凭证。个人用户凭证是指银行对个人用户办理存取款业务时所使用的有关凭证。单位用户凭证是指银行对单位用户办理有关业务时所使用的凭证。

（五）按照会计凭证的使用对象划分

按照会计凭证的使用对象划分，可分为自用凭证和外售凭证。自用凭证是指银行在办理业务中使用的，由银行负责设计、印制的各类空白重要凭证或一般凭证。外售凭证指银行向客户出售的各类空白重要凭证或一般凭证。

银行的空白重要凭证种类包括由总行统一规定式样的空白重要凭证，以及由中国人民银行、财政部、外汇管理部门统一规定式样的空白重要凭证。目前，银行的空白重要凭证有本票、银行汇票、商业承兑汇票、银行承兑汇票、现金支票、转账支票、普通支票、信汇凭证、电汇凭证、假币收缴凭证、假人民币没收收据、中国人民银行货币真伪鉴定书、中国人民银行支付系统专用凭证、银行储蓄存单、活期储蓄存折、零存整取存折、存本取息存折、整存零取存折、债券托管账户本、中华人民共和国凭证式国债收款凭证、理财账户卡、单位定期存款存单、单位定期（通知存款）证实书、活期结算存折、业务委托书、网点资金划拨收报业务凭证、辖内往来报单、协议存款凭证、国内信用证、国内信用证修改书、现金存款凭证、黄金提货凭证、外汇汇票、外汇会计凭证、保函、存款证明书、资信证明书等。

▎三、会计凭证的基本要素

设置会计凭证的主要目的之一就是通过会计凭证要素说明经济业务。各种会计凭证的格式和要素因业务性质不同而有所差异，但有些要素是各种银行会计凭证都必须具备的，称为基本要素，包括：①凭证名称及编制日期；②收、付款单位的名称及账号；③收、付款单位开户行的名称和行号；④人民币符号和大、小写金额；⑤款项来源、用途或摘要及附件的张数；⑥会计分录和凭证编号；⑦规定的单位印章；⑧银行及有关人员的印章。

上述基本要素中，凭证的日期、金额和收款人名称不得更改。更改票据出票日期、出票金额和收款人名称的票据无效，对于更改上述三个要素的支付结算凭证，银行不予受理。

四、会计凭证的处理

(一) 会计凭证的填制要求

▶ 1. 基本要求

会计凭证的填制要做到要素齐全、内容完整、反映真实、数字正确、字迹清楚、书写规范、符合规定。会计凭证填制的基本要求如下。

(1) 现金支票、转账支票应用碳素墨水填写，单联式凭证应用蓝黑墨水钢笔书写，多联式套写凭证可用圆珠笔和双面复写纸套写，不得分张单写。

(2) 填写凭证、账折及记账的各种符号如下："第　号"为"♯"；人民币符号为"¥"；年、月、日的简写顺序自左而右为"年/月/日"；年利率为％、月利率为‰、日利率为‱。

(3) 金额的填写。除银行的部分内部凭证外，票据和支付结算凭证上的金额应当是确定的金额。确定的金额是指既有大写金额又有小写金额，两者同时记载并且一致。阿拉伯数字应一个一个地写，不得连笔。凡阿拉伯数字前写有人民币符号"¥"的，数字后面不再写"元"字；所有以元为单位的阿拉伯数字，一律填写到角、分。无角、分的，应用"0"补足，不得用"—"代替。大写金额应用正楷或行书填写，如壹、贰、叁、肆、伍、陆、柒、捌、玖、拾、佰、仟、万、亿、元、角、分、零、整等字样。不得使用一、二(两)、三、四、五、六、七、八、九、十、毛、另(或 0)等中文，不得自造简化字。

大写金额到"元"为止的，"元"之后应写"整"(或"正"，下同)字；在"角"之后可以不写"整"字。大写金额前应标明"人民币"字样，"人民币"与大写金额之间不得留有空白。阿拉伯小写金额前面均应填写人民币符号"¥"。数字之间连续有几个"0"时，大写金额可以只写一个"零"字。金额为 10～20 元的大写金额应在前面加"壹"字。

(4) 凭证未写满全张，其金额栏的空格应从右上角至左下角用斜线划销，两笔以上的应填写合计金额。凭证填写错误，除专用凭证按其业务核算手续规定准予更改的方法进行更改以外，其他凭证的内容写错一律不得更改，均应作废重填。

(5) 凡是有特定格式凭证的业务，应使用专用凭证，联数不可缺漏，也不能以其他凭证代替。

(6) 会计凭证上由银行填写和由客户填写的内容应有明显区分，由客户填写的，未经客户授权，银行工作人员不得代办。

(7) 为明确对应关系及会计凭证的张数，每日要按业务的发生顺序使用"传票销号单"编列分号。一般情况下，一套转账会计凭证只能采用一借多贷或一贷多借的对转方法，不能采用多借多贷的对转方法。

(8) 票据的出票日期必须使用中文大写数字并且要规范化填写。在填写会计凭证时，月是壹月、贰月和拾月的，日为壹～玖和拾日、贰拾日、叁拾日的，应在其前加"零"字，例如 10 月 20 日，中文大写应当写成"零壹拾月零贰拾日"；日为拾壹～拾玖的，应在其前加"壹"字。出票日期未大写的票据，银行不予受理；出票日期填写不规范的票据，银行可以受理，但因此而发生的经济纠纷银行不承担责任。

▶ 2. 特殊要求

（1）凡发生现金收入或现金付出业务时，由会计人员编制现金收入传票或现金付出传票，由记账人员凭以登记有关科目贷方（现金收入）或借方（现金付出）分户账，由出纳人员凭以办理现金的收入或付出，不编制现金科目自身的传票。

（2）凡发生转账业务时，应以同等金额编制转账借方传票和转账贷方传票，凭以登记借方科目和贷方科目的明细账户。

（3）转账业务中涉及银行主动代客户进账或扣款，而原有专用凭证无法代替时（如对单位存款利息的进账、贷款利息的扣收），由银行套写特种转账传票后，分别作为记账传票和回单，特种转账传票联数的多少根据需要而定。

（二）会计凭证的审查

在受理会计凭证时，必须根据有关业务的具体要求认真审查，做到合法合规、真实清楚、手续齐全，并应注意：①是否应为本行受理的会计凭证；②使用的会计凭证种类是否正确，会计凭证的基本内容、联数与附件的张数是否完全相符，是否超过有效期限；③账号、代码与户名是否相符；④大小写金额是否一致，字迹有无涂改；⑤密押、签章和支付密码是否真实、齐全、有效；⑥业务事实摘要是否符合有关法律、法规的要求；⑦付款金额是否超过存款余额；⑧计息、收费、罚金等的计算方法与结果是否正确；⑨内部会计科目和账户名称的使用是否正确。

会计人员对不真实、不合法的会计凭证应拒绝办理；对计算不准确、不完整的会计凭证应予以退回，要求更正、补充或重制；对伪造、变造会计凭证的违法乱纪行为应认真追究，并报告领导或有关部门进行严肃处理。凡是会计人员已经受理的会计凭证，必须加盖有关人员的名章，并分别加盖现金收讫章、现金付讫章或转讫章，传票附件加盖附件章。会计凭证的记账日期与各种业务印章上的日期必须一致。

（三）会计凭证的传递

会计凭证的传递是指从填制或取得会计凭证起，通过审查凭证、登记账簿、业务处理完毕，到凭证装订、保管为止。会计凭证传递的过程就是业务处理和会计核算的过程。

会计凭证的传递要做到准确及时、手续严密、先外后内、先急后缓，既方便单位工作人员，又要严格遵守记账规定，便于核算工作的进行。各类凭证除有关业务核算手续有特殊规定外，一律由银行内部传递。现金收入凭证要先收款后记账，防止因客户交存现金金额出现差错和未经收款而计入账户造成集体、个人财产损失；现金付出凭证要先记账后付款，防止存款透支及错付事故发生；转账凭证应先记借方账户后记贷方账户；他行票据收妥进账，防止银行垫款，造成资金损失。

第四节 会计账簿的设置与登记方法

银行会计对会计对象的核算要求是连续的，会计凭证虽然能够反映一笔经济业务，但是无法完成对经济业务的连续记载和反映，所以要全面、连续地记录和反映银行各项经济业务就必须设置账簿。不同的主体对银行财务状况、经营成果等资料的要求不同，所以应设置不同的账簿以满足需要。

一、账务组织

商业银行的账务组织包括明细核算和综合核算两个系统。明细核算是按照账户和各项资金进行的详细核算，据以反映各单位和各项资金增减变化过程及结果的详细情况；综合核算是按会计科目进行的汇总核算，据以反映各类资金的增减变化情况及结果的总括情况。两个核算系统是按双线核算原则，根据同一会计凭证进行平衡登记，分别核算的，因此，两者在反映情况方面互相补充和配合，在数字方面互相联系和制约。明细核算对综合核算起补充作用，综合核算对明细核算起统驭作用，两者的有机结合构成了一套完整、科学、严密的账务组织体系。

(一) 明细核算

明细核算是分账户核算各科目详细情况的核算系统，由分户账、登记簿、余额表和现金收付日记簿组成。

▶ **1. 分户账**

分户账是明细核算的主要形式，是各科目的明细记录。分户账必须按户立账，逐笔连续登记，并在摘要中注明简明事由，不得以凭证代替分户账。手工条件下的分户账一般用活页式，也有采用卡片式的。分户账除根据业务需要所规定的专用格式外，一般分为甲种账、乙种账、丙种账和丁种账四种。

(1) 甲种账(见表 2-11)也称分户式账页，设有借方发生额、贷方发生额和余额三栏，适用于不计利息会计科目的账户或用余额表计息会计科目的账户，以及银行内部会计科目的账户。

表 2-11　甲种账(单位活期存款分户账)

户名：　　　　　　　　账号：　　　　　　　　领用凭证记录：

年		摘要	凭证号码	对方科目代号	借　方	贷　方	借或贷	余　额	复核盖章
月	日				(位数)	(位数)		(位数)	

(2) 乙种账(见表 2-12)设有借方发生额、贷方发生额、余额和计息积数四栏，适用于在账页上计息的账户。

表 2-12　乙　种　账

年		摘要	凭证号码	对方科目代号	借　方	贷　方	借或贷	余　额	日数	积数
月	日				(位数)	(位数)		(位数)		(位数)

(3) 丙种账(见表 2-13)设有借方发生额、贷方发生额和借方余额、贷方余额四栏，适用于借贷双方反映余额会计科目的账户。

表 2-13　丙种账（单位活期存款分户账）

户名：　　　　　　　　　　账号：　　　　　　　　　　　　　　　领用凭证记录：

年		摘要	凭证号码	对方科目代号	发生额		余额		复核盖章
月	日				借方	贷方	借方	贷方	

（4）丁种账（见表 2-14）也称销账式账页，设有借方发生额、贷方发生额、余额和销账四栏，适用于逐笔记账、逐笔销账的一次性账务，并兼有分户核算的作用。

表 2-14　丁种账（其他应收款分户账）

户名：待处理出纳短款

年		账号	户名	摘要	凭证号码	对方科目代号	借方（位数）	销账			贷方（位数）	借或贷	余额（位数）	复核盖章
月	日							年	月	日				

▶ **2. 登记簿**

登记簿是适应表内、表外科目的某些业务需要而进行分户设置的账簿，用于控制重要空白凭证、有价单证和实物或其他会计事项的重要账簿，必须严密手续，及时记载。登记簿有特定格式和一般格式两种。特定格式登记簿是满足某些业务的需要而设置的专用格式；一般格式登记簿设有收入、付出和余额三大栏。卡片账则要按照业务发生的先后顺序，分类排列、登记与控制。实际业务中常见的登记簿主要有以下几种。

（1）重要空白凭证登记簿，按凭证种类设户记载，收入、付出要登记起止号码，按月结计收、付发生额合计数。

（2）存款开销户登记簿，用于结算存款账户开户、销户的登记，按科目分类记载。

（3）业务公章使用保管登记簿，用于登记业务公章的启用、使用、交接、注销和上缴情况，由会计主管（银行的内勤主任）登记，监督有关人员签收。

（4）会计人员分工交接登记簿，用于登记会计人员经管事项及交接内容。

（5）会计档案登记簿，用于登记会计档案的归档、移交、销毁情况，应按保管年限分类登记。

（6）查阅会计档案登记簿，用于登记会计档案的查阅情况。

（7）发出（收到）联行信件登记簿，用于登记发出（收到）联行信件的情况。

（8）库、柜钥匙交接登记簿，用于登记管库员临时离职交接的情况。

（9）储蓄挂失登记簿，用于登记办理储蓄挂失的情况。

（10）联行结算查询、查复登记簿，用于登记联行结算查询、查复的情况。

（11）发出托收（委收）结算凭证登记簿，用于登记托收承付、委托收款结算凭证的发出及款项划回、拒付等情况。

（12）定期代收结算凭证登记簿，用于登记收到他行（银行）发来的托收承付、委托收款结算凭证及承付、拒付情况，并由付款人在登记簿上逐笔签收。

（13）结算挂失登记簿，用于登记结算存折、临时收据及各种票据的挂失情况和处理情况。

（14）会计工作质量登记簿，用于登记会计发生的差错，以及结算、联行事故等情况。

（15）已核销贷款呆账、应收利息登记簿，用于登记已核销的贷款呆账及未收回的应收利息的情况，呆账贷款的本金与其应收利息应单独设立登记簿进行登记。

除此以外，还有代保管有价证券登记簿、会计出纳工作日志、低值易耗品登记簿、抵押（质押）物品登记簿等。

▶ 3. 余额表

根据余额表的用途不同，可分为一般余额表和计息余额表两种。一般余额表一般用于会计人员的工作交接，机构合并、分设时的余额情况登记，以便将来进行核对。计息余额表（见表 2-15）是反映分户账余额的明细表，是核对总账与分户账余额，据以计算利息的重要工具，适用于对公存款、贷款账户的计息。

表 2-15　计息余额表

账号 户名 余额 日期	××××× A 企业	××××× B 企业	××××× C 企业	合计
至上月底累计积数				
1				
2				
…				
10				
10 天小计				
11				
…				
20 天小计				
至结息日累计计息积数				
应加积数				
应减积数				
本期应计息积数				
利息				

计息余额表的登记方法是：每日营业终了，根据分户账当日的最后余额填列。当日未发生收付的账户（节假日同），应根据该账户上一日的最后余额填列。每一会计科目各账户应加计余额合计，并与同科目总账的余额核对相符。使用计算机记账的，结息期满必须打印计息余额表。

每逢旬、月末应将余额表各账户的余额进行合计以结出"本期未计息累计积数"，并按会计科目进行合计与同科目总账同期未计息累计积数核对相符。如有应加减调整积数时，在结息时应分别计入应加减调整积数栏，以结出各个账户各个科目"至结息日未计息累计积数"。

▶ 4. 现金收付日记簿

现金收付日记簿包括现金收入日记簿（见表 2-16）和现金付出日记簿（见表 2-17），是现金业务的序时记录，是逐笔记载与反映现金收、付数量及现金传票张数的账簿。现金收入日记簿和现金付出日记簿是在现金业务发生时根据有关科目的现金借方、贷方传票分别登记，每日营业终了加计当日现金的收入、付出总数后，与当天实际的现金收付和现金科目借、贷方发生额核对相符。

表2-16 现金收入日记簿

年　月　日　　　　　　　　　　　　　　　　　　第　页共　页

凭证号码	科目代号	户名或账号	计划项目代号	金额(位数)	凭证号码	科目代号	户名或账号	计划项目代号	金额(位数)
合　计					合　计				

表2-17 现金付出日记簿

年　月　日　　　　　　　　　　　　　　　　　　第　页共　页

凭证号码	科目代号	户名或账号	计划项目代号	金额(位数)	凭证号码	科目代号	户名或账号	计划项目代号	金额(位数)
合　计					合　计				

现金收入日记簿和现金付出日记簿的记载方法是：在业务发生后，按照现金收入凭证、现金付出凭证由出纳部门分别序时、逐笔记载。除记载记账日期凭证、号码外，在摘要栏内简要记载交款单位名称、款项来源和取款单位名称、款项用途等，尽量配合现金项目分类的要求。对外营业终了后，各自结出合计数，登记现金库存簿，结出余额，与会计核对相符，由会计人员在现金库存簿上签章。

（二）综合核算

综合核算是反映各科目总括情况的核算系统，由科目日结单、总账和日计表组成。

▶ 1. 科目日结单

科目日结单（见表2-18）是每一个会计科目当日借、贷方发生额和传票张数的汇总记录，也是登记总账的依据。

每日营业终了，将当天处理的全部传票按科目分开，同一会计科目的传票再分别计算现金借方、现金贷方、转账借方、转账贷方各自加计金额合计和传票张数，填入该科目日结单的有关栏内。

现金科目由于不编制传票，因此该科目日结单应根据其他各科目日结单现金栏借、贷方金额，分别加计合计数后反方填列，即其他科目日结单的现金借方数额相加，填入现金科目日结单的贷方；其他科目日结单的现金贷方数额相加，填入现金科目日结单的借方。科目日结单只填金额，不填传票张数。

各科目日结单的借方合计与贷方金额合计相等，即发生额平衡。

表 2-18　科目日结单

年　月　日

借　方		贷　方		附件张
传票张数	金额	传票张数	金额	
现金　　张		现金　　张		
转账　　张		转账　　张		
合计　　张		合计　　张		

事后监督　　　　　　　复核　　　　　　记账　　　　　　制单

▶ 2. 总账

总账(见表 2-19)是各科目的总括记录,是综合核算和明细核算互相核对和统驭分户账的主要工具,也是编制会计报表的主要依据。总账的格式为借方发生额、贷方发生额和借方余额、贷方余额四栏式,设有固定的日期和 10 天小计、20 天小计,以及月计、自年初累计发生额、本期未计息累计积数等。总账按会计科目设置,每月更换。

表 2-19　总　　账

科目代号:

科目名称:　　　　　　　　　　　　　　　　　　　　　　　　　第　号

年　月份		借　　方	贷　　方				核对盖章
		(位数)	(位数)				
上年底余额							
本年累计发生额							
上月底余额							
日　　期		发　生　额		余　　额			复核员
		借方	贷方	借方	贷方		
		(位数)	(位数)	(位数)	(位数)		
	1						
	2						
	3						
	…						
	月计						
自年初累计发生额							
本期累计计息积数							
本月累计未计息积数							

总账应逐日登记。每日营业终了,根据各科目日结单登记该科目的发生额,并结计余额,本日无发生额的也应将上日余额填入本日余额栏内。每日余额应与余额表当日同科目余额合计核对相符。总账应按旬累计发生额,按计息期累计未计息积数,并与余额表同期未计息累计积数核对相符,以减轻月末和计息日的工作量。

▶ 3. 日计表

日计表(见表 2-20)是反映当天业务活动和财务活动,轧平当日账务的主要工具。

表 2-20　日　计　表

年　月　日

科目代号	科目名称	本日发生额		余　　额		科目代号
		借方	贷方	借方	贷方	
合　　计						

每日营业终了，根据总账各科目的借、贷方发生额和余额填列，当日无发生额的也应填列余额。日计表内全部科目的借、贷方发生额和余额的合计数必须各自平衡。

二、账务处理程序

账务处理程序是银行会计业务处理程序的体现，科学的账务处理程序是正确处理账务的重要条件。一般要区分明细核算和综合核算两个系统分别进行账务处理。手工记账条件下的账务处理程序如下。

▶ 1. 明细核算的处理程序

(1) 根据经济业务编制或审查凭证(传票)。

(2) 根据传票逐笔登记分户账(或登记簿)，现金业务还要登记现金收入日记簿或现金付出日记簿。

(3) 每日营业终了，根据分户账登记余额表。

▶ 2. 综合核算的处理程序

(1) 根据传票按科目编制科目日结单，所有科目日结单的借方发生额合计与贷方发生额合计必须平衡。

(2) 根据科目日结单登记总账。

(3) 根据总账编制日计表。

三、账务核对

账务核对是防止账务差错，保证账务记载正确、维护资金财产安全的必要措施。账务核对包括账账、账款、账表、账实、账据、账簿、账卡(折)和内外账务核对。经办人员和会计主管人员在账务核对全部相符后，应在有关账、簿、卡上签章，以明确责任，会计主管人员也应加强监督检查，保证账务核对工作及时进行。银行应至少按月核对同业往来账务及系统内往来账务，至少按季与开户单位核对账务。对账相符的，应由核对人员和会计主管人员签章确认；核对不符的，应及时查明原因并做相应调整。账务核对分为每日核对和定期核对两种。

▶ 1. 每日核对

每日核对是指每日营业终了，会计部门的全部业务核算结束后，对有关账务进行的核对，主要内容如下。

(1) 总账各科目借、贷方发生额合计和借、贷方余额合计应各自相等。

(2) 现金收入日记簿、现金付出日记簿的收入、付出总数，分别与现金科目总账的借方、贷方发生额核对相符。

(3) 现金库存簿的库存数应与实际的库存现金及现金科目总账的余额核对相符。

▶ 2. 定期核对

(1) 使用丁种账记载的账户按旬加计未销的各笔金额合计，与该总账的余额核对相符。

(2) 贷款借据必须按月与各科目分户账逐笔勾对相符。

（3）余额表上的计息积数，应按旬、月，按结息期与同科目总账上的积数累计数核对相符。对应加、减调整积数，应审查发生的原因和数字是否正确、合理。

（4）各种卡片账每月与各科目总账或有关登记簿核对相符。

（5）各种有价证券、重要空白凭证等，每月要账实核对相符。

（6）固定资产、低值易耗品在年终决算前要进行账实核对，固定资产卡片账原值、折旧金额与总账核对相符。

（7）中央银行和其他金融企业送来的对账单应及时进行逐笔勾对。

（8）对于贷款账（包括已核销的呆账贷款），应每年统一组织信贷业务人员与贷款户进行一次账据核对。

另外，银行计算机账务核算系统应具备操作权限控制、监督功能、故障应急处理和数据恢复措施。

四、记账规则与错账冲正

记账规则是记账人员必须遵守的会计工作规范和准则。

（一）系统记账规则

（1）数据录入必须由指定的记账操作员办理，非指定的记账操作员不得录入任何数据。

（2）数据录入必须根据合法、有效的凭证按照系统的有关规定输入。

（3）系统账务冲正：①当日系统记账错误使用抹账交易功能抹账必须经主管授权，抹账后重新录入正确的数据，错账冲正必须有会计主管授权；②隔日发现的错账，除另有规定外，应由经办人员填制基本凭证，写明原错账日期、冲账原因或事由，以及其他需要说明的情况，经会计主管（内勤主任）审查、授权后，登记会计出纳日志，办理冲账手续；③记账串户，填制同方向红、蓝字记账凭证，办理错账冲正；④借贷方向记反或借贷金额同时记错，分别填制借、贷方红、蓝字记账凭证办理错账冲正。

（二）手工记账的错账更正方法

已经记账的账务数据发生差错需要更改时，应填制冲正凭证办理更正。错账冲正影响计息的，应计算应加、应减积数，并对积数进行相应调整。错账冲正及调整计息积数应经会计主管或其授权人员审批后办理。错账冲正的方法主要有以下几种。

▶ 1. 画线更正法

画线更正法适用于当日或当时发生的会计差错，即当天或记账过程中发生的差错可采用画线更正法进行更正。

金额写错时，应画一道红线把错误的全行数字划销，将正确的数字写在划销的错误数字的上边，并由记账人员在红线的左端盖章证明。如果画错红线，可在红线的两端用红色墨水分别打叉销去，并由记账人员在红线的右端盖章证明。文字写错只需将错误文字用一道红线划销，将正确的文字写在划销文字的上边。账页记载错误无法更改时，经会计主管人员同意，可另行更换新账页记载，但必须经过复核，并在原账页上画交叉红线注销。注销的账页经记账人员及会计主管人员盖章后另行保管，装订账页时附后备查。

▶ 2. 红字冲正法

次日或以后发现本年度内的错账采用红字冲正法。这种类型的错账不会影响借贷方发生额和借贷方余额平衡，所以一般当天难以发现。这类错账的情形较为复杂，本书仅介绍两种主要错误情形的处理。

（1）金额错误，应先用红字填写与原错误凭证内容完全相同的记账凭证，并用红字计入账簿，以冲销原来的错账。再用蓝字填写正确的传票登记入账，并在摘要栏注明情况，在原错误传票上注明"已于×月×日冲正"字样。

【例2-2】6月21日，计算某造纸厂存款利息128元，误将传票金额填写为182元，于7月21日发现，当日办理冲正（红字用 $\boxed{}$ 表示，下同），会计分录如下：

借：应付利息——活期利息支出户 $\boxed{182}$（备注：冲正6月21日错账）

　　贷：单位活期存款——造纸厂户 $\boxed{182}$（备注：冲正6月21日错账）

借：应付利息——活期利息支出户 128（补记6月21日账）

　　贷：单位活期存款——造纸厂户 128（补记6月21日账）

同时在6月21日账簿相应的备注栏内注明"已于7月21日冲正"字样，并调减该账户的计息积数 54×30＝1 620。

注意：凡是这种前后数字颠倒的错账，差错的金额都能被9整除。所以，查找错账时，可先用9去除差错金额，若能整除，则前后数字颠倒的可能性较大。

（2）记账串户，应填制与原始凭证相同方向的红、蓝字传票办理冲正。用红字传票计入原错误账户，在摘要栏内注明"补记冲正×月×日账"字样。更正记账串户时应当分清是贷方串户还是借方串户，如果是贷方串户，应填制一张红字贷方传票和一张蓝字贷方传票进行更正；如果是借方串户，应填制一红一蓝借方传票进行更正。用红字传票计入原错误账户，以冲销错误数额，用蓝字传票计入正确账户。

【例2-3】8月6日发生一笔转账业务，系造纸厂签发转账支票支付百货店的货款1 000元，误计入百货商场账户。于8月25日发现并立即进行冲正，会计分录如下：

借：单位活期存款——百货商场户 $\boxed{1\ 000}$

　　贷：单位活期存款——百货店户 1 000

（3）蓝字反方冲正法。本年度发现的以前年度的错账，应填制蓝字反方向传票办理冲正，不再更改决算报表。

【例2-4】承例2-3，该错账于次年的1月20日发现，办理冲正，会计分录如下：

借：单位活期存款——百货商场户 1 000

　　贷：单位活期存款——百货店户 1 000

当因冲账而影响计息积数发生增减变化的，应对已计算的计息积数进行调整。办理冲正错账的传票，必须经会计主管人员审查盖章才能办理冲正，同时对错账的日期、金额，以及冲正的日期进行登记，以便考核分析原因，改进工作。另外需要注意，如果本年度发现的以前年度的错账涉及损益类科目时，就不能简单地套用蓝字反方冲正法，应通过"以前年度损益调整"或类似的会计科目予以更改。

（4）以前年度损益调整的主要账务处理。"以前年度损益调整"科目是用来对以前年度发生关于涉及损益的错账进行更正的专用科目。本科目核算企业本年度发生的调整以前年度损益的事项和本年度发现的重要前期差错更正涉及调整以前年度损益的事项。企业在资产负债表日至财务报告批准报出日之间发生的需要调整报告年度损益的事项，也在本科目核算。

企业调整增加以前年度利润或减少以前年度亏损，借记有关科目，贷记本科目；调整减少以前年度利润或增加以前年度亏损，借记本科目，贷记有关科目。由此可见，凡是以前年度多记的收入、少记的支出或费用应当记本科目的借方；凡是以前年度少记的收入、多记的支出或费用应记本科目的贷方。

由于以前年度损益调整增加的所得税费用，借记本科目，贷记"应交税费——应交所得税"科目；由于以前年度损益调整减少的所得税费用，借记"应交税费——应交所得税"科目，贷记本科目。

经上述调整后，应将本科目的余额转入"利润分配——未分配利润"科目。本科目如为贷方余额，借记本科目，贷记"利润分配——未分配利润"科目；如为借方余额，做相反的会计分录。本科目结转后应无余额。

多数银行将"以前年度损益调整"科目作为损益类科目，但是也有的银行将该科目作为所有者权益类科目。

【例 2-5】某银行 3 月 21 日发现上年 12 月 21 日应收 A 公司贷款利息 25 000 元，误收为 52 000 元，当即更正，更正情况如下。另外该行的所得税税率为 25%，按照 10% 计提盈余公积金。

(1) 将多收的款项归还给 A 公司。

借：以前年度损益调整　　　　　　　　　　　　　　　　27 000
　　贷：单位活期存款——A 公司户　　　　　　　　　　　　　27 000

(2) 由于上年多算利润，故多交企业所得税＝27 000×25%＝6 750(元)。

借：应交税费——所得税　　　　　　　　　　　　　　　6 750
　　贷：以前年度损益调整　　　　　　　　　　　　　　　　　6 750

(3) 将以前年度损益调整科目的余额 20 250(27 000－6 750)元转入利润分配科目。

借：利润分配——未分配利润　　　　　　　　　　　　　20 250
　　贷：以前年度损益调整　　　　　　　　　　　　　　　　　20 250

(4) 冲回上年度多计提的盈余公积金＝20 250×10%＝2 025(元)。

借：法定盈余公积　　　　　　　　　　　　　　　　　　2 025
　　贷：利润分配——未分配利润　　　　　　　　　　　　　　2 025

联行往来的错账，按照联行往来制度规定办理。

五、账簿的结转与装订

(一) 账簿的结转

▶ 1. 总账的结转

总账使用时，每月更换新账页的，结转时应把旧账页上的"上年底余额""自年初累计发生额""本期累计计息积数"和"月末余额"分别过入新账页的有关栏内；年初建立新账页时，只过"上年底余额"和"本期累计计息积数"。

▶ 2. 分户账的结转

账页记满应结转下页。年度终了，除储蓄科目分户账可在最后一笔余额下画一条通栏红线以区分年度继续使用外，其他科目分户账均应更换新账页。甲、乙、丙格式的分户账，在旧账页最后一行的余额下面加盖"余额结转下年"戳记，把最后的余额过入新账页，新账页的记账日期应填写新年度 1 月 1 日，在摘要栏注明"上年结转"字样。乙种账还应把未计息的日数和积数过入新账页"日数""积数"栏的上半格。丁种账账页在未核销的各笔销账日期栏注明"结转下年"字样，把未核销的各笔金额逐笔过入新账页相应的发生额栏内，新账页的记账日期填写新年度 1 月 1 日，并把旧账页的摘要过入新账页摘要栏，加注旧账的发生日期，在最后一笔余额下面画一条通栏红线，在红线下摘要栏用红字注明"上年底余额结转"字样，在余额栏填写结转合计数。贷款分户账的结转可比照丁种账进行。

结转完毕，应将新账页、旧账页逐户勾对、换人复核，保证户名、余额结转无误。

(二) 账簿的装订

各种账簿在更换新账页后，其旧账页应按下列规定分别处理。

（1）总账每月装订一次。

（2）各种活页分户账、登记簿应区分会计科目，视其数量的多少，按月、季或按年装订。

（3）在年度中间更换的旧账页或结清的账页应按科目、账号顺序排列，按账户编号妥善保管，年度终了全部账页更换完毕，再按年度整理装订。

（4）新年度继续使用的旧账页和已列为永久保管的分户账账页，应按各账户的年终余额抄列余额表，与其他账页一同装订。

（5）账簿装订前，应当按规定要求填写"账首""账页目录"，并加封面、封底，用线绳订牢，在绳结处加封，由装订人和会计主管人员在加封处盖章，然后编制有关号码，登记"会计档案登记簿"，并入库保管。

第五节 财务报告

一、财务报告的定义与特征

财务报告是企业对外提供的反映企业某一特定日期的财务状况和某一会计期间的经营成果、现金流量等会计信息的文件。财务报告具有以下特征：一是财务报告应当是对外报告，其服务对象主要是投资者、债权人等外部使用者，专门为了满足内部管理需要的、特定目的的报告不属于财务报告的范畴；二是财务报告应当综合反映企业的生产经营状况，包括某一时点的财务状况和某一时期的经营成果与现金流量等信息，以勾画出企业财务的整体和全貌；三是财务报告必须形成一个系统的文件，不应是零星或者不完整的信息。

财务报告是企业财务会计确认与计量的最终结果体现，投资者等使用者主要是通过财务报告来了解企业当前的财务状况、经营成果和现金流量等情况，从而预测未来的发展趋势。因此，财务报告是向投资者等财务报告使用者提供决策有用信息的媒介和渠道，是沟通投资者、债权人等使用者与企业管理层之间信息的桥梁和纽带。

二、财务报告的构成

财务报告包括财务报表及其他应当在财务报告中披露的相关信息和资料。其中，财务报表由报表本身及其附注两部分构成，附注是财务报表的有机组成部分，而报表至少应当包括资产负债表、利润表和现金流量表等。全面执行企业会计准则体系的企业所编制的财务报表还应当包括所有者权益（或股东权益）变动表。

▶ 1. 资产负债表

资产负债表是反映企业在某一特定日期的财务状况的会计报表。企业编制资产负债表的目的是如实反映企业的资产、负债和所有者权益金额及其结构情况，从而有助于使用者评价企业资产的质量，以及短期偿债能力、长期偿债能力、利润分配能力等。

▶ 2. 利润表

利润表是反映企业在一定会计期间的经营成果的会计报表。企业编制利润表的目的是如实反映企业实现的收入、发生的费用，以及应当计入当期利润的利得和损失等金额及其结构情况，从而有助于使用者分析、评价企业的盈利能力及其构成与质量。

▶ 3. 现金流量表

现金流量表是反映企业在一定会计期间的现金和现金等价物流入和流出的会计报表。企业编制现金流量表的目的是如实反映企业各项活动的现金流入、流出情况，从而有助于使用者评价企业的现金流和资金周转情况。

▶ 4. 附注

附注是对在会计报表中列示项目所做的进一步说明，以及对未能在这些报表中列示项目的说明等。企业编制附注的目的是通过对财务报表本身做补充说明，以便更加全面、系统地反映企业财务状况、经营成果和现金流量的全貌，从而有助于向使用者提供更为有用的信息，做出更加科学合理的决策。

财务报表是财务报告的核心内容，但是除了财务报表之外，财务报告还应当包括其他相关信息，具体可以根据有关法律法规的规定和外部使用者的信息需求而定。例如，企业可以在财务报告中披露其承担的社会责任、对社区的贡献、可持续发展能力等信息，这些信息对于使用者的决策也是相关的，尽管属于非财务信息，无法包括在财务报表中，但是如果有规定或者使用者有需求的，则企业应当在财务报告中予以披露，有时企业也可以自愿在财务报告中披露相关信息。

本章小结

　　银行会计的核算方法包括基本核算方法和各项业务处理方法。基本核算方法主要有会计科目的设置、记账方法的采用、会计凭证、账务组织和账务处理等。设置会计科目是银行进行会计核算的前提，通过会计科目才能分类记载和反映发生的经济业务。会计科目按照资金性质分类，通常可分为资产类科目、负债类科目、所有者权益类科目、资产负债共同类科目、损益类科目及表外科目等。尤其是资产负债共同类科目所核算的内容是银行之间的资金账务往来，正确使用该类科目是初学者的难点。会计凭证是银行记账和办理资金收付的依据，传递凭证时应当做到现金收入业务先收款后记账；现金付出业务先记账后付款；转账业务应当先记付款人账户再记收款人账户；代收他行的票据收妥进账。银行的账务组织包括明细核算和综合核算两个系统，明细核算系统由分户账、登记簿、余额表和现金收付日记簿构成，综合核算系统则由科目日结单、总账和日计表构成。手工条件的账务处理程序是根据经济业务编制审查凭证，根据凭证登记分户账、登记簿，现金业务还要登记现金收付日记簿，根据分户账的最后余额登记余额表。综合核算系统首先要根据传票编制科目日结单，再根据科目日结单登记总账，最后根据总账编制日计表。保证账务处理正确的措施之一就是账务核对，通过每日核算或定期核对发现的错账，应该按照规定的错账冲正方法予以冲正。银行应当定期按照规定向投资者、债权人及其他管理部门报送财务报告。

本章习题

第三章
现金业务

学习目标

1. 了解现金出纳工作的任务和工作原则。
2. 能够熟练进行现金日常业务的处理。
3. 熟悉现金收付业务的核算手续。
4. 掌握现金出纳错款的处理方法。

广义的现金资产是指商业银行持有的库存现金，以及与现金等同的可随时用于支付的银行资产，主要包括库存现金、存放中央银行款项、存放同业和其他金融机构的款项。其中，库存现金是指商业银行在经营过程中保存在金库或钱箱中的现钞和硬币；存放中央银行款项是指商业银行存放于中国人民银行的各种款项，包括业务资金的调拨、办理同城票据交换和异地跨系统资金汇划、提取或缴存现金等；存放同业和其他金融机构的款项是指商业银行存放在其他银行和非银行金融机构的存款。狭义的现金资产仅指库存现金，也是本章的主要内容。

第一节 现金业务概述

一、现金出纳工作的概念

一般意义上的现金是指立即可以投入流通的交换媒介，具有普遍的可接受性，可以有效地立即用来购买商品、货物、劳务或偿还债务。库存现金是指商业银行在经营过程中保存在金库或钱箱中的现钞和硬币，包括人民币和外币，用来应付客户提现和银行本身的日常零星开支。其特点是流动性最强，盈利能力最差，且需要花费安保费用，因此商业银行应及时做好库存现金的会计核算工作，加速资金周转，加强现金管理能力，保持合理的库存现金数量，使之既能满足流动性需求，又能最大限度地提高商业银行的经营效益。

现金出纳是指直接用现款进行的货币收付行为。商业银行的现金出纳工作就是办理本行的现金结算、备用金领取与缴存、现金保管与运送、外币兑换与保管等项工作的总称。

现金出纳业务是商业银行的一项基础性工作，银行行使着全国的现金出纳中心的职能。现金出纳业务核算工作对调节市场货币流通、加速资金周转、维护人民币信誉、监督现金合理使用、维护各方当事人财产安全具有重大影响。

二、现金出纳工作的任务和基本规定

(一) 现金出纳工作的任务

(1) 贯彻执行中华人民共和国的金融法令和有关规章制度，遵章守法地办理现金收付、兑换、整点工作。

(2) 根据市场经济活动和业务需要，办理人民币兑换和挑残业务，调剂好市场流通人民币券别比例，做好现金回笼和供应工作。

(3) 办理现金、实物的保管、调运业务，做好库房管理，保证银行现金资产安全。

(4) 科学核定与调剂库存(备用金)，保证支付，减少资金占压，提高经济效益。

(5) 宣传爱护人民币。做好反假币、反破坏人民币的工作和票样管理工作。

(6) 办理各项代理业务和中间业务。

(7) 加强柜面监督，维护财经纪律，防止一切经济违法犯罪活动的发生。

(8) 加强服务，完善手段，努力提高银行信誉，为客户提供优质、文明、高效、安全的服务。

(二) 现金出纳工作的基本规定

与银行的转账结算业务相比，银行的现金出纳工作具有直接高风险的特性，既烦琐，又细致；既需要较长时间，又要求高效。银行必须建立和健全现金出纳工作的内部控制制度，做到手续严密、责任分明、及时准确。现金出纳工作的内部控制制度应遵循下列原则。

(1) 钱账分管(综合柜员制除外)，款要复点，账要复核。

(2) 双人经办，即双人管库、双人守库、双人调款、双人押运。

(3) 收入现金先收款后记账，付出现金先记账后付款。

(4) 收付分开，即收付和交接现金、实物必须根据合法、有效的凭证、账簿办理，并坚持当面点清，一笔一清。

(5) 复核制度，即出纳工作必须坚持"日清日结"，进行账款核对，做到账款、账实、账账相符。

(6) 严格执行交接手续即，严密保管现金、实物、印章、库房钥匙及密码等，人员变动，交接清楚。

(7) 坚持定期和不定期查库制度，做到账实相符，保管有序，安全无隐患。

(8) 严禁白条抵库和挪用库存现金。

(9) 必须使用综合业务系统或出纳机处理业务。

(10) 监督手段完善，监控设备齐全，一切现金业务均纳入监控范围，不留死角。

(11) 监控资料清晰完整，妥善保管，严格执行调阅录像资料审批制度。

(12) 维护国家利益和银行信誉，完善服务手段。

(13) 大额现金收、付款应按中国人民银行现金管理规定及反洗钱相关规定管理。

三、现金日常业务处理

(1) 现金收付须坚持"收入现金先收款后记账，付出现金先记账后付款"的原则，并坚持唱收唱付。

（2）柜员办理现金业务必须在有效监控和客户视线以内，做到当面点清，一笔一清。

（3）清点现金应坚持固定操作，先主币后辅币，先整后零，顺序清点；拆捆前先确认每捆十把，再拆捆，做到现金实物与记账凭证核对相符。

（4）整点现金必须坚持双人复核，做到挑净、点准、墩齐、扎紧、盖章清楚、封装严密。

（5）整点的票币，应按完整券、损伤券和券别分开扎把、成卷、成捆。

（6）业务量大的营业部门，可设专职整点员，不直接对外办理收付业务；业务量小的营业部门，由出纳员兼办现金整点业务。

（7）现金整点标准如下。

① 挑净。拆把清点过程中要将损伤券挑剔干净，符合中国人民银行规定的票币整洁度标准；硬币与纸币分别整理，流通券和损伤券按照券别、版别分别整理，上缴的回笼券按照《不宜流通人民币挑剔标准》整理。

② 点准。纸币每一百张为一把，硬币每五十枚为一卷，每捆十把（卷），不得多、缺。

③ 墩齐。票币应平铺，每一把票币中间不能有折叠，且要墩齐。

④ 扎紧。扎把的腰条应根据中国人民银行规定，按流通券或损伤券的标准方法扎紧；一捆票币用绳捆扎成双十字形后，用手提绳，绳索绷直、票币不移者为紧；每捆绳结处应粘贴封签，不要将胶水直接刷在票币上，以免污损票币。

⑤ 盖章清楚。整点人、封捆人名章都要盖在规定的位置，印章必须带有行号且清晰可辨，做到谁经办、谁盖章、谁负责。

（8）对大额现金支付实行分级授权和双签制度，并按照规定进行登记和备案。

（9）对大额和可疑现金收付按照反洗钱工作有关要求进行登记和报备。

（10）钱箱管理规定如下。

① 钱箱由分行统一购置，标明行名及编号，要配备两把不同钥匙的锁。

② 各行视具体情况为柜员钱箱制定限额，超过限额的，要及时上缴。

③ 钱箱出入库时，实行双人会同装箱、双人锁箱、双人封箱、双人管箱、双人开箱、双人清点。钱箱正副钥匙的管理视同库房正副钥匙的管理。

④ 入库（或寄库）钱箱存放多个柜员的款项时，须做到每个柜员款项独立封包、上锁，不允许混杂装箱。

⑤ 每日营业终了，钱箱采取寄库方式保管的，由上级制定统一的寄库操作规程。在其他单位寄库的，要本着方便、安全的原则，由上级统一指定寄库单位，并签订寄库协议。

（11）上门收（送）款，必须坚持服务、效益、安全相统一的原则，与客户签订"上门服务协议书"，由客户提供安全的营业场所。上门收（送）款人员必须持上门服务证及工作证办理。上门服务证由分行统一制作，副本交签约单位留存，正本由会计主管登记保管，使用时办理签收手续。上门收（送）款时要坚持双人办理，由运钞车运送、保卫人员武装押运，途中不得办理与上门服务无关的事项。做到双人复点、双人核对、双人封箱加锁、双人运送、双人交接，并建立"上门服务收款/送款交接登记簿"。上门收款坚持款项收妥后进行账务处理，回单退缴款单位记账，不得将业务印章及加盖业务印章的空白凭证带离营业场所。

（12）当天营业终了或节假日收入的现金，均作为次日（遇节假日顺延）业务进行账务处理，手工登记"现金收入日记簿"。所收的现金双人加锁入库保管。

（13）出纳交接规定如下。

① 现金、有价证券、重要空白凭证、实物、金库（保险箱、钱箱）钥匙、印章、机具等换人经管时均须办理交接手续，登记相关交接登记簿，双方及监交人签章备查，并妥善

保管。做到交接清楚、手续齐备、责任分明。

② 出纳人员调动工作时，须在出纳主管人员的监交下将保管的现金、钥匙、实物等移交清楚。各级出纳主管人员调动工作时，须在主管行长（主任）的监交下办理交接。

③ 柜员轮班时，钱箱必须交接。交接时要做到在出纳主管的监督下，面对面交接，轧平账务，账实核对相符后，登记交接登记簿。

④ 出纳业务印章按使用人编列序号，做到专章专用，专人负责，日常轮班时不办理交接，营业终了入库或入保险箱保管。

第二节 现金收付业务

现金出纳业务的核算就是总括地核算和监督库存现金的收、付和结存情况，应设置"库存现金"科目。该科目属于资产类，借方反映库存现金的增加，贷方反映库存现金的减少，期末余额在借方，反映商业银行实际持有的库存现金。若有外币现金的收付，则应在该科目中分别按不同的币种开设明细科目，进行明细核算。办理现金出纳业务应依据合法有效、要素齐全、手续完备的原始凭证办理，必须在有效监控和客户视线以内进行，做到当面点清，一笔一清、一户一清。综合柜员制模式下，现金业务实行限额授权、大额复点；复核制模式下，现金业务实行双人临柜、钱账分管、换人复核、收付分开。

一、现金收入业务的核算

▶ 1. 审查

柜员收到客户交存的现金及存款凭证，应认真审查存凭证是否合法、有效。审查的主要内容：缴款单日期是否正确；单位名称、账号、开户行名称、款项来源、券别登记等是否填写完整清楚；大小写金额填写是否准确相符；凭证联次有无缺少、是否套写。

▶ 2. 清点

清点现金时，根据券别明细先清点大数，无误后清点细数；先点主币，后点辅币；先点整把，后点尾零。将清点后的现金总额与缴款单、存款凭条等所填现金总额核对相符。清点时，按规定挑假、剔残，款项未收妥前，不得与其他款项调换。无误后，进行相应的账务处理。

▶ 3. 账务处理

（1）单位客户到银行缴存现金，必须填制现金缴款单，经办员在缴款单各联次上加盖名章及现金收讫章，回单联退还客户，一联银行做记账凭证，代替现金收入传票登记相应的分户账及现金收入日记簿。会计分录如下：

借：现金——库存现金

　　贷：单位活期存款——××单位户

（2）非营业时间收款，会计分录如下：

借：现金——库存现金

　　贷：其他应付款——其他应付款

下一个工作日，会计分录如下：

借：其他应付款——其他应付款

　　贷：单位活期存款——××单位户

（3）银行代收水费、电费、燃气费、通信费、上网费及行政事业单位罚没款等业务缴纳现金的核算，贷记相关科目。例如，受罚者根据有关部门的罚款通知到银行营业网点缴纳现金，经办人员收妥款项，填制或套打代收罚款收据。会计分录如下：

　　借：现金——库存现金

　　　　贷：其他应付款——待划转代收罚款户

▶ **4. 现金归位入箱**

将收妥的现金按券别、残好分别归位入箱，做到一笔一清，妥善保管。

二、现金付出业务的核算

柜员收到客户交来的现金取款相关凭证，按中国人民银行支付结算相关规定审核凭证是否合法、有效，凭证要素是否完整、准确，印鉴、密码是否正确，按中国人民银行现金管理规定审核取款账户是否符合要求。对于 10 万元以上大额现金取款须经业务主管审批、签章。审查无误后，进行相应的账务处理。与现金付款凭证核对无误后，按金额由大到小逐位配款，配零头现金要拆把，不得抽张，并点验正确。按照现金付款凭证的金额复点现金无误后将款项交取款人，并提示其当面点验。

武警各单位要与开户银行签订提取大额现金回访确认协议，开户银行对部队开户单位一次提取 5 万元以上现金时，必须要有专人进行登记，签订回访确认协议的，开户银行要通过电话向开户单位相关联系人进行回访认可后，方可支付现金。开户银行有权拒绝办理经确认不认可的现金支取业务。对应进行回访确认而开户银行未进行回访确认而支付的款项，造成部队开户单位资金损失的，开户银行要负赔偿责任。

（1）单位客户到银行取现金，必须填制现金支票，以现金支票代替现金付出传票登记相应的分户账及现金付出日记簿。会计分录如下：

　　借：单位活期存款——××单位户

　　　　贷：现金——库存现金

（2）个人客户到银行取现金，必须填制取款凭条（或银行打印后客户签名确认），以取款凭条代替现金付出传票登记相应的分户账及现金付出日记簿。会计分录如下：

　　借：活期储蓄存款——××人户

　　　　贷：现金——库存现金

三、现金调拨业务

现金调拨业务包括系统内现金调拨，柜员领取或缴存现金，柜员之间的往入、往出，以及与中国人民银行之间的现金调拨。

（一）基本规定

（1）发生现金调拨必须由业务主管在系统内授权，并在相关业务凭证上签章确认；营业网点调出现金、向柜员发出现金，或者一名柜员向另一名柜员借出现金，必须由业务主管授权，并在相关业务凭证上签章确认。

（2）现金调拨业务的清点须在监控下进行。

（3）未经复点的款项不得存入中国人民银行。

（4）负责与中国人民银行间现金调拨的调款员必须由银行正式员工担任。

（5）业务库负责人要严格监督现金调拨中的"在途现金"科目，保证营业网点日终上缴（调出)现金实物全额入库(调入),营业网点预约领款(调出)现金实物与"在途现金"科目核对一致。

（二）业务处理

系统内现金调拨主要包括营业网点从业务库调入现金或调出现金,以及营业网点之间的现金调拨等。

（1）营业网点从业务库调入现金,会计分录如下:

借:现金——运送中现金
　　贷:现金——库存现金
借:现金——库存现金
　　贷:待清算辖内往来——营业机构往来

（2）营业网点向业务库调出现金,会计分录如下:

借:现金——运送中现金
　　贷:现金——库存现金
借:待清算辖内往来——营业机构往来
　　贷:现金——运送中现金

（3）与中国人民银行间的现金调拨。

从中国人民银行领取现金,会计分录如下:

借:现金——运送中现金
　　贷:存放中央银行准备金——存放中央银行准备金
借:现金——库存现金
　　贷:现金——运送中现金

向中国人民银行缴存现金,会计分录如下:

借:现金——运送中现金
　　贷:现金——库存现金
借:存放中央银行准备金——存放中央银行准备金
　　贷:现金——运送中现金

四、自动柜员机的现金管理

自动柜员机是为客户提供自助服务的电子设备,根据提供服务的类型分为自动取款机、自动存款机和存取款一体机。

自动柜员机的应用模式分为在行式和离行式。在行式是指自动柜员机在银行营业网点内运行的应用模式,由所辖网点负责运行管理;离行式是指自动柜员机在银行网点外运行的应用模式,由ATM管理中心负责集中管理。

（一）基本规定

（1）运行管理部门按照有关规定,做好开通现金循环功能的存取款一体机的现金管理工作。

（2）自动柜员机现金业务须在电子摄像监控下实施双人管理。

（3）自动柜员机钞箱备付金的领用、钞箱余款及客户存入现金的上缴,必须按网点领缴现金办理。客户存入现金必须经过整点方可入库。

（4）为自动柜员机加装备付金可采取两种方法:一是更换钞箱法,将备付金不足的原钞箱撤下,打印清单,换上装好备付金的新钞箱,回行后清点余额,当日进行账款核对;二是原箱续钞法,必须在保证款项安全的条件下即时结账,打印清单,整点钞箱内余额,账款核对无误后,在备付金不足的钞箱中直接加装备付金。

（5）自动柜员机中的现金须按券别分钞箱管理，严禁将不同券别的现金混装一箱。

（6）每次自动柜员机装填现钞前应进行轧账处理，装钞后对外营业前，必须进行实地吐钞测试，测试情况要记录在案，以备查考。

（7）自动柜员机备付现钞必须经过票币整点，禁止使用原封新钞和潮湿的现钞。

（8）要做到合理装填，保证支付。

（9）每日自动柜员机批量轧账前发生的业务做当日账务处理。前后清点自动柜员机现金的间隔时间不得超过3天。必须当日清点并做账款核对的情况有：轧账单数据与箱内现金金额不符；吐钞不正常，开钞箱检查；钞箱备付金不足，采用原箱续钞法增加备付金；当日营业终了前，采用更换钞箱法，将旧钞箱替换；当日营业终了前，客户称吐钞有误，最迟不超过次日；3个工作日（含）未进行账款核对的；辖内自动柜员机误收入假币；验钞模块升级前。

（10）自动柜员机交易日志是账款核对和事后检查的重要依据，应按有关规定保管和调阅。

（11）自动柜员机内的现金，原则上于营业前一次性装入，遇特殊情况需中途添加现金时，经有关负责人授权后，按照运送和加装自动柜员机备付金的规定执行。

（12）运送自动柜员机备付金必须坚持双人调款，双人武装押运和运钞车接送。

（13）自动柜员机如发生错款或存入假币，必须立即报告上级管理部门，核实有关取（存）款人操作记录，核点现金实物，确认错款金额后，按照现金错款溢短处理的相关规定及时处理。

（14）因特殊情况无法开箱取钞时，应立即报告主管负责人，迅速查明原因，并会同有关技术人员共同开箱。

（二）业务处理

▶ 1. 装钞流程

负责装钞的 ATM 出纳员进入操作员模式，选择打印钞箱库存，对钞箱中的剩余钞票和废钞进行清点，并记录剩余钞票金额和各币种张数。现金柜员通过终端，手工清点钱箱余额与主机钱箱进行核对，进行 ATM 加钞处理和加钞操作，并打印加钞张数备查。加钞完毕后，进行钱箱和吐钞测试，确保各种票面出钞无误。会计分录如下：

借：现金——运送中现金

　　贷：现金——库存现金

▶ 2. 清库结账

柜员清点库存与自助设备金额相符后，进行 ATM 现金入库处理，将入库现金转入柜员钱箱。会计分录如下：

借：现金——库存现金

　　贷：现金——运送中现金

管库员进行现金入库处理，将上缴现金收回。

五、保管箱

保管箱业务是银行接受客户申请，按照业务章程和协议条款，以出租保管箱的形式代客户保管各类物品的业务。

（一）基本规定

（1）营业机构办理保管箱业务须具备的条件有：①有符合《银行金库管理规定》的"库房建设、设施及安全标准"要求，且面积不少于50平方米并配备恒温恒湿设备的保管箱业务库；②有一定数量、多种规格、坚固耐用的保管箱；③有方便客户存取物品的隔离操作间；④有办理保管箱业务的计算机操作控制系统；⑤有监督出入库的监控设施及报警设施；⑥有四名以上的业务管理人员和经办人员；⑦有安全保卫人员值守。

（2）租金、保证金及手续费等的收取标准，由各开办行根据当地经济状况、保管箱购置成本、规格、租期等因素制定，报当地物价管理部门批准后执行，并报上级行备案。

（3）办理保管箱业务的营业机构应当与客户签订《保管箱租用协议》，明确双方的权利和义务，并严格遵照保管箱业务章程和协议条款为客户提供服务。

（4）具有完全民事行为能力和合法有效身份证件的个人，及具有法人资格和合法有效证明文件的单位均可申请租用保管箱。个人合法有效身份证件是指身份证、军官证、回乡证、港澳通行证、护照；单位有效证明文件是指经单位盖章和法人代表签字的信函。

（5）办理保管箱业务以"一箱一元"为记账单位纳入表外科目核算。

（6）银行发现租用人或代理人将保管箱转让或转租他人，应终止租约，并对租用人处以一定金额的罚金。

（7）租用人或代理人不得在保管箱内存放易燃、易爆、易腐蚀和易挥发等危险品及液体，不得存放枪支、弹药和毒品等违禁物品，以及放射性物品，不得利用保管箱进行窝藏赃物等非法活动。如违反本规定，银行有权终止开箱并提请公安、司法部门处理。如因租用人或代理人违反本规定而造成银行及他人财产损失，由其承担全部责任。

（二）业务处理

▶ **1. 保管箱的启用**

（1）个人申请租用保管箱，须持本人合法有效证件，填写《个人租用保管箱申请表》，并提交有关资料。

（2）个人授权委托他人代理保管箱业务，应在租箱申请表中写明并填制《授权委托书》确定授权代理人，明确授权范围和授权期限。租箱时，授权代理人须同时到场出示合法有效证件，并预留个人资料。

（3）如租用人中途委托他人代理保管箱业务，租用人和授权代理人应同时到场，填制《授权委托书》，明确授权范围和授权期限，并预留代理人个人资料。

（4）两人联名租用保管箱，双方都须持合法有效身份证件，填写租箱申请表，预留个人资料，所有手续均需双方同时到场办理。

（5）单位申请租箱，须持合法有效证明文件，填写《单位租用保管箱申请表》，在申请表上加盖公章，由法人代表签章，并在申请表上指定代理人，填制《授权委托书》。指定代理人须出示合法有效证件，并预留个人资料。

▶ **2. 租金、保证金及手续费等的收取**

（1）保管箱租期内，租金一般按年计算，可按年续租。租金一律预交。第一年应在租箱时缴纳，每年到期前缴纳下一年租金。租金、保证金等业务的收费标准如有调整，按交费时的标准收取。多期租金也可一次性缴纳，且不受期间收费标准调整的影响。

（2）租用人缴存保证金是遵守协议的保证，保证金按年租金的2倍（含）以上收取。保证金账户为计息账户，按同期活期利率计息，续租时租用人不再缴存保证金。

（3）如停止租用，在办妥退租手续后，银行凭客户提交的保证金收费凭证，将保证金连本带息退还租用人（银行代扣缴利息税）。如租用人有租金或其他费用未付清，银行可在保证金中予以扣除。

（4）租用期满，租用人未按规定缴纳租金的，银行按逾期天数和日租金标准收取逾期租金，同时按逾期天数和年租金的1％向其收取滞纳金。

（5）租用人按年或半年租箱，每月开箱超过约定次数，银行按次收取开箱手续费。

（6）租用人申请挂失或破箱，银行按规定收取手续费。

（7）在租约期内，租用人如违反租用协议，银行应终止租约，并联系租用人当面说明情况，银行只退保证金，不退租金。在租约解除后直至租用人交还钥匙、将箱内物品提清前，照收租金。

▶ 3. 保管箱的开启

（1）租用人（含联名租用人、单位法人、个人或单位代理人）在银行营业时间内申请开箱，由业务经办人员鉴定其开箱资格，无误后出具开箱通知单（标明所开箱号）交租用人。如租用人超次开箱，经办人员应向其收取开箱手续费，确认款项收妥后，出具开箱通知单交租用人。

（2）有下列情况之一者，银行应拒绝开箱：①申请开箱人身份证件、身份认证资料（印鉴、签字、密码、掌型、掌纹、指纹等）与预留银行的资料不符；②代理人申请开箱未经授权；③联名租用人现场发生争执、纠纷；④未按规定缴纳租金、保证金、手续费及滞纳金等；⑤接到租用人死亡通知后尚未确定合法继承人；⑥保管箱被公安司法部门认定有非法用途嫌疑或依法查封。

（3）如因租用人违约或利用保管箱从事违法犯罪活动而引起的非正常开箱，银行应按法律程序办理。在公安、司法部或公证部门监督下破箱，并共同登记、签章。非正常开箱，箱内物品的处理依照有关法律规定办理，并通知租用人。因破箱而形成的费用及损失，由租用人承担。

（4）银行认定存在非常情况时应终止营业，采取应急措施进行处理。

▶ 4. 续租、退租、挂失和查封

（1）租用人如需续租，应于租箱到期前申请续租。为保护租用人利益，其他未经授权人不得为租用人办理续租。

（2）租箱期满，租用人可以自由退租。中途退租，需由租用人（不含代理人）办理退租手续。已经缴纳的本期租金不予退还；保证金和已预交以后租期租金，银行凭租用人提交的收费凭证全额退还。

（3）租用人亡故，银行在接到死亡证明文件前，其授权代理人有权在授权期限和授权范围内办理手续。银行在接到死亡证明文件后，根据有效法律文件（境外的法律文件必须经过公证证明其真实性、有效性和合法性），准许其合法继承人或授权代理人自行清理箱内物品（银行不必参与），并办理退租手续。如合法继承人需继续租用保管箱，应重新办理租箱手续。继承人开箱应按照中国人民银行的有关规定执行，无明确规定的，可参照存款人死亡后存款过户或支付手续的有关规定执行。合法继承人无须全部到场，但未到的继承人应有经公证的书面声明或书面委托。

（4）租用人或代理人所持的磁卡、印鉴遗失或密码遗忘、泄露，应主动持有效证件到银行申请挂失，填写挂失申请书，缴纳挂失手续费及有关工本费。挂失生效7天内，银行暂停开箱；挂失生效7天后，银行予以解挂，为客户补发磁卡、更换印鉴，或由客户重新设置密码后，按正常程序开箱。

（5）租用人或代理人所持钥匙遗失，应办理挂失手续。如遗失1把钥匙，银行应予以换锁；如遗失2把钥匙，租用人须同时填写破箱申请书，银行予以破箱，破箱时租用人或代理人必须在场，并在破箱记录上签章确认。由此产生的费用及损失由租用人或代理人承担。

（6）租用人或代理人身份证件遗失或更换，应及时通知银行，银行登记备案。

（7）租用人或代理人逾期 3 个月未办理续租、退租手续，银行有权扣留保证金并停止开箱，同时业务主管应通知客户解除租用协议。

如逾期 6 个月仍未办理续租、退租手续，银行有权向司法机关申请公证破箱，箱内物品由公证部门登记，开列清单银行移存保管，由此形成的费用和损失由租用人承担。经公证破箱满 6 个月，银行再次限期催告客户，如仍未提取，银行将依业务章程和租用协议处理存放物品以偿付一切损失及费用，如有盈余暂列"其他应付款"科目，待从处理之日起两年后划入银行收益。

（8）如公安司法部门依法查询、冻结或扣收保管箱内物品，符合法律程序并出具有关证明的，银行应予协助执行，并妥善保存有关法律证明文书。已查封的保管箱必须在禁令解除后方可使用。箱内物品的处理依照有关法律规定办理或移至他箱，与公安司法部门或公证部门共同封存冻结，或由公安司法部门出具有效的物证转移书进行扣收。

（9）银行及其工作人员应严格执行国家法律的有关规定，保护租用人的合法权益，并为租用人严守秘密。除法律另有规定外，银行拒绝任何单位或个人以任何形式查询、冻结租用人的保管箱。

（10）发现租用人或代理人将保管箱转让或转租他人，应终止租约，并对租用人处以一定金额的罚金。

（11）租用人或代理人不得在保管箱内存放易燃、易爆、易腐蚀和易挥发等危险品及液体，不得存放枪支、弹药和毒品等违禁物品，以及放射性物品，不得利用保管箱进行窝藏赃物等非法活动。如违反相关规定，银行有权终止开箱并提请公安、司法部门处理。如因租用人或代理人违反相关规定而造成银行及他人财产损失，由其承担全部责任。

六、日终现金收付的核对及入库

每日营业终了，柜员应对当日经办的现金进行整理并核对发生额和余额相符。

（1）柜员清点。柜员清点整理本外币库存现金、有价证券、各种凭证，做好日终结账前的准备工作。

（2）办理入库手续。打印相关凭证，柜员签章后，将本外币现金实物交库管员办理入库手续。

（3）账账核对、账实核对。每日营业终了，结出现金收入、付出合计数；登记现金库存簿，并结出余额，与当天实际现金收付数和"库存现金"科目发生额核对相符，由相关人员在现金库存簿上签章。

第三节　假币管理

一、基本规定

（1）假币管理执行《中国人民银行假币收缴、鉴定管理办法》。

（2）办理现金业务的人员必须经过相关培训，考核合格后颁发"反假货币考试合格证书"，做到持证上岗。

（3）一旦确认为假币，不得再退还持有人，不得以判定不准为由退还假币，更不准将盖有"假币"字样的假币退还持有人。

（4）已收缴假币营业终了入库保管，定期上缴中国人民银行。

（5）营业网点在收缴假币过程中有下列情形之一的，应当立即报告当地公安机关，提供有关线索：一次性发现假人民币20（含）张、枚以上、假外币10（含）张、枚以上的；属于利用新的造假手段制造假币的；有制造贩卖假币线索的；持有人不配合金融机构收缴行为的。

二、业务处理

（一）假币收缴

（1）柜员发现假币后，由网点取得"反假货币考试合格证书"的柜员及营业经理当面予以鉴定、收缴，加盖"假币"字样的戳记，登记《假币收缴代保管登记簿》；对假外币纸币及各种假硬币，当面以统一格式的专用袋加封，封口处加盖"假币"字样的戳记。

柜员填制"记账凭证"，进行假币收缴登记处理，打印"假币收缴凭证"一式两联，并在"记账凭证"背面打印交易记录，系统自动更新表外账。

收缴人、复核人分别在"假币收缴凭证"上签章并加盖核算用章，第二联退客户。告知客户如对被收缴的货币真伪有异议，可向鉴定机构申请鉴定。会计分录如下：

借：备查登记业务余额

贷：票样和假币——假币

（2）收缴假币后，前台柜员及时将收缴的假币实物、"假币收缴凭证"第一联一同上缴钱箱。

（3）钱箱两名管库柜员根据"假币收缴凭证"与实物核对无误后，在"假币收缴凭证"的左下方分别签章。钱箱操作员查询假币收缴登记记录，与"假币收缴凭证"逐笔核对，经营业经理授权，将假币收缴入库。

（4）业务主管查询打印网点现金日结单，核对当日假币入库情况，并签章确认。

（二）假币上缴

▶1.营业网点上缴中心库或支行业务库

（1）钱箱操作员进行假币上缴处理，打印"假币收缴统计表"一式两份，经业务主管授权后进行出库上缴。会计分录如下：

借：票样和假币——假币

贷：备查登记业务余额

（2）营业终了，"假币收缴统计表"、假币实物和"假币收缴凭证"随上解款箱解送中心库或支行业务库。

（3）中心库或支行业务库钱箱操作员进行假币入库处理，会计分录如下：

借：备查登记业务余额

贷：票样和假币——假币

▶2.中心库或支行业务库上缴中国人民银行

中心库或支行业务库管库员每季度末填制"假币解缴汇总单"，操作员进行假币出库处理，经主管授权后上缴中国人民银行，会计分录如下：

借：票样和假币——假币

贷：备查登记业务余额

（三）假币冲销

▶1.柜员收缴后发现为真币

柜员收缴后发现为真币时，对该笔假币进行收缴登记记录撤销处理，等额兑换真币退还客户，会计分录如下：

借：票样和假币——假币
　　贷：备查登记业务余额

▶ **2. 网点收缴入库后发现为真币**

（1）钱箱管库柜员根据中国人民银行出具的"货币真伪鉴定书"第二联核对"假币收缴凭证"与实物无误后，填制"内部记账凭证"，并注明"真币退还"。钱箱操作员进行假币出库处理，经业务主管授权记账。已盖"假币"戳记的真币作为残损券处理。中国人民银行"货币真伪鉴定书"与"假币收缴凭证"留存备查。会计分录如下：

借：票样和假币——假币
　　贷：备查登记业务余额

（2）钱箱操作员使用假币出入库交易做冲销处理。

▶ **3. 假币上缴中心库或支行业务库后发现为真币**

（1）中心库或支行业务库钱箱操作员进行假币出库处理，会计分录如下：

借：票样和假币——假币
　　贷：备查登记业务余额

（2）原缴出网点钱箱管库柜员根据退回的中国人民银行"货币真伪鉴定书"和"假币收缴凭证"第二联与实物填制"内部记账凭证"，注明"退回真币"，钱箱操作员查询出库上缴记录做入库处理，经业务主管授权记账。会计分录如下：

借：备查登记业务余额
　　贷：票样和假币——假币

（3）钱箱操作员进行假币出库处理，经业务主管授权记账。会计分录如下：

借：票样和假币——假币
　　贷：备查登记业务余额

（4）钱箱操作员使用假币出入库交易做冲销处理。

各地中国人民银行有其他相关规定，按当地中国人民银行规定执行。

第 四 节　现金出纳错款的处理

错款是指柜员在办理现金收付业务的过程中，由于发生现金多、缺而造成的现金账款不符。一旦发生错款，柜员应当及时向有关领导汇报错款的情况。银行对于错款通常是按照"长款不得寄库，短款不得空库，严禁长、短款相互抵补"的原则处理。

发生现金错款，无论金额大小，无论长款或短款，确认错款金额后，应积极查找原因，当日未能处理的，按以下程序处理：错款金额全额经审核批准签章后转入"其他应付款"或"其他应收款"科目，并登记错款登记簿，须做到长款不寄库，短款不空库，同时采取相应的办法查找。

一、现金长款的核算

现金长款又称为现金溢出。发生长款，应当积极查找原因，不能侵占，并根据情况进行相应的账务处理。

（1）发生长款时，如当日未能查明原因，经会计主管批准后，填制现金收入凭证，会计分录如下：

借：现金——库存现金

贷：其他应付款——待处理出纳长款

同时登记现金收入日记簿和错款登记簿。

（2）对于查明原因的长款，应区别不同情况处理。若属于客户多交或银行少付的，应及时归还，办退款手续，会计分录如下：

借：其他应付款——待处理出纳长款

贷：现金——库存现金

（3）无法查明原因的长款，经有关部门批准后，确认为营业外收入。会计分录如下：

借：其他应付款——待处理出纳长款

贷：营业外收入——出纳长款收入等

二、现金短款的核算

现金短款又称为短缺。发生短款时，应当及时汇报，积极查找原因、找回，并根据情况进行相应的账务处理。

（1）发生短款时，如当日未能查清、找回，经相关领导批准后，填制现金付出凭证，会计分录如下：

借：其他应收款——待处理出纳短款

贷：现金——库存现金

同时登记现金付出日记簿和错款登记簿。

（2）对于查明原因的短款，如果属于人为原因的错款，应当向相关责任人追缴，会计分录如下：

借：其他应收款——××人户

贷：其他应收款——待处理出纳短款

（3）收到责任人的款项，追回短款时，会计分录如下：

借：现金——库存现金

贷：其他应收款——××人户

同时登记现金收入日记簿。

（4）如果短款属于无法查明原因的技术错款等，经有关部门批准后，确认为营业外支出。会计分录如下：

借：营业外支出

贷：其他应收款——待处理出纳短款

第五节 现金领缴业务

商业银行的各级经营机构因经营管理的需要，经常进行现金领缴活动。当库存现金较多时，下级行自行或根据上级行的要求将多余现金缴存上级行或中央银行；当库存现金不足时，下级行向上级行或中央银行申请调入现金。

一、下级行向上级行缴存现金的核算

下级行向上级行缴存现金时，下级行的会计分录如下：

借：上存系统内款项

　　贷：现金——库存现金

下级行向上级行缴存现金时，上级行的会计分录如下：

借：现金——库存现金

　　贷：系统内款项存放

二、下级行向上级行领取现金的核算

下级行向上级行领取现金时，下级行的会计分录如下：

借：现金——库存现金

　　贷：上存系统内款项

下级行向上级行领取现金时，上级行的会计分录如下：

借：系统内款项存放

　　贷：现金——库存现金

三、向中央银行领缴现金的核算

向中央银行缴存现金时，会计分录如下：

借：存放中央银行款项

　　贷：现金——库存现金

向中央银行领取现金时，会计分录如下：

借：现金——库存现金

　　贷：存放中央银行款项

| 本章小结 |

　　广义的现金资产指商业银行持有的库存现金，以及与现金等同的可随时用于支付的银行资产，主要包括库存现金、存放中央银行款项、存放同业和其他金融机构的款项。本章主要介绍狭义的现金资产，即库存现金。现金出纳业务是商业银行的一项基础性工作，是办理本行的现金结算、备用金领取与缴存、现金保管与运送、外币兑换与保管等工作的总称。本章主要阐述了现金出纳工作的任务及基本原则、现金日常业务处理、现金出纳业务的核算与管理、现金出纳错款的处理，以及现金领缴的核算。

本章习题

第四章
存 款 业 务

学习目标

1. 掌握单位存款账户的种类及管理要求。
2. 掌握单位活期存款存取现金的核算手续。
3. 掌握单位定期存款存入与支取的核算手续，了解单位存款的计息规定和计息方法。
4. 掌握储蓄存款的种类，储蓄存款业务的存、取手续及利息计算方法。
5. 掌握通存通兑业务的核算手续。

　　存款是指商业银行吸收的单位和居民个人的各种货币资金，按照约定随时或到期支取本金，银行按照约定利率支付利息的一种信用活动。存款是商业银行信贷资金的主要来源，是商业银行负债业务中占比最大的部分。存款是商业银行组织办理支付结算的前提，同时也是国家调节流通中货币供应量的重要手段。存款是商业银行的负债业务。负债是指商业银行过去的交易或事项形成的，预期会导致经济利益流出银行的现时义务。负债是商业银行的主要资金来源，属于债权人权益。商业银行能否正常经营，其负债资金起着决定性作用。负债筹集资金的主要渠道是吸收存款和发行债券，银行吸收存款的对象有单位和个人，因此有单位存款和个人存款之分。

第 一 节　账 户 管 理

　　账户管理主要包括账户的开立、账户的使用和变更、账户的撤销等内容。账户可分为存款户、贷款户、内部户和表外户等，每个账户都有对应的账号。

一、人民币银行结算账户

（一）基本规定

人民币银行结算账户是指银行为存款人开立的办理资金收付结算的人民币活期存款账

户。人民币银行结算账户按存款人的不同可分为单位银行结算账户和个人银行结算账户。

单位银行结算账户是指单位客户在银行开立的办理资金收付结算的人民币活期存款账户。单位客户是指在银行开立银行结算账户的机关、团体、部队、企业、事业单位及其他组织。单位银行结算账户按用途可分为基本存款账户、一般存款账户、专用存款账户和临时存款账户。

个人银行结算账户是指个人客户凭个人有效身份证件以自然人名称在银行开立的，用于办理资金收付结算的人民币活期存款账户。同一自然人开立的个人银行结算账户数量不限。

(二) 账户管理

▶ 1. 单位银行结算账户管理

单位银行结算账户开立、变更和撤销业务应遵守法律、行政法规和反洗钱等相关制度规定，要严格按照人民币银行结算账户管理办法等制度的有关规定办理银行结算账户业务。

基本存款账户、临时存款账户、预算单位专用存款账户和 QFII 专用存款账户统称核准类单位银行结算账户。核准类单位银行结算账户由开户行将单位客户开户申请资料报送中国人民银行上海总部、当地分支行核准并发开户许可证后方可开户。单位客户只能选择一家银行的一个营业机构开立一个基本存款账户。

一般存款账户和非预算单位专用存款账户统称备案类单位银行结算账户。备案类单位银行结算账户由开户行通过账户管理系统向中国人民银行上海总部、当地分支行报备后方可开户。备案类单位银行结算账户无须报送纸质资料。

各国驻华使馆、领事馆和各国际组织驻华代表机构开立人民币银行结算账户还应严格按照《中国人民银行关于各国驻华使馆、领事馆和各国际组织驻华代表机构开立人民币银行结算账户有关问题的通知》执行。

(1) 单位银行结算账户的开立。银行受理审核客户开立、变更和撤销单位银行结算账户申请，并将相关资料及时、准确报送上级行审批部门和当地中国人民银行审批。

单位客户应当以实名开立银行结算账户(军队和武警保密单位可以例外)，并对其出具的开户申请资料实质内容的真实性负责，法律、行政法规另有规定的除外。

开户行应遵循"了解你的客户"的原则认真审核存款人上级法人、主管单位及关联企业的信息，履行尽职调查的义务。

① 基本存款账户是单位客户因办理日常转账结算和现金收付需要开立的银行结算账户。

单位客户申请开立基本存款账户，应具备下列条件之一：企业法人；非法人企业；机关、事业单位；团级(含)以上军队、武警部队及有关边防、分散执勤的支(分)队；社会团体；民办非企业组织；异地常设机构；外国驻华机构；个体工商户；居民委员会、村民委员会、社区委员会；单位设立的独立核算的附属机构等。

单位客户申请开立基本存款账户，应根据单位性质向开户银行出具下列证明文件之一：企业法人营业执照正本；企业营业执照正本；政府人事部门或编制委员会的批文或登记证书，以及财政部门同意其开户的证明；军队单位开户核准通知书、武警单位开户核准通知书；社会团体登记证书、宗教事务管理部门的批文或证明；民办非企业登记证；驻在地政府主管部门的批文；派出地政府部门的证明文件；国家有关主管部门的批文或证明，以及国家登记机关颁发的登记证；个体工商户营业执照正本；居民委员会、村民委员会、社区委员会主管部门的批文或证明；独立核算的附属机构的隶属单位的基本存款账户开户许可证和相关批文证明。

单位客户为从事生产、经营活动纳税人的，还应出具税务部门颁发的税务登记证。开户行可根据需要，要求申请开立基本存款账户的单位客户提供其他证明文件。

② 一般存款账户是单位客户因借款或其他结算需要，在基本存款账户开户银行以外的银行营业机构开立的银行结算账户。

单位客户基本存款账户开户行不得为其开立一般存款账户。单位客户从其基本存款账户开户行取得的贷款，通过其基本存款账户核算。中央预算单位执行有关规定。

单位客户申请开立一般存款账户，应向开户行出具开立基本存款账户规定的证明文件、基本存款账户开户许可证，以及下列证明文件之一：借款合同、单位客户因其他结算需要出具的公函。

③ 专用存款账户是单位客户按照法律、行政法规和规章，对其特定用途资金进行专项管理和使用而开立的银行结算账户。

下列资金的管理与使用，单位客户可以向开户行申请开立专用存款账户：基本建设资金；更新改造资金；财政预算外资金；证券交易结算资金；期货交易保证金；信托基金；金融机构存放同业资金；政策性房地产开发资金；单位银行卡备用金；住房基金；社会保障基金；收入汇缴资金和业务支出资金；党、团、工会设在单位的组织机构经费；按照国家法律、法规、规章和军队、武警有关规定，进行专项管理和使用的特定用途的军队、武警单位资金；其他需要专项管理和使用的资金。

单位客户申请开立专用存款账户，应向开户行出具开立基本存款账户规定的证明文件、基本存款账户开户许可证，以及制度规定的相关批文、证明、协议等。按照国家有关规定或存款人资金管理有特殊需要的，单位开立的专用存款账户的名称可以为单位名称后加内设机构(部门)名称或资金性质，但专用存款账户的预留印章应与专用存款账户名称一致。同一证明文件，只能开立一个专用存款账户。开户行不得受理单位客户为粮、棉、油收购资金开立专用存款账户的申请。

④ 临时存款账户是单位客户因临时需要并在规定期限内使用而开立的银行结算账户。

单位客户向开户行申请开立临时存款账户，应具备下列条件之一：设立临时机构；异地临时经营活动；注册验资、增资验资；军队、武警单位承担基本建设或者异地执行作战、演习、抢险救灾、应对突发事件等临时任务。

单位客户申请开立临时存款账户，应向开户行出具制度规定的相关批文、证明、协议等。异地建筑施工及安装单位、异地从事临时经营活动的单位、境内单位在异地从事临时活动的，还应出具其基本存款账户开户许可证。

企业登记注册因验资需要在银行开立验资账户时，应出具的资料包括：工商行政管理部门核发的《企业名称预先核准通知书》或有关部门批文、预留印鉴卡片、单位开户(资料更改)申请书，以及中国人民银行当地分支机构规定的其他资料。

(2) 单位银行结算账户的管理。

① 开户行应按照《人民币银行结算账户管理办法》等制度的规定，监督单位客户对所开立的单位银行结算账户的使用情况。

② 临时存款账户根据开户证明文件确定的期限或单位客户的需要确定有效期限，最长不超过 2 年。单位客户需要延长临时存款账户期限的报中国人民银行当地分支行核准后办理展期。临时存款账户有效期限和展期期限合计最长不得超过 2 年。

③ 单位银行结算账户自正式开立之日起，3 个工作日后正式生效，生效后方可办理对外支付，特殊情况按相关制度执行。

④ 单位银行结算账户向个人银行结算账户支付款项，付款单位若在付款用途栏或备注栏注明事由，可不出具付款依据，但付款单位对付款事由的真实性、合法性负责。

⑤ 经办行应根据中国人民银行当地分支机构的规定，对单位银行结算账户进行年检。

（3）单位银行结算账户的变更。单位客户更改名称但不改变开户行及账号的，以及法定代表人或主要负责人、住址、其他开户资料发生变更的，应于 5 个工作日内向开户行提交正式公函，填写变更申请书，并出具有关部门的证明文件向开户行申请变更。开户行按制度规定审核报批后进行变更。

（4）单位银行结算账户的撤销。

① 单位客户因迁址需要变更开户银行的，以及因其他原因撤销银行结算账户后，需要重新开立基本存款账户的，应在撤销其原基本存款账户 10 日内申请重新开立基本存款账户。单位客户申请重新开立基本存款账户时，除应按规定出具相关证明外，还应出具"已开立银行结算账户清单"。

② 验资客户凭工商行政管理部门颁发的企业法人营业执照（正本）及中国人民银行当地分支机构核发的开户许可证，办理正式开户手续及全额资金划转。注册验资的临时存款账户在验资期间只收不付。注册验资资金的汇缴人应与出资人的名称一致。

③ 对已销户的客户档案由支行进行专夹保管，保管期限为撤销银行结算账户后10 年。

（5）银行结算账户预留印鉴的管理。

① 单位结算账户预留印鉴。预留印鉴使用人员不得直接对外受理预留印鉴、变更印鉴等事项。预留印鉴卡片经审核符合有关规定并加盖经办人（受理申请人）、业务主管印章后方为有效。

② 单位结算账户印鉴变更。单位客户变更预留银行签章，新旧印章应有明显区别。单位客户申请更换预留公章或财务专用章，但无法提供原预留公章或财务专用章的，应向开户行提交正式公函，出具原印鉴卡片、开户许可证、营业执照正本、司法部门的证明等相关证明文件。

③ 预留印鉴卡片的保管。应做到临时离岗，加锁保管；每日中午休息或营业终了，柜员必须将所经管的印鉴卡片放在保险柜（箱）中加锁保管。

（6）银行结算账户支付密码的管理。凡在银行开立基本存款账户、一般存款账户、临时存款账户和专用存款账户的客户，均可购买和使用支付密码器或密码单。同一客户购买的一个支付密码器可以加载多个账户。

可以和客户约定在现金支票、转账支票、普通支票、业务委托书、电汇、信汇、空白重要凭证领用单、税收缴款书、电话银行付款凭证、收费凭证等支付凭证上使用支付密码，银行凭以审核支付。支付凭证上的支付密码应使用碳素墨水填写或者打印。

▶ 2. 个人银行结算账户

存款人应以实名开立个人银行账户（含个人银行结算账户、个人活期储蓄账户、个人定期存款账户、个人通知存款账户等），并对其出具的开户申请资料的真实性和有效性负责。存款人开户信息资料发生变更时，应及时通知开户行。个人银行结算账户的开立和使用应当遵守有关法律、行政法规和反洗钱等相关制度规定。营业机构必须严格按照《人民币银行结算账户管理办法》等制度的相关要求，为个人客户开立个人银行结算账户，并对其使用情况进行严格审查。

（1）个人银行结算账户的开立。个人银行结算账户是自然人因投资、消费、结算等而开立的可办理支付结算业务的个人活期存款账户。有下列情况之一的，可以申请开立个人银行结算账户：使用支票、信用卡等信用支付工具的个人；办理汇兑、定期借记、定期贷记、借记卡等结算业务的个人。

个人客户申请开立个人银行结算账户，应出具以下有效证件：①居住在中国境内的16岁以上的中国公民，应出具居民身份证或临时居民身份证；②军人、武装警察尚未申领居民身份证的，可出具军人、武装警察身份证件；③居住在境内或境外的中国籍华侨，可出具中国护照；④居住在中国境内的16周岁以下的中国公民，应由监护人代理开立个人银行结算账户，出具监护人的有效身份证件及账户使用人的居民身份证或户口；⑤中国香港、澳门特别行政区居民，应出具港澳居民往来内地通行证；⑥中国台湾地区居民，应出具台湾居民来往大陆通行证或者其他有效旅游证件；⑦外国公民，应出具护照或外国人永久居留证（外国边民按照边贸结算的有关规定办理）。

除以上法定有效证件外，还可根据需要，要求存款人出具户口簿、护照、工作证、机动车驾驶证、社会保障卡、公用事业账单、学生证、介绍信等其他证明身份的有效证件或证明文件，以进一步确认存款人身份。

（2）个人银行结算账户的使用。

① 个人银行结算账户用于办理个人转账收付和现金存取。下列款项可以转入个人银行结算账户：工资、奖金收入；稿费、演出费等劳务收入；债券、期货、信托等投资的本金和收益；个人债权或产权转让收益；个人贷款转存；证券交易结算资金和期货交易保证金；继承、赠予款项；保险理赔、保费退还等款项；纳税退还；农、副、矿产品销售收入；其他合法款项。

② 个人银行结算账户和储蓄账户的转账应符合以下要求：个人银行结算账户与个人银行结算账户之间可以转账；个人银行结算账户与活期储蓄账户之间，当账户属于同一人时，可以转账；同一人的活期储蓄账户之间可以转账；活期存款账户（个人银行结算账户、活期储蓄账户）与定期储蓄账户之间，当账户属于同一人时，可以转账，否则不能转账；同一人的定期储蓄账户之间可以转账；个人银行结算账户与单位银行结算账户之间可以转账。

③ 银行应依法为个人客户的个人银行结算账户的信息保密，除国家法律另有规定外，银行有权拒绝任何单位或个人查询个人银行结算账户的存款和有关资料。

④ 营业机构应对个人客户使用个人银行结算账户的情况进行监督，对个人客户的大额可疑支付业务应按照中国人民银行规定的程序及时报告。

（3）个人银行结算账户的变更与撤销。个人客户不需使用个人银行结算账户时，可以向银行营业机构提出销户申请，并通过签单或常规填单服务方式办理销户手续。

个人客户尚未清偿银行债务，或尚有在途未清算资金的（如支票资金户、基金、证券资金专户等），不得申请撤销个人银行结算账户。个人客户未按规定自行销户的，因此造成的损失由个人客户自行承担。

营业机构撤销个人银行结算账户时，按中国人民银行规定，计付活期存款利息。

二、单位定期（通知）存款和单位协定存款账户

单位定期（通知）存款是由存款单位约定期限，到期支付本息的一种存款。单位协定存款是指开户单位与银行签订协定存款合同，约定期限，商定其结算账户需保留的基本存款

额度，由银行对基本存款额度内的存款按结息日或支取日活期存款利率计息，超过基本存款额度部分按结息日或清户日中国人民银行公布的协定存款利率给付利息的一种存款。

（一）单位定期（通知）存款

银行对单位存入的定期（通知）存款实行账户管理。单位定期存款存入后，开户银行给存款单位开具单位定期（通知）存款证实书，证实书仅对存款单位开户证实，不得作为质押的权利凭证。

单位定期（通知）存款存入可使用现金存入或转账存入。财政拨款预算内资金及银行贷款不得作为单位定期（通知）存款存入金融机构。存款单位支取定期（通知）存款可以转账方式将存款转入其原转存账户，不得将定期（通知）存款用于结算或从定期（通知）存款账户中提取现金。支取定期（通知）存款时，须出具证实书，并提供预留签章。开户银行审核无误后为其办理支取手续，同时收回单位定期（通知）存款开户证实书。

（二）单位协定存款

单位开立协定存款账户应与银行签订《协定存款合同》，约定合同期限，规定基本存款额度。合同期限最长为一年（含一年），到期任何一方若未提出终止或修改，则自动延期。开户需在符合并开立基本存款账户或一般存款账户的基础上办理，协定存款账户下应设结算户A和协定户B，单位开立的基本存款账户或一般存款账户作为协定存款账户的结算户，用于正常经济活动的会计核算，协定户B作为结算户A的后备存款账户，不直接发生经济活动。协定存款的结算存款户销户时，要先销协定户B，再销结算户A。

三、集团账户

集团账户是指集团性客户的总部及其成员单位在银行营业网点开立的构成一级账户和二级账户或多级账户关系的人民币结算账户。

（一）集团账户的开立

集团账户的性质为基本存款账户、一般存款账户或专用存款账户，账户的开立、使用、变更、撤销执行有关法律、法规和规章。集团一级账户由集团总部开立，为集团账户中的总账户，核算全部实存资金的收支情况。集团二级账户由成员单位分别开立，该账户为一级账户的明细账户。集团账户的使用对象为在银行开立结算账户的集团性客户。多级集团账户应逐级按一级账户和二级账户之间的规定执行。银行为集团客户开立集团账户，须与总部及成员单位签订协议，明确各方权责，严格防范风险。

（二）集团账户的冻结

当一级账户被依法冻结时，一级账户开户行必须立即停止一级账户、二级账户的对外支付，通知其他二级账户的开户行取消集团二级账户的设置，将集团二级账户转为正常结算账户（账号、户名不变），且余额为零。有权部门依法对二级账户资金进行扣划，一级账户余额不足时，一级账户开户行立即通知所有集团账户开户行停止该集团客户一、二级账户的支付，要求客户立即补足，直至全额扣划款项。

（三）集团账户的撤销、终止

根据协议约定或客户出具的书面承诺、授权书，可以将集团账户全部或部分撤销。撤销集团二级账户，应由集团总部出具经该集团一级、二级账户所有人分别签署的承诺函；集团一级账户资金余额小于二级账户记载余额时，除应出具承诺函外，还应提交集团一级、二级账户所有人共同签章的申请。

四、外汇账户

外汇账户是指境内机构、驻华机构、个人及来华人员以可自由兑换货币在开户金融机构开立的账户。境内机构、驻华机构一般不允许开立外币现钞账户。个人及来华人员一般不允许开立用于结算的外汇账户。外汇账户按资金来源、用途划分，可分为经常项目外汇账户和资本项目外汇账户。

（一）经常项目外汇账户

下列经常项目外汇，可以开立外汇账户保留外汇：经营境外承包工程、向境外提供劳务、技术合作的境内机构，在其业务项目进行过程中发生的业务往来外汇；从事代理对外或者境外业务的境内机构代收代付的外汇；境内机构暂收待付或者暂收待结项下的外汇，包括境外汇入的投标保证金、履约保证金、先收后支的转口贸易收汇、邮电部门办理国际汇兑业务的外汇汇兑款、铁路部门办理境外保价运输业务收取的外汇、海关收取的外汇保证金、抵押金；外商投资企业在外汇局核定的最高金额以内的经常项目项下外汇；境内机构用于偿付境内外外汇债务利息及费用的外汇；驻华机构由境外汇入的外汇经费；个人及来华人员经常项目项下收入的外汇；境内机构经外汇局批准允许保留的经常项目项下的其他外汇。

（二）资本项目外汇账户

下列资本项目外汇，可以开立外汇账户保留外汇。

（1）境内机构借用的外债、外债转贷款和境内中资金融机构的外汇贷款：开立的贷款专户，收入为外债、外债转贷款或者外汇贷款的合同款；支出用于贷款协议规定的用途。

（2）境内机构用于偿付境内外外汇债务本金的外汇：根据相关规定开立的还贷专户，其收入为经批准用人民币购买的外汇、经批准的贷款专户转入的资金及经批准保留的外汇收入；支出用于偿还债务本息及相关费用。

（3）境内机构发行股票收入的外汇：开立的外币股票专户，其收入为外币股票发行收入，支出用于经证券监督管理部门批准的招股说明书规定的用途。

（4）外商投资企业中外投资方以外汇投入的资本金：开立的外商投资企业外汇资本金账户，其收入为外商投资企业中外投资方以外汇投入的资本金；支出为外商投资企业经常项目外汇支出和经外汇局批准的资本项目外汇支出。

（5）境外法人或者自然人为筹建外商投资企业汇入的外汇：开立的临时专户，其收入为境外法人或者自然人为筹建外商投资企业汇入的外汇；支出为筹建外商投资企业的开办费用及其他相关费用。企业成立后，临时账户的资金余额可以转为外商投资款划入企业资本金账户。如果企业未成立，经外汇局核准，资金可以汇出境外。

（6）境内机构资产存量变现取得的外汇：开立的外汇账户，其收入为境内机构转让现有资产收入的外汇；支出为经批准的资金用途。

（7）境外法人或者自然人在境内买卖B股的外汇：开立的外汇账户，其收入为境外法人或者自然人买卖股票收入的外汇和境外汇入或者携入的外汇，支出用于买卖股票。

（8）经外汇局批准的其他资本项目下的外汇。

五、保证金账户

保证金是银行在为客户办理各类融资和非融资业务时，为了降低银行风险而按客户信用等级和相关业务管理规定向客户收取的资金。

（1）保证金主账户是为办理保证金业务，客户在银行开立的专门用于存放保证金存款的多币种账户，主账户下可设不同币种的分户账。每个客户只能存在一个账户状态为正常的保证金主账户，用于所有该客户所涉及的保证金业务的处理。

（2）保证金账户应实行封闭管理，严禁发生保证金专户与申请人结算户串用、各子账户之间相互挪用、同一开证申请人的保证金子账户之间相互混用等行为；不得提前支取保证金。

六、个人储蓄存款账户

个人储蓄存款账户是指个人在银行开立的人民币、外币存款账户，包括活期储蓄存款账户（含定活两便储蓄存款）、个人定期存款账户、零存整取储蓄存款账户、个人通知存款账户，以及其他形式的个人储蓄存款账户。

在开立个人储蓄存款账户时，必须按照《个人存款账户实名制规定》的要求开立。个人储蓄账户的开立、存取、销户、计息等均应符合《储蓄管理条例》的有关规定。

个人在银行开立个人存款账户时，应当出示本人身份证件，使用实名。代理他人在银行开立个人存款账户的，代理人应当出示被代理人和代理人的身份证件。不出示本人身份证件或者不使用本人身份证件上的姓名的，金融机构不得为其开立个人存款账户。个人存款账户实行实名制，客户申请开立个人储蓄存款账户的有效证件与开立个人银行结算账户出具有效证件的规定相同。

外币储蓄存款账户分为现汇账户和现钞账户。凡从我国港、澳、台地区及国外携入或持有的可自由兑换的银行开办外币储蓄业务币种范围内的外币现钞，均可以开立现钞账户；从我国港、澳、台地区及国外汇入的外汇或携入的外汇票据，均可以开立现汇账户。不能立即付款的外汇票据，需经银行办理托收，收妥后方可开立现汇账户。

个人储蓄账户办理转账时，只有同一客户的各储蓄账户之间可办理转账业务，除此之外，各类个人储蓄账户只能办理现金存取业务。

客户向银行申请活期储蓄存款销户时，须提供活期存折或活期一本通存折，大额取款须提供本人有效身份证件，委托他人办理的，须同时提供代理人有效身份证件。

七、贷款账户

贷款账户是指商业银行对借款人提供的按约定的利率和期限还本付息的货币资金账户，分为单位贷款账户和个人贷款综合账户等。

（一）单位贷款账户

开立单位贷款账户的前提是必须开立对应的存款户（此存款户不能是集团二级账户、协定存款账户下的协定户B或临时账户等）。同一借款人在一个营业网点只开立一个贷款账户，在贷款账户下逐笔设置借据，根据借据进行明细核算和管理。各借据按贷款性质、期限分别归属于相应的科目。贷款户的表内欠息和表外欠息的账户、借据编号、借据序号与贷款户相同。

贷款户销户即贷款结清时，经银行业务主管授权后办理贷款户销户。贷款户销户的前提是该户中的所有贷款及欠息已经全部归还。

（二）个人贷款综合账户

目前，各家银行的个人贷款综合账户为无纸账户，必须下挂在同一客户账号下。个人贷款综合账户开户条件是客户须年满18周岁，凭本人有效身份证件原件申请开立个人贷款综合账户和申请贷款。

（三）贷款账户的开立与撤销

单位贷款账户开立时，柜员根据借款人填制并经信贷部门审批同意的借款凭证和信贷部门签发的电子准贷证开立单位贷款账户。单位贷款账户撤销时，柜员要查询并确认贷款账户无余额、无欠息，经银行业务主管授权后办理贷款户销户。

八、内部账户和表外账户

内部账户是指用于核算内部资金往来的账户，包括内部资产类账户、内部负债类账户、所有者权益类账户、资产负债共同类账户和损益类账户。银行应严格按照银行会计科目说明、银行内部账户核算标准规定的核算内容和级次正确使用内部账户，不得越级、越权使用；不得指使、授意经办人员违规使用内部账户。

表外账户是指用于对或有资产、或有负债、有价单证和重要凭证实物等进行核算的账户。

第二节 单位存款业务

单位存款业务主要包括单位活期存款和单位定期存款两种形式，另外还有通知存款等，其存取手续各不相同，这里分别进行介绍。

一、单位活期存款业务

单位活期存款是一种随时可以存取，按结息期计算利息的单位存款。

（一）基本规定

▶ 1. 现金业务

现金业务的办理应遵守《中国人民银行现金管理条例》，实行大额现金收支报备，大额支出审批制度，凡发生对外现金业务，均应遵循"现金收款业务先收款后记账，现金付款业务先记账后付款"的原则。

▶ 2. 转账业务

转账业务主要分为转账存入和转账支出，银行受理客户提交的转账凭证应按《支付结算办法》的要求认真审查，防范结算风险。转账业务必须先记账后签发回单，受理他行票据收妥入账。

▶ 3. 单位结算账户的存取款管理要求

基本存款账户是存款人因办理日常转账结算和现金收付需要开立的银行结算账户。

一般存款账户是存款人因借款或其他结算需要，在基本存款账户开户银行以外的银行营业机构开立的银行结算账户，可以办理现金缴存款，但不能办理现金支取业务。

专用存款账户是存款人按照法律、行政法规和规章，对其特定用途资金进行专项管理和使用开立的银行结算账户。

临时存款账户是存款人因临时需要并在规定期限内使用而开立的银行结算账户。临时存款账户支取现金，应按国家现金管理的规定办理。注册验资的临时存款账户在验资期间只收不付，注册验资资金的汇缴人应与出资人的名称一致。

▶ 4. 其他活期存款

（1）保证金专户。保证金专户必须实行封闭管理，严禁发生保证金专户与客户结算户串用、各子账户之间相互挪用等行为；在业务终止前不得提前支取保证金。

（2）应解汇款。收款人来行办理取款，应认真审查收款人本人的身份证件，并留复印件备查，如果为信汇方式，同时审查信汇凭证上是否注明其证件名称、号码及发证机关，以及收款人是否在"收款人签章"处签章。收款人签章必须同预留签章相符，然后办理付款手续。

需要支取现金的，汇划补充凭证上必须有汇出银行按规定填明的"现金"字样，应一次办理现金支付手续；未注明"现金"字样，需要支取现金的，由汇入银行按照现金管理规定审查支付。

转账支付的款项，只能转入单位或个体工商户存款账户及个人结算账户。需要转汇的，应重新办理汇款手续，其收款人与汇款用途必须是原汇款的收款人和用途，并在业务委托书或信、电汇兑凭证上加盖"转汇"戳记。系统内的转汇业务，应在实时清算系统的银行附言栏加注"转汇"字样，对注明不得转汇的汇入款项，不予办理转汇。

单位活期存款存取的方式主要有现金存取和转账存取两种。其中，转账存取存款主要是通过办理各种结算方式和运用信用支付工具实现，具体方法按第七章支付结算业务所述内容办理，现金存取在第三章现金资产核算中已经进行了学习。所以，本书此处仅对现金业务核算做简单叙述。

（二）存入现金

存入现金是金融机构的现金收入业务，在处理现金收入业务时，为防止错收或漏收，应坚持"先收款后记账"的原则。单位存入现金时，应填写现金缴款单（见表4-1），连同现金交银行柜员。柜员经审查凭证、点收现金、登记现金收入日记簿并复核签章后，将第一联加盖现金收讫章后作为回单退交存款人，第二联送会计部门，凭以代现金收入传票登记单位存款分户账。会计分录如下：

借：现金——库存现金
　　贷：单位活期存款——××单位户

表 4-1　现金缴款单

年　月　日

客户填写部分	收款人户名												
	收款人账号			收款人开户行									
	缴款人			款项来源									
	币种	人民币：√			亿	仟	佰	拾	万	仟	佰	十	元	角	分
		外币：												

日期：		日志号：	交易码：		币种：	
金额：		终端号：	主　管：		柜员：	
备注						

（三）支取现金

支取现金是金融机构的现金付出业务，为防止在现金付出业务中发生垫款或透支，应坚持"先记账后付款"的原则。单位支取现金时，应签发现金支票，并在支票上加盖预留印鉴，由收款人背书后送交银行。柜员接到现金支票后，应重点审查：支票大小写金额是否相符；是否超过提示付款期限；印鉴与预留印鉴是否相符；出票人账户是否有足够支付的存款；是否背书等。经审查无误后，以现金支票代现金付出传票登记分户账。会计分录如下：

借：单位活期存款——××单位户

贷：现金——库存现金

柜员签章、复核，根据现金支票登记现金付出日记簿，配款复核后，向取款人支付现金。

二、单位定期存款业务

单位定期存款是单位存入款项时约定期限，到期支取本息的一种存款业务。该项存款实行账户管理，不得通兑。

（一）基本规定

（1）单位定期存款的期限分为 3 个月、6 个月、1 年、2 年、3 年、5 年六个档次，起存金额为 1 万元，多存不限。

（2）财政拨款、预算内资金，以及银行贷款不得作为单位定期存款存入金融机构。

（3）单位定期存款实行账户管理，存款时单位必须提交开户申请书、营业执照正本，并预留印鉴。由接受存款的金融机构给存款人开具"单位定期存款开户证实书"（以下简称证实书）。证实书仅对单位开户起证实作用，不得作为质押的权利凭证。

（4）单位定期存款本息的支取只能以转账方式转入其基本存款账户，不得将单位定期存款用于转账结算或提取现金，支取存款时单位必须出具证实书，并提供预留印鉴。

（5）单位定期存款可以全部或部分提前支取，但是只能部分提前支取一次。全部提前支取，按支取日的活期存款利率计息；部分提前支取的，提前支取部分按支取日的活期存款利率计息，其余部分如不低于起存金额，由金融机构按原存期开具新的证实书，并按原存款的利率计息；部分提前支取后余额不足起存金额起点的，则予以清户。

（6）单位定期存款在存期内按存入日挂牌公告的定期存款利率计息，遇利率调整不分段计息。逾期不取，逾期部分按支取日的活期存款利率计息。

（7）存款单位迁移时，其定期存款如未到期，应办理提前支取手续，按支取日挂牌公布的活期利率一次性结清。

（8）借款人要办理单位定期存款质押贷款，需要委托贷款人依据开户证实书，向其单位定期存款开户行申请开具单位定期存单。

存款行收到贷款人提交的有关材料后，应审查开户证实书是否真实，是否具有真实的存款关系；委托书、申请书上的印鉴是否同预留印鉴一致，必要时可向存款人核实有关情况。存款行在开具单位定期存单的同时，应出具单位定期存单确认书，由存款行的负责人签字，并加盖核算事项证明章。存款行在开具单位定期存单及确认书后应及时办理单位定期存款的止付手续。

（二）存入定期存款

存款单位可以现金或转账方式存入定期存款。以活期存款转账方式存入的，应签发活期存款账户转账支票交开户银行。银行审查无误后，以支票作为转账借方传票并凭以填制一式三联证实书，经复核后，第一联代定期存款转账贷方传票，第二联加盖业务公章和经办人员名章后交存款人作为存款凭据，第三联作为定期存款卡片账。会计分录如下：

借：单位活期存款——××单位户

贷：单位定期存款——××单位户

（三）支取定期存款

单位支取定期存款时，应将证实书提交银行。柜员抽出该户卡片账与原证实书进行核对。审核无误后，计算利息，填制利息清单，并在证实书上加盖"结清"戳记，以证实书代定期存款转账借方传票，卡片账作为附件，另编制特种转账传票，第一联代应付利息科目转账借方传票，第二联代活期存款账户转账贷方传票，第三联代收账通知交存款人。会计分录如下：

借：单位定期存款——××单位户

应付利息——应付定期存款利息户

贷：单位活期存款——××单位户

定期存款到期后，如果单位要求续存，可以按结清旧户另开新证实书办理。

三、单位通知存款业务

单位通知存款是存款人存款时不约定存期，支取时提前通知银行并约定支取日期和支取金额，按支取日相应档次通知存款利率计付利息的存款业务。

单位通知存款的起存金额为 50 万元，每次支取的最低金额为 10 万元。存款人必须一次存入本金，可一次或分次支取。单位通知存款不论实际存期多长，均按存款人提前通知的期限长短划分为 1 天通知存款和 7 天通知存款两个品种，在存入时约定。通知存款一律记名，存款凭证丧失时可向银行申请挂失。

单位通知存款的存入与支取使用"单位通知存款"科目核算。存款人支取通知存款应当书面通知开户银行并在通知上注明支取的时间和支取的金额。其他手续与定期存款基本相同。

通知存款部分支取后留存的部分高于最低起存金额的，需要重新填写证实书，起息日为原存款的起息日。部分支取后的留存金额低于最低起存金额的，予以清户，并按清户日挂牌公告的活期利率计付利息，或根据存款人的意愿转为其他存款。

通知存款采取利随本清的方式计算利息。存款人按规定提前通知，并于通知期满支取确定金额的，其利息按支取日挂牌公告的相应档次的利率计息。存款人未提前通知而支取的、已办理通知手续而又提前支取的、支取金额低于最低支取金额的，按支取日挂牌公告的活期利率计息。支取金额高于约定金额的，其超过部分按活期利率计息。通知存款已办理通知手续而未支取，或在通知期限内取消通知的，通知期限内不计息。

四、单位存款利息的计算

银行应当按结息期和计息方法准确地计算利息，对于应付未付的存款利息按权责发生制原则进行核算。核算单位存款利息通常用到的会计科目有"应付利息"和"利息支出"。

（一）利息计算的一般规定

▶ 1. 计息的一般公式

$$利息＝本金×存期×利率$$

本金、存期、利率称为计算利息的三要素，它们与利息成正比，当本金越大，存期越长，利率越高时，利息也就越多。

存期是存款人的存款时间，存期"算头不算尾"，也就是存入日计算利息，支取日不计算利息，其计算方法是从存入日计算至支取的前一日为止。在计算存期时，应注意与利率在计算单位上的一致性，即存期以天数计算时，用日利率；存期以月计算时，用月利率；存期以年计算时，用年利率。

利率是指一定存款的利息与存款本金的比率。基准利率由国务院授权中国人民银行制定并公布，各金融机构执行。利率可以用年利率（%）、月利率（‰）、日利率（‱）表示。在运用利率时应注意换算关系，即年利率÷12＝月利率，月利率÷30＝日利率。

本金元位起息，元位以下不计息。计算的利息保留到分位，分位以下四舍五入。

▶ **2. 单位活期存款采取定期结息法**

单位活期存款采取定期结息，即采用按日计息，按季结息，计息期间遇利率调整分段计息的做法，每季度末月的 20 日为结息日。具体做法可以在计息期内按日累加计息积数，结息日以累计计息积数与日利率相乘计算利息。

▶ **3. 单位定期存款采用逐笔计息法**

计息期为整年（月）的，计息公式为

$$利息＝本金×年（月）数×年（月）利率$$

计息期有整年（月）又有零头天数的，计息公式为

$$利息＝本金×年（月）数×年（月）利率＋本金×零头天数×日利率$$

银行还可选择将计息期全部化为实际天数计算利息，即每年为 365 天（闰年 366 天），每月为当月公历实际天数，计息公式为

$$利息＝本金×实际天数×日利率$$

本书中对到期支取的定期存款按计息期为整年（月）的计息公式计算。

▶ **4. 计息利率**

活期存款计息期内遇利率调整的分段计息：定期存款按存入日利率计息，存期内遇利率调整不分段计息；如存款人全部提前支取，按支取日挂牌公告的活期存款利率计付利息；部分提前支取的，提前支取部分，按支取日挂牌公告的活期存款利率计付利息，其余部分到期时，按原存入日挂牌公告的同档次定期存款利率计付利息；如存款人过期支取，按存期内原存入日挂牌公告的同档次定期存款利率及约定的浮动比例计付利息，其超过原定存期的部分，按支取日挂牌公告的活期存款利率计付利息。近年来随着利率市场化，各家银行之间的竞争日趋激烈，部分商业银行为了吸引客户，在计算利息时往往给予适当的优惠，如提前支取的，按照实际存期的同档利率计付利息。

（二）单位活期存款的利息计算

单位活期存款按日计息，按季结息，计息期内遇利率调整分段计息。可以采用余额表计息法或账页计息法计算利息。

▶ **1. 余额表计息法**

采用余额表计息法的，每日营业终了按户编制余额表，每旬末、月末，加计累计未计息积数，余额表中各户余额逐日相加即为累计积数。按日累计存款余额得出的为日积数；按月累计存款余额得出的为月积数。计算利息时要注意积数与利率种类的匹配，当积数为日积数时要使用日利率计算，当积数为月积数时则使用月利率计息。如遇错账冲正还应调整积数。结息日根据本期未计息累计积数乘以日利率，即为利息。

【例 4-1】某企业 3 月 21 日—6 月 20 日活期存款账户累计积数为 33 283 562.16 元，由于错账冲正应加积数 30 000 元，累计计息积数 33 313 562.16 元，月利率 0.6‰。

结息日，按结息日挂牌利率计算利息，利息＝33 313 562.16×(0.6‰÷30)＝666.27（元），会计分录如下：

借：利息支出——活期存款利息支出户　　　　　　　　　　　　　666.27

贷：应付利息——应付活期存款利息户　　　　　　　　　　　666.27

结息日次日转息入账，会计分录如下：

借：应付利息——应付活期存款利息　　　　　　　　　　　　　666.27

贷：单位活期存款——某企业　　　　　　　　　　　　　　666.27

▶ 2. 账页计息法

利用账页计算计息积数的，应采用带积数的计息账页即乙种账账页。当存款账户发生资金收付后，按前一日最后余额乘以该余额的实存天数计算出积数，计入账页的"日数"和"积数"栏内。更换账页时，将旧账页的累计积数过入新账页的第一行内。结息日营业终了，加计本结息期内的累计天数和累计积数，然后计算利息。

利息＝累计积数×日利率

（三）单位定期存款的利息计算

为了准确地反映各期的成本和利润水平，应按权责发生制的原则对单位定期存款按期计算应付利息，一般为按季计算。

应付利息的计算方法是按定期存款不同存期档次设立计息余额表，逐日抄制。结息日累计各存期档次的计息积数后，乘以同存期档次存款的日利率即为利息。根据计算的利息额，汇总编制转账借方、贷方传票转账。会计分录如下：

借：利息支出——定期存款利息支出户

贷：应付利息——应付定期存款利息户

单位支取定期存款时，冲减应付利息。会计分录如下：

借：单位定期存款——××单位定期存款户

应付利息——应付定期存款利息户

贷：单位活期存款——××单位活期存款户

【例 4-2】某支行 6 月 20 日结息时，一年期单位定期存款累计应计息积数 38 500 000 元，两年期单位定期存款累计应计息积数 45 200 000 元。假设一年期存款月利率为 1.875‰，两年期存款月利率为 2.025‰。计算利息如下：

一年期单位定期存款利息＝38 500 000×(1.875‰÷30)＝2 406.25（元）

两年期单位定期存款利息＝45 200 000×(2.025‰÷30)＝3 051.00（元）

会计分录如下：

借：利息支出——定期存款利息支出户　　　　　　　　　　　5 457.25

贷：应付利息——应付定期存款利息户　　　　　　　　　　5 457.25

【例 4-3】宏达公司一年期定期存款 60 000 元，6 月 25 日到期时支取。

利息＝60 000×12×1.875‰＝1 350（元）

会计分录如下：

借：单位定期存款——宏达公司定期存款户　　　　　　　　　60 000

应付利息——应付定期存款利息户　　　　　　　　　　1 350

贷：单位活期存款——宏达公司活期存款户　　　　　　　　　61 350

第 三 节 个人活期存款业务

个人活期存款包括个人结算账户、活期储蓄存款和定活两便储蓄存款。本节只对个人结算账户的存取进行介绍。

一、基本规定

个人银行结算账户是指个人客户凭个人有效身份证件以自然人名称在工商银行开立的，用于办理资金收付结算的人民币活期存款账户。同一自然人开立的个人结算账户数量不限。

（1）个人银行结算账户的使用应当遵守有关法律、行政法规。

（2）个人银行结算账户孳生的利息必须按国家规定的标准缴纳个人储蓄利息所得税（目前免征）。

（3）银行应依法为个人客户的个人银行结算账户信息保密，除国家法律另有规定外，银行有权拒绝任何单位或个人查询个人银行结算账户的存款和有关资料。

（4）个人银行结算账户主要用于办理个人转账收付和现金存取。

（5）个人银行结算账户可以办理现金、转账业务，活期储蓄账户只能办理现金和同名账户转账业务。

（6）个人银行结算账户转账的规定：个人银行结算账户与个人银行结算账户之间可以转账；个人银行结算账户与活期储蓄账户之间，当账户属于同一人时，可以转账；个人银行结算账户与定期储蓄账户之间，当账户属于同一人时，可以转账，否则，不能转账；个人银行结算账户与单位银行结算账户之间可以转账。

（7）办理大额存取款，客户必须出示身份证件，柜员审核和摘录身份证件后，经有权人授权会同经办柜员办理。若委托他人代理，则由委托人携本人及存款人身份证件办理。办理大额转账，必须经有权人授权会同经办柜员办理。

二、业务处理

（一）个人银行结算账户的开户

客户须凭本人身份证件办理，若委托他人代理，还应出示代理人的身份证件。客户填写一式三联《开立个人银行结算账户申请书》，将申请书、身份证件和现金交于柜员。柜员审核申请书上的户名、金额、地址等项目填写是否齐全，身份证件是否有效，证件号码与客户提供的证件是否一致，并清点现金。若为转账业务，柜员应审核有关借方凭证，首先进行相关账户支取处理，再进行个人结算账户开户。请客户签名确认，在活期存折加盖核算用章。未核算个人存款设置"个人结算存款"科目，该科目性质同单位活期存款，为负债性质，余额在贷方。

（1）现金开户，会计分录如下：

借：现金——库存现金

　　贷：个人结算存款

表外科目：

付：空白重要凭证——活期存折

（2）转账开户，会计分录如下：

借：××存款科目

  贷：个人结算存款

付：空白重要凭证——活期存折

(二) 个人银行结算账户的续存

个人银行结算存款的续存会增加个人结算存款，账务处理时根据业务情形借记现金或其他有关科目，贷记"个人结算存款"科目。

(三) 个人银行结算账户的支取

个人银行结算账户资金的支取，不论是现金支取还是转账支取，都会减少个人结算账户资金，借记"个人结算存款"科目。

(四) 个人银行结算账户的销户

一般销户，如须大额取款，客户还应出示取款人身份证件（若为代办的，应同时出示代理人证件）。银行审核凭证的内容填写是否齐全、准确，柜员在凭证背面或系统上摘录客户证件。采用转账方式的，柜员应审核有关贷方凭证，首先进行个人银行结算账户销户处理，再进行相关账户存款处理。在个人业务凭证和利息清单上加盖核算用章，将现金、身份证件、利息清单（第二联）交于客户。业务处理完毕后，柜员在存折封皮上加盖销户印章，在最后一笔交易记录的下一行批注"××××年××月××日销户，以下空白"字样（或加盖印章），留下存折封皮并破坏磁条的完整性，其余部分交客户。

挂失销户，采用转账方式的，柜员应审核有关贷方凭证，首先进行个人银行结算账户挂失销户处理，再进行相关账户存款处理。采用现金方式的，在特殊业务凭证及利息清单上加盖核算用章。挂失申请书（第二联）经客户签字确认后，现金、身份证件交客户。

(1) 现金销户的会计分录如下：

借：个人结算存款

    利息支出——活期储蓄存款利息支出

  贷：现金——库存现金

(2) 转账销户的会计分录如下：

借：个人结算存款

    利息支出——活期储蓄存款利息支出

  贷：××存款科目

第四节 储蓄存款业务

储蓄存款是金融机构通过信用方式动员和吸收城乡居民暂时闲置和节余货币资金的一种存款业务，是信贷资金的重要来源。储蓄业务的基础工作主要是柜台办理存、取款，这项工作业务量大，接触面广，关系到储蓄政策、原则的贯彻执行，甚至直接影响居民个人参加储蓄的积极性。因此，做好储蓄存款的会计核算工作对于促进储蓄业务的发展有着重要意义。

一、储蓄存款概述

(一) 储蓄政策和储蓄原则

为了正确执行国家鼓励和保护居民储蓄的政策，银行对个人储蓄存款实行"存款自愿，取款自由，存款有息，为储户保密"的储蓄原则。储蓄原则是储蓄政策的具体化，是办理储蓄存款业务必须遵循的准则。储蓄政策和储蓄原则是相互联系的，在办理存取款业务时要认真地全面贯彻执行。同时，储蓄机构办理储蓄业务实行实名制，即以本人有效身份证件的姓名办理存入手续。

(二) 储蓄存款的种类

根据居民个人经济收入和消费的特点，以及金融机构聚集和运用资金的需要，设置的储蓄种类有活期储蓄、定期储蓄、定活两便储蓄、个人通知存款等。

▶ **1. 活期储蓄**

活期储蓄是不固定存款期限，随时可以存取的一种储蓄存款，适用于居民个人生活待用资金和单位互助储金款项的存储。

▶ **2. 定期储蓄**

定期储蓄是在存款时约定存款期限，一次或在存期内分次存入本金，到期整笔或分期平均支取本金和利息的一种储蓄存款，适用于居民个人生活节余款和有计划积累或有计划使用款项的存储。

定期储蓄根据款项存取特点分为整存整取、零存整取、存本取息和整存零取四种。整存整取储蓄存款是一次存入一定数额本金，约定期限，到期一次支取本息的储蓄存款，适用于节余款项的存储。零存整取储蓄存款是开户时约定期限，存期内按月存入，中途漏存，仍可续存，未存月份应在次月补存，到期一次支取本金和利息的储蓄存款，适用于储户欲积零成整的储蓄。存本取息储蓄存款是一次存入本金，存期内分次支取利息，到期一次支取本金的储蓄存款，适用于储户有整笔收入，不动本金，而按期支取利息以安排生活的储蓄。整存零取储蓄存款是一次存入，约定期限，存期内分次提取本金，到期一次计付利息的储蓄存款，适用于储户有较大数额收入，而需分期陆续使用的储蓄。

▶ **3. 定活两便储蓄**

定活两便储蓄是开户时不确定存期，储户可以随时提取，利率随实际存期长短而变动的一种储蓄存款。这种储蓄方式既有活期储蓄随时可取的灵活性，又可在达到一定存期时，享受相应存期定期储蓄存款利率按一定比例折扣的优惠。

▶ **4. 个人通知存款**

个人通知存款是指存款人在存入款项时不约定存期，支取时需提前通知储蓄机构，约定支取日期和金额方能支取的存款。存款人需一次存入，可以一次或分次支取。存入时，存款人自由选择通知存款品种(一天通知存款或七天通知存款)，但存单或存款凭证上不注明存期和利率，储蓄机构按支取日挂牌公告的相应利率水平和实际存期计息，利随本清。

除上述储蓄存款以外，各地还可根据当地情况，经批准后，办理其他种类的储蓄存款。

(三) 有关规定

▶ **1. 储蓄存款实名制的规定**

2000年4月1日，国务院颁布实施《个人存款账户实名制规定》(以下简称《实名制规定》），要求在金融机构开立个人存款账户的个人，应当遵守该规定。实名是指符合法律、行政法规和国家有关规定的身份证件上使用的姓名。《实名制规定》从根本上否定了匿名账户存在的合法性，同时也规定，金融机构及其工作人员负有为个人存款账户的情况保守秘密的责任。金融机构不得向任何单位或者个人提供有关个人存款账户的情况，并有权拒绝任何单位或者个人查询、冻结、扣划个人在金融机构的款项，法律另有规定的除外。中国人民银行会同公安部于 2007 年 6 月 29 日顺利完成了公民信息联网核查系统在全国所有省份各类银行机构的推广运行，银行账户实名制取得重大突破。

办理下列个人业务需要提交有效身份证件：①开立个人银行结算账户、储蓄账户、银行卡账户；②大额现金取款，即单笔在 5 万元（不含）以上的现金取款；③大额款项转账、现金存款，即 10 万元（含）以上的转账收入、转账支出、现金存款等大额款项转移；④代为他人办理取款业务、大额存款、大额转账；⑤办理挂失、挂失撤销、查询、冻结、止付；⑥购买记名式国债、基金、保险等银行代理的有价证券；⑦办理定期存款提前支取；⑧客户办理个人存款证明、现金汇款或 10 万元（含）以上账户转出汇款、储蓄存款异地托收业务。

▶ 2. 储蓄存款缴纳利息税的规定

国务院有关规定，储蓄存款在 1999 年 10 月 31 日前孳生的利息所得，不征收个人所得税；储蓄存款在 1999 年 11 月 1 日后孳生的利息所得，应当依法征收个人所得税，税率为 20%，自 2007 年 8 月 15 日将利息税税率从 20% 调减为 5%。2008 年 10 月 9 日，为减少金融危机对储户的影响，暂时停征个人利息所得税。

二、活期储蓄存款业务

（一）基本规定

（1）1 元起存（借记卡开卡 10 元起存），多存不限，开户时由储蓄机构开立存折（或借记卡），预留密码，储户凭存折（或借记卡）和密码存取款项。

（2）单笔存款业务超过 20 万元（含）的存款或同一存款人存款日累计超过 100 万元（含）的需要登记个人大额存款备案报告单。个人一次提取 5 万元（不含）或日累计提取现金超过 5 万元以上的，应填写个人大额取款备案报告单。

（3）个人大额存（取）款备案报告单一式三联，一联随当日传票装订送事后监督，一联留存，一联于次月 5 日送中国人民银行。

（二）开户的核算

储户第一次存入活期储蓄存款亦即开户。以存折业务为例，储户填写"活期储蓄存款凭条"（见表 4-2），连同现金、身份证一并交柜员办理。经审查凭条、清点现金无误后，登记"活期储蓄开销户登记簿"并编列账号，开立"活期储蓄存款分户账"（见表 4-3）和活期储蓄存折，以存款凭条代现金收入传票。会计分录如下：

借：现金——库存现金
　　贷：活期储蓄存款——××人户

经复核各项内容并复点现金无误后，存款凭条加盖现金收讫章和名章后留存，分户账加盖复核名章后专夹保管，存折加盖业务公章及名章后交储户，作为以后存取款的依据。

表 4-2 活期储蓄存款凭条

年 月 日

账号：

户　名	金　额								附记：
	十	万	千	百	十	元	角	分	
以下由银行填写	（收讫章）								
事后监督	复　核 记　账						月　　　日		

表 4-3 活期储蓄存款分户账

户名：

账号：

年		摘要	借　方	贷　方	存款余额	积　数
月	日		（位数）	（位数）	（位数）	（位数）

（三）续存的处理

储户持活期储蓄存款存折办理续存业务时，应填制存款凭条，连同存折、现金交给柜员。柜员应核对存折，审查存款凭条的内容是否完整，储种、账号、户名与存折是否相符。根据存款凭条的金额清点现金。审查无误后，在存折上加盖名章，在存款凭条上加盖名章和现金收讫章。

其他手续及会计分录均同活期储蓄存款开户的处理。

（四）支取的核算

储户持存折来行办理活期储蓄存款的支取时，应填写活期储蓄取款凭条或由柜员打印交储户签字（见表 4-4），连同存折一并提交柜员。柜员首先核对存折上的签章是否为本行的，审查取款凭条的姓名、日期、金额是否齐全完整，核对账、折及密码无误后，以取款凭条代现金付出传票记账、登折。会计分录如下：

借：活期储蓄存款——××人户

贷：现金——库存现金

经复核账、折内容无误，配款，在存折上加盖名章，取款凭条上加盖名章和现金付讫章，将存折连同现金一并交给储户。

表 4-4　活期储蓄取款凭条

年　月　日　　　　　　　　　　　　　　　账号：

户　　名	金　　额								附记：
	十	万	千	百	十	元	角	分	

以下由银行填写	（收讫章）
事后监督	复　核 记　账　　　　　　月　　日

（五）销户的处理

销户是指储户将存款全部取清并销户。储户应根据存折上的最后余额填写取款凭条连同存折一并提交银行。柜员除按一般支取手续办理外，还应计算出利息，打印利息清单，一联留存，于营业终了后据以汇总编制应付利息科目传票，另一联连同本息交给储户。会计分录如下：

借：活期储蓄存款——××人户

应付利息——应付活期储蓄利息户

贷：现金——库存现金

在取款凭条及账、折上加盖"结清"戳记，作为取款凭条附件，同时销记开销户登记簿，结清户账页另行保管。

（六）活期储蓄存款的利息计算

活期储蓄存款是一种储户可以随时存取，存期不受限制的储蓄种类。因此，其利息不是逐笔计算，而是按季结息，以每季度末月的 20 日为结息日，按当日挂牌活期存款利率计息，并于 21 日将利息并入存款本金起息。不到结息日清户的，应按清户日挂牌活期储蓄利率计算利息，计算日期至清户前一天止。

活期储蓄存款的利息计算采用日积数计息法。当储户活期存款账户发生款项存取后，按上一次存款余额乘以该余额的实存天数计算出积数，计入账页的积数栏内。结息日营业终了，加计本结息期内的累计积数，用累计积数乘以当日挂牌公告的活期储蓄存款日利率，即得出利息。会计分录如下：

借：利息支出——活期储蓄利息支出户

贷：应付利息——应付活期储蓄利息户

次日，把利息并入存款本金起息：

借：应付利息——应付活期储蓄利息户

贷：活期储蓄存款——××人户

【例 4-4】某储户活期储蓄存款账户存取情况如表 4-5 所示。该储户于 2017 年 3 月 18 日清户，当日活期储蓄存款利率为 0.36%，计息期间利率没有调整，按实际天数累计计息积数。

应付利息＝（320 000＋126 000＋144 000＋130 000）×（0.36%÷360）＝7.20（元）

清户的会计分录如下：

借：活期储蓄存款——××人户　　　　　　　　　　　　　　　10 000.00
　　应付利息——应付活期储蓄利息户　　　　　　　　　　　　　　7.20
　　贷：现金——库存现金　　　　　　　　　　　　　　　　　　10 007.20

表 4-5　某储户活期储蓄存款账户存取情况

日　　期	存　　入	支　　取	余　　额	计 息 积 数
2017 年 1 月 2 日	10 000		10 000	10 000×32＝320 000
2017 年 2 月 3 日		3 000	7 000	7 000×18＝126 000
2017 年 2 月 21 日	5 000		12 000	12 000×12＝144 000
2017 年 3 月 5 日		2 000	10 000	10 000×13＝130 000
2017 年 3 月 18 日		10 000	0	

三、定期储蓄存款业务

定期储蓄存款根据其款项存取特点分为整存整取、零存整取、存本取息、整存零取四种。

（一）整存整取定期储蓄存款

▶ **1. 基本规定**

（1）本金一次存入，约定存期，由储蓄机构发给存单，到期凭存单一次支取本息。储户亦可在存款时与银行约定，由银行在存款到期时自动转存。

（2）起存金额为 50 元，多存不限。

（3）存期分为 3 个月、6 个月、1 年、2 年、3 年和 5 年六个档次。

（4）存款未到期，储户可办理全部或部分提前支取，部分提前支取仅限一次。

（5）如果到期日为法定节假日，造成储户不能按期支取存款的，储户可在节假日的前一天办理支取存款，在手续上按提前支取处理，但利息按到期支取计算，并扣除提前支取的天数。

（6）大额存取款项必须填写"个人大额存（取）款备案报告单"。

（7）储户可用定期储蓄存款存单办理小额质押贷款业务。

▶ **2. 存入整存整取定期储蓄存款**

储户申请办理整存整取定期储蓄时，应填写储蓄存款凭条，连同现金一起交柜员。柜员点收现金并审核存款凭条无误后，开具"整存整取定期储蓄存单"或定期一本通存折，如储户要求凭印鉴或密码支取，应在卡片账上加盖预留印鉴或预留密码。然后，登记"定期储蓄存款开销户登记簿"。存单或存折交给储户作为存取款依据，以存款凭条代现金收入传票。会计分录如下：

借：现金——库存现金
　　贷：定期储蓄存款——整存整取××人户

▶ **3. 支取整存整取定期储蓄存款**

（1）到期和过期支取。储户持到期或过期的存单取款时，柜员应审查存单上的公章，确认是由本行签发时，调出分户账核对账号、户名、密码、金额后，按规定计算利息，打印利息清单，在存单上填写利息金额，并加盖"结清"戳记，销记"开销户登记簿"。经复核无误后，根据本息金额合计付款。会计分录如下：

借：定期储蓄存款——整存整取××人户

应付利息——应付定期储蓄利息户

贷：现金——库存现金

配款后，利息清单一联交储户，另一联作为应付利息科目传票的附件。

（2）提前支取。储户要求提前支取存款时应交验身份证件，柜员核对后，将证件名称、发证机关及号码记录在存单背面。同时应审查是否挂失存单，无误后在存单及卡片账上加盖"提前支取"戳记，按提前支取的规定计付利息。其余手续与到期支取相同。

若储户要求提前支取一部分存款时，采取满付实收、更换新存单的做法，即对原存单本金视同一次付出，同时按规定计付提前支取部分利息。对未支取部分按原定存期、到期日、利率等内容另开新存单。为了便于日后查考，须在原存单及卡片账上注明"部分支取××元"，新存单上注明"由××号存单部分转存"字样及原存入日，同时在"开销户登记簿"上做相应注明。其他手续与到期支取及存入时手续相同。会计分录如下：

借：定期储蓄存款——××人户 （全部本金）

应付利息——应付定期储蓄利息户 （提前支取部分的利息）

贷：定期储蓄存款——××人户 （未支取本金）

现金——库存现金 （提前支取部分的本息）

▶ **4. 整存整取定期储蓄存款的利息计算**

（1）整存整取定期储蓄存款在原定存期内，一律按存入日（开户日）挂牌公告的利率计付利息，存期内遇利率调整，亦不分段计息。利息按"整年（月）"公式计算。

【例4-5】某储户2017年9月25日存入定期6个月的整存整取储蓄存款10 000元，于2018年3月25日支取。假设存入日的6个月期利率为1.98%。

利息＝10 000×6×（1.98%÷12）＝99（元）

（2）整存整取定期储蓄存款未到期，如储户全部提前支取，按支取日挂牌公告的活期储蓄存款利率计付利息；如部分提前支取的，提前支取部分，按支取日挂牌公告的活期储蓄存款利率计付利息，其余部分到期时，按原存入日挂牌公告的定期储蓄存款利率计付利息。

【例4-6】某储户2014年5月5日存入整存整取储蓄存款10 000元，定期三年，存入时三年期存款年利率3.33%，该储户于2016年5月10日要求提前支取5 000元，当日活期储蓄存款年利率0.50%，剩余5 000元于2017年5月5日到期支取。

2016年5月10日利息＝5 000×735×0.50%÷360＝51.04（元）

2017年5月5日利息＝5 000×3×3.33%＝499.50（元）

（3）整存整取定期储蓄存款逾期支取，除约定自动转存的以外，其超过原定存期的部分，按支取日挂牌公告的活期储蓄存款利率计付利息。

【例4-7】某储户2017年2月28日存入整存整取储蓄存款10 000元，定期6个月，于2017年11月1日来行支取本息，存入时6个月期存款年利率1.98%，2017年11月1日挂牌活期年利率0.36%。

到期利息＝10 000×6×（1.98%÷12）＝99（元）

过期利息＝10 000×65×（0.36%÷360）＝6.50（元）

总利息＝99＋6.50＝105.50（元）

▶ 5. 整存整取定期储蓄存款自动转存的处理

（1）自动转存的有关规定：定期储蓄存款预约到期自动转存业务，目前仅限于整存整取定期储蓄存款；储户预约自动转存业务，可按原存期多次转存；未到转存期，支取存款的自动转存之日到支取日按活期存款利率计息；自动转存的原定期储蓄存款的到期利息并入本金；自动转存存款的利率按原存款到期日挂牌公告的同档次利率确定。

（2）自动转存业务的处理。储户来行办理定期储蓄存款，由储户填写存款凭条并预约自动转存，柜员在存单上打印"自动转存"字样。其他处理手续均与整存整取定期储蓄存款相同。

（3）自动转存存款的利息计算如下。

到转存期满支取：

$$实付利息＝转存本金×存期×前一期到期日同档次利率$$

转存期内提前支取：

$$实付利息＝转存本金×转存期内的实际存期×支取日的活期存款利率$$

（二）零存整取定期储蓄存款

▶ 1. 基本规定

零存整取定期储蓄存款是储户在存款时约定存期，本金在存期内分次存入，到期一次支取本息的一种定期储蓄存款方式。起存金额为 5 元，多存不限，每月固定存额。存期分为一年、三年和五年三个档次。按月存入本金，如有漏存，应在次月补存，未补存者，自漏存月之后存入的按活期利率计息。零存整取定期储蓄存款可提前支取，但是不能办理部分提前支取。

▶ 2. 零存整取定期储蓄存款的存入

（1）开户。零存整取存款开户时，由储户填写"零存整取定期储蓄存款凭条"，连同现金一并交柜员。柜员审查存款凭条和点收现金无误后，登记"开销户登记簿"，编列账号，开立零存整取分户账与存折。如凭密码支取，应在分户账上预留密码，并在存折和分户账上加盖"凭密码支取"戳记。复核无误后，以存款凭条代现金收入传票，借记"库存现金"科目，贷记"定期储蓄存款"科目。存折加盖业务公章后交储户，分户账按账号顺序保管。

（2）续存。在存期内储户续存时，亦应填写蓄存款凭条，与存折、现金一并交柜员，柜员以分户账与存折核对并点收现金无误后，登记存折、分户账，手续与开户基本相同。

▶ 3. 零存整取定期储蓄存款的支取

（1）到期支取。到期支取时，储户应将存折交于柜员，柜员验明存折确系本行签发并已到期，经账、折核对后，计算利息并注销存折、登记分户账及销记"开销户登记簿"，并在存折和分户账上加盖"结清"戳记，以存折代现金付出传票处理账务。

（2）过期支取。储户持过期零存整取存折前来支取存款，除按规定计算到期利息和过期利息外，其余手续与到期支取相同。

（3）提前支取。储户提前支取零存整取储蓄存款时，应提交身份证件，柜员审查无误后，办理提前支取手续，在存折和分户账上加盖"提前支取"戳记，按提前支取的计息规定计算利息，其余手续与到期支取相同。零存整取储蓄存款只能全部提前支取，不能部分提前支取。

▶ 4. 零存整取定期储蓄存款的利息计算

零存整取定期储蓄存款是逐月存入，余额逐月增加而不是固定余额，可以采用在账页上计算计息积数的方法计算利息，计息积数的计算与活期储蓄存款计息积数的计算方法相同。

(三)存本取息定期储蓄存款

存本取息定期储蓄存款 5 000 元起存，存期分 1 年、3 年、5 年，由储蓄机构发给存款凭证，到期一次支取本金，利息凭存单分期支取，一个月或几个月取息一次均可，由储户与银行协商确定。

开户时由储户填交存款凭条，注明姓名、存期及每次取息的日期。审核无误后，开具"存本取息定期储蓄存款存单"，计算每次支取的利息，填入凭证有关栏内。借记"库存现金"科目，贷记"定期储蓄存款"科目"存本取息"明细账户。

$$每次支付利息金额＝(本金×存期×利率)÷支取利息的次数$$

存期内，储户按约定时间来银行支取利息时，应持存单并按每次应支取利息数填交一联"存本取息定期储蓄取息凭条"，经审核无误后凭以登记账卡、存单并支付现金。如到取息日储户未来行支取，以后随时可以支取利息。存款到期，储户支取最后一次利息，同时凭存单支取本金。

储户如要求提前支取本金时，可凭有关身份证件来行办理。存本取息定期储蓄存款只允许全部提前支取，不办理部分提前支取。提前支取部分的利息按规定计算。会计分录如下：

借：定期储蓄存款——存本取息××人户

应付利息——应付定期储蓄利息户

应付利息——应付定期储蓄利息户(已经支取的利息)(红字)

贷：现金——库存现金

然后，将利息与本金一并支付给储户。

(四)整存零取定期储蓄存款

整存零取定期储蓄存款 1 000 元起存，存期分 1 年、3 年、5 年，由银行发给存单，凭存单分次支取本金，支取期分别为 1 个月、3 个月、6 个月，由储户与银行协商确定，利息于存款到期结清时一并计付。

储户开立整存零取储蓄存款账户，柜员开具"整存零取定期储蓄存单"，存单中填明储户姓名、存入金额、期限、支取的次数和间隔时间，分别代现金收入传票、分户账和给储户的存单。借记"库存现金"科目，贷记"定期储蓄存款"科目"整存零取"明细账户。

储户按约定时间来行取款，应填写"定期整存零取储蓄取款凭条"，连同存单一同交柜员，经登记存单和卡片账后办理付款手续。

若储户要求部分提前支取，可提前支取 1～2 次，但须在以后月份内停支 1～2 次。其余支取日期按原定不变。如果提前支取全部余额，则根据实存金额及实存日期按规定利率计息。

储户于存款期满最后一次取款时，除按分次取款手续处理外，还应计付利息，并在原存单上加盖"结清"戳记作为取款凭条附件。如过期支取按规定利率加付过期利息。

整存零取储蓄存款是一次存入，余额逐渐减少，而不是固定本金。因此，其利息计算可比照零存整取储蓄存款，采用在账页上计算计息积数的方法计算利息。

第五节 通存通兑业务

通存通兑业务是指某一系统内银行在某一个范围内（全国或省），一个服务网点开出的存折，可以在任何一个服务网点办理存取业务。通存通兑业务分为同城通存通兑、异地通存通兑和跨行通存通兑。

一、同城通存通兑业务

同城通存通兑是指在同一城市某一银行辖区内储蓄机构之间的此存彼取业务。

（一）同城通存通兑业务的范围

（1）活期储蓄存款（包括活期存折、活期存单、定活两变）的存、取、补登存折、更换存折、结清账户等业务。但是，已办理预留印鉴的账户、挂失止付的账户、冻结或查封的账户必须到原开户机构办理。

（2）零存整取定期储蓄存款的续存、结清账户业务。

（3）教育储蓄的续存、结清账户业务。

（4）整存整取定期储蓄存款的全部提前支取、到期支取或过期支取业务；如果为部分提前支取的应在原开户行的储蓄机构办理。

（5）储蓄存款的口头挂失、加设密码或修改密码等业务。

（二）同城通存通兑业务的核算手续

通存通兑业务的处理应设置"同城通存通兑款项"或类似的科目，用于核算在通存通兑业务中代理他行的收、付款。该科目是资产负债共同类的会计科目，余额由借贷双方轧差反映。日终，通过会计部门利用"待清算辖内往来"进行余额上划后，该科目余额为零。

▶ 1. 本代他收业务的处理

本代他收是指他行开户的储户来本行办理存款的业务。储户应填写存款凭条，经办人员审查无误后，在存款凭条上加盖通存通兑章。会计分录如下：

借：现金——库存现金
　　贷：同城通存通兑款项——本代他收

▶ 2. 本代他付业务的处理

本代他付是指在他行开户的储户来本行取款的储蓄业务，会计分录如下：

借：同城通存通兑款项——本代他付
　　贷：现金——库存现金

▶ 3. 他代本收业务

他代本收业务是指在本行开户的储户到他行的储蓄机构存款，会计分录如下：

借：同城通存通兑款项——他代本收
　　贷：活期储蓄存款（或有关科目）

▶ 4. 他代本付业务

他代本付业务是指在本行开户的储户到他行的储蓄机构取款，会计分录如下：

借：活期储蓄存款（或有关科目）
　　贷：同城通存通兑款项——他代本付

日终，储蓄部门将"同城通存通兑款项"借贷方发生额轧差，通过本行的会计部门和上级管辖行与其他银行清算通存通兑差额。如果该科目为借方余额时，储蓄柜会计分录如下：

借：其他应收款（或内部往来科目）——会计柜

贷：同城通存通兑款项

会计柜的会计分录如下：

借：同城通存通兑款项

贷：其他应付款（或内部往来科目）——储蓄柜

会计部门收齐所辖储蓄机构划来同城通存通兑款项时，应通过管辖行进行差额清算。如果为借差，会计分录如下：

借：清算辖内往来（或存放上级行款项科目）

贷：同城通存通兑款项

如果通存通兑为贷差，会计分录相反。

管辖行日终汇总全辖通存通兑业务后，各行通存通兑的借贷方差额应当平衡。管辖行的会计分录如下：

借：清算辖内往来（××存款科目）——通存通兑贷差行户

贷：清算辖内往来（××存款科目）——通存通兑借差行户

二、异地通存通兑业务

异地通存通兑业务是指在异地同一系统或存在代理收付关系的不同储蓄机构之间办理的活期存款的存取业务。异地通存通兑的业务范围是活期储蓄存款的存取和借记银行卡业务。开办异地通存通兑业务的储蓄机构应接受储户的异地存取、异地查询和异地口头挂失等业务。

开办异地通存通兑业务的储蓄机构应设置"异地通存通兑款项"科目，储蓄机构每日应将经办的异地通存通兑款项上划会计柜，由会计柜上划管辖行，由管辖行通过相应的联行往来清算异地通存通兑差额。具体的核算手续略。

三、跨行通存通兑业务

跨行通存通兑业务是指个人客户通过代理行依托小额支付系统，对本人或他人在开户行开立的人民币个人存款账户实时办理资金转账、现金存取款和账户信息查询业务。个人存款账户包括个人银行结算账户和活期储蓄账户。

代理行是指根据客户委托发起通存通兑业务指令办理个人存取款业务的银行业金融机构。

开户行是指办理个人存取款业务、接收代理行发来的通存通兑业务指令，并对客户指定的人民币个人存款账户进行业务处理的银行。

第六节 账户的特殊处理

一、基本规定

（一）账户信息调整

▶ 1. 单位账户信息的调整

账户的积数调整、利率调整、启动计息、修改客户密码、取消挂失、冻结解冻等均属于调整账户信息的管理范围。

调整利率时，应根据有关利率管理部门下发的调整利率通知单或中国人民银行公布的调整利率的有关通知方可办理。调整计息标志时，应以国家或有权部门的文件、证明为依据。调整积数或利息，调整印鉴方式、通存通兑标志、邮电费收取标志等，必须以业务事实为依据。

▶ **2. 个人账户信息调整**

个人存款账户信息调整包括调整账户户名、账户通兑标志、账户印密标志、长期不动户标志、利息税率、个人结算账户标志、修改客户密码等，须出示本人有效身份证件。

(二) 挂失 / 解挂

▶ **1. 单位定期(通知)存款挂失 / 解挂处理**

存款单位遗失单位定期(通知)存款证实书，应出具单位正式公函、挂失申请书，写明原因，向银行提出挂失申请。

如果存款单位在办理挂失之后 10 日内又找到原单位定期(通知)存款证实书，存款单位可持单位公函、解除挂失申请书来行办理解除挂失申请书手续，银行经审核认定无误后，为存款单位办理解除挂失手续。

银行受理挂失申请书，审核同意后，为其办理挂失手续，同时在单位定期(通知)存款证实书银行留底卡上注明"证实书挂失"字样。10 日后，按原通知存款起息日，通知存款品种开具新证实书。

▶ **2. 个人存款挂失 / 解挂**

(1) 个人存款挂失。

① 存款凭证挂失。客户遗失存款凭证，必须立即持本人有效身份证件，并提供存款人姓名、开户时间、储蓄种类、金额、账号及住址等有关情况，书面向原开户营业机构或指定营业机构正式申请挂失，声明挂失止付。在特殊情况下，如客户不能办理书面挂失手续，可以用口头或函电形式申请挂失。口头或函电挂失，须在 15 日之内补办书面挂失手续，否则挂失不再有效。如客户本人不能前往办理，可委托他人代为办理挂失手续，被委托人须出示其有效身份证件。

营业机构在确认该笔存款属实，且并未被支取的前提下，方可受理挂失。受理挂失前或挂失失效后，储蓄存款已被他人支取的，营业机构不负赔偿责任。

客户如遗失或损毁正式挂失申请书，其挂失手续应比照存款凭证挂失手续办理。

② 密码挂失。客户遗忘存款凭证的预留密码，必须持本人有效身份证件和存款凭证，书面向营业机构正式申请密码挂失。营业机构在认真审核客户本人有效身份证件和存款凭证后，为客户办理密码挂失及储蓄存款止付手续。如客户本人不能前往办理，可委托他人代为办理申请密码挂失手续，被委托人须出示有效身份证件。密码挂失手续办妥 7 日后，客户本人凭密码挂失申请书和有效身份证件到原经办营业机构重置密码，同时储蓄存款解除止付。

③ 各营业网点根据存款人本人出具的居民身份证办理存单、存折、银行卡、密码等挂失，且能够通过联网核查公民身份信息系统确认和核实存款人身份的，可与存款人约定在 7 个工作日以内为存款人办理补领、更换新存款凭证或支取存款、重置密码等业务手续。

对委托他人代为办理存单、存折、银行卡、密码等挂失，以及通过联网核查公民身份信息系统无法确认和核实存款人身份的，可按照国务院颁布的《储蓄管理条例》、中国人民银行《关于执行〈储蓄管理条例〉的若干规定》及银行有关挂失和相关业务管理的规定办理。

（2）个人存款解挂。书面正式挂失到期后，储户可以根据自己的意愿，凭挂失申请书和本人有效身份证件到原挂失营业机构办理补领、更换新存款凭证或支取存款、重置密码业务手续。

客户办理正式挂失手续后，要求撤销挂失时，必须向原申请挂失营业机构申请，凭本人有效身份证件、挂失申请书和存款凭证，经营业机构审核后收回挂失申请书，方可办理撤销挂失手续。已收取的挂失手续费一律不退。

（三）有权机关对账户进行查询、冻结、解冻和扣划

▶ **1. 银行协助执行的主要内容**

（1）有权机关是指根据有关法律法规和规范性文件，可以在规定范围内对规定对象的存款进行查询、冻结、解冻和扣划的司法机关、行政机关或相关部门。

（2）银行协助执行工作时，应坚持依法合规，不介入纠纷，维护银行自身合法权益，不损害客户合法权益原则。

（3）协助执行前，负责协助执行的工作人员应对有关事项进行必要审查，同时符合下列条件的，应予以协助：协助的机关应具备法律、法规规定的主体资格；求协助的事项和范围应符合法律、法规规定；执法人员应出具符合法律、法规规定的证明其身份的工作证件和执行公务证，或按规定出示其中一项证明；协助的机关应按法律、法规规定提供户名、账号或其他相关信息，有关要素应填写正确并相互一致；相关法律文书应符合法律规定。

（4）协助执行的基本规定如下。

① 协助有权机关执行的事项和范围应严格限定在法律、法规规定的义务之内，不得超出法定范围。遇有本规定以外的机关要求银行协助执行，或者有权机关要求银行协助执行的事项或范围超出本规定的，应要求其提供相应法律、法规依据，并进行必要审查和核实后再予以协助。必要时，可咨询本行或上级行法律事务部门。

② 两个以上有权机关对同一单位或个人的同一笔存款采取冻结或扣划措施时，银行应协助最先送达协助冻结、扣划存款通知书的有权机关办理冻结、扣划手续。

如存款被法院冻结后，其他法院要求采取轮候冻结措施的，应按照送达法律文书时间的先后顺序办理轮候冻结手续。

协助执行时应严格为客户保密，严禁非执法人员接触银行账户资料，严禁执法人员接触非被执行人账户资料。在协助有权机关办理完毕查询存款手续后，有权机关要求予以保密的，银行应保守秘密；在协助有权机关办理完毕冻结、扣划存款手续后，银行根据业务需要可以通知存款单位或个人。

遇有权机关要求执行信用证、银行承兑汇票保证金、封闭贷款等情况时，应依据有关法律、法规的规定处理，注意维护银行自身的合法权益。

遇有权机关要求协助查询、冻结、扣划时，营业机构负责协助执行的工作人员和有关负责人应按相关规定进行审查和复核。符合规定条件的，应及时予以办理，并按规定填写"协助有权机关查询、冻结、扣划登记簿"，做好相关登记工作。严禁以"履行签字手续"为由，故意拖延时间、向被执行人通风报信或协助被执行人转移存款，妨碍有权机关依法采取冻结、扣划措施。

▶ **2. 协助查询**

不得协助任何单位或个人查询单位存款，但法律、行政法规另有规定的除外。不得协

助任何单位或个人查询个人储蓄存款，但法律另有规定的除外。

▶ 3. 协助冻结

不得协助任何单位或个人冻结单位存款、个人储蓄存款，但法律另有规定的除外。

如遇被冻结单位账户存款不足冻结数额时，银行应在规定的冻结期内对该单位的活期存款办理冻结交易手续，只可划入不可划出，直至达到需要冻结的数额，冻结期应从冻结的次日起开始计算，至期满当天营业终了时为止。如需延长，应重新办理冻结手续。

已被冻结的存款，其他机关要求再冻结的，不予协助，但法院依法进行轮候冻结的除外。

最高人民法院、最高人民检察院、公安部或上级法院、检察院、公安机关发现下级法院、检察院、公安机关在冻结、解冻工作中有错误并直接做出变更决定或裁定时，银行应在接收相应法律文书后立即办理，不必征得原做出决定机关的同意。

在冻结期内的存款，只有在原做出冻结决定的有权机关做出解冻决定，并出具解除冻结存款通知书的情况下，银行才能予以解冻。被冻结单位对不予解冻提出异议的，应告知其与做出冻结决定的有权机关联系。

异地有权机关委托当地机关代为送达、邮寄送达的解除冻结存款通知书的，银行应与有权机关直接送达的解除冻结存款通知书同等对待。

冻结期内，银行在接到原冻结机关的解冻通知后，应予办理解冻手续。

公安机关、检察机关、人民法院冻结超过 6 个月，其他有权机关冻结超过法律规定期限未办理续冻手续的，视为自动解冻。

▶ 4. 协助扣划

不得协助任何单位或个人扣划单位存款、个人储蓄存款，但法律另有规定的除外。

对没收缴库的个人储蓄存款，应采取转账方式支付，并且不计付利息。

银行在扣缴税款通知书限定的扣缴税款期限内无法实现扣缴税款的，业务部门应经法律部门和单位负责人同意后书面通知税务机关，并说明理由，以便税务机关采取其他强制执行措施。

▶ 5. 个人存款没收

人民法院判决没收罪犯的个人存款时，银行应依据人民法院的判决书办理。对于没收缴库的个人存款，银行采取转账方式，不支付现金，并均不计利息。

（四）保留和继承

▶ 1. 存款保留

存款单位需要对存款进行保留时，应提出书面申请，明确责任，详细说明需保留存款的账号、户名、保留金额、日期、用途及违约责任等内容，经银行有权人审批后办理。

存款单位对已经设置存款保留的存款，不需再保留时，客户应提供解除存款保留的书面通知，详细说明需解除保留存款的账号、户名、金额、日期等内容，经银行有权人审批后办理。

存款单位需支付已申请保留的存款时，应由存款单位提出书面申请。

▶ 2. 个人存款继承（过户）

（1）存款人死亡后，合法继承人为证明自己的身份有权提取该项存款，应向营业机构所在地的公证处（未设立公证处的地方向县、市人民法院，下同）申请办理继承权证明书，营业机构凭以办理过户或支付手续。该项存款的继承权发生争执时，由人民法院判处。营业机构凭人民法院的判决书、裁定书或调解书办理过户或支付手续。

（2）存款人已死亡，但存单持有人没有向营业机构申明遗产继承，也没有持存款所在地法院判决书，直接去营业机构支取或转存存款人生前存款，营业机构都视为正常支取或转存，事后而引起的存款继承争执，营业机构不负责任。

经办人员办理个人存款继承业务遇到的其他情况，要严格按照有关法律规定办理。储蓄存款的所有权发生争议，涉及办理过户或支付手续，必须严格按法律规定，慎重处理。

（五）存款长期不动户

▶ 1. 单位存款长期不动户

开户行应对一年（按对月对日计算）未发生资金收付活动（计息入账除外）且未欠开户行债务的单位银行结算账户，定期进行清理，并通知单位客户办理销户手续。自通知发出之日起 30 日内未办理销户手续的，开户行可视为该单位客户自愿销户，未划转款项列入久悬未取专户管理。

存款人有久悬银行账户的，银行不得为其办理其他银行结算账户的开立和变更业务。

长期不动户清理，余额转入"久悬未取款"科目集中管理后，原账户的印鉴卡片应收回集中由专人保管。原存款人要支取已清理转入"待处理久悬未取款项"或已结转营业外收入的原转入余额时，应出示原存款账户预留印鉴，经业务主管人员审批同意后，办理支取手续。

▶ 2. 个人存款长期不动户

个人存款长期不动户包括：活期存款账户余额在 100 元以下且 5 年未动或余额在 50 元以下且 3 年未动；定期储蓄存款到期后一定时间未支取的定期存款账户；下挂各子账户余额及未动户时间同时满足长期不动户条件。

个人存款长期不动户只能办理销户、查询、调整、挂失、冻结，不能办理提前支取、续存、支取、挂失开户、挂失换折（活期多币种可以挂失换折，单币种不能），不能调入和调出理财金账户。批量代理业务、理财金账户扣缴年费、对账单打印费等，按原操作处理。

二、业务处理

（一）账户信息的调整

▶ 1. 单位账户信息的调整

柜员在调整单位户信息前，要先进行查询，确认是否需要调整。调整账户信息，必须由柜员根据有关业务事实如实填写"特殊业务凭证"，并经业务主管审批后办理。"特殊业务凭证"应加盖核算用章，随当日凭证交事后监督部门。

所有调整账户的信息一律由柜员经办，由业务主管授权，并登记在当天的工作日志上。

▶ 2. 个人账户信息的调整

客户申请将人民币活期储蓄账户调整为个人结算账户需填制《开立个人银行结算账户申请书》。客户申请调整个人结算账户信息需填制《变更银行结算账户申请书》。

（二）有权机关对账户进行查询、冻结、解冻和扣划

（1）查询、冻结、扣划存款通知书与解除冻结、扣划存款通知书均应由有权机关执行人员依法送达，银行经办人员不得接受有权机关执法人员以外的人员代为送达的上述通知书。

（2）协助执行应严格按制度要求审核，应填写"协助查询、冻结、扣划登记簿"，详细记载要求协助执行机关的名称、执行人员姓名及证件号码、要求协助执行的项目、相关法律文书的名称和文号、被协助执行人的户名和账号，以及处理结果。

（3）有权机关进行查询后要求对需要的资料进行抄录、复印或拍照时，不得带出原件。根据有权机关要求，银行业务部门可在有关复制材料上加盖核算事项证明章。

协助查询时应告知有权机关，银行已开办储蓄及对公存款的通存通兑、网上银行、电话银行和手机银行等业务，有可能发生查询时的余额与冻结时的余额不一致的情况。如有权机关同时出具协助冻结存款通知书，在办完冻结手续后，方可在查询回执上填写余额。

协助查询信用卡账户时，应将小额授权记录中的余额从该账户余额中抵减，并告知有权机关该账户可能还有已经发生但尚未记账的未达款项。

（4）银行经办人员业务处理完毕后，在执行通知书等文件回执上加盖核算事项证明章后交执法人员。协助扣划时，应当将扣划的存款直接划入有权机关指定的账户。有权机关要求提取现金的，不予协助。扣划业务填制特种转账凭证，加盖核算用章。

（三）单位存款保留

存款单位需要对存款进行保留或解除保留时，应提出书面申请，明确责任，详细说明需保留存款的账号、户名、保留金额、日期、用途及违约责任等内容，经银行有权人审批后办理。柜员凭审批后的书面申请，填写并打印"特殊业务凭证"两份，加盖核算用章，一份交客户，一份与书面申请随当日凭证交事后监督部门。

（四）单位存款长期不动户

单位存款长期不动户清理销户时，柜员应逐户抄列清单一式三份，经业务主管审批后，填制特种转账凭证，将余额转入"待处理久悬未取款项"账户，一份清单作为凭证附件，另两份分别由柜员及业务主管与预留印鉴一起保管。

开户行对不动户清理后，原存款人凭预留印鉴来行支取时，核对预留印鉴无误，经业务主管审批后，未转入"营业外收入"的从"待处理久悬未取款项"列支，已结转营业外收入的应从"营业外支出"列支。久悬未取款项转账支取填制特种转账凭证转入原账户或客户指定账户，业务处理完毕后在凭证上加盖核算用章。

| **本章小结** |

存款是银行采用信用方式吸收的社会各单位闲置的货币资金，以及城乡居民的生活节余和待用款项，是银行信贷资金的主要来源。按照存款的对象可分为单位存款和储蓄存款。

存款账户是系统、连续、完整地记录和反映各单位资金增减变化的过程及其结果的工具，一般分为四种：基本存款账户、一般存款账户、专用存款账户和临时存款账户。开立各种存款账户应具备相应的条件且提供规定的证明文件。

单位存款是指企事业单位在银行存入的货币资金。单位存款业务主要包括单位活期存款和单位定期存款两种形式，单位活期存款的存取包括现金存取和转账存取。其中，转账存取的具体方法将在第七章支付结算业务中介绍，本章介绍了单位活期存款现金存取和单位定期存款存入、支取的核算手续。

对存款支付利息是金融机构使用存款人的资金而支付的代价。会计部门应当按结息期和计息方法，准确地计算并支付利息，对于应付未付的存款利息按权责发生制原则进行核算。

储蓄存款是银行通过信用方式吸收城乡居民暂时闲置和节余货币资金的一种存款业务，对居民储蓄实行"存款自愿，取款自由，存款有息，为储户保密"的原则。

储蓄存款设置了活期储蓄、定期储蓄、定活两便储蓄、个人通知存款等多个种类，其中，活期储蓄和定期整存整取是储户普遍选用的储种。各种储蓄存款都有其基本规定，存取手续、利息计算各不相同，并且储蓄业务量大，接触面广，关系到储蓄政策和储蓄原则的贯彻执行，甚至直接影响居民个人参加储蓄的积极性。因此，做好储蓄存款的会计核算工作对于促进储蓄业务的发展有着重要意义。

本章习题

第五章
信贷资产

学习目标

1. 掌握贷款的概念及分类，了解贷款新规。
2. 掌握信用贷款的核算、贷款利息的计算及相关规定。
3. 掌握资产减值准备的核算。
4. 了解担保贷款的有关规定和账务处理程序。
5. 掌握贴现、转贴现和抵债资产的有关规定和账务处理程序。

信贷资产是指银行发放贷款等业务而形成的资产，主要是指银行贷款、贴现、透支、垫款等业务形成的资产。信贷业务是银行的基础业务，信贷业务形成的资产规模居银行各类资产之首，信贷资产带来的收益是银行利润的主要来源。按照《企业会计准则》的规定，银行的信贷资产是在活跃市场上没有报价，回收金额固定或可确定的金融资产。根据金融资产的分类规定，信贷资产应属于"贷款和应收款项"，并且应当采用实际利率法按照摊余成本进行后续计量。本章主要介绍银行贷款和贴现业务所形成的信贷资产。

第 一 节　贷款业务概述

贷款是贷款人（银行）向借款人提供的按照约定的期限和利率还本付息的货币资金。银行通过各种途径吸收和扩大存款，其目的就是有足够的资金用于发放贷款。贷款的发放，一方面，促进了国民经济有关部门的发展；另一方面，在发放贷款的过程中收取的利息也是目前我国银行的主营业务收入。银监会对贷款实行全流程精细化管理、协议承诺、实贷实付，具体是按照"全流程管理、诚信申贷、协议承诺、实贷实付、贷放分控、贷后管理、罚则约束"等"贷款新规"（三个办法一个指引）的要求进行管理，会计核算上也提出了相应的要求。同时，要求商业银行严格执行风险监管指标。

一、基本规定

发放贷款的过程中应当按照以下规定进行办理。

（1）贷款的发放和使用必须符合国家的法律、法规，以及国家的宏观经济政策，不得危及社会公众利益。

（2）发放贷款时，应当严格审查借款人或担保人的信用状况和偿还能力。

（3）贯彻贷款本息分别核算、商业贷款和委托贷款分别核算、应计贷款和非应计贷款分别核算的原则。

二、贷款的分类

贷款分类的根本目的是稳健经营，加强信贷管理，减少或降低贷款的风险，提高信贷资产的质量。一般来说，贷款可以按照以下划分方法进行分类。

（一）按照贷款的期限划分

按照贷款的期限划分，可分为短期贷款、中期贷款和长期贷款。短期贷款是指贷款的期限在 1 年以内（含 1 年）的贷款。中期贷款是指贷款期限在 1 年以上（不含 1 年），5 年以内（含 5 年）的贷款。长期贷款是指贷款期限在 5 年以上（不含 5 年）的贷款。一般来说，银行发放的商业贷款，其贷款的期限不能超过 10 年，如果确实需要发放 10 年期以上的贷款，要向中国人民银行备案。

（二）按照贷款发放的方式划分

按照贷款发放的方式划分，可分为信用贷款、担保贷款和票据贴现。信用贷款是贷款人凭借款人的经营情况或信誉而发放的贷款。担保贷款是指根据借款人提供的符合《担保法》规定的担保方式而发放的贷款。担保贷款按照担保方式的不同又可以划分为抵押贷款、质押贷款和保证贷款。抵押贷款是指借款人或借款人以外的第三人以其财产作为贷款债权的担保而发放的贷款。质押贷款是指借款人或借款人以外的第三人以其财产或权利作为贷款债权的担保而发放的贷款。保证贷款是指以第三人承诺在借款人不能偿还债务时，按照约定承担一般保证责任或连带保证责任而发放的贷款。票据贴现就是银行用信贷资金购买未到期的商业汇票。

（三）按照贷款人是否承担贷款风险划分

按照贷款人是否承担贷款风险划分，可分为自营贷款和委托贷款。自营贷款是指贷款人用以合法方式筹集的资金自主发放的贷款，贷款的风险由贷款人自己承担并收取本金和利息。银行发放的贷款主要是自营贷款。委托贷款是指由政府部门、企事业单位及个人等委托人提供资金，由贷款人（即被委托人）根据委托人确定的贷款对象、用途、期限、金额、利率等代理发放、监督使用并协助收回的贷款，其贷款的风险由委托人承担，代理人（即银行）只收取手续费，不得垫付资金。

（四）按照贷款的风险划分

按照贷款的风险划分，可分为正常贷款、关注贷款、次级贷款、可疑贷款和损失贷款。正常贷款是指借款人能够履行借款合同，有充分把握按时足额偿还贷款本息。关注贷款是指尽管借款人目前有能力偿还贷款本息，但是存在一些可能对偿还贷款本息产生不利影响的因素，如果这些因素继续存在，可能对借款人的偿还能力产生影响。次级贷款是指借款人的还款能力出现了明显的问题，依靠其正常经营收入已无法保证偿还贷款本息。可疑贷款是指借款人无法足额偿还贷款本息，即便执行抵押或担保，也肯定要造成一部分损失。损失贷款是指在采取所有可能的一切措施和履行一切必要的法律程序之后，贷款本息仍然无法收回或只能收回极少部分。其中，次级贷款、可疑贷款和损失贷款为不良贷款。

（五）按照是否计息划分

按照是否计息划分，可分为非应计贷款和应计贷款。非应计贷款是指贷款本金或利息逾期 90 天没有收回的贷款，或者尽管贷款本金、应收利息没有逾期，但是生产经营已停止、项目已停建的贷款。应计贷款是指非应计贷款以外的贷款。当贷款的本金或利息逾期 90 天时，应单独核算。当应计贷款转为非应计贷款时，应将已入账的利息收入和应收利息予以冲销。从应计贷款转为非应计贷款后，在收到该笔贷款的还款时，首先冲减本金；本金全部收回后，再收到的款项确认为当期的利息收入。

第二节 单位贷款业务

一、信用贷款业务

信用贷款是指银行完全凭借客户的信誉无须提供担保品而发放的贷款。银行发放贷款必须按照规定开设贷款账户之后方可办理贷款发放。贷款结清、贷款本息归还后，通过查询，确认贷款账户无余额、无欠息，经授权后办理贷款户销户。

（一）贷款发放

借款人向银行申请信用贷款时，必须填写包括借款用途、还款方式和使用期限等主要内容的借款申请书。按照贷款人的规定和要求提供有关的资料和证明材料，以及相应的会计报表。经贷款人按照规定权限审批同意后，信贷部门与借款人、保证人等签订借款合同，以及抵押、质押或保证合同。

借款人根据借款合同填制一式四联的借款凭证。第一联，借据；第二联，借方传票；第三联，贷方传票；第四联，回单。借款人应在借款凭证的第一联上加盖预留印鉴，借款人为个人的应当签章。经信贷部门批注审批意见后送会计部门。

会计部门接到信贷部门交来的借款凭证后应认真审查以下各项：贷出日期、到期日填写是否完整；借款用途、种类等内容填写是否齐全、清楚；科目、利率使用是否正确；大小写金额是否相符；借贷双方加盖的印鉴是否齐全、有效。无误后，以借款凭证的第二联作为借方传票，第三联作为贷方传票进行记账，并根据约定的支付方式办理贷款的发放。如果是借款人自主支付，会计分录如下：

借：贷款科目——借款人户

　贷：单位活期存款——借款人存款户

如果是银行受托支付的，应当按照约定办理。如果借款人的交易对手也在本行开户的，会计分录如下：

借：贷款科目——借款人户

　贷：单位活期存款——收款人账户（借款人的交易对手）

不在本行开户的，按照约定的方式支付给收款人，会计分录如下：

借：贷款科目——借款人户

　贷：清算资金往来（或存放同业款项、同城往来等）

记账后，将借款凭证的第一联按照贷款到期日的先后顺序排列并专夹保管，在第四联上加盖转讫章后交给借款人作为收账通知。（注：以后讲到的贷款发放，如无特别说明均为"实贷实存"。）

（二）贷款收回

银行会计人员应随时查看专夹保管的借款借据，对到期或即将到期的贷款，应及时与信贷部门取得联系，督促贷款及时收回。贷款到期，由还款人签发支付凭证，柜员审查支付凭证无误后，进行账务处理。到期日借款人未主动归还，银行可视单位存款账户余额，按有关规定主动予以扣收全部或部分贷款，由银行填制特种转账凭证进行账务处理。借款人用现金还贷，应将现金收妥后再进行账务处理。借款人有足够的款项归还贷款时，会计分录如下：

借：单位活期存款——借款人存款户

贷：贷款科目——借款人户

将借据注销，交给借款人。

（三）贷款延期

贷款延期也称为贷款展期，是指借款人因故不能按期偿还贷款，可提前（一般提前 10 天）向银行提出申请贷款延期，由银行的信贷部门决定是否延期。经信贷部门批准同意延期的应在贷款到期日前将"延期还款协议书"签署意见后送交会计部门。由会计部门于到期日前办理延期手续，如果贷款已经逾期，会计部门可不予受理。

贷款延期应按照规定进行。短期贷款累计延期期限不得超过原贷款期限；中期贷款的延期累计不得超过原贷款期限的一半；长期贷款的延期最长不得超过三年。

会计部门收到信贷部门送来的延期还款协议书，应审查其内容是否齐全，是否符合规定，有无信贷部门的签章。无误后，在原借款借据上批注延期日期，并将延期还款协议书附在借据后一起专夹保管。因贷款延期改变贷款期限而涉及利率变动的，应自延期之日起调整计息利率。

（四）贷款逾期

贷款到期（含展期后到期），由于借款人存款不足或无法按期归还贷款，又未办理延期手续，或虽然申请延期，但是没有得到批准延期的贷款，尚且不属于非应计贷款的，应当于到期日的日终转为逾期贷款，一般是系统自动办理。当贷款为本金逾期时，无论该贷款是否为非应计贷款，应将收到的还款首先冲减本金和表内欠息，其余部分确认为当期利息收入，即遵循"先本后息"的原则。填制一红二蓝特种转账借方传票或贷款形态调整的专用凭证，办理转账。会计分录如下：

借：贷款科目——借款人户（红字）

借：逾期贷款科目——借款人逾期贷款账户

另一联特种转账借方传票加盖转讫章后交给信贷人员通知借款人。自转入逾期贷款账户之日起按逾期贷款利率计收利息。收回逾期贷款，会计分录如下：

借：单位活期存款——借款人存款账户

贷：逾期贷款科目——借款人逾期贷款账户

（五）非应计贷款

贷款、应收利息逾期超过 90 天的，应当转为非应计贷款。填制一红二蓝特种转账借方传票或贷款形态调整的专用凭证，办理转账。会计分录如下：

借：非应计贷款——借款人户

借：逾期贷款科目——借款人逾期贷款账户（红字）

另一联特种转账借方传票加盖转讫章后交给信贷人员通知借款人。自转为非应计贷款之日起，产生的应收利息在表外科目中核算，其为应计贷款时产生的应收利息从当期收益中冲销。

当非应计贷款的因素消除，如归还逾期利息等，银行应当将非应计贷款转回应计贷款，会计分录如下：

借：短期贷款或其他贷款科目——借款人贷款账户

　　贷：非应计贷款——借款人户

（六）贷款利息的核算

▶ **1. 基本规定**

（1）短期贷款按借款合同签订日相应档次的法定贷款利率计息，合同期内遇利率调整不分段计息。

（2）短期贷款按季结息的，每季度末月的 20 日计结利息，按月结息的每月的 20 日计结利息。借贷双方协商确定是按月还是按季计结利息。对贷款期限内借款人不能按期支付的利息，根据借款合同规定的利率按季或按月计收复利；贷款逾期，按逾期贷款罚息率计收复利。

（3）中长期贷款利率一年一定。按合同生效日相应档次的法定贷款利率计息，每满一年后（分笔拨付的以第一笔贷款的发放日为准），再按当时相应档次的法定贷款利率计息，确定下一年度的利率。中长期贷款按季结息，每季度末月的 20 日为结息日。对贷款期内不能按期支付的利息根据合同利率按季计收复利，贷款逾期后，改按罚息率计收复利。

（4）贷款展期，期限累计计算，累计期限达到新的利率期限档次时，自展期之日起，按展期日挂牌公告的同档次利率计息。

（5）逾期贷款或挤占挪用贷款，从逾期或挤占挪用之日起，根据罚息率计收罚息，直到清偿贷款本息为止，遇罚息率调整则分段计息。对贷款逾期或挤占挪用期间不能按期支付的利息，按季（短期贷款也可按月）根据罚息率计收复利。如同一笔贷款既逾期又挤占挪用，应从其重，不得并处。

（6）借款人在借款合同到期日之前归还贷款时，贷款人有权按照原借款合同向借款人收取利息。

▶ **2. 贷款利息的计提和收取**

（1）资产负债表日、到期日或约定结息日，按照规定的利率和权责发生制计算应收利息后，会计分录如下：

借：应计收贷款利息——借款人户

　　贷：贷款利息收入

（2）同时向客户收取贷款利息。足额支付借款利息的，会计分录如下：

借：单位活期存款——借款人户

　　贷：应计收贷款利息——借款人账户

（3）借款人无款支付借款利息的，转入"应收利息"科目，会计分录如下：

借：应收利息——借款人账户

　　贷：应计收贷款利息——借款人账户

（4）转入应收利息科目之后，银行应当加大利息的催收力度，及时收回。收回应收利息时，会计分录如下：

借：单位活期存款——借款人户

　　贷：应收利息——借款人账户

（5）转入"应收利息"的利息超过 90 天仍未收回的，自第 91 天起，该笔贷款转为非应计贷款，相应应收利息应从当期收益中冲回，列入表外科目核算。会计分录如下：

借：应收利息——借款人账户(红字)

　　贷：贷款利息收入(红字)

同时进行表外登记，会计分录如下：

收入：应收未收贷款利息——借款人户

【例 5-1】银行于 3 月 21 日向 A 公司发放 100 万元自主支付的一年期短期贷款，利率 6%，合同约定按月收息。贷款的发放经批准采取"实贷实存"的方式。借款人 A 公司在 4 月 20 日、5 月 20 日、6 月 20 日、7 月 20 日均无款支付利息。

(1) 3 月 21 日发放贷款，会计分录如下：

借：短期贷款——A 公司账户　　　　　　　　　　　　　　　1 000 000

　　贷：单位活期存款——A 公司账户　　　　　　　　　　　　　　　1 000 000

(2) 4 月 20 日，应计收利息＝1 000 000×31×6%÷360＝5 166.67(元)，会计分录如下：

借：应计收贷款利息——A 公司户　　　　　　　　　　　　　5 166.67

　　贷：贷款利息收入——短期贷款利息收入　　　　　　　　　　　5 166.67

(3) 4 月 21 日，由于 A 公司无款支付利息，故形成本行的应收利息，即表内欠息。会计分录如下：

借：应收利息——A 公司户　　　　　　　　　　　　　　　　5 166.67

　　贷：应计收贷款利息——A 公司户　　　　　　　　　　　　　　5 166.67

(4) 5 月 20 日，应计收利息＝(1 000 000＋5 166.67)×30×6%÷360＝5 025.83(元)，结息日会计分录如下：

借：应计收贷款利息——A 公司户　　　　　　　　　　　　　5 025.83

　　贷：贷款利息收入——短期贷款利息收入　　　　　　　　　　　5 025.83

5 月 21 日，A 公司仍然无款支付贷款利息，会计分录如下：

借：应收利息——A 公司户　　　　　　　　　　　　　　　　5 025.83

　　贷：应计收贷款利息——A 公司户　　　　　　　　　　　　　　5 025.83

至此，A 公司欠银行利息 10 192.5 元，应收利息挂账时间为 30 天。

(5) 6 月 20 日，应计收利息＝(1 000 000＋5 166.67＋5 028.83)×31×6%÷360＝5 219.33(元)，会计分录同上。至 6 月 21 日，该单位已经欠银行利息 15 411.83 元，应收利息挂账时间已达 61 天。

(6) 7 月 21 日，该笔贷款应收利息挂账时间已过 90 天，所以该笔贷款已经符合非计计贷款的要求，首先应将其转为非应计贷款。会计分录如下：

借：非应计贷款——A 公司户　　　　　　　　　　　　　　　1 000 000

　　短期贷款——A 公司户　　　　　　　　　　　　　　　　　1 000 000

将作为当期收入的 15 411.83 元的贷款利息冲出，会计分录如下：

借：应收利息——A 公司户　　　　　　　　　　　　　　　　15 411.83

　　贷：贷款利息收入——短期贷款利息收入　　　　　　　　　　　15 411.83

本期应计收贷款利息＝(1 000 000＋15 411.83)×30×6%÷360＝5 077.06(元)，冲减的表内欠息，转为表外即形成银行的表外欠息。

收入：应收未收贷款利息——A 公司户　　　　(15 411.83＋5 077.06)20 488.89

(7) 假定 A 公司 7 月 22 日归还利息，会计分录如下：

借：单位活期存款——A 公司户　　　　　　　　　　　　　　20 488.89

贷：贷款利息收入——短期贷款利息收入　　　　　　　　20 488.89

付出：应收未收贷款利息——A公司户　　　　　　　　20 488.89

(8) 当A公司偿还了所欠利息之后，该单位贷款就不再是非应计贷款了，应当转回应计贷款。会计分录如下：

借：短期贷款——A公司户　　　　　　　　　　　　1 000 000

贷：非应计贷款——A公司户　　　　　　　　　　　　1 000 000

(七) 准备金的核算

商业银行经营过程中为了使信贷资产良性循环，防范金融风险，增强金融企业风险抵御能力，促进银行稳健经营和健康发展，贯彻谨慎性原则，实行准备金制度。银行的准备金又称拨备，是银行对承担风险和损失的金融资产计提的准备金，包括资产减值准备和一般准备。资产减值准备是指银行对债权、股权等金融资产(不包括以公允价值计量并且其变动计入当期损益的金融资产)进行合理估计和判断，对其预计未来现金流量现值低于账面价值部分计提的、计入银行成本的、用于弥补资产损失的准备金。一般准备是指银行依据动态拨备原理，采用内部模型法或标准法计算风险资产的潜在风险估计值后，扣减已计提的资产减值准备，从净利润中计提的、用于部分弥补尚未识别的可能性损失的准备金。

承担风险和损失的资产应计提准备金，具体包括发放贷款和垫款、可供出售类金融资产、持有至到期投资、长期股权投资、存放同业、拆出资金、抵债资产、其他应收款项等。对由金融企业转贷并承担对外还款责任的国外贷款，包括国际金融组织贷款、外国买方信贷、外国政府贷款、日本国际协力银行不附条件贷款和外国政府混合贷款等资产，应当计提准备金。金融企业不承担风险的委托贷款、购买的国债等资产，不计提准备金。银行应在资产负债表日对各项资产进行检查，分析判断资产是否发生减值，并根据谨慎性原则，计提资产减值准备。银行应根据资产的风险程度及时、足额计提准备金。准备金计提不足的，原则上不得进行税后利润分配。

银行于每年年度终了对承担风险和损失的资产计提一般准备。一般准备由总行统一计提和管理。银行应当根据自身实际情况，采用内部模型法或标准法对风险资产所面临的风险状况定量分析，确定潜在风险估计值。对于潜在风险估计值高于资产减值准备的差额，计提一般准备。当潜在风险估计值低于资产减值准备时，可不计提一般准备。一般准备余额原则上不得低于风险资产期末余额的1.5%。

采用标准法计算潜在风险估计值之后，按潜在风险估计值与资产减值准备的差额，对风险资产计提一般准备。其中，信贷资产根据金融监管部门的有关规定进行风险分类，标准风险系数暂定为正常类1.5%、关注类3%、次级类30%、可疑类60%、损失类100%。对于其他风险资产可参照信贷资产进行风险分类，采用的标准风险系数不得低于上述信贷资产标准风险系数。标准法潜在风险估计值计算公式：

潜在风险估计值＝正常类风险资产×1.5%＋关注类风险资产×3%＋次级类风险资产×30%＋可疑类风险资产×60%＋损失类风险资产×100%

▶ 1. 资产减值准备——贷款损失准备

银行对发放贷款和垫款，至少应按季进行分析，采取单项或组合的方式进行减值测试，计提贷款损失准备。

【例5-2】某商业银行2017年12月31日贷款余额为820亿元，按五级分类的情况如下：正常贷款为400亿元，关注类贷款为200亿元，次级类贷款为150亿元，可疑类贷款为60亿元，损失类贷款为10亿元。经测试，预计未来的现金流量为760亿元。假定该行贷款损失准备科目余额为零。2017年12月31日，该行应计提的贷款损失准备金＝820－760＝60（亿元），会计分录如下：

借：资产减值损失——计提贷款损失准备 6 000 000 000

贷：资产减值准备——贷款损失准备 6 000 000 000

已计提资产减值准备的资产质量提高时，应在已计提的资产减值准备范围内转回，增加当期损益。商业银行在实际发生呆账损失时，按规定的呆账损失核销范围、审批权限和审批程序报批后，从贷款损失准备中予以核销。

借：资产减值准备——贷款损失准备

贷：××损失贷款（或非应计贷款等）——××借款人户

核销贷款并不放弃债权，尚须继续追偿，因此对核销的贷款必须在表外科目中设置专户记载。

收入：已核销贷款——××借款人户

核销贷款的表内应收利息，冲减当期损益。

借：应收利息——××借款人户（红字）

贷：利息收入——××贷款利息收入（红字）

连同表外应收未收利息一并转入已核销债权利息被查，以便继续追偿。会计分录如下：

付：应收未收贷款利息——××借款人户

收：已核销贷款应收未收利息——××借款人户

已核销的贷款资产损失，以后又收回的，其核销的相关资产减值准备予以转回。按照"先本后息"的原则，已核销的贷款资产收回金额超过本金的部分，计入利息收入等。转回的资产减值准备作为增加当期损益处理。

▶ **2. 一般准备**

金融企业按规定计提的一般准备作为利润分配处理，一般准备是所有者权益的组成部分。银行履行公司治理程序并报经同级财政部门备案后，可用一般准备弥补亏损，但不得用于分红。因特殊原因，经履行公司治理程序并报经同级财政部门备案后，银行可将一般准备转为未分配利润。

【例5-3】承例5-2，该行采用标准法计算潜在风险估计值后，扣除计提的贷款损失准备金，为该行应当计提的一般准备。

潜在风险估计值＝$400×1.5\%＋200×3\%＋150×30\%＋60×60\%＋10×100\%$

$＝103$（亿元）

本年该行应当计提的一般准备＝$103－60＝43$（亿元）

会计分录如下：

借：利润分配——计提一般准备 4 300 000 000

贷：一般准备 4 300 000 000

二、担保贷款业务

担保是指为提高贷款偿还的可能性，降低银行贷款损失的风险，由借款人或第三人对贷款本息的偿还提供的一种保证。银行与借款人或第三人签订担保协议后，当借款人的财务状况恶化，违反借款合同或无法偿还贷款本息时，贷款人可执行担保收回贷款本息。

担保为银行提供了一个可以影响或控制的潜在的还款来源，从而增加了贷款最后偿还的可能性，这是因为担保所形成的虽然是一种潜在的还款来源或第二还款来源，但是在一定条件下，担保就会变成现实的还款来源。所以，在发放贷款时，银行尽可能要求借款人为贷款提供相应的担保。一方面，能够对借款人或担保人起到督促和提示的作用，使其在整个贷款期内一直有履行合同的压力，如果不能按时足额地偿还贷款本息，抵押物或质物就会被银行变现处理，保证人也可能要承担还款义务；另一方面，担保是金融企业防范信贷风险的重要措施。在任何时候，银行所持有的担保权益必须大于尚未归还的贷款本息之和，以及执行担保所发生的费用，必须保证担保的有效性和充分性。

在办理担保贷款的过程中，应当对担保有一个正确的认识。不能认为担保是万能的，有担保就无风险，有担保就能确保贷款本息得以偿还；不能以担保来取代借款人的信用状况，担保作为第二还款来源，并不一定能够保证有足够的现金来偿还贷款本息。

（一）抵押贷款的核算

抵押贷款是指借款人或第三人以其财产作为贷款债权的担保而发放的贷款。抵押物不需要移存，当借款人不能履行借款合同时，银行有权以该财产折价、拍卖或变卖的价款优先受偿。

▶ **1. 申请抵押贷款**

借款人向银行申请抵押贷款时，应根据抵押物的情况填制借款申请书，并提交相关的证明材料。银行应当根据有关的规定审查抵押物的合法性、有效性和充分性。根据《担保法》的有关规定，可作为抵押物的财产有：①抵押人所有的房屋和其他地上定着物；②抵押人所有的机器、交通运输工具和其他财产；③抵押人依法有权处理的国有土地使用权；④抵押人依法有权处理的国有机器、交通运输工具和其他财产；⑤抵押人依法承包并经发包人同意的荒山、荒沟和荒滩等土地的使用权；⑥依法可以抵押的其他财产。

▶ **2. 抵押贷款的发放**

根据签订的抵押贷款借款合同和对抵押财产的评价价值，按照其价值的50%～70%来发放贷款。抵押贷款的核算手续与信用贷款发放的核算手续基本相同。会计分录如下：

借：抵押贷款科目——××借款人贷款户

贷：活期存款——××借款人存款户

同时，会计部门应对抵押物品进行表外登记，计入代保管抵押物品登记簿，并定期或不定期地进行账实核对。

收：抵押有价物品——××借款人户

▶ **3. 抵押贷款收回的核算**

（1）贷款到期收回的核算。抵押贷款到期收回的处理手续，可参照信用贷款的处理。会计分录如下：

借：活期存款——××借款人存款户

贷：抵押贷款科目——××借款人贷款户

付：抵押有价物品——××借款人户

同时销记"抵押物品表外科目登记簿"。

（2）借款人不能偿还贷款本息时，如果超过规定时间，银行有权对抵押物品进行处理，从所得价款中优先受偿，从而收回贷款本息。

① 借款人不能归还抵押贷款时，贷款如果逾期应将贷款进行调整，转入逾期贷款账户。会计分录如下：

借：逾期抵押贷款——××借款人逾期贷款账户

抵押贷款科目——××借款人贷款户（红字）

同时，按照规定计算该笔借款的利息。

② 处理抵押物品所得价款大于贷款本息之和的，多余部分应当退还给借款人（抵押人）。会计分录如下：

借：现金（或准备金存款等科目）

    贷：其他应付款

处理抵押物品所得价款首先用于支付处理抵押物品时所发生的费用，然后结清贷款账户，会计分录如下：

借：其他应付款

    贷：逾期抵押贷款——××借款人逾期贷款账户

        应收利息

        单位活期存款（或其他有关科目）（剩余部分归还借款人）

    付：抵押有价物品——××借款人户

③ 处理抵押物品所得价款低于贷款本息时，不足归还本金的差额部分作为贷款呆账，经批准后从贷款损失准备金中核销，不能收回的利息作为已核销应收未收利息。

（二）质押贷款的核算

质押贷款是指借款人或第三人将其动产或权利交付银行，作为贷款债权的担保而发放的贷款。质押贷款指出质人将质物（动产或权利凭证）移交银行占有或依法登记，作为质权人银行债权的担保，当债务人不履行债务时，银行依照有关法律以该财产折价或者以拍卖、变卖财产的价款优先偿还的一种贷款方式。当借款人不能履行借款合同时，银行有权执行担保，对于质物变现的净收入，银行有优先受偿权而收回贷款本息。作为贷款担保的质物应当向质权人移存，贷款期限之内贷款人享有质权。

质押可分为动产质押和权利质押。根据《担保法》规定，可以充当权利质押的质物有：①汇票、本票、支票、债券、存单、仓单、提单；②依法可以转让的股份、股票；③依法可以转让的商标专用权、专利权、著作权中的财产权；④依法可以质押的其他权利。

使用《票据法》规定的票据进行质押时，银行除按照规定与借款人或出质人签订质押借款合同外，还必须要求借款人或出质人在票据上作成质押背书。质押贷款的核算一般是设置"质押贷款"科目，账务处理和核算可比照抵押贷款和信用贷款的处理。

（三）保证贷款的核算

保证贷款是指保证人为借款人履行借款合同项下的债务向贷款行提供担保，当借款人不按借款合同的约定履行债务时，保证人按保证合同约定承担连带责任的一种贷款方式。

借款人申请保证贷款时，须填写保证贷款申请书，按照《担保法》和《贷款通则》有关规定签订保证合同或出具保函，加盖保证人公章及法人名章或出具授权书，注明担保事项，经银行信贷部门和有权审批人审查、审批并经法律公证后办理。

保证贷款的核算，除签订保证借款合同、贷款延期需要征得保证人的同意、贷款逾期一个月借款人不能归还贷款，贷款人可向保证人收取贷款本息外，其他处理手续均与信用贷款的处理手续相同。需要特别注意的是，应严格进行保证人资格审查，保证人的信用状况和偿还能力直接关系贷款本息的偿还。担保贷款借款合同如需要公证的，公证的费用由借款人承担。

保证贷款到期不能归还，应根据贷款合同和有关规定，直接向保证人收取款项归还贷款，保证人承担保证责任的期间为借款合同履行期届满贷款本息未受清偿之时起2年。

三、法人账户透支业务

公司客户法人账户透支是根据公司客户申请，核定其账户透支额度，允许其在结算账户存款不足以支付时，在核定的透支额度内直接透支取得信贷资金的一种短期融资方式。

（一）基本规定

（1）法人账户透支额度有效期最长不超过 1 年，从透支协议生效之日起计算。透支额度在有效期内可循环使用。

（2）法人账户透支期限是客户实际透支的具体期限，最长不得超过 3 个月。超过 3 个月的透支款，作为逾期贷款处理。

（3）法人账户透支额度有效期满后不得再发生新的透支。对尚未偿还的、透支期限短于 3 个月的透支款，可给予最长 1 个月的宽限期。宽限期满后仍未偿还的透支款作为逾期贷款处理。

（4）办理法人账户日间结算透支业务，客户必须存入一定比例的保证金。

（二）业务处理

（1）根据信贷部门确认的透支协议收取透支承诺费；对于日间透支、日终结清的，按日间透支额向客户收取日间透支服务费。为降低风险，银行通常要求客户存入一定比例的保证金。

收取透支承诺费、日间透支服务费的会计分录如下：

借：单位活期存款——借款人户

　　贷：中间业务收入——承诺业务收入

收取保证金的会计分录如下。

① 存入保证金：

借：单位活期存款——借款人户

　　贷：短期保证金存款——借款人户

② 保证金划回：

借：短期保证金存款——借款人户

　　贷：单位活期存款——借款人户

（2）客户发生透支时，业务人员根据实际发生透支额填制借款凭证一式五联，记账后盖核算用章，其中，一联交信贷部门，一联交客户作为回单，一联作为贷款科目借方凭证，一联作为存款科目贷方凭证，一联为借据到期卡。会计分录如下：

借：短期透支——借款人户

　　贷：单位活期存款——借款人户

（3）接到客户书面还款通知或信贷部门要求扣收透支款的书面通知后，会计人员进行还款扣收的账务处理。会计分录如下：

借：单位活期存款——借款人户

　　贷：短期透支——借款人户

扣收客户透支利息，会计分录如下：

借：单位活期存款——借款人户

　　贷：利息收入——短期贷款利息收入

（4）业务人员按日计算透支计息积数，法人账户透支的利率应在 1 年期贷款基准利率的基础上合理确定，透支利息可以在还本金时利随本清，也可以在约定的收息日收取。

四、银团贷款

银团贷款作为贷款的一种特殊形式，是指由获准经营贷款业务的多家银行或非银行金融机构参加，基于相同的贷款条件，采用同一贷款协议，向同一借款人发放的贷款。按照成员行组成的不同，可以分为行内银团贷款和跨系统银团贷款。银团贷款分为牵头行、参与行和代理行。

行内银团贷款是指在与客户签订统一贷款合同的前提下，由总行营业部、各级（直属）分行组成行内银团，对同一客户或项目发放的贷款。跨系统银团贷款则是指在与客户签订统一贷款合同的前提下，由多家不同系统的银行或非金融机构组成的银团，对同一客户或项目发放的贷款。

（一）基本规定

（1）银团贷款业务由银行总行直接组织营销或由总行指定总行营业部或分行组织营销。对于在授权范围内的业务，总行营业部或分行可直接办理，并报总行（投资银行部）备案。银团筹备组工作结束后，总行营业部或分行应以专题报告形式报总行备案。

（2）银团贷款按照"公平、自愿、协商"的原则组织，各成员行依据贷款比例共享收益、共担风险。银团贷款成员行依据不同的职责划分为牵头行、管理行、账户行和一般成员行，根据实际情况，银团角色可以重叠。

（3）各成员行发放贷款、回收贷款本息应严格按照贷款比例同时进行。银团贷款发放和本息收回均通过在账户行设立专户办理。

（4）银团贷款如发生逾期，逾期部分按中国人民银行有关规定向借款人计收罚息，并按实际贷款比例分配给各成员行。

（5）银团贷款转让包括直接银团转让和间接银团转让两种方式。

直接银团转让是指对于多边金融机构组建的银团贷款，由银团参贷行根据相关法律法规发放贷款所形成的存量债权或贷款的收益权，基于相同的银团转让条件和银团转让协议，按照贷款金额、贷款偿还期限或贷款风险等方法进行拆分，把拆分后的银团转让给银团之外获准经营贷款业务的其他金融机构。直接银团转让应遵守原银团贷款协议对银团份额转让的规定。

间接银团转让是指牵头行将金融机构根据相关法律法规发放双边贷款所形成的债权或贷款的收益权，改造成基于相同融资条件的银团贷款，并按照贷款金额、贷款偿还期限或贷款风险等方法进行拆分，把拆分后的银团资产分销或转让给作为参加行的获准经营贷款业务的其他金融机构。

（6）银团贷款营销及管理中的日常成本和费用原则上由各成员行自行解决，经各成员行协商同意后发生的大额费用支出，由各成员行按贷款比例分担。各成员行须按年向管理行支付管理费。

（二）业务处理

▶ 1. 行内银团贷款

各成员行依据协议，在贷款发放日当日通过实时清算系统将款项划到账户行。

其他成员行发放银团贷款时，会计分录如下：

借：××贷款——参与行贷款

　　贷：待清算辖内往来

代理行收到款项时，会计分录如下：

借：待清算辖内往来——营业机构往来

贷：××贷款

代理行按照有关规定向借款人发放贷款时，会计分录如下：

借：××贷款——代理行自留贷款

××贷款——代理他行贷款

贷：单位活期存款——借款人户

代理行收到利息后，对属于本行的部分确认为利息收入，会计分录如下：

借：单位活期存款——借款人户

贷：利息收入——银团贷款利息收入

对属于他行的利息，划其他成员行，会计分录如下：

借：他单位活期存款——借款人户

贷：待清算辖内往来

其他成员行收到利息后，会计分录如下：

借：待清算辖内往来

贷：利息收入——银团贷款利息收

账户行收回贷款本金后，在贷款收回当日将其他行承贷部分本金通过实时清算系统划回各行。代理行收回贷款本金后，会计分录如下：

借：单位活期存款——借款人户

贷：××贷款——代理行自留贷款

××贷款——代理他行贷款

同时，将其他行承贷部分本金划回各行，会计分录如下：

借：××贷款

贷：待清算辖内往来

其他成员行收到贷款本金后，会计分录如下：

借：待清算辖内往来

贷：××贷款——参与行贷款

▶ **2. 跨系统银团贷款**

跨系统银团贷款发放及收回时，使用"银团贷款"和"银团贷款资金"科目；收付管理费用时，使用"中间业务收入"和"手续费支出"科目，其余与行内银团贷款核算相同。

第三节 贴现业务和转贴现业务

一、贴现业务

贴现指商业汇票的持票人在汇票到期日前，为了取得资金贴付一定利息将票据权利转让给金融机构的票据行为，是金融机构向持票人融通资金的一种方式。商业汇票分为纸质商业汇票和电子商业汇票两种。

（一）基本规定

按照规定，法人及其他组织之间必须具有真实的交易关系或债权债务关系，才能使用商业汇票。银行不得承兑出票人或收款人为自然人或个体工商户的商业汇票，不得办理出票人、收款人或背书人为自然人或个体工商户的票据贴现业务。申请人向银行申请贴现的商业汇票，必须以真实、合法的商品交易为基础。申请票据贴现的商业汇票持票人，必须是企业法人和其他经济组织，并依法从事经营活动，与出票人或其前手之间具有真实的商品交易关系，并且在申请贴现的银行开立存款账户。持票人申请贴现时，须提交贴现申请书、经其背书的未到期商业汇票、持票人与出票人或其前手之间的增值税发票和商品交易合同复印件。

贴现银行（以下简称贴现人）选择贴现票据应当遵循效益性、安全性和流动性的原则，贴现资金投向应符合国家产业政策和信贷政策。对贴现申请人提交的商业汇票，应按规定向承兑人以书面方式查询。承兑人须按照中国人民银行的有关规定查复贴现人。纸质商业汇票最长期限不超过6个月，电子商业汇票最长期限不超过1年。根据中国人民银行规定，银行在为企业事业法人和其他经济组织办理商业汇票贴现时，贴现利率在再贴现利率的基础上加点生成。实务中，贴现利率通常由贴现人与贴现申请人或持票人双方商定。需要注意，本书如无特别说明，所讲的有关商业汇票业务均以纸质商业汇票为例。

（二）业务处理

▶ 1. 申请贴现

持票人或贴现申请人向银行申请贴现时，应当填制一式五联的贴现凭证。第一联，借方传票（代申请书），银行作为贴现借方传票；第二联，贷方传票，银行作为持票人账户的贷方凭证；第三联，贷方传票，银行作为利息收入贷方凭证；第四联，收账通知，作为持票人的收账通知；第五联，到期卡，按到期日排列保管，到期作为贴现贷方凭证。

▶ 2. 计算贴现利息和实付贴现金额

按照规定审查贴现凭证和商业汇票无误后，计算贴现利息和实付贴现金额。贴现利息的计算：

$$贴现利息 = 贴现金额 \times 贴现天数 \times 贴现率$$
$$实付贴现金额 = 贴现金额 - 贴现利息$$

需要注意：①公式中的贴现金额通常是指贴现票据的票面金额，因为目前我国的票据均为不载息票据，所以持票人持有期间或到期获得的只是票款，如果票据有利息，则贴现金额就是票面金额与持有期间的利息之和；②实付贴现金额按票面金额扣除贴现次日至汇票到期日（遇法定休假日顺延至下一工作日）的利息计算。③承兑人在异地的，贴现、转贴现和再贴现的贴现天数的计算不再另加3天划款期限。

▶ 3. 设置相关科目

银行为核算票据贴现业务，一般需要设置"贴现资产""利息收入——贴现利息收入""递延收益"等科目。

会计人员审查贴现凭证，计算贴现利息和实付贴现金额无误后，会计分录如下：

借：贴现资产——银行承兑汇票
　　　　　　——商业承兑汇票
　　贷：单位活期存款——贴现申请人户
　　　　递延收益——贴现利息收益
　　收：已贴现商业汇票——××承兑汇票

未实现的收益——递延收益，通常是按月分摊，在每月的结息日及贴现票据到期日，贴现银行将其分摊计入当月收益。会计分录如下：

借：递延收益——贴现利息收益
　　贷：利息收入——贴现利息收入

▶ **4. 赎回贴现票据**

如果贴现申请人提前赎回贴现票据，贴现人应当将票据退回，并将收取的贴现利息按照规定计算退回。贴现票据到期，贴现人按照商业汇票到期收取票款的业务处理，填制委托收款凭证向承兑人收取款项。如未收回贴现票据款项，可向贴现申请人收取。如果贴现申请人无款支付，该款项直接作为贴现申请人的逾期贷款或垫款处理，同时按照《票据法》的有关规定向前手追索。

【例 5-4】 某银行 7 月 9 日收到甲公司 4 月 5 日签发、9 月 1 日到期、金额为 10 万元的外省某分行承兑的汇票及贴现凭证，申请贴现，经审查同意办理，贴现率 3.6%。要求：计算贴现、转贴现利息，并做出会计分录。

（1）计算贴现利息。贴现天数为 60 天（注意：不得再加 3 天的划款天数），贴现利息＝100 000×60×3.6%÷360＝600（元），实付贴现额＝100 000−600＝99 400（元）。

（2）贴现会计分录如下：

借：贴现资产——银行承兑汇票　　　　　　　　　　　　　　　　100 000
　　贷：单位活期存款——甲公司户　　　　　　　　　　　　　　　99 400
　　　　递延收益——贴现利息收益　　　　　　　　　　　　　　　　600
　　收：已贴现商业汇票——银行承兑汇票　　　　　　　　　　　　100 000

分为三个月摊销收益，7 月份摊销时，会计分录如下：

借：递延收益——贴现利息收益　　　　　　　　　　　　　　　　　200
　　贷：利息收入——贴现利息收入　　　　　　　　　　　　　　　　200

▶ **5. 商业汇票赎回式贴现业务**

商业汇票赎回式贴现业务是指赎回方（贴现申请人）将其合法持有的未到期商业汇票以贴付利息的形式售予贴现行，贴现行承诺赎回方在约定条件下赎回其所售票据的权利，赎回发生日，贴现行足额收妥票款后，将票据如数返还赎回方的一种交易行为。

贴现行是指为持票人办理商业汇票贴现业务的银行分支机构。办理商业汇票赎回式贴现业务应遵循真实合规、票据限定、金额限定和先收后还原则。

办理商业汇票赎回式贴现业务，如不确定赎回日期，赎回日应控制在业务发生日起 30日至商业汇票到期日前第 13 日之间。

办理赎回式贴现业务时，贴现申请人应在其所持有的商业汇票的"背书"栏中加盖财务专用章和法定代表人（或负责人、授权代理人）名章，但在被背书人栏内不注明贴现行名称。

赎回到期日，贴现行足额收妥票款后，对返还的商业汇票不进行背书处理。

赎回方如要求赎回票据必须提前一个工作日，贴现行会计核算岗在足额收妥票据资金后，方可将相关票据返还赎回方。赎回方取票时，会计核算岗应要求其出具介绍信和身份证件等，确保赎回方身份真实。

会计核算同票据贴现业务。

▶ **6. 贴现业务衍生产品**

银行还可以根据客户的需要办理买方付息商业汇票贴现、委托代理贴现、免追索权贴现和自由贴贴现业务，为客户进行短期融资提供更全面的服务。

（1）买方付息商业汇票贴现是指卖方企业在按照买卖合同的约定发出商品或提供劳务后，持买方企业交付的未到期商业汇票向银行申请贴现，银行经审查后，按照与买卖双方事先的协议规定，将汇票票面金额全额付给卖方企业，而向买方企业收取贴现利息的一种融通资金行为。

（2）委托代理贴现是指当买卖双方以商业汇票作为结算工具时，卖方委托买方代理向商业银行办理贴现，并由贴现银行将贴现资金汇划至卖方账户的一种业务。卖方为委托人，买方为代理人。委托人仍为实质上的贴现申请人，并承担相应的权利与责任。

委托代理贴现业务是指异地持票人(票据权利人)委托与其有直接交易关系的前手背书人，代理其向银行申请办理的商业汇票贴现业务。委托人与代理人注册地不得位于同一城市。这种业务仅适用于由银行承兑的银行承兑汇票及总行认定承兑资格并建立商业承兑汇票业务合作关系的客户开具的商业承兑汇票。

代理人进行贴现转让背书时，应直接在背书人栏注明"代理××公司"字样并以自己的名称签章。会计部门以此签章并签订《委托代理贴现授权书》(或三方协议)认定背书连续。

办理托收时，贴现行应向承兑行出具注明"此票据系银行办理的委托代理贴现业务，请予付款"字样的说明，并加盖贴现结算专用章，同时附《委托代理贴现授权书》(或三方协议)复印件。

会计核算同商业汇票贴现业务。

(3)免追索权贴现是指贴现银行在为客户办理贴现时，有条件免除对贴现申请人的追索权。即贴现银行承诺在贴现票据到期时，由于非贴现申请人原因被承兑人拒绝付款的，放弃对贴现申请人行使追索权。

商业汇票部分放弃追索权业务是指贴现行、转贴现行在风险可控的基础上，从持票人手中买断未到期的商业汇票，同时承诺放弃对持票人及其指定前手追索权行为的业务。贴现行、转贴现行是指办理商业汇票贴现或转贴现业务的银行分支机构。

本地企业和异地企业均可办理银行承兑汇票部分放弃追索权贴现业务。办理商业承兑汇票部分放弃追索权贴现业务的贴现申请人必须是本地企业。

办理部分放弃追索权业务，其贴现、转贴现利率原则上应在贴现、转贴现业务利率基础上适当上浮。办理商业汇票部分放弃追索权业务，允许申请人在背书同时加注"不得向本背书人追索"字样。办理商业汇票部分放弃追索权业务，必须遵循以下原则：①不得放弃对所有票据债务人的追索权。贴现行、转贴现行必须保留对除持票人及其指定前手以外其余票据债务人的追索权，即出票人、承兑人、保证人，以及除持票人及其指定前手之外的其他背书人。②不得无条件放弃追索权。贴现行、转贴现行必须保留持票人在票据及相关资料的真实性、合法性、有效性、完整性违反《中华人民共和国票据法》及中国人民银行关于票据的签发、取得及转让相关规定情况下的追索权。

会计核算同商业汇票贴现、转贴现业务处理。

(4)自由贴贴现业务是指占用贴现申请人的授信额度，为其办理承兑银行非本行授信银行或超出授信银行贴现业务授信额度的贴现业务。

二、转贴现业务

转贴现是指银行间(中央银行除外)将持有的未到期票据进行转让融通资金的行为，是金融机构间融通资金的一种方式。转贴现业务的有关规定与贴现基本一致。但是由于转贴现是在金融机构之间融通资金的方式之一，具体操作上有别于贴现业务。根据银行实际办理转贴现时充当的当事人不同，转贴现通常分为转出转贴现和转入转贴现。转出转贴现是指本行作为贴现申请人向其他金融机构办理转贴现；转入转贴现是指本行作为贴现人受理其他金融机构的转贴现业务。根据银行办理是否转让票据权利，转出转贴现又可分为卖断式和回购式等。转入转贴现又可分为买断式和非买断式。

（一）卖断式转出转贴现

本行将已贴现票据向其他金融机构申请办理转贴现，除按照规定办理贴现手续之外，应当在票据上作成转让背书。按照《票据法》规定，尽管票据已经转出，但是本行作为背书人，仍然是票据的次债务人，如被追索，负有相应的偿还义务，同时也仍然享有向前手追索的权利。不过，这种权利和义务是否实现，需要待票据到期后 30 天内是否被追索予以证实。这个期间内如果本行被追索，则要承担对后手的偿还义务，因此本行承担了一项负债，即或有负债。与此同时，本行享有了对前手的再追索权，而获得了一项资产，即或有资产。会计分录如下：

借：存放中央银行款项（存放同业款项等科目）
　金融企业往来支出——转贴现利息支出
　贷：贴现资产——××承兑汇票
付：已贴现商业汇票——××承兑汇票

进行或有资产和或有负债登记：

借：银行承兑汇票（相对于前手的债权）
　贷：银行承兑汇票款项（相对于后手的负债）

如果汇票到期满 30 天，未被追索，做相反的会计分录予以转销。若被追索的，待追索权实现后转销。

（二）回购式转出转贴现

由于转贴现并未转移贴现资产，办理该项业务获得一项资产的同时也承担了一项负债，即回购票据。因此核算时，通常设置"票据融资"科目。同时由于资产并未转移，发生的转贴现利息支出也应当在存续期间按月分摊，为此还应当使用"递延支出"科目予以过渡。办理贴现业务时，以贴现人为被背书人作成"卖出回购"背书。会计分录如下：

借：存放中央银行款项（存放同业款项等科目）
　递延支出——转贴现利息支出
　贷：票据融资——转贴现款项

结息日，分摊转贴现利息。会计分录如下：

借：金融企业往来支出——转贴现利息支出
　贷：递延支出——转贴现利息支出

回购到期，购回本行的汇票。会计分录如下：

借：票据融资——转贴现款项
　贷：存放中央银行款项（存放同业款项等科目）

【例 5-5】承例 5-4，假定某银行于 7 月 28 日向本市其他银行进行为期 30 天附回购协议的转贴现，利率 3%。

（1）计算转贴现利息。

转贴现利息 = 100 000 × 30 × 3% ÷ 360 = 250（元）

实付贴现额 = 100 000 − 250 = 99 750（元）

借：存放中央银行款项 　　　　　　　　　　　　　　99 750
　递延支出——转贴现利息支出 　　　　　　　　　　 250
　贷：票据融资——转贴现款项 　　　　　　　　　　100 000

分摊转贴现利息，会计分录如下：

借：金融企业往来支出——转贴现利息支出 　　　　　　250

贷：递延支出——转贴现利息支出　　　　　　　　　　　　　　250

购回本行的汇票，会计分录如下：

借：票据融资——转贴现款项　　　　　　　　　　　　　　100 000

　　贷：存放中央银行款项　　　　　　　　　　　　　　　100 000

(三) 买断式转入转贴现

买断式转入转贴现，申请人应当作成被背书人为本行的转让背书并提交转贴现凭证，审查无误后办理。会计分录如下：

借：贴现资产——银行承兑汇票转贴现

　　贷：递延收益——转贴现收益

　　　　存放中央银行款项(存放同业等科目)

收：已贴现商业汇票——××承兑汇票

按月分摊递延收益，并于汇票到期填制委托收款凭证向承兑人收取票据款项，会计分录略。如不能收，可向申请人收取或按照《票据法》的有关规定向前手追索。

(四) 非买断式转入转贴现

非买断式转入转贴现即票据的买入返售。贴现人收到申请人提交的作成了本行为被背书人的"卖出回购"背书商业汇票后，认真审查相关内容，无误后签订回购协议，按规定办理转贴现。买入返售到期日不得晚于商业汇票到期日前2日。会计分录如下：

借：买入返售票据——××承兑汇票

　　贷：递延收益——转贴现收益

　　　　存放中央银行准款项(存放同业等科目)

收：已贴现商业汇票——××承兑汇票

按月分摊利息，会计分录如下：

借：递延收益——转贴现收益

　　贷：利息收入——转贴现利息收入

回购协议到期，申请人购回票据，也就是贩售给申请人。贴现人应该在票据上作成以申请人为被背书人的"回购到期"背书后，将票据交还给原申请人。会计分录如下：

借：存放中央银行款项(存放同业等科目)

　　贷：买入返售票据——××承兑汇票

付：已贴现商业汇票——××承兑汇票

第四节　个人贷款业务

一、个人贷款的种类

▶ 1. 个人汽车消费贷款

个人汽车消费贷款是指贷款人向申请购买汽车的借款人发放的人民币担保贷款。

▶ 2. 个人综合消费贷款

个人综合消费贷款是指贷款人向借款人发放的限定具体消费用途的人民币贷款。

▶ 3. 个人小额短期信用贷款

个人小额短期信用贷款是指贷款人为解决借款人临时性的消费需要发放的，无须提供担保的人民币信用贷款。

▶ 4. 个人质押贷款

个人质押贷款业务是借款人以储蓄存款、凭证式国债、个人人寿保险单等有效权利作为质押，向贷款人提出申请并获得人民币贷款的业务。可质押保险单必须是与银行签有保险单质押合作协议保险机构签发的具有一定现金价值的指定个人人寿保险单。

▶ 5. 国家助学贷款

国家助学贷款是指由工商银行发放的用于全日制高等学校经济困难的在校学生支付学费和生活费，由教育部门设立"助学贷款"专户资金给予贴息的人民币贷款。国家助学贷款适用于中华人民共和国(不含香港、澳门和台湾地区)等高等学校中经济确实困难的全日制本、专科学生。

国家助学贷款按照贴息来源又可分为"中央贴息助学贷款"和"地方贴息助学贷款"，前者由中央财政贴息，后者由地方财政贴息。

▶ 6. 一般个人商业性助学贷款业务

一般个人商业性助学贷款是指贷款人向借款人发放的人民币贷款，用于借款人支付其本人接受各种再教育或培训所需的学费及其他杂费，或用于借款人支付其子女接受各种教育、培训所需的学费及其他杂费。

▶ 7. 个人购置住房贷款

个人购置住房贷款是指贷款人向借款人发放的用于购买各类自用住房的贷款。

▶ 8. 个人购置商用房贷款

个人购置商用房贷款是指贷款人向借款人发放的购置自营商业用房和自用办公用房的贷款。

▶ 9. 个人家居组合贷款

个人家居组合贷款是指借款人以自有产权住房为抵押物，向贷款人申请用于购置家具、家用电器及用于家居装修等消费的贷款。

▶ 10. 个人自建房贷款

个人自建房贷款是指贷款人向借款人发放的用于借款人建设自住自用住房的贷款，其建设用地必须通过有偿出让方式获得，而且有合法的立项批文和有关建设文件。

▶ 11. 个人经营贷款

个人经营贷款是指贷款人向借款人发放的用于借款人合法投资经营活动所需资金周转的人民币担保贷款。

▶ 12. 下岗失业人员小额担保贷款

下岗失业人员小额担保贷款是指贷款人向具备一定劳动技能的下岗失业人员，在自谋职业、自主创业、合伙经营或组织起来就业时，其自筹资金不足部分，经贷款担保机构承诺担保的前提下发放的贷款。

▶ 13. 个人委托贷款

个人委托贷款是指委托人提供资金，由受托人根据委托人确定的贷款对象、用途、金额、期限、利率等代为监督、使用并协助收回的贷款。

二、基本规定

(1) 个人贷款业务的处理分为个人贷款的审贷和核算两个过程。个人贷款审贷过程和核算过程是两个不同的管理范畴。在个人贷款业务处理的全过程中，必须严格遵守审贷和核算两个过程分离的要求。

(2) 办理个人贷款业务要坚持"双人办理，换人复核"的原则。

(3) 个人贷款综合账户安全管理必须遵循"有据有账，当时记账，当日结账，事权划分，事后监督"的原则。

(4) 抵(质)押品必须纳入会计表外科目核算，并对质押品实施有效冻结支付。

三、业务处理

▶ 1. 个人贷款发放

贷款的发放以一次发放和多次发放两种方式为主，会计分录如下：

借：贷款账户——借款人户

　贷：××存款——借款人户

▶ 2. 个人贷款还款

借：现金——库存现金

或

借：××存款

　贷：××贷款账户

　　　利息收入——贷款利息收入

▶ 3. 抵(质)押品的管理

(1) 严格规范个人质押贷款操作规程，对抵(质)押品实施有效冻结支付。对于非总行规定范围内的质押物、非本地开立的存单或凭证式国债一般不予受理，它行签发的存单作为质押的，必须与银行签订质押贷款止付协议方可受理。

(2) 以银行柜台记账式国债质押的，作为质押物的记账式国债应是在银行柜台购买的记账式国债，在他行购买的柜台交易记账式国债须通过转托管方式先将债券转到银行进行托管后，方可办理质押信贷业务。

(3) 抵(质)押品必须纳入会计表外科目核算，对银行保管的客户抵(质)押品要坚持"证(物)账分管"的原则，坚持专人管理抵(质)押品。在个人贷款业务处理过程中，客户作为抵(质)押品的有价单证、银行代保管的有价值品、待处理抵(质)押品应视同有价单证，将其入出纳库视同现金实物妥善保管，相关凭证与抵(质)押品必须分别保管。

(4) 质押存款在存期内按正常存款利率计息。存本取息定期存款用于质押时，停止取息，待贷款本息偿清后再按正常手续支付利息，不计复利。零存整取定期存款作为质押时，可办理续存手续。

(5) 借款人丢失质权收据，可向贷款人申请挂失，挂失手续按《储蓄管理条例》有关存单挂失的规定办理。

▶ 4. 个人贷款展(缩)期

(1) 贷款展(缩)期后的利率采用原贷款发放日至展(缩)期到期日累计贷款期限所适用的新档次利率。

(2) 贷款逾期后，系统不允许再做展(缩)期，如果需要展(缩)期，必须将积欠本息

（包括息余部分）全部归还，并经过下一个批量扣款日后，系统才允许展（缩）期。

（3）展（缩）期期限不能大于各贷款品种的最长期限。

第五节 国内保理

国内保理业务是指境内销货方（债权人）将其向境内购货方（债务人）销售商品、提供服务或其他原因所产生的应收账款转让给银行，由银行为销货方提供应收账款融资及商业资信调查、应收账款管理的综合性金融服务。

根据购货方开户行是否承担担保付款责任，国内保理可分为单保理和双保理。单保理是指销货方开户行独立为销货方提供应收账款融资、应收账款管理及催收等服务。双保理是指购货方开户行为销货方开户行提供购货方资信调查、应收账款催收或代收等金融服务，并在购货方因财务或资信原因拒付的情况下，承担担保付款责任。

根据销货方开户行是否保留对销货方的追索权，国内保理可分为有追索权（回购型）保理和无追索权（买断型）保理。有追索权保理是指银行向销货方提供保理项下融资后，若购货方在约定期限内不能足额偿付应收账款，银行有权按照合同约定向销货方追索未偿融资款。无追索权保理是指银行向销货方提供保理项下融资后，若购货方因财务或资信原因在约定期限内不能足额偿付应收账款，银行无权向销货方追索未偿融资款。

根据是否向购货方公开应收账款债权转让的事实，国内保理可分为公开保理和隐蔽保理。公开保理是指将应收账款债权转让事实及时通知购货方的保理业务。隐蔽保理是指根据销货方与银行的约定，不向购货方通知应收账款债权转让事实，但在销货方与银行约定的条件发生或银行认为必要时，向购货方通知应收账款债权转让事实的保理业务。

一、基本规定

（1）保理融资金额应综合考虑购销双方资信状况，应收账款质量、结构、期限，付款进度安排及前提条件、预期坏账比率、购销合同约定义务的履行情况、违约事项及违约金等因素合理确定。融资本息一般不超过发票实有金额的 90%；对购销双方资信状况良好、购销关系稳定、应收账款质量优良的，最高可放宽至 100%。

（2）保理融资期限应根据应收账款还款期限、合理在途时间等因素确定，融资到期日自购销双方约定的应收账款还款日起，且不得晚于应收账款还款日后 3 个月。保理融资到期后不得办理展期和再融资。

（3）有追索权保理融资可根据客户资信状况及需求采取预扣利息或后收利息的方式。

① 对预扣利息的，采取以下两种方式之一确定融资利率：第一种，在中国人民银行规定的同期限档次的贷款基准利率基础上合理确定；第二种，参照银行票据贴现利率确定，并执行票据贴现业务利率管理相关规定。如融资提前收回或销货方以自有资金提前偿还融资的，贷款行应将多收的利息及时退还销货方。

② 对后收利息的，在中国人民银行规定的同期限档次的贷款基准利率基础上合理确定融资利率。

（4）无追索权保理融资利息须在融资发放前扣除，采取以下两种方式之一确定融资利率：第一种，在中国人民银行规定的同期限档次的贷款基准利率基础上合理确定；第二种，参照银行票据贴现利率确定，并执行票据贴现业务利率管理相关规定。如融资提前收回或销货方以自有资金提前偿还融资的，贷款行应将多收的利息及时退还销货方。

（5）保理业务手续费应在融资发放前一次性收取。

（6）单保理融资发放前，销货方开户行应为销货方开立应收账款收款专户，并在合同中约定此账户为收取保理融资对应的应收账款的唯一合法账户，未经销货方开户行同意，销货方不得从该账户支取任何款项。

（7）单保理融资后管理。销货方开户行将销货方留存的发票原件交运行管理部门代保管（确因各种原因无法取得发票原件的除外），并将加盖销货方公章的发票复印件及应收账款明细表等相关资料入信贷业务档案库保管。

销货方开户行会计人员应与客户经理密切协作，监控收款账户的款项汇入情况，并及时与销货方核对到账资金，按照约定扣收融资本息。应收账款到期前 15 天，销货方开户行应及时提示购货方到期付款，同时通知销货方；隐蔽保理由销货方提示购货方付款，如销货方与银行约定的条件发生或银行认为必要时，销货方开户行应及时向购货方书面通知应收账款债权转让事宜，并提示其到期付款。

销货方开户行收妥货款，扣除融资本息（含逾期罚息及有关费用等，下同）后，将剩余款项退还销货方。若收到的货款不足以支付银行融资本息时，对有追索权保理业务，销货方开户行须要求销货方按合同约定对未收回的应收账款进行回购；对无追索权单保理业务，销货方开户行须采取各种措施向购货方积极催收。融资本息足额收回后，销货方开户行应将代保管的发票原件退还销货方，并在应收账款明细表上注明。

（8）双保理融资发放前，销货方开户行应为销货方开立应收账款收款专户，并在合同中约定此账户为收取保理融资对应的应收账款的唯一合法账户，未经销货方开户行同意，销货方不得从该账户支取任何款项。

（9）双保理融资后管理。销货方开户行将销货方留存的发票原件交运行管理部门代保管（确因各种原因无法取得发票原件的除外），并将加盖销货方公章的发票复印件及应收账款明细表等相关资料入信贷业务档案库保管。销货方开户行会计人员应与客户经理密切协作，监控收款账户的款项汇入情况，并及时与销货方核对到账资金，按照约定扣收融资本息。应收账款到期前 15 天，购货方开户行应及时提示购货方到期付款，同时通知销货方。

销货方开户行收妥货款，扣除融资本息（含逾期罚息及有关费用等，下同）后，将剩余款项退还销货方，将代保管的发票原件退还销货方，并在应收账款明细表上注明。对提前收回融资且多收利息的，销货方开户行须将多收利息返还销货方。若购货方支付的货款不足以偿还销货方开户行融资本息，购货方开户行应向销货方开户行支付差额部分款项，并采取各种措施向购货方积极催收。对有追索权的保理业务，销货方开户行应积极配合购货方开户行，要求销货方按合同约定对未收回的应收账款进行回购。

▌二、业务处理

▶ 1. 有追索权（回购型）保理业务

发放保理融资时，会计分录如下：

借：国内贸易融资——回购型国内保理

　　贷：单位活期存款——销货方结算账户

收取利息和手续费时，会计分录如下：

借：单位活期存款——销货方结算账户

　　贷：利息收入——国内贸易融资利息收入

中间业务收入——手续费收入

保理融资到期，及时全额收回融资，并将收回的应收账款超出保理融资的部分支付给销货方。收到购货方付款时，会计分录如下：

借：清算资金往来或其他有关科目

贷：单位活期存款——销货方保理专户

收回融资时，会计分录如下：

借：单位活期存款——销货方保理专户

贷：国内贸易融资——回购型国内保理

单位活期存款——销货方结算账户

对采取预扣利息方式的，如货款提前回笼，须将多收的利息退还销货方，会计分录如下：

贷：利息收入——国内贸易融资利息收入（红字）

单位活期存款——销货方结算账户

融资期届满，银行未收到购货方付款，或购货方付款低于融资金额，销货方对未收回保理额度内的应收账款部分进行等额回购。运行管理部门根据信贷部门确认的回购金额进行账务记载。会计分录如下：

借：单位活期存款——销货方结算账户

贷：国内贸易融资——回购型国内保理

▶ **2. 无追索权（买断型）保理业务**

发放保理融资时，会计分录如下：

借：国内贸易融资——买断型国内保理

贷：单位活期存款——销货方结算账户

收取保理融资利息时，会计分录如下：

借：××存款——销货方结算账户

贷：利息收入——国内贸易融资利息收入

中间业务收入——手续费收入

收回保理融资，收到购货方付款时，会计分录如下：

借：清算资金往来或其他有关科目

贷：单位活期存款——销货方保理专户

及时收回保理融资，会计分录如下：

借：单位活期存款——销货方保理专户

贷：国内贸易融资——买断型国内保理

如货款提前回笼，需将多收的利息退还销货方，会计分录如下：

贷：利息收入——国内贸易融资利息收入（红字）

单位活期存款——销货方结算账户

保理融资到期，及时全额收回融资，并将收回的应收账款超出保理融资的部分支付给销货方时，会计分录如下：

借：单位活期存款——销货方保理专户

贷：国内贸易融资——买断型国内保理

单位活期存款——销货方结算账户

融资期届满，若发生销货方回购事宜，会计部门应当根据信贷部门确认的回购金额，做会计分录如下：

借：单位活期存款——销货方结算账户

　　贷：国内贸易融资——买断型国内保理

第六节 国内发票融资业务

国内发票融资是指境内销货方在不让渡应收账款债权的情况下，以其在国内商品交易中所产生的发票为凭证，并以发票所对应的应收账款为第一还款来源，由银行为其提供的短期融资。

一、基本规定

▶ 1. 可办理国内发票融资的发票范围

（1）因向企业法人销售商品而开具的增值税发票。

（2）因向学校、医院等事业法人销售商品而开具的发票。

（3）因地、市级（含）以上政府的采购部门统一组织的政府采购行为而出具的发票。政府采购行为是指各级国家机关、事业单位和团体组织根据《中华人民共和国政府采购法》，使用财政性资金采购依法制定的集中采购目录以内的或者采购限额标准以上的货物的行为。

（4）因军队军级（含）以上单位的采购部门统一组织的军队采购行为而出具的发票。军队采购行为是指中国人民解放军及其所属专业部队根据《军队物资采购管理规定》，使用国防专项资金采购集中采购目录以内的或者采购限额标准以上的货物的行为。

（5）经银行认定的其他可以办理国内发票融资业务的发票。

▶ 2. 融资金额

融资金额应综合考虑购销双方资信状况，应收账款金额、质量、结构、期限，付款进度安排及前提条件、预期坏账比率、购销合同约定的义务履行情况、违约事项及违约金等因素合理确定。融资本息一般不超过发票实有金额的80％；对购销双方资信良好、购销关系稳定、应收账款质量优良的，最高可放宽至100％。发票实有金额是指发票金额扣除销货方已回笼货款后的余额。

▶ 3. 融资期限

融资期限应根据应收账款还款期限、合理在途时间等因素确定。融资到期日自购销双方约定的应收账款还款日起，且不得晚于应收账款还款日后1个月。发票融资到期后不得办理展期和再融资。

▶ 4. 融资利率

融资利率应根据业务风险状况在中国人民银行规定的同期限档次的贷款基准利率的基础上合理确定。

▶ 5. 国内发票融资业务的办理

办理国内发票融资业务时，销货方须在经办行开立用于发票融资业务的应收账款收款专户，并授权经办行对该专户进行管理。销货方不能用此专户以网上银行或自助设备等形式开展任何业务。

▶ 6. 融资后管理

融资到期前，销货方须按合同约定在结息日前将应付利息存入应收账款收款专户。应收账款到期前，经办行应及时提示销货方通知购货方到期付款。会计人员应与客户经理密切协作，监控收款账户的款项汇入情况，并及时与借款人核对到账资金，按照约定扣收融资本息；对销货方以自有资金足额提前偿付融资本息的，融资提前到期，经办行应及时办理应收账款质押注销登记手续。

经办行足额收回融资本息后，应将已收回款项所对应的发票原件及时退还销货方，并在发票融资明细表上加以注明。

二、业务处理

▶ 1. 发放融资

发放融资时，会计分录如下：

借：国内贸易融资——发票融资
　　贷：单位活期存款——销货方结算账户

▶ 2. 收取利息

收取利息时，会计分录如下：

借：单位活期存款——销货方结算账户
　　贷：利息收入——国内贸易融资利息收入

▶ 3. 收回发票融资

发票融资到期，应及时全额收回融资，并将收回的应收账款超出发票融资的部分支付给销货方，会计分录如下：

借：单位活期存款——销货方发票融资专户
　　贷：国内贸易融资——发票融资
　　　　单位活期存款——销货方结算账户

▶ 4. 融资期届满

如融资期届满，银行未收到购货方付款，或购货方付款低于融资金额，销货方对未收回额度内的应收账款部分进行等额偿付。会计部门根据信贷部门确认的偿付金额，做会计分录如下：

借：单位活期存款——销货方结算账户
　　贷：国内贸易融资——发票融资
　　　　利息收入——国内贸易融资利息收入

第七节　抵债资产

一、有关规定

抵债资产是指银行依法行使债权或担保物权而受偿于债务人、担保人或第三人的实物资产或财产权利。抵债资产管理要坚持"严格控制、合理定价、规范抵入、妥善保管、及时处置、规避风险"的原则。

(一) 抵债资产的条件

债务人出现下列情况之一,无力以货币资金偿还银行债权,且担保人也无货币支付能力或根本无货币支付义务的,可根据债务人或担保人以物抵债协议或人民法院、仲裁机构的终结裁决,实施以物抵债:①生产经营已中止或建设项目处于停、缓建状态;生产经营陷入困境,财务状况日益恶化,处于关、停、并、转状态。②债务人已宣告破产,银行有破产分配受偿权,拟进行实物资产分配的。③对债务人强制执行后仍无法获得货币资产,且执行实物资产或财产权利按司法惯例降价处置仍无法成交的。④债务人及担保人出现只有通过以物抵债才能最大限度保全银行债权的其他情况。

(二) 抵债资产范围

在实施以物抵债时,要根据债务人、担保人或第三人可受偿资产的实际情况,优先选择产权明晰、权证齐全、有独立使用功能、易于保管、能在短期内变现、变现价值高的资产进行抵债。下列资产不得用于抵偿债务:①法律规定的禁止流通物。②抵债资产欠缴和应交的各种税收和费用已经接近、等于或者高于该资产价值的。③权属不明或有争议的资产;伪劣、变质、残损或不易储存、保管的资产;资产已抵押或质押,且抵押或质押价值没有剩余的。④依法被查封、扣押、监管或者依法被以其他形式限制转让的资产(银行有优先受偿权的资产除外);公益性质的生活设施、教育设施、医疗卫生设施等。⑤法律禁止转让和转让成本高的集体所有土地使用权;已确定要被无偿征用的土地使用权;其他无法变现的资产。

(三) 抵债资产管理

抵债资产原则上不得对外出租,禁止转为自用,确需自用的,按照相关规定办理手续。抵债资产收取后应尽快处置变现。不动产应自取得日起 2 年内处置完毕;动产应自取得日起 1 年内处置完毕(动产中的低值易耗品、产成品、半成品等资产原则上不得抵入,依法裁决的除外。确需抵入的,应在抵入后 3 个月内处置完毕);股权类资产应在取得日起 6 个月内处置完毕;除股权外的其他权利应在其有效期内尽快处置,最长不得超过自取得日起的 2 年。

二、业务处理

(一) 会计科目设置

为准确核算银行抵债资产业务,一般需要设置"抵债资产""其他业务收入——抵债资产持有收益""营业外收入——抵债资产处置收益""其他业务支出——抵债资产持有支出""营业外支出——抵债资产处置损失""抵债资产减值准备""资产减值损失——计提抵债资产减值准备"等科目,分别核算抵债资产取得、保管、处置、减值时发生的各种收支活动。

(二) 抵债资产取得

▶ 1. 入账时间

根据法院裁定、仲裁或双方签订的合法有效的书面协议,取得相关法律文件,权属转移至银行或抵债资产交付给银行后,办理入账,冲减实际抵债的贷款本金和已确认表内利息,计入"待处理抵债资产"科目,抵债资产入账后,实际抵债的贷款停止计息,抵债资产取得日为所抵偿贷款的停息日。

▶ 2. 入账价值确认

抵债资产入账价值是指银行取得抵债资产后,按照相关规定计入"抵债资产"科目的金额。银行取得抵债资产，按实际抵债的贷款本金和已确认的利息、取得过程中发生的直接税费作为入账价值，依次冲减贷款本金和应收利息。会计分录如下：

（1）取得抵债资产发生的欠缴税费和支付的相关税费。会计分录如下：

借：其他应收款——待处理抵债资产费用
贷：应交税费——××税
现金或存放中央银行款项等

（2）银行取得的抵债资产如果为不动产的，应当按照不动产的处置规定处理。银行按照抵债资产的公允价值入账。会计分录如下：

借：抵债资产——××抵债资产
贷款损失准备
营业外支出——其他营业外支出（借方差额）
贷：逾期贷款或非应计贷款——××借款人户
应收利息——××借款人户（已确认的表内利息）
其他应收款——待处理抵债资产费用

如果为贷方差额，应当依次冲减贷款计提损失准备的费用、表外欠息，仍有差额的作为利得处理。会计分录如下：

借：抵债资产——××抵债资产
贷款损失准备
贷：逾期贷款或非应计贷款——××借款人户
应收利息——××借款人户（已确认的表内利息）
其他应收款——待处理抵债资产费用
资产减值损失——计提贷款损失准备
利息收入（表外欠息）
营业外收入——其他营业外收入
付：应收未收贷款利息——××借款人户

▶ 3. 收取或支付补价处理

（1）银行在取得抵债资产的过程中向债务人收取补价的，按照实际抵债部分的贷款本金和表内利息减去收取的补价，作为抵债资产入账价值。会计分录如下：

借：现金或存放中央银行款项（向债务人收取的补价）
抵债资产——××抵债资产
贷：逾期贷款或非应计贷款——××借款人户
应收利息——××借款人户（已确认的表内利息）

（2）如法院判决、仲裁或协议规定银行须支付补价的，则按照实际抵债部分的贷款本金、表内利息与预计应支付的补价之和作为抵债资产入账价值。会计分录如下：

借：抵债资产——××抵债资产
贷：逾期贷款或非应计贷款——××借款人户
应收利息——××借款人户（已确认的表内利息）
其他应付款项——应付抵债资产补价（预计应支付的补价）

（三）抵债资产保管

抵债资产保管期间，应设立单独登记簿，逐笔详细记载抵债资产的明细信息。在保管过程中发生的费用计入营业外支出。会计分录如下：

借：其他业务支出——抵债资产持有支出

　　贷：现金或存放中央银行款项等

抵债资产处置前取得的租金等收入计入营业外收入。会计分录如下：

借：现金或存放中央银行款项等

　　贷：其他业务收入——抵债资产持有收益

（四）抵债资产减值准备处理

抵债资产的入账价值确认为实际抵债的贷款本金和已确认的表内利息，而抵债资产的实际价值是按抵债资产的可收回金额确认的，故在实际工作中，抵债资产的入账价值与实际价值常常存在差异。银行为了提前化解抵债资产处置风险，应定期（至少按季度）将抵债资产入账价值与抵债资产实际价值进行比较，并按要求计提减值准备。

抵债资产的入账价值等于或小于其实际价值的，不做账务处理；如果抵债资产的入账价值大于抵债资产实际价值，应根据抵债资产入账价值大于其实际价值的差额，按抵债资产的种类逐项计提减值准备。会计分录如下：

借：资产减值损失——计提抵债资产减值准备

　　贷：抵债资产减值准备

每季度末，银行应对抵债资产进行逐项检查，如果抵债资产实际价值发生变化，应根据最新实际价值与抵债资产的账面价值进行比较，按两者的差额计算当期应计提的减值准备，并对已计提抵债资产减值准备的账面余额进行调整。如果抵债资产当期应计提的减值准备大于已计提减值准备的，则应按差额补提减值准备。如果两者相等，不做账务处理。如抵债资产当期应计提的减值准备小于已计提减值准备的，则按差额冲减已计提的减值准备增加当期损益，但冲减额最大不应超过已计提减值准备的账面余额。会计分录如下：

借：抵债资产减值准备

　　贷：资产减值损失——计提抵债资产减值准备

（五）抵债资产处置

（1）抵债资产处置过程中发生的费用从处置收入中直接抵减，处置抵债资产，取得的收入先入“其他应付款——其他应付款项”归集，发生的税费先入“其他应收款——待处理抵债资产费用”归集。会计分录如下：

借：现金或存放中央银行款项等

　　其他应收款——待处理抵债资产费用

　　　贷：其他应付款

（2）抵债资产过户转出，转销抵债资产。处置净收入小于抵债资产的，差额作为营业外支出处理。已计提抵债资产减值准备的，还应同时结转减值准备。会计分录如下：

借：其他应付款

　　抵债资产减值准备

　　营业外支出——抵债资产处置损失

　　贷：抵债资产——××抵债资产

　　　　其他应收款——待处理抵债资产费用

抵债资产处置净收入大于抵债资产价值的，其差额作为“营业外收入——抵债资产处置收益”处理。

（六）抵债资产转为自用

银行不得擅自使用抵债资产，确因经营管理需要将抵债资产转为自用的，视同新购固定资产办理相应的固定资产购建审批手续，按转为自用抵债资产的账面价值和发生的处置费用金额计入固定资产等科目。同时销记相应的表外利息，并将该项抵债资产已计提的减值准备转作固定资产减值准备。会计分录如下：

借：固定资产

贷：抵债资产——××抵债资产

借：抵债资产减值准备

贷：固定资产减值准备

抵债资产的会计核算十分复杂，是银行会计的难点之一。以上抵债资产处理核算中，所涉及的取得抵债资产支付的相关税费，银行收取抵债资产过程中所缴纳的契税、车船使用税、印花税、房产税等税金，以及所支出的过户费、土地出让金、土地转让费、水利建设基金、交易管理费、资产评估费等直接费用，可按照相关规定处理。

本章小结

贷款是贷款人向借款人提供的按照约定期限和利率还本付息的货币资金。信贷资产是银行最主要的收入来源之一。贷款可以按照不同的标准进行分类，一般可按照贷款的期限、发放方式、贷款人是否承担贷款风险、贷款的风险和是否计息等划分方法进行划分。非应计贷款是指贷款本金、利息逾期超过 90 天的贷款，其产生的利息计入表外，同时要冲减已经计入当期损益的应收利息。银行的准备金又称为拨备，是银行对承担风险和损失的金融资产计提的准备金，包括资产减值准备和一般准备。资产减值准备是指银行对债权、股权等金融资产进行合理估计和判断，对其预计未来现金流量现值低于账面价值部分计提的，计入银行成本的，用于弥补资产损失的准备金。一般准备是指银行运用动态拨备原理，采用内部模型法或标准法计算风险资产的潜在风险估计值后，扣减已计提的资产减值准备，从净利润中计提的，用于部分弥补尚未识别的可能性损失的准备金。

担保贷款分为抵押贷款、质押贷款和保证贷款三种。

贴现业务也是银行一项重要的资产业务，贴现业务包括贴现、转贴现和再贴现。贴现是指银行用信贷资金购买未到期的商业汇票。转贴现是指银行间(中央银行除外)将持有的未到期票据进行转让融通资金的行为，是金融机构间融通资金的一种方式。

抵债资产是指银行依法行使债权或担保物权而受偿于债务人、担保人或第三人的实物资产或财产权利。抵债资产管理要坚持"严格控制、合理定价、规范抵入、妥善保管、及时处置、规避风险"的原则。

本章习题

第六章
投资业务

学习目标

1. 掌握金融资产的分类。
2. 掌握金融资产初始计量的核算。
3. 掌握采用实际利率确定金融资产摊余成本的方法。
4. 掌握各类金融资产后续计量的核算。
5. 掌握不同类金融资产转换的核算。
6. 掌握金融资产减值损失的核算。

投资是企业为了获得收益或资本增值向被投资单位投放资金的经济行为。按照投资的性质划分，银行的对外投资可以分为债权性投资和权益性投资。银行实务中，通常是按照投资品种进行核算，因篇幅所限，本书不可能分别进行讲述。本章根据《企业会计准则》中关于金融资产业务的有关内容介绍银行投资业务的基本原理和基本核算方法，事实上，各银行的投资、理财等投资产品的核算都是以此为基础进行核算的。按照规定，银行不能投资于上市的长期股权，所以关于长期股权投资的核算方式，本书不再涉及。

在学习投资业务之前，应首先了解金融工具和金融资产的相关概念。

第一节　金融工具和金融资产

一、金融工具

金融工具是指形成一个银行的金融资产，并形成其他单位的金融负债或权益工具的合同。金融工具包括金融资产、金融负债和权益工具。其中，金融资产通常指银行的下列资产：现金、银行存款、应收账款、应收票据、贷款、股权投资、债权投资等；金融负债通常指银行的下列负债：应付账款、应付票据、应付债券等。从发行方来看，权益工具通常指银行发行的普通股、认股权等。金融工具可以分为基础金融工具和衍生工具。

（一）基础金融工具

基础金融工具是指过去的交易或事项形成的，已经在资产负债表上列示的合同权利或义务。基础金融工具包括持有的现金、存放于金融机构的款项、普通股，以及代表在未来期间收取或支付金融资产的合同权利或义务等，如应收利息、应付利息、其他应收款、其他应付款、存出保证金、存入保证金、客户贷款、客户存款、债券投资、应付债券等。

（二）衍生工具

▶ 1. 衍生工具的特征

衍生工具是指金融工具确认和计量准则涉及的，具有下列特征的金融工具或其他合同。

（1）衍生工具的价值随着特定利率、金融价格、商品价格、汇率、价格指数、费率指数、信用等级、信用指数或其他类似变量的变动而变动，变量为非金融变量的，该变量与合同的任一方不存在特定关系。衍生工具的价值变动取决于标的变量的变化。所有衍生工具在合同签订时，其初始公允价值为零，随着时间的推移，标的变量发生改变，从而产生衍生工具的价值。

（2）不要求初始净投资，或与对市场情况变动有类似反应的其他类型合同相比，要求很少的初始净投资。银行从事衍生工具交易不要求初始净投资，通常指签订某项衍生工具合同时不需要支付现金。但是，不要求初始净投资并不排除银行按照约定的交易惯例或规则相应缴纳一笔保证金，例如，进行期货交易时要求缴纳一定的保证金。缴纳保证金不构成银行解除负债的现时支付，因为保证金仅具有"保证"性质。

（3）在未来某一日期结算。衍生工具在未来某一日期结算，表明衍生工具结算需要经历一段特定期间。但是，"在未来某一日期结算"不能理解为只在未来某一日期进行一次结算，例如，利率互换可能涉及合同到期前多个结算日期。另外，有些期权可能由于是价外期权而到期不行权，也是在未来日期结算的一种方式。

▶ 2. 衍生工具的分类

衍生工具根据交易条款可分为远期合约、互换合约、期权合约和期货合约四类。银行经营涉及的衍生产品主要有远期结售汇、远期外汇买卖、远期汇率协议、远期利率协议、远期债券交易、远期黄金交易、货币互换、利率互换、货币期权等。

二、金融资产的分类

银行应当结合自身业务特点、投资策略和风险管理要求，将取得的金融资产在初始确认时分为：①以公允价值计量且其变动计入当期损益的金融资产；②持有至到期投资；③贷款和应收款项；④可供出售的金融资产。

金融资产分类与金融资产计量密切相关。不同类别的金融资产，其初始计量和后续计量采用的基础也不完全相同。因此，上述分类一经确定，不应随意变更。

第二节 以公允价值计量且其变动计入当期损益的金融资产

一、以公允价值计量且其变动计入当期损益的金融资产的分类

以公允价值计量且其变动计入当期损益的金融资产，可以进一步分为交易性金融资产

和指定为以公允价值计量且其变动计入当期损益的金融资产。同时，某项金融资产划分为以公允价值计量且其变动计入当期损益的金融资产后，不能再重分类为其他类别的金融资产，其他类别的金融资产也不能再重分类为以公允价值计量且其变动计入当期损益的金融资产。

（一）交易性金融资产

金融资产满足下列条件之一的，应当划分为交易性金融资产。

（1）取得该金融资产的目的主要是近期内出售或回购，例如，银行以赚取差价为目的从二级市场购入的股票、债券、基金等。

（2）属于进行集中管理的可辨认金融工具组合的一部分，且有客观证据表明银行近期采用短期获利方式对该组合进行管理，例如，银行基于投资策略和风险管理的需要，将某些金融资产进行组合从事短期获利活动，对于组合中的金融资产，应采用公允价值计量，并将其相关公允价值变动计入当期损益。

（3）属于衍生工具，如国债期货、远期合同、股指期货等，其公允价值变动大于零时，应将其相关变动金额确认为交易性金融资产，同时计入当期损益。但是，如果衍生工具被银行指定为有效套期关系中的套期工具，那么该衍生工具初始确认后的公允价值变动应根据其对应的套期关系（即公允价值套期、现金流量套期或境外经营净投资套期）不同，采用相应的方法进行处理。

（二）指定为以公允价值计量且其变动计入当期损益的金融资产

银行将某项金融资产指定为以公允价值计量且其变动计入当期损益的金融资产，通常是指该金融资产不满足确认为交易性金融资产条件的，银行仍可在符合某些特定条件时将其按公允价值计量，并将其公允价值变动计入当期损益。

通常情况下，只有符合下列条件之一的金融资产，才可以在初始确认时指定为以公允价值计量且其变动计入当期损益的金融资产：①该指定可以消除或明显减少由于该金融资产的计量基础不同所导致的相关利得或损失在确认或计量方面不一致的情况；②银行风险管理或投资策略的正式书面文件已载明，该金融资产组合或该金融资产和金融负债组合，以公允价值为基础进行管理、评价，并向关键管理人员报告。

二、以公允价值计量且其变动计入当期损益的金融资产的核算

交易性金融资产的处理分为三个阶段，其核算要求如表 6-1 所示。

表 6-1　交易性金融资产处理各阶段的核算要求

处理阶段	核 算 要 求
初始计量	按公允价值计量
	相关交易费用计入当期损益（投资收益）
	已宣告但是尚未发放的现金股利或已到付息期但尚未领取的利息应当确定为应收项目
后续计量	资产负债表日按公允价值计量、公允价值变动计入当期损益（公允价值变动损益）
处置	处置时，售价与账面价值的差额计入投资收益
	将持有交易性金融资产期间公允价值变动损益计入投资收益

银行对以公允价值计量且其变动计入当期损益的金融资产的会计处理，应着重于该金融资产与金融市场的紧密结合性，反映该类金融资产相关市场变量变化对其价值的影响，进而对财务状况和经营成果的影响。以公允价值计量且其变动计入当期损益的金融资产初始确认时，应按公允价值计量，相关交易费用应当直接计入当期损益。其中，交易费用是指可直接归属于购买、发行或处置金融工具新增的外部费用。新增的外部费用是指银行不购买、发行或处置金融工具就不会发生的费用。

交易费用包括支付给代理机构、咨询公司、券商等的手续费和佣金，以及其他必要支出，不包括债券溢价、折价、融资费用、内部管理成本，以及其他与交易不直接相关的费用。为发行金融工具所发生的差旅费等，不属于此处所讲的交易费用。

购买时支付的价款中，包含已宣告但尚未发放的现金股利或已到付息期但尚未领取的债券利息的，应当单独确认为应收项目。在持有期间取得的利息或现金股利，应当确认为投资收益。

（1）取得交易性金融资产时，分计分录如下：

借：交易性金融资产——债券投资、基金投资等（成本）（按其公允价值）

    投资收益（发生的交易费用）

    应收债券利息（已到付息期但尚未领取利息）

    应收股利（已宣告但尚未发放的现金股利）

  贷：存放同业款项或存放中央银行款项等（按实际支付的金额）

（2）交易性金融资产持有期间被投资单位宣告发放现金股利，或在资产负债表日按分期付息、一次还本债券投资的票面利率计算利息时，会计分录如下：

借：应收股利

    应收债券利息——××债券利息收入

  贷：投资收益

（3）资产负债表日，应将以公允价值计量且其变动计入当期损益的金融资产或金融负债的公允价值变动计入当期损益，根据交易性金融资产的公允价值调整账面余额。会计分录如下：

借：交易性金融资产——公允价值变动（公允价值高于其账面余额的差额）

  贷：公允价值变动损益

公允价值低于其账面余额的差额则做相反的会计分录。

（4）出售交易性金融资产，处置该金融资产或金融负债时，其公允价值与初始入账金额之间的差额应确认为投资收益，同时调整公允价值变动损益。会计分录如下。

借：存放同业款项或存放中央银行款项等（应按实际收到的金额）

  贷：交易性金融资产——成本

            ——公允价值变动

    投资收益（差额，也可能在借方）

同时：

借：公允价值变动损益（原计入该金融资产的公允价值变动（累计损益））

  贷：投资收益

或

借：投资收益

  贷：公允价值变动损益

【**例 6-1**】2017 年 1 月 1 日，银行从二级市场支付价款 1 020 000 元(含已到付息但尚未领取的利息 20 000 元)购入某公司发行的债券，另发生交易费用 20 000 元。该债券面值 1 000 000元，剩余期限为 2 年，票面年利率为 4%，每 6 个月付息一次，银行将其划分为交易性金融资产。假定不考虑其他因素，其他资料如下：

(1) 2017 年 1 月 5 日，收到该债券 2016 年下半年利息 20 000 元。

(2) 2017 年 6 月 30 日，该债券的公允价值为 1 150 000 元(不含利息)。

(3) 2017 年 7 月 5 日，收到该债券 2017 年上半年利息。

(4) 2017 年 12 月 31 日，该债券的公允价值为 1 100 000 元(不含利息)。

(5) 2018 年 1 月 5 日，收到该债券 2017 年下半年利息。

(6) 2018 年 3 月 31 日，银行将该债券出售，取得价款 1 180 000 元(含 2018 年第一季度利息 10 000 元)。

(1) 2017 年 1 月 1 日，购入债券时，会计分录如下：

借：交易性金融资产——成本　　　　　　　　　　　　　　　1 000 000
　　应收债券利息　　　　　　　　　　　　　　　　　　　　　　20 000
　　投资收益　　　　　　　　　　　　　　　　　　　　　　　　20 000
　　贷：存放同业款项或存放中央银行款项等　　　　　　　　　　　1 040 000

(2) 2017 年 1 月 5 日，收到该债券 2016 年下半年利息时，会计分录如下：

借：存放同业款项或存放中央银行款项等　　　　　　　　　　　　20 000
　　贷：应收债券利息　　　　　　　　　　　　　　　　　　　　　20 000

(3) 2017 年 6 月 30 日，确认债券公允价值变动和投资收益时，会计分录如下：

借：交易性金融资产——公允价值变动　　　　　　　　　　　　150 000
　　贷：公允价值变动损益　　　　　　　　　　　　　　　　　　150 000
借：应收债券利息　　　　　　　　　　　　　　　　　　　　　　20 000
　　贷：投资收益　　　　　　　　　　　　　　　　　　　　　　　20 000

(4) 2017 年 7 月 5 日，收到该债券 2017 年上半年利息时，会计分录如下：

借：存放同业款项或存放中央银行款项等　　　　　　　　　　　　20 000
　　贷：应收债券利息　　　　　　　　　　　　　　　　　　　　　20 000

(5) 2017 年 12 月 31 日，确认债券公允价值变动和投资收益时，会计分录如下：

借：公允价值变动损益　　　　　　　　　　　　　　　　　　　　50 000
　　贷：交易性金融资产——公允价值变动　　　　　　　　　　　　50 000
借：应收债券利息　　　　　　　　　　　　　　　　　　　　　　20 000
　　贷：投资收益　　　　　　　　　　　　　　　　　　　　　　　20 000

(6) 2018 年 1 月 5 日，收到该债券 2017 年下半年利息时，会计分录如下：

借：存放同业款项或存放中央银行款项等　　　　　　　　　　　　20 000
　　贷：应收利息　　　　　　　　　　　　　　　　　　　　　　　20 000

(7) 2018 年 3 月 31 日，将该债券出售，会计分录如下：

借：应收债券利息　　　　　　　　　　　　　　　　　　　　　　10 000
　　贷：投资收益　　　　　　　　　　　　　　　　　　　　　　　10 000
借：存放同业款项或存放中央银行款项等　　　　　　　　　　　1 170 000
　　公允价值变动损益　　　　　　　　　　　　　　　　　　　　100 000
　　贷：交易性金融资产——成本　　　　　　　　　　　　　　　1 000 000

——公允价值变动	100 000
——投资收益	170 000
借：存放同业款项或存放中央银行款项等	10 000
贷：应收债券利息	10 000

第三节 持有至到期投资

一、持有至到期投资概述

（一）持有至到期投资的概念

持有至到期投资是指到期日固定、回收金额固定或可确定，且银行有明确意图和能力持有至到期的非衍生金融资产。通常情况下，持有至到期投资的金融资产主要是债权性投资，如从二级市场上购入的固定利率国债、浮动利率金融债券等。股权投资因其没有固定的到期日，因此不能划分为持有至到期投资。持有至到期投资通常具有长期性质，但期限较短（1 年以内）的债券投资，符合持有至到期投资条件的，也可将其划分为持有至到期投资。

银行不能将下列非衍生金融资产划分为持有至到期投资：①在初始确认时即被指定为以公允价值计量且其变动计入当期损益的非衍生金融资产；②在初始确认时被指定为可供出售的非衍生金融资产；③符合贷款和应收款项的定义的非衍生金融资产。

（二）持有至到期投资的特征

▶ 1. 该金融资产到期日固定、回收金额固定或可确定

到期日固定、回收金额固定或可确定，是指相关合同明确了投资者在确定的期间内获得或应收取现金流量（如投资利息和本金等）的金额和时间。

▶ 2. 银行有明确意图将该金融资产持有至到期

有明确意图持有至到期是指投资者在取得投资时意图就是明确的，除非遇到一些银行所不能控制、预期不会重复发生且难以合理预计的独立事项，否则将持有至到期。

存在下列情况之一的，表明银行没有明确意图将金融资产投资持有至到期：①持有该金融资产的期限不确定。②发生市场利率变化、流动性需要变化、替代投资机会及其投资收益率变化、融资来源和条件变化、外汇风险变化等情况时，将出售该金融资产。但是，无法控制、预期不会重复发生且难以合理预计的独立事项引起的金融资产出售除外。③该金融资产的发行方可以按照明显低于其摊余成本的金额清偿。④其他表明银行没有明确意图将该金融资产持有至到期的情况。

对于发行方可以赎回的债务工具，如发行方行使赎回权，投资者仍可收回其几乎所有初始净投资（含支付的溢价和交易费用），那么投资者可以将此类投资划分为持有至到期投资。但是，对于投资者有权要求发行方赎回的债务工具投资，投资者不能将其划分为持有至到期投资。

▶ 3. 银行有能力将该金融资产持有至到期

有能力持有至到期是指银行有足够的财务资源，并不受外部因素影响可将投资持有至

到期。

存在下列情况之一的，表明银行没有能力将具有固定期限的金融资产投资持有至到期：①没有可利用的财务资源持续地为该金融资产投资提供资金支持，以使该金融资产投资持有至到期；②受法律、行政法规的限制，使银行难以将该金融资产投资持有至到期；③其他表明银行没有能力将具有固定期限的金融资产投资持有至到期的情况。

银行应当于每个资产负债表日对持有至到期投资的意图和能力进行评价。发生变化的，应当将其重分类为可供出售金融资产进行处理。

银行将尚未到期的某项持有至到期投资在本会计年度内出售或重分类为可供出售金融资产的金额，相对于该类投资（即银行全部持有至到期投资）在出售或重分类前的总额较大时，则银行在处置或重分类后应立即将其剩余的持有至到期投资（即全部持有至到期投资扣除已处置或重分类的部分）重分类为可供出售金融资产，且在本会计年度及以后两个完整的会计年度内不得再将该金融资产划分为持有至到期投资。但是，下列情况除外。

（1）出售日或重分类日距离该项投资到期日或赎回日较近（如到期前3个月内），市场利率变化对该项投资的公允价值没有显著影响。

（2）根据合同约定的定期偿付或提前还款方式收回该投资几乎所有初始本金后，将剩余部分予以出售或重分类。

（3）出售或重分类是由于银行无法控制、预期不会重复发生且难以合理预计的独立事项所引起。此种情况主要包括：①因被投资单位信用状况严重恶化，将持有至到期投资予以出售；②因相关税收法规取消了持有至到期投资的利息税前可抵扣政策或显著减少了税前可抵扣金额，将持有至到期投资予以出售；③因发生重大银行合并或重大处置，为保持现行利率风险头寸或维持现行信用风险政策，将持有至到期投资予以出售；④因法律、行政法规对允许投资的范围或特定投资品种的投资限额做出重大调整，将持有至到期投资予以出售；⑤因监管部门要求大幅度提高资产流动性，或大幅度提高持有至到期投资在计算资本充足率时的风险权重，将持有至到期投资予以出售。

二、持有至到期投资的会计处理

（一）持有至到期投资的初始计量

持有至到期投资的核算要求如表6-2所示。

表6-2　持有至到期投资的核算要求

处理阶段	核算要求
初始计量	按公允价值计量
	相关交易费用计入当期损益（投资收益）
	已宣告但是尚未发放的现金股利或已到付息期但尚未领取的利息应当确定为应收项目
后续计量	资产负债表日按公允价值计量、公允价值变动计入当期损益（公允价值变动损益）
处置	处置时，售价与账面价值的差额计入投资收益
	将持有交易性金融资产期间公允价值变动损益计入投资收益

持有至到期投资初始确认时，应当按照公允价值计量和相关交易费用之和作为初始入账金额。实际支付的价款中包括的已到付息期但尚未领取的债券利息，应单独确认为应收

项目。持有至到期投资初始确认时，应当计算确定其实际利率，并在该持有至到期投资预期存续期间或适用的更短期间内保持不变。实际利率是指将金融资产或金融负债在预期存续期间或适用的更短期间内的未来现金流量，折现为该金融资产或金融负债当前账面价值所使用的利率。银行在确定实际利率时，应当在考虑金融资产或金融负债所有合同条款（包括提前还款权、看涨期权、类似期权等）的基础上预计未来现金流量，但不应考虑未来信用损失。

金融资产合同各方之间互相支付或收取的，属于实际利率组成部分的各项收费、交易费用及溢价或折价等，应当在确定实际利率时予以考虑。金融资产的未来现金流量或存续期间无法可靠预计时，应当采用该金融资产在整个合同期内的合同现金流量。

初始计量的会计分录如下：

借：持有至到期投资——成本
　　　　　　　　　——利息调整（溢价发行，折价时在贷方）
　　应收债券利息
　贷：存放同业款项或存放中央银行款项等

（二）持有至到期投资的后续计量

银行应当采用实际利率法，按摊余成本对持有至到期投资进行后续计量。其中，实际利率法是指按照金融资产或金融负债（含一组金融资产或金融负债）的实际利率计算其摊余成本及各期利息收入或利息费用的方法。摊余成本是指该金融资产的初始确认金额经下列调整后的结果：①扣除已偿还的本金；②加上或减去采用实际利率法将该初始确认金额与到期日金额之间的差额进行摊销形成的累计摊销额；③扣除已发生的减值损失。

银行应在持有至到期投资持有期间，采用实际利率法，按照摊余成本和实际利率计算确认利息收入，计入投资收益。实际利率应当在取得持有至到期投资时确定，实际利率与票面利率差别较小的，也可按票面利率计算利息收入，计入投资收益。

▶ 1. 持有至到期投资后续计量

（1）分期付息，一次还本债券投资时，会计分录如下：

借：应收债券利息（面值×票面利率）
　　持有至到期投资——利息调整（差额，溢价发行贷记）
　贷：投资收益（期初摊余成本×实际利率）

（2）持有至到期投资为一次还本付息债券投资时，会计分录如下：

借：持有至到期投资——应计债券利息（面值×票面利率）
　　持有至到期投资——利息调整（差额，溢价发行贷记）
　贷：投资收益（期初摊余成本×实际利率）

▶ 2. 持有至到期投资处置

处置持有至到期投资时，应将所取得价款与持有至到期投资账面价值之间的差额，计入当期损益，会计分录如下：

借：存放同业或存放中央银行款项（按实际收到的金额）
　贷：持有至到期投资——成本
　　　持有至到期投资——利息调整（折价发行借记）
　　　持有至到期投资——应计利息（一次还本付息债券）
　　　投资收益（差额，亏损时借记）

【例 6-2】2013 年 1 月 1 日，甲银行支付价款 1 000 元（含交易费用）从活跃市场上购入某公司5年期债券，面值1 250元，票面利率4.72%，按年支付利息(即每年59元)，本金最后一次支付。合同约定，该债券的发行方在遇到特定情况时可以将债券赎回，且不需要为提前赎回支付额外款项。甲银行在购买该债券时，预计发行方不会提前赎回。

甲银行将购入的该公司债券划分为持有至到期投资，且不考虑所得税、减值损失等因素。为此，甲银行在初始确认时先计算确定该债券的实际利率。假设该债券的实际利率为r，则可列出等式：$59×(1+r)^{-1}+59×(1+r)^{-2}+59×(1+r)^{-3}+59×(1+r)^{-4}+(59+1\,250)×(1+r)^{-5}=1\,000$

采用插值法(也可采用内涵报酬率计算实际利率)计算得出$r=10\%$，由此编制表6-3。

表6-3 摊余成本计算表 金额单位：元

年　　份	期初摊余成本(a)	实际利息(b) (按10%计算)	现金流入(c)	期末摊余成本 (d=a+b-c)
2013年	1 000	100	59	1 041
2014年	1 041	104	59	1 086
2015年	1 086	109	59	1 136
2016年	1 136	114*	59	1 191
2017年	1 191	118**	1 309	0

注：* 数字四舍五入取整；

　　** 数字考虑了计算过程中出现的尾差。

根据上述数据，甲银行的有关会计分录如下。

(1) 2013年1月1日，购入债券：

借：持有至到期投资——成本　　　　　　　　　　　　　　　　　　1 250

　　贷：存放同业款项或存放中央银行款项等　　　　　　　　　　　　　1 000

　　　　持有至到期投资——利息调整　　　　　　　　　　　　　　　　　250

(2) 2013年12月31日，确认实际利息收入、收到票面利息等：

借：应收债权利息　　　　　　　　　　　　　　　　　　　　　　　　59

　　持有至到期投资——利息调整　　　　　　　　　　　　　　　　　　41

　　贷：投资收益　　　　　　　　　　　　　　　　　　　　　　　　　100

借：存放同业款项或存放中央银行款项等　　　　　　　　　　　　　　59

　　贷：应收债券利息　　　　　　　　　　　　　　　　　　　　　　　　59

(3) 2014年12月31日，确认实际利息收入、收到票面利息等：

借：应收债券利息　　　　　　　　　　　　　　　　　　　　　　　　59

　　持有至到期投资——利息调整　　　　　　　　　　　　　　　　　　45

　　贷：投资收益　　　　　　　　　　　　　　　　　　　　　　　　　104

借：存放同业款项或存放中央银行款项等　　　　　　　　　　　　　　59

　　贷：应收债券利息　　　　　　　　　　　　　　　　　　　　　　　　59

(4) 2015年12月31日，确认实际利息收入、收到票面利息等：

借：应收债券利息　　　　　　　　　　　　　　　　　　　　　　　　59

　　持有至到期投资——利息调整　　　　　　　　　　　　　　　　　　50

　　贷：投资收益　　　　　　　　　　　　　　　　　　　　　　　　　109

借：存放同业款项或存放中央银行款项等   59
    贷：应收利息   59

（5）2016 年 12 月 31 日，确认实际利息、收到票面利息等：

借：应收债券利息   59
    持有至到期投资——利息调整   55
      贷：投资收益   114

借：存放同业款项或存放中央银行款项等   59
    贷：应收债券利息   59

（6）2017 年 12 月 31 日，确认实际利息、收到票面利息和本金等：

借：应收债券利息   59
    持有至到期投资——利息调整   59
      贷：投资收益   118

借：存放同业款项或存放中央银行款项等   59
    贷：应收债券利息   59

借：存放同业款项或存放中央银行款项等   1 250
    贷：持有至到期投资——成本   1 250

（三）持有至到期投资转换

银行因持有至到期投资部分出售或重分类的金额较大（实务中大于等于 10%即被认为金额较大），且不属于《企业会计准则》所允许的例外情况，使该投资的剩余部分不再适合划分为持有至到期投资的，银行应当将该投资的剩余部分重分类为可供出售金融资产，并以公允价值进行后续计量。重分类日，该投资剩余部分的账面价值与其公允价值之间的差额计入所有者权益，在该可供出售金融资产发生减值或终止确认时转出，计入当期损益。将持有至到期投资重分类为可供出售金融资产，会计分录如下：

借：可供出售金融资产(按该其公允价值)
    贷：持有至到期投资——成本
      持有至到期投资——利息调整
      持有至到期投资——应计利息
      资本公积——其他资本公积(差额，或在借方)

【例 6-3】 2017 年 3 月，由于贷款基准利率的变动和其他市场因素的影响，乙银行持有的、原划分为持有至到期投资的某公司债券价格持续下跌。为此，乙银行于 4 月 1 日对外出售该持有至到期债券投资的 10%，收取价款 1 200 000 元（即所出售债券的公允价值）。

假定 4 月 1 日该债券出售前的账面余额（成本）为 10 000 000 元，不考虑债券出售等其他相关因素的影响，则乙银行相关的会计分录如下。

借：存放同业款项或存放中央银行款项等   1 200 000
    贷：持有至到期投资——成本   1 000 000
      投资收益   200 000

借：可供出售金融资产——成本   (12 000 000－1 200 000)10 800 000
    贷：持有至到期投资——成本   9 000 000
      资本公积——其他资本公积   1 800 000

假定 4 月 23 日，乙银行将该债券全部出售，收取价款 11 800 000 元，会计分录如下：

借：存放同业款项或存放中央银行款项等   11 800 000

　　　　贷：可供出售金融资产——成本　　　　　　　　　　　　　　10 800 000
　　　　　　投资收益　　　　　　　　　　　　　　　　　　　　　　 1 000 000
　　借：资本公积——其他资本公积　　　　　　　　　　　　　　　　 1 800 000
　　　　贷：投资收益　　　　　　　　　　　　　　　　　　　　　　 1 800 000

第四节　贷款和应收款项

一、贷款和应收款项概述

　　贷款和应收款项是指在活跃市场中没有报价、回收金额固定或可确定的非衍生金融资产，如银行发放的贷款和其他债权。非金融企业持有的现金和银行存款、销售商品或提供劳务形成的应收款项、企业持有的其他企业的债权(不包括在活跃市场上有报价的债务工具)等，只要符合贷款和应收款项的定义，都可以划分为这一类。

　　银行不应当将下列非衍生金融资产划分为贷款和应收款项：①准备立即出售或在近期出售的非衍生金融资产，这类非衍生金融资产应划分为交易性金融资产；②初始确认时被指定为以公允价值计量且其变动计入当期损益的非衍生金融资产；③初始确认时被指定为可供出售的非衍生金融资产；④因债务人信用恶化以外的原因，使持有方可能难以收回几乎所有初始投资的非衍生金融资产，如所持有的证券投资基金或类似的基金等。

　　贷款和应收款项类的金融资产与持有至到期投资的金融资产的主要差别在于：贷款和应收款项类的金融资产不是在活跃市场上有报价的金融资产，并且不像持有至到期投资的金融资产那样在出售或重分类方面受到较多限制。如果某债务工具投资在活跃市场上没有报价，则银行不能将其划分为持有至到期投资。

二、贷款和应收款项的会计处理

　　贷款和应收款项的核算要求如表 6-4 所示。

表 6-4　贷款和应收款项的核算要求

处理阶段	核算要求
初始计量	按公允价值和交易费用之和计量
后续计量	采用实际利率法，按摊余成本计量
处置	处置时售价与账面价值的差额计入当期损益

　　贷款和应收款项的会计处理原则，与持有至到期投资大体相同。

　　(1)银行按当前市场条件发放的贷款，应按发放贷款的本金和相关交易费用之和作为初始确认金额。

　　(2)贷款持有期间所确认的利息收入应当根据实际利率计算。实际利率应在取得贷款时确定，在该贷款预期存续期间或适用的更短期间内保持不变。实际利率与合同利率差别较小的，也可按合同利率计算利息收入。

　　(3)银行收回或处置贷款和应收款项时，应将取得的价款与该贷款和应收款项账面价值之间的差额计入当期损益。

【例 6-4】2016 年 1 月 1 日，A 银行向某客户发放一笔贷款 100 000 000 元，期限 2 年，合同利率 10%，按季计、结息。假定该贷款发放无交易费用，实际利率与合同利率相同，每 6 个月对贷款进行一次减值测试。其他资料如下：

(1) 2016 年 3 月 31 日、6 月 30 日、9 月 30 日和 12 月 31 日，分别确认贷款利息 2 500 000 元。

(2) 2016 年 12 月 31 日，综合分析与该贷款有关的因素发现该贷款存在减值迹象，采用单项计提减值准备的方式确认减值损失 10 000 000 元。

(3) 2017 年 3 月 31 日，从客户收到利息 1 000 000 元，且预期 2017 年度第二季度末和第三季度末很可能收不到利息。

(4) 2017 年 4 月 1 日，经协商，A 银行从客户处取得一项房地产（固定资产）充作抵债资产，该房地产的公允价值为 85 000 000 元，自此 A 银行与客户的债权债务关系了结。相关手续办理过程中发生税费 200 000 元。A 银行拟将其处置，不转作自用固定资产。在实际处置前暂时对外出租。

(5) 2017 年 6 月 30 日，从租户处收到上述房地产的租金 800 000 元。当日，该房地产的可变现净值为 84 000 000 元。

(6) 2017 年 12 月 31 日，从租户处收到上述房地产租金 1 600 000 元。A 银行当年为该房地产支出维修费用 200 000 元，并不打算再出租。

(7) 2017 年 12 月 31 日，该房地产的可变现净值为 83 000 000 元。

(8) 2018 年 1 月 1 日，A 银行将该房地产处置，取得价款 83 000 000 元，发生相关税费 1 500 000 元。

假定不考虑其他因素，A 银行的会计分录如下。

(1) 发放贷款时：

借：贷款——本金　　　　　　　　　　　　　　　　100 000 000
　　贷：单位活期存款——某客户账户　　　　（实贷实付）100 000 000

(2) 2016 年 3 月 31 日、6 月 30 日、9 月 30 日和 12 月 31 日，分别确认贷款利息：

借：应计贷款利息　　　　　　　　　　　　　　　　　2 500 000
　　贷：贷款利息收入　　　　　　　　　　　　　　　　2 500 000

借：存放中央银行款项（或吸收存款）　　　　　　　　2 500 000
　　贷：应计贷款利息　　　　　　　　　　　　　　　　2 500 000

(3) 2016 年 12 月 31 日，确认减值损失 10 000 000 元：

借：资产减值损失——计提贷款损失准备　　　　　　10 000 000
　　贷：资产减值准备——贷款损失准备　　　　　　　10 000 000

借：贷款——已减值　　　　　　　　　　　　　　　100 000 000
　　贷：贷款——本金　　　　　　　　　　　　　　　100 000 000

此时，贷款的摊余成本＝100 000 000－10 000 000＝90 000 000（元）。

(4) 2017 年 3 月 31 日，确认从客户收到利息 1 000 000 元：

借：存放同业或存放中央银行款项　　　　　　　　　1 000 000
　　贷：贷款——已减值　　　　　　　　　　　　　　1 000 000

按照实际利率法，以摊余成本为基础应确认的利息收入＝90 000 000×10%÷4＝2 250 000（元）。

借：贷款损失准备　　　　　　　　　　　　　　　　　　　　　2 250 000

　　贷：贷款利息收入　　　　　　　　　　　　　　　　　　　　　　2 250 000

此时，贷款的摊余成本＝90 000 000－1 000 000＋2 250 000＝91 250 000（元）。

（5）2017 年 4 月 1 日，收到抵债资产时：

借：抵债资产　　　　　　　　　　　　　　　　　　　　　　　　85 000 000

　　营业外支出——其他营业外支出　　　　　　　　　　　　　　　6 450 000

　　贷款损失准备　　　　　　　　　　　　　　　　　　　　　　　7 750 000

　　贷：贷款——已减值　　　　　　　　　　　　　　　　　　　　　99 000 000

　　　　应交税费　　　　　　　　　　　　　　　　　　　　　　　　　200 000

（6）2017 年 6 月 30 日，从租户处收到上述房地产的租金 800 000 元：

借：存放同业或存放中央银行款项　　　　　　　　　　　　　　　　800 000

　　贷：其他业务收入　　　　　　　　　　　　　　　　　　　　　　　800 000

确认抵债资产跌价准备＝85 000 000－84 000 000＝1 000 000（元）。

借：资产减值损失　　　　　　　　　　　　　　　　　　　　　　1 000 000

　　贷：抵债资产减值准备　　　　　　　　　　　　　　　　　　　　1 000 000

（7）2017 年 12 月 31 日，确认抵债资产租金时：

借：存放同业或存放中央银行款项等　　　　　　　　　　　　　　1 600 000

　　贷：其他业务收入——抵债资产持有收益　　　　　　　　　　　　1 600 000

确认发生的维修费用 200 000 元：

借：其他业务支出——抵债资产持有支出　　　　　　　　　　　　　200 000

　　贷：存放同业或存放中央银行款项等　　　　　　　　　　　　　　200 000

确认抵债资产跌价准备＝84 000 000－83 000 000＝1 000 000（元）。

借：资产减值损失　　　　　　　　　　　　　　　　　　　　　　1 000 000

　　贷：抵债资产减值准备　　　　　　　　　　　　　　　　　　　　1 000 000

（8）2018 年 1 月 1 日，确认抵债资产处理时：

借：存放同业或存放中央银行款项等　　　　　　　　　　　　　　83 000 000

　　抵债资产减值准备　　　　　　　　　　　　　　　　　　　　　2 000 000

　　营业外支出——其他营业外支出　　　　　　　　　　　　　　　1 500 000

　　贷：抵债资产　　　　　　　　　　　　　　　　　　　　　　　　85 000 000

　　　　应交税费　　　　　　　　　　　　　　　　　　　　　　　　1 500 000

第五节　可供出售金融资产

一、可供出售金融资产概述

可供出售金融资产是指初始确认时即被指定为可供出售的非衍生金融资产，以及除下列各类资产以外的金融资产：①贷款和应收款项；②持有至到期投资；③以公允价值计量且其变动计入当期损益的金融资产。例如，购入的在活跃市场上有报价的股票、债券和基金等，没有划分为以公允价值计量且其变动计入当期损益的金融资产或持有至到期投资等金融资产的，可归为此类。某项金融资产具体应划分为哪一类，主要取决于银行管理层的风险管理、投资决策等因素。金融资产的分类应是管理层意图的如实表达。

二、可供出售金融资产的会计处理

可供出售金融资产的核算要求如表 6-5 所示。

表 6-5　可供出售金融资产的核算要求

处理阶段		核算要求
初始计量	债券投资	按公允价值和交易费用之和计量（其中，交易费用在"可供出售金融资产——利息调整"科目核算）
		实际支付的价款中包含的利息，应当确认为应收项目
	股票投资	按公允价值和交易费用之和计量
		已宣告尚未发放的现金股利，应当确认为应收项目
后续计量		资产负债表日按公允价值计量，公允价值变动计入所有者权益（资本公积——其他资本公积）
持有至到期投资转换为可供出售金融资产		可供出售金融资产按公允价值计量，公允价值与账面价值的差额计入资本公积
处置		售价与账面价值的差额计入投资收益
		将持有期间产生的"资本公积——其他资本公积"转入"投资收益"

可供出售金融资产的会计处理，与以公允价值计量且其变动计入当期损益的金融资产的会计处理有类似之处，但也有不同：①初始确认时，都应按公允价值计量，但对于可供出售金融资产，相关交易费用应计入初始入账金额；②资产负债表日，都应按公允价值计量，但对于可供出售金融资产，公允价值变动不是计入当期损益，通常应计入所有者权益。

（一）银行在对可供出售金融资产进行会计处理时的注意事项

（1）银行取得可供出售金融资产支付的价款中包含的已到付息期但尚未领取的债券利息或已宣告但尚未发放的现金股利，应单独确认为应收项目。

可供出售金融资产持有期间取得的利息或现金股利，应当计入投资收益。资产负债表日，可供出售金融资产应当以公允价值计量，且公允价值变动计入资本公积（其他资本公积）。

（2）可供出售金融资产发生的减值损失，应计入当期损益；如果可供出售金融资产是外币货币性金融资产，则其形成的汇兑差额也应计入当期损益。采用实际利率法计算的可供出售金融资产的利息，应计入当期损益；可供出售权益工具投资的现金股利，应在被投资单位宣告发放股利时计入当期损益。

（3）处置可供出售金融资产时，应将取得的价款与该金融资产账面价值之间的差额计入投资损益；同时，将原直接计入所有者权益的公允价值变动累计额对应处置部分的金额转出，计入投资损益。

（二）可供出售金融资产的一般会计分录

▶ 1. 取得可供出售金融资产时

（1）如果是股权投资，则会计分录如下：

借：可供出售金融资产——成本（买价－已宣告未发放的股利＋交易费用）

　　应收股利（已宣告未发放的股利）

　　贷：存放同业或存放中央银行款项等

（2）如果是债券投资，则会计分录如下：

借：可供出售金融资产——成本（面值）

　　应收利息

　　贷：存放同业或存放中央银行款项等

　　　　可供出售金融资产——利息调整（折价，溢价时借记）

▶ 2. 可供出售债券的利息计提

借：应收债权利息（按票面利率计算的利息）

　　贷：投资收益（按摊余成本和实际利率计算）

　　　　可供出售金融资产——利息调整（差额，折价时借记）

收到债券利息时，会计分录如下：

借：存放同业或存放中央银行款项等

　　贷：应收债权利息

▶ 3. 资产负债表日，按公允价值调整可供出售金融资产的价值

（1）如果是股权投资，期末公允价值高于此时的账面价值时，会计分录如下：

借：可供出售金融资产——公允价值变动

　　贷：资本公积——其他资本公积

期末公允价值低于此时的账面价值时，则会计分录相反。

（2）如果是债券投资，期末公允价值高于摊余成本时，会计分录如下：

借：可供出售金融资产——公允价值变动

　　贷：资本公积——其他资本公积

期末公允价值低于摊余成本，则会计分录相反。

需特别注意的是，此公允价值的调整不影响每期利息收益的计算，每期利息收益始终用期初摊余成本乘以当初的内含报酬率来测算，即实际利率保持不变。

▶ 4. 可供出售金融资产减值的一般处理

借：资产减值损失

　　贷：资本公积——其他资本公积（当初公允价值净贬值额）

　　　　可供出售金融资产——公允价值变动

反冲时：

借：可供出售金融资产——公允价值变动

　　贷：资产减值损失

如果该可供出售金融资产为股票等权益工具投资的（不含在活跃市场上没有报价、公允价值不能可靠计量的权益工具投资）：

借：可供出售金融资产——公允价值变动

　　贷：资本公积——其他资本公积

▶ 5. 将持有至到期投资重分类为可供出售金融资产时

详见第三节持有至到期投资中持有至到期投资转换的介绍。

▶ 6. 出售可供出售金融资产时

（1）如果是债券投资，会计分录如下：

借：存放同业或存放中央银行款项等

　　　资本公积——其他资本公积（债券价格下跌时贷记）

　　贷：可供出售金融资产——成本

　　　　　　　　　　　——公允价值变动（公允价值下降借记）

　　　　　　　　　　　——利息调整

　　　　投资收益（倒挤额，亏损时借记）

（2）如果是股权投资，会计分录如下：

借：存放同业或存放中央银行款项等

　　　资本公积——其他资本公积（公允价值下降贷记）

　　贷：可供出售金融资产——成本

　　　　　　　　　　　——公允价值变动

　　　　投资收益（倒挤额，亏损时借记）

第六节　金融资产减值

一、金融资产减值损失的确认

银行应当在资产负债表日对以公允价值计量且其变动计入当期损益的金融资产以外的金融资产（含单项金融资产或一组金融资产，下同）的账面价值进行检查，有客观证据表明该金融资产发生减值的，应当确认减值损失，计提减值准备。

（1）表明金融资产发生减值的客观证据，是指金融资产初始确认后实际发生的，对该金融资产的预计未来现金流量有影响，且银行能够对该影响进行可靠计量的事项。金融资产发生减值的客观证据包括下列各项：①发行方或债务人发生严重财务困难；②债务人违反了合同条款，如偿付利息或本金发生违约或逾期等；③债权人出于经济或法律等方面因素的考虑，对发生财务困难的债务人做出让步；④债务人很可能倒闭或进行其他财务重组；⑤因发行方发生重大财务困难，该金融资产无法在活跃市场继续交易；⑥无法辨认一组金融资产中的某项资产的现金流量是否已经减少，但根据公开的数据对其进行总体评价后发现，该组金融资产自初始确认以来的预计未来现金流量确已减少且可计量，如该组金融资产的债务人支付能力逐步恶化，或债务人所在国家或地区失业率提高、担保物在其所在地区的价格明显下降、所处行业不景气等；⑦债务人经营所处的技术、市场、经济或法律环境等发生重大不利变化，使权益工具投资人可能无法收回投资成本；⑧权益工具投资的公允价值发生严重或非暂时性下跌；⑨其他表明金融资产发生减值的客观证据。

（2）银行在根据以上客观证据判断金融资产是否发生减值损失时，应注意：①这些客观证据相关的事项（也称损失事项）必须影响金融资产的预计未来现金流量，并且能够可靠地计量。对于预期未来事项可能导致的损失，无论其发生的可能性有多大，均不能作为减值损失予以确认。②银行通常难以找到某项单独的证据来认定金融资产是否已发生减值，因此应综合考虑相关证据的总体影响进行判断。③债务方或金融资产发行方信用等级下降本身不足以说明银行所持的金融资产发生了减值，但是，如果银行将债务人或金融资产发行方的信用等级下降因素，与可获得的其他客观的减值依据联系起来，往往能够对金融资产是否已发生减值做出判断。④对于可供出售权益工具投资，其公允价值低于其成本本身不足以说明可供出售权益工具投资已发生减值，而应当综合相关因素判断该投资公允价值下降是否严重或是否是非暂时性下跌。同时，应当从持有可供出售权益工具投资的整个期间来判断。

如果权益工具投资在活跃市场上没有报价，从而不能根据其公允价值下降的严重程度或持续时间来进行减值判断时，应当综合考虑其他因素（如被投资单位经营所处的技术、市场、经济或法律环境等）是否发生重大不利变化。

对于以外币计价的权益工具投资，在判断其是否发生减值时，应当将该投资在初始确认时以记账本位币反映的成本，与资产负债表日以记账本位币反映的公允价值进行比较，同时考虑其他相关因素。

二、金融资产减值损失的计量

（一）持有至到期投资、贷款和应收款项减值损失的计量

持有至到期投资、贷款和应收款项减值损失的计量如表 6-6 所示。

表 6-6　持有至到期投资、贷款和应收款项减值损失的计量

项　　目	计提减值准备	减值准备转回
持有至到期投资、贷款和应收款	发生减值时，应当将该金融资产的账面价值减记至预计未来现金流量现值，减记的金额确认为资产减值损失，计入当期损益	如有客观证据表明该金融资产价值已恢复，原确认的减值损失应当予以转回，计入当期损益（冲减资产减值损失）
可供出售金融资产	发生减值时，应当将该金融资产的账面价值减记至公允价值，原直接计入所有者权益的因公允价值下降形成的累计损失，也应当予以转出，计入当期损益	可供出售债务工具投资发生的减值损失，在随后的会计期间公允价值已上升且客观上与原减值损失确认后发生的事项有关的，原确认的减值损失应当予以转回，计入当期损益；可供出售权益工具投资发生的减值损失，不得通过损益转回，公允价值上升计入资本公积
长期股权投资（不具有控制、共同控制或重大影响，在活跃市场上没有报价，公允价值不能可靠计量的投资）	发生减值时，应当将该金融资产的账面价值减记至预计未来现金流量现值，减记的金额确认为资产减值损失，计入当期损益	不得转回

▶ **1. 持有至到期投资、贷款和应收款项以摊余成本后续计量**

持有至到期投资、贷款和应收款项以摊余成本后续计量，其发生减值时，应当将该金融资产的账面价值与预计未来现金流量现值之间的差额，确认为减值损失，计入当期

损益。

以摊余成本计量的金融资产的预计未来现金流量现值，应当按照该金融资产的原实际利率折现确定，并考虑相关担保物的价值（取得和出售该担保物发生的费用应当予以扣除）。原实际利率是初始确认该金融资产时计算确定的实际利率。对于浮动利率贷款、应收款项或持有至到期投资，在计算未来现金流量现值时，可采用合同规定的现行实际利率作为折现利率。即使合同条款因债务方或金融资产发行方由于发生财务困难而重新商定或修改，在确认减值损失时，仍用条款修改前所计算的该金融资产的原实际利率计算。

短期应收款项的预计未来现金流量与其现值相差很小的，在确定相关减值损失时，可不对其预计未来现金流量进行折现。

▶ 2. 存在大量性质类似且以摊余成本后续计量的金融资产

对于存在大量性质类似且以摊余成本后续计量的金融资产，在考虑金融资产减值测试时，应当先将单项金额重大的金融资产区分开来，单独进行减值测试。如有客观证据表明其已发生减值，应当确认减值损失，计入当期损益。对单项金额不重大的金融资产，可以单独进行减值测试，也可以包括在具有类似信用风险特征的金融资产组合中进行减值测试。在实务中，银行可以根据具体情况确定单项金额重大的标准。该项标准一经确定，应当一致运用，不得随意变更。

单独测试未发现减值的金融资产（包括单项金额重大和不重大的金融资产），应当包括在具有类似信用风险特征的金融资产组合中再进行减值测试。已单项确认减值损失的金融资产，不应包括在具有类似信用风险特征的金融资产组合中进行减值测试。

银行对金融资产采用组合方式进行减值测试时，应当注意以下几个方面。

（1）应当将具有类似信用风险特征的金融资产组合在一起，例如，可按资产类型、行业分布、区域分布、担保物类型、逾期状态等进行组合。

（2）对于已包括在某金融资产组合中的某项特定资产，一旦有客观证据表明其发生了减值，则应当将其从该组合中分出来，单独确认减值损失。

（3）在对某金融资产组合的未来现金流量进行预计时，应当以与其具有类似风险特征组合的历史损失率为基础。如银行缺乏这方面的数据或经验不足，则应当尽量采用具有可比性的其他资产组合的经验数据，并做必要调整。银行应当对预计资产组合未来现金流量的方法和假设进行定期检查，以最大限度地消除损失预计数和实际发生数之间的差异。

▶ 3. 对以摊余成本计量的金融资产确认减值损失

对以摊余成本计量的金融资产确认减值损失后，如有客观证据表明该金融资产价值已恢复，且客观上与确认该损失后发生的事项有关（如债务人的信用评级已提高等），原确认的减值损失应当予以转回，计入当期损益。但是，该转回后的账面价值不应当超过假定不计提减值准备情况下该金融资产在转回日的摊余成本。

▶ 4. 外币金融资产发生减值

外币金融资产发生减值的，预计未来现金流量现值应先按外币确定计量减值，再按资产负债表日即期汇率折合成为记账本位币反映的金额。该项金额小于相关外币金融资产以记账本位币反映的账面价值的部分，确认为减值损失，计入当期损益。

【例 6-5】甲银行 2016 年向客户 A 公司发放了一笔 3 年期贷款，摊余成本后续计量，划分为贷款和应收款项，且属金额重大者。2017 年，由于外部新技术冲击，客户 A 公司的产品市场销路不畅，存在严重财务困难，故不能按期及时偿还银行的贷款本金和利息。

为此，提出与甲银行调整贷款条款，以便顺利渡过财务难关。甲银行同意客户 A 公司提出的要求。以下五种可供选择的贷款条款调整方案中，哪一种需要在 2017 年年末确认减值损失？

（1）客户 A 公司在贷款原到期日后 5 年内偿还贷款的全部本金，但不包括按原条款应计的利息；

（2）在原到期日，客户 A 公司偿还贷款的全部本金，但不包括按原条款应计的利息；

（3）在原到期日，客户 A 公司偿还贷款的全部本金，以及低于原贷款应计的利息；

（4）客户 A 公司在原到期日后 5 年内偿还贷款的全部本金，以及原贷款期间应计的利息，但贷款展期期间不支付任何利息；

（5）客户 A 公司在原到期日后 5 年内偿还贷款的全部本金、原贷款期间和展期期间应计的利息。

在方案（1）～（4）下，贷款未来现金流量现值一定小于当前账面价值，因此，甲银行采用方案（1）～（4）中的任何一种，都需要在调整贷款日确认和计量贷款减值损失。对于方案（5），虽然客户 A 公司偿付贷款本金和利息的时间发生变化，但甲银行仍能收到延迟支付的利息所形成的利息。在这种情况下，如果按贷款发放时确定的实际利率计算，贷款未来现金流入（本金和利息）现值将与当前账面价值相等。因此，不需要确认和计量贷款减值损失。

【例 6-6】 2012 年 1 月 1 日，银行向 A 客户发放了一笔贷款计 15 000 000 元。贷款合同年利率为 10%，期限 6 年，借款人到期一次偿还本金。假定该贷款的实际利率为 10%，利息按年收取。其他有关资料及会计分录如下（小数点后数据四舍五入）。

（1）2012 年 1 月 1 日，发放贷款：

借：长期贷款——本金——A 客户　　　　　　　　　　　　　　　15 000 000

贷：单位活期存款——A 客户　　　　　　　　　　　　　　　　　15 000 000

2012 年 12 月 31 日，确认并收到贷款利息：

借：应计利息　　　　　　　　　　　　　　　　　　　　　　　　1 500 000

贷：贷款利息收入　　　　　　　　　　　　　　　　　　　　　　1 500 000

借：单位活期存款——A 客户　　　　　　　　　　　　　　　　　1 500 000

贷：应计利息　　　　　　　　　　　　　　　　　　　　　　　　1 500 000

（2）2013 年 12 月 31 日，因 A 客户的公司经营出现异常，银行预计难以及时收到利息。银行根据当前掌握的资料，对贷款合同现金流量重新做了估计，如表 6-7 和表 6-8 所示。

表 6-7　贷款合同现金流量

时间	未折现金额/元	折现系数	现值/元
2014 年 12 月 31 日	1 500 000	0.909 1	1 363 650
2015 年 12 月 31 日	1 500 000	0.826 4	1 239 600
2016 年 12 月 31 日	1 500 000	0.751 3	1 126 950
2017 年 12 月 31 日	16 500 000	0.683 0	11 269 500
小　计	21 000 000		14 999 700

表 6-8　新预计的现金流量

时　　间	未折现金额/元	折 现 系 数	现值/元
2014 年 12 月 31 日	0	0.909 1	0
2015 年 12 月 31 日	10 000 000	0.826 4	8 264 000
2016 年 12 月 31 日	2 000 000	0.751 3	1 502 600
2017 年 12 月 31 日	0	0.683 0	0
小　　计	12 000 000		9 766 600

2013 年 12 月 31 日，确认贷款利息：

借：应计利息　　　　　　　　　　　　　　　　　　　　　　　　1 500 000

　　贷：贷款利息收入——A 客户　　　　　　　　　　　　　　　　　　1 500 000

借：应收贷款利息——A 客户　　　　　　　　　　　　　　　　　　1 500 000

　　贷：应计利息　　　　　　　　　　　　　　　　　　　　　　　　　1 500 000

2013 年 12 月 31 日，银行应确认的贷款减值损失＝未确认减值损失前的摊余成本－新预计未来现金流量现值＝（贷款本金＋应收未收利息）－新预计未来现金流量现值＝16 500 000－9 766 600＝6 733 400(元)，会计分录如下：

借：资产减值损失——计提贷款损失准备　　　　　　　　　　　　6 733 400

　　贷：贷款损失准备　　　　　　　　　　　　　　　　　　　　　　6 733 400

借：长期贷款——已减值——A 客户　　　　　　　　　　　　　　16 500 000

　　贷：长期贷款——本金——A 客户　　　　　　　　　　　　　　　15 000 000

　　　　应收贷款利息——A 客户　　　　　　　　　　　　　　　　　1 500 000

(3) 2014 年 12 月 31 日，银行预期原先的现金流量不会改变，确认减值损失的回转＝9 766 600×10％＝976 660(元)，会计分录如下：

借：贷款损失准备　　　　　　　　　　　　　　　　　　　　　　　976 660

　　贷：贷款利息收入　　　　　　　　　　　　　　　　　　　　　　　976 660

据此，2014 年 12 月 31 日，贷款的摊余成本＝9 766 600＋976 660＝10 743 260(元)。

(4) 2015 年 12 月 31 日，银行预期原先的现金流量不会改变，但 2015 年当年实际收到的现金却为 9 000 000 元。会计分录如下：

借：贷款损失准备　　　　　　　　　　　　　　　　　　　　　　1 074 326

　　贷：贷款利息收入　　　　　　　　　　　　　　　　　　　　　　1 074 326

借：单位活期存款——A 客户　　　　　　　　　　　　　　　　　9 000 000

　　贷：长期贷款——已减值——A 客户　　　　　　　　　　　　　　9 000 000

借：资产减值损失　　　　　　　　　　　　　　　　　　　　　　　999 386

　　贷：贷款损失准备　　　　　　　　　　　　　　　　　　　　　　　999 386

注：2015 年 12 月 31 日计提贷款损失准备前，贷款的摊余成本＝10 743 260＋1 074 326－9 000 000＝2 817 586(元)。由于银行对 2016 年及 2017 年的现金流入预期不变，因此，应调整的贷款损失准备＝2 817 586－1 818 200＝999 386(元)。相关计算如表6-9 所示。

表 6-9　现　值　计　算

时　　间	未折现金额/元	折 现 系 数	现值/元
2016 年 12 月 31 日	2 000 000	0.909 1	1 818 200
2017 年 12 月 31 日	0	0.826 4	0
小　　计	2 000 000		1 818 200

(5) 2016 年 12 月 31 日，银行预期原先的现金流量发生改变，预计 2017 年将收回现金 1 500 000 元，当年实际收到的现金为 1 000 000 元。会计分录如下：

借：贷款损失准备　　　　　　　　　　　　　　　　　　　　181 820

　贷：贷款利息收入　　　　　　　　　　　　　　　　　　　　　181 820

借：单位活期存款——A 客户　　　　　　　　　　　　　　　1 000 000

　贷：长期贷款——已减值——A 客户　　　　　　　　　　　　1 000 000

借：贷款损失准备　　　　　　　　　　　　　　　　　　　　363 630

　贷：资产减值损失　　　　　　　　　　　　　　　　　　　　363 630

注：2016 年 12 月 31 日计提贷款损失准备前，摊余成本＝1 818 200＋181 820－1 000 000＝1 000 020(元)，因此，应调整的贷款损失准备＝1 000 020－1 363 650＝－363 630(元)。其中，1 363 650 元系 2017 年将收回现金 1 500 000 元按折现系数 0.909 1 进行折现后的结果。

(6) 2017 年 12 月 31 日，银行对贷款进行结算，实际收到现金 2 000 000 元。会计分录如下：

借：贷款损失准备　　　　　　　　　　　　　　　　　　　　136 365

　贷：贷款利息收入　　　　　　　　　　　　　　　　　　　　136 365

借：单位活期存款——A 客户　　　　　　　　　　　　　　　2 000 000

　　贷款损失准备　　　　　　　　　　　　　　　　　　　4 999 985

　贷：长期贷款——已减值——A 客户　　　　　　　　　　　　6 500 000

　　　资产减值损失　　　　　　　　　　　　　　　　　　　　499 985

(二) 可供出售金融资产减值损失的计量

(1) 可供出售金融资产发生减值时，即使该金融资产没有终止确认，原直接计入所有者权益中的因公允价值下降形成的累计损失，应当予以转出，计入当期损益。该转出的累计损失等于可供出售金融资产的初始取得成本扣除已收回本金和已摊余金额、当前公允价值和原已计入损益的减值损失后的余额。

在活跃市场中没有报价且其公允价值不能可靠计量的权益工具投资发生减值时，应当将该项权益工具投资或衍生金融资产的账面价值，与按照类似金融资产当时市场收益率对未来现金流量折现确定的现值之间的差额，确认为减值损失，计入当期损益。与该权益工具挂钩并须通过交付该权益工具结算的衍生金融资产发生的减值的，也应当采用类似的方法确认减值损失。

(2) 对于已确认减值损失的可供出售债务工具，在随后的会计期间公允价值已上升且客观上与确认原减值损失确认后发生的事项有关的，原确认的减值损失应当予以转回，计入当期损益。

(3) 可供出售权益工具投资发生的减值损失，不得通过损益转回。但是，在活跃市场中没有报价且其公允价值不能可靠计量的权益工具投资，或与该权益工具挂钩并须通过交付该权益工具结算的衍生金融资产发生的减值损失,不得转回。

【例6-7】2015年1月1日,银行按面值从债券二级市场购入B公司发行的债券10 000张,每张面值100元,票面利率3%,划分为可供出售金融资产。

2015年12月31日,该债券的市场价格为每张100元。

2016年,公司因投资决策失误,发生严重财务困难,但仍可支付该债券当年的票面利息。2016年12月31日,该债券的公允价值下降为每张80元。银行预计,如果B公司不采取措施,该债券的公允价值预计会持续下跌。

2017年,B公司调整产品结构并整合其他资源,致使上年发生的财务困难大为好转。2017年12月31日,该债券的公允价值已上升至每张95元。

假定银行初始确认该债券时计算确定的债券实际利率为3%,且不考虑其他因素,则银行有关的账务处理如下。

(1)2015年1月1日,购入债券:

借:可供出售金融资产——债券成本   1 000 000
  贷:存放同业或存放中央银行款项等   1 000 000

(2)2015年12月31日,确认利息、公允价值变动:

借:应收债券利息   30 000
  贷:投资收益   30 000
借:存放同业或存放中央银行款项等   30 000
  贷:应收债券利息   30 000

债券的公允价值变动为零,故不进行账务处理。

(3)2016年12月31日,确认利息收入及减值损失:

借:应收债券利息   30 000
  贷:投资收益   30 000
借:存放同业或存放中央银行款项等   30 000
  贷:应收债券利息   30 000
借:资产减值损失   200 000
  贷:可供出售金融资产——公允价值变动   200 000

由于该债券的公允价值预计会持续下跌,银行应确认减值损失。

(4)2017年12月31日,确认利息收入及减值损失转回,应确认的利息收入=(1 000 000-200 000)×3%=24 000(元),会计分录如下:

借:应收债券利息   30 000
  贷:投资收益   24 000
    可供出售金融资产——利息调整   6 000
借:存放同业或存放中央银行款项等   30 000
  贷:应收债券利息   30 000

减值损失转回前,该债券的摊余成本=1 000 000-200 000-6 000=794 000(元)。

2017年12月31日,该债券的公允价值=95×10 000=950 000(元),应转回的金额=950 000-794 000=156 000(元),会计分录如下:

借:可供出售金融资产——公允价值变动   156 000
  贷:资产减值损失   156 000

第七节 金融资产转移

一、金融资产转移概述

金融资产(含单项或一组类似金融资产)转移是指银行(转出方)将金融资产让予或交付给该金融资产发行方以外的另一方(转入方)。例如,银行将持有的未到期商业票据向银行转贴现、信贷资产出售、信贷资产的卖出回购和信贷资产的证券化,均属于金融资产转移。

银行金融资产转移包括下列两种情形:一是将收取金融资产现金流量的权利转移给另一方,如将未到期票据向银行贴现;二是将金融资产转移给另一方,但保留收取金融资产现金流量的权利并承担将收取的现金流量支付给最终收款方的义务,同时还应满足以下条件:①从该金融资产收到对等的现金流量时,才有义务将其支付给最终收款方。银行发生短期垫付款,但有权全额收回该垫付款并按照市场上同期银行贷款利率计收利息的,视同满足本条件;②根据合同约定,不能出售该金融资产或作为担保物,但可以将其作为对最终收款方支付现金流量的保证;③有义务将收取的现金流量及时支付给最终收款方。银行无权将该现金流量进行再投资,但按照合同约定在相邻两次支付间隔期内将所收到的现金流量进行现金或现金等价物投资的除外。银行按照合同约定进行再投资的,应当将投资收益按照合同约定支付给最终收款方,如信贷资产证券化。

二、金融资产转移的确认和计量

(一)金融资产整体转移和部分转移的区分

金融资产转移涉及的会计处理,核心是金融资产转移是否符合终止确认条件。其中,终止确认是指将金融资产或金融负债从银行的资产负债表内予以转销。在分析判断金融资产转移是否符合金融资产终止条件前要注意:一是金融资产转移的转出方能否对转入方实施控制;二是金融资产是整体转移还是部分转移。

金融资产部分转移包括下列三种情形:①将金融资产所产生的现金流量中的特定、可辨认部分转移,如银行将一组类似贷款的应收利息转移等;②将金融资产所产生的全部现金流量的一定比例转移,如银行将一组类似贷款的本金和应收利息合计的一定比例转移等;③将金融资产所产生的现金流量中的特定、可辨认部分的一定比例转移,如银行将一组类似贷款的应收利息的一定比例转移等。

(二)符合终止确认条件的情形

▶1. 符合终止确认条件的判断

银行已将金融资产所有权上几乎所有的风险和报酬转移给转入方或既没有转移也没有保留金融资产所有权上几乎所有的风险和报酬,但放弃了对该金融资产的控制,银行收取金融资产现金流量的合同权利终止的,应当终止确认该金融资产。金融资产转移是否符合终止确认条件,有时比较容易判断。下列情况就表明已将金融资产所有权上几乎所有风险和报酬转移给了转入方,因此应当终止确认相关金融资产:①银行以不附追索权方式出售金融资产，如不附追索权的票据贴现等；②附回购协议的金融资产出售，回购价为回购时该金融资产的公允价值；③附重大价外看跌期权（或重大价外看涨期权）的金融资产出售。银行将金融资产出售，同时与买入方签订看跌期权合约（即买入方有权将该金融资产返售给银行），根据合约条款判断，该看跌期权是一项重大价外期权，致使到期时或到期前行权的可能性极小。

金融资产转移是否符合终止确认条件，应当通过比较转移前后该金融资产未来现金流量净现值及时间分布的波动使其面临的风险来判断。银行面临的风险因金融资产转移发生实质性改变的，表明该银行已将金融资产所有权上几乎所有的风险和报酬转移给了转入方，从而应终止确认该金融资产。

▶ 2. 符合终止确认条件的计量

（1）金融资产整体转移满足终止确认条件的，应当将金融资产整体转移损益和因转移收到的对价的差额计入当期损益：

金融资产整体转移损益＝因转移收到的对价－所转移金融资产的账面价值±原直接计
入所有者权益的公允价值变动累计利得或损失

因转移收到的对价＝因转移交易收到的价款＋新获得金融资产的公允价值＋因转移获
得服务资产的公允价值－新承担金融负债的公允价值－因转移承
担的服务负债的公允价值

（2）金融资产部分转移满足终止确认条件的，应当将所转移金融资产整体的账面价值，在终止确认部分和未终止确认部分之间，按照各自的相对公允价值进行分摊，并将下列两项金额的差额计入当期损益：①终止确认部分的账面价值；②终止确认部分的对价，与原直接计入所有者权益的公允价值变动累计额中对应终止确认部分的金额之和。

原直接计入所有者权益的公允价值变动累计额中对应终止确认部分的金额，应当按照金融资产终止确认部分和未终止确认部分的相对公允价值，对该累计额进行分摊后确定。

在终止确认部分和未终止确认部分之间分配所转移金融资产整体的账面价值时，需要确定未终止确认部分的公允价值，将所转移金融资产整体的账面价值按相对公允价值在终止确认部分和未终止确认部分之间进行分摊。具体而言，未终止确认部分的公允价值应当按照下列规定确定：①企业出售过与未终止确认部分类似的金融资产，或发生过与未终止确认部分有关的其他市场交易的，应当按照最近实际交易价格确定；②未终止确认部分在活跃市场上没有报价，且最近市场上也没有与其有关的实际交易价格的，应当按照所转移金融资产整体的公允价值扣除终止确认部分的对价后的余额确定。该金融资产整体的公允价值确实难以合理确定的，按照金融资产整体的账面价值扣除终止确认部分的对价后的余额确定。

▶ 3. 服务资产和服务负债的计量

当企业在转让贷款及应收款项等金融资产时，常常会对被转让的金融资产继续提供管理服务。例如，商业银行在将信贷资产转移给特殊目的的信托而进行资产证券化业务时，常常与特殊目的的信托签订服务合同，担任贷款服务机构，保留收取金融资产现金流量的权利，并承担将收取的现金流量支付给最终收款方的义务。作为贷款服务商，会收取一定的服务费并发生一定的成本。《金融资产转移准则》规定，当企业转移一项金融资产满足终止确认标准，如果与金融资产转入方签订服务合同提供相关服务的（包括收取该金融资产的现金流量，并将收取的现金流量交付给指定的资金保管机构等），应当就该服务合同确认一项服务资产或服务负债。服务负债应当按照公允价值进行初始计量，并作为金融资产转移对价的组成部分。服务资产应当视同未终止确认金融资产的一部分，其金额应根据所转移金融资产整体的账面价值在终止确认和未终止确认部分（包括服务资产）之间按各自相对公允价值进行分摊。实务中，服务合同所涉及的服务费金额较小的，企业（转出方）可以在收取服务费当期确认为中间业务收入。

（三）不符合终止确认条件的金融资产转移

与终止确认相对应，未终止确认时，银行不得将金融资产或金融负债从企业的账户和资产负债表内予以转销。按照《金融资产转移准则》，银行保留了金融资产所有权上几乎所有的风险和报酬的，不应当终止确认该金融资产。

▶ 1. 不应当终止确认相关金融资产

下列情况表明银行保留了金融资产所有权上几乎所有风险和报酬，不应当终止确认相关金融资产：①银行采用附追索权方式出售金融资产。②将信贷资产或应收款项整体出售，同时保证对金融资产购买方可能发生的信用损失等进行全额补偿。银行将信贷资产或应收款项整体出售，符合金融资产转移的条件，但由于银行出售金融资产时做出承诺，当已转移的金融资产将来发生信用损失时，由银行（出售方）进行全额补偿。③附回购协议的金融资产出售，回购价固定或是原售价与合理回报之和。④附总回报互换的金融资产出售，该互换使市场风险又转回给了金融资产出售方。⑤附重大价内看跌期权的金融资产出售。银行将金融资产出售，同时与买入方签订看跌期权合约（即买入方有权将该金融资产返售给银行），但从合约条款判断，该看跌期权是一项重大价内期权（即期权合约的条款设计，使得金融资产的买方很可能会到期行权）。

▶ 2. 不符合终止确认时的计量

银行仍保留所转移金融资产所有权上几乎所有的风险和报酬的，应当继续确认所转移金融资产整体，并将收到的对价确认为一项金融负债。

该金融资产与确认的相关金融负债不得相互抵消。在随后的会计期间，银行应当继续确认该金融资产产生的收入和该金融负债产生的费用。所转移的金融资产以摊余成本计量的，确认的相关负债不得指定为以公允价值计量且其变动计入当期损益的金融负债。

（四）继续涉入条件下的金融资产转移

银行既没有转移也没有保留金融资产所有权上几乎所有的风险和报酬，但未放弃对该金融资产控制的，应当按照其继续涉入所转移金融资产的程度确认有关金融资产，并相应确认有关负债。继续涉入所转移金融资产的程度是指该金融资产价值变动使企业面临的风险水平。在这种情况下，这种转移实际上反映了银行对所转移金融资产风险和报酬的风险敞口，这一风险敞口并不与资产整体有关，而是限制为一定的金额，即企业对被转移资产继续涉入的程度。

继续涉入的方式主要有具有追索权、享有继续服务权、签订回购协议、签发或持有期权，以及提供担保等。有时，银行仅继续涉入所转移金融资产的一部分，例如，保留一项买入期权，以回购所转移金融资产的某一部分；保留所转移金融资产上的一项剩余权益，该剩余权益使企业仅保留了所转移金融资产所有权上的部分重大风险和报酬。此时，银行应当按照其继续涉入所转移金融资产的部分确认有关金融资产，并相应确认有关负债。

金融资产的转移与确认如表 6-10 所示。

表 6-10 金融资产的转移与确认

情　形		确　认
已转移金融资产所有权上几乎所有的风险和报酬		终止确认该金融资产（确认新资产/负债）
既没有转移也没有保留金融资产所有权上几乎所有的风险和报酬	放弃了对金融资产的控制	
	未放弃对金融资产的控制	按照继续涉入所转移金融资产的程度确认有关资产和负债及任何保留权益
保留了金融资产所有权上几乎所有的风险和报酬		继续确认该金融资产，并将收益确认为负债

【例 6-8】甲银行与资产管理公司签订一笔贷款转让协议，由甲银行将其本金为 1 000 万元、年利率为 10%、贷款期限为 6 年的组合贷款出售给资产管理公司，售价为 1 000 万元。双方约定，由甲银行为该笔贷款提供担保，担保金额为 300 万元，实际贷款损失超过担保金额的部分由资产管理公司承担。转移日，该笔贷款（包括担保）的公允价值为 1 000 万元，其中，担保的公允价值为 100 万元。甲银行没有保留对该笔贷款的管理服务权。甲银行由于既没有转移，也没有保留该笔组合贷款所有权上几乎所有的风险和报酬，而且因为贷款没有活跃的市场，资产管理公司不具备出售该笔贷款的"实际能力"，导致甲银行也未放弃对该笔贷款的控制，所以，应当按照继续涉入该笔贷款的程度确认有关资产和负债。由于转移日该笔贷款的账面价值为 1 000 万元，提供的财务担保金额为 300 万元，甲银行应当按照 300 万元确认继续涉入形成的资产。由于财务担保合同的公允价值为 100 万元，所以甲银行确认继续涉入形成的负债金额为 400（300＋100）万元。

金融资产转移损益＝转移收到的价款＋继续涉入资产－所转移金融资产账面价值－继续涉入负债＝1000＋300－1000－400＝－100（万元）

转移日，甲银行的会计分录如下：

借：存放中央银行款项		10 000 000
继续涉入资产		3 000 000
营业外支出——其他营业外支出		1 000 000
贷：长期贷款		10 000 000
继续涉入负债		4 000 000

┃ 本章小结 ┃

　　银行的投资业务主要是金融资产的投资。金融工具是指形成一个银行的金融资产，并形成其他单位的金融负债或权益工具的合同。金融工具包括金融资产、金融负债和权益工具。金融资产具体分为以公允价值计量其变动计入当期损益、持有至到期投资、贷款和应收款项，以及可供出售金融资产四类。四类金融资产的核算总结如表 6-11 所示。

表 6-11　四类金融资产的核算总结

类　　别	初 始 计 量	后 续 计 量
以公允价值计量且其变动计入当期损益的金融资产	应当按照取得时的公允价值作为初始确认金额，相关的交易费用在发生时计入当期损益（"投资收益"科目）	资产负债表日，企业应将以公允价值计量且其变动计入当期损益的金融资产的公允价值变动计入当期损益（"公允价值变动损益"科目）
持有至到期投资	应当按取得时的公允价值和相关交易费用之和作为初始确认金额。支付的价款中包含的已到付息期但尚未领取的债券利息，应单独确认为应收项目	应当按照摊余成本和实际利率计算确认利息收入，计入投资收益
贷款和应收款项		
可供出售金融资产		可供出售金融资产持有期间取得的利息或现金股利，应当计入投资收益。资产负债表日，可供出售金融资产应当以公允价值计量，且公允价值变动计入资本公积（其他资本公积）

　　银行应当在资产负债表日对以公允价值计量且其变动计入当期损益的金融资产以外的金融资产的账面价值进行检查，有客观证据表明该金融资产发生减值的，应当确认减值损失，计提减值准备。银行金融资产转移包括两种情形：一是将收取金融资产现金流量的权利转移给另一方，如将未到期票据向银行贴现；二是将金融资产转移给另一方，但保留收取金融资产现金流量的权利并承担将收取的现金流量支付给最终收款方的义务。

本章习题

第七章
支付结算业务

学习目标

1. 了解支付结算的概念、种类、原则和纪律。
2. 了解票据的概念、种类和票据结算的基本规定。
3. 掌握银行汇票、银行承兑汇票、银行本票、转账支票等的核算手续。
4. 了解各种结算方式的概念和基本规定，掌握汇兑、委托收款结算方式的核算手续。

第一节　支付结算业务概述

支付结算活动是指一个国家或地区对伴随经济活动而产生的交易者之间、金融机构之间的货币债权债务关系进行清偿的行为，是由提供支付服务的中介机构、管理货币转移的规则、实现支付指令传送及资金清算的专业技术手段共同组成的，用于实现债权债务清偿及资金转移的制度性安排。

支付结算体系主要包括支付工具、支付系统、支付服务组织和相关的法规制度等。目前，我国的支付结算体系形成了较为完整的结构，主要包括：①反映全社会经济活动资金支付清算全过程的银行账户管理体系；②以票据为主体，以银行卡、互联网、手机等电子支付工具为发展方向，满足不同经济活动需求的支付清算工具体系；③以中国人民银行现代化支付系统为核心，银行业金融机构行内支付系统为基础，票据交换系统、银行卡支付系统为重要组成部分的多元化、多层次的支付清算网络体系；④支付清算管理体系等。

一、支付结算的概念

支付结算是指单位、个人在社会经济活动中使用票据、银行卡和汇兑、托收承付、委托收款等结算方式进行货币给付及资金清算的行为。银行、单位和个人（含个体工商户）是办理支付结算的主体。其中，银行是支付结算和资金清算的中介机构。银行通过办理这些业务，一方面向当事人收取手续费，作为银行的收益；另一方面通过资金划拨实现整个社会的资金周转。

支付结算类业务是指由商业银行为客户办理因债权债务关系而引起的与货币支付、资金划拨有关的收费业务，是商业银行的重要中间业务、商业银行服务客户的重要渠道、商业银行会计日常核算的重要内容，以及实现商品交易和资金转移的重要手段。单位存款的存入与支取也多是通过支付结算实现的。支付结算涉及各方当事人的权利义务关系，所以依法、合规、安全、及时、准确地办理支付结算业务是商业银行提高核心竞争力的重要一环。

二、支付结算的种类

▶ 1. 按照支付方式划分

按照支付方式划分，支付结算可分为现金结算和转账结算。现金结算是收付款双方直接使用现金收付款项的货币收付行为，是结清债权债务关系的最原始形式。转账结算是指通过银行将款项从付款人存款账户划转到收款人存款账户的货币收付行为。

▶ 2. 按照支付工具划分

按照支付工具划分，支付结算可分为票据结算和非票据结算。票据结算包括银行汇票、商业汇票、银行本票和支票。非票据结算包括汇兑、委托收款、托收承付、银行卡和信用证结算等。

票据是出票人签发的承诺自己或委托他人在见票时无条件支付确定的金额给收款人或持票人的有价证券。票据按照必须记载事项分为汇票、本票和支票。票据的基本当事人有出票人、付款人和收款人，基本当事人缺一则票据无效；非基本当事人主要有持票人、背书人、承兑人、保证人。票据的主债务人是票据付款人。

随着商品经济和货币信用的不断发展，非现金支付工具在现代经济发展中的作用越来越重要，已经成为商品经济活动中实现货币所有权转移的重要载体。非现金支付工具作为支付体系的重要组成部分，适应了经济行为人安全、有效转移资金的需要，是成功的市场经济基础设施的重要组成部分。在中国人民银行的大力组织和推动下，我国已经形成了以"三票一卡一证"（汇票、本票、支票、银行卡、信用证）为主体，汇兑、委托收款、定期借记、直接贷记、网上支付等多种结算方式为补充的非现金支付工具体系。

此外，支付结算还可分为传统支付与电子支付。电子支付是指单位、个人直接或授权他人通过电子终端发出支付指令，实现货币支付与资金转移的行为。按照电子支付指令的发起方式，可将电子支付分为网上支付、电话支付、移动支付、销售点终端交易、自动柜员机交易和其他电子支付等。

三、支付结算的原则

支付结算原则是参与结算的收付双方和承办结算业务的银行在组织结算时都要遵守的基本准则，是确保支付结算活动顺利进行的前提条件和重要保证。

▶ 1. 恪守信用，履约付款

这一原则要求参与支付结算的各方当事人都必须诚实守信，严格履行各自的职责义务。办理支付结算的当事人之间办理支付结算时，应按照事先的约定或承诺，严格遵守信用，行使各自的权利，严格履行各自的职责和义务。票据权利人必须在票据权利时限内，主张自己的权利；票据债务人必须依法承担票据义务，按照约定的付款金额和付款期限进行支付。交易双方的开户银行也要按照有关规定，认真履行结算中介机构的责任，准确、及时、安全地为广大客户办理支付结算业务，这是规范支付结算行为、保障支付结算活动中当事人的合法权益和维护结算秩序的重要保证。

▶ 2. 谁的钱进谁的账，由谁支配

这一原则要求银行在办理支付结算时，谁的款就进谁的账，保证存款人对存款的所有权和使用权，由其自主支配，并为其保密。银行在办理支付结算时，必须尊重资金所有者的资金所有权和支配权，切实做到"谁的钱进谁的账，由谁支配"的原则，保证把收款人应收的款项及时、准确、无误地划入收款人账户；银行从存款人账户中支付款项时，要根据存款人的意愿和委托办理。至于结算双方的交易纠纷，应由其自行解决，或通过仲裁机关、人民法院裁定。除国家法律另有规定外，银行不得随便代任何单位和个人查询、冻结、扣划任何款项，也不得任意停止或拒绝客户的正常支付。未经客户的委托和同意，不得接受任何单位和个人或银行自身对其资金的干预和侵犯。这条原则既保护了客户的合法权益，又加强了银行办理支付结算的责任，而且也是银行的信誉所在。

▶ 3. 银行不垫款

这一原则表明银行是支付结算的中介人，在办理支付结算过程中，只负责把款项从付款人账户划转到收款人账户，而不承担垫付任何款项的责任。当付款人存款不够支付时，银行即终止划款，不能垫款。银行不垫款的原则由来已久，这是由支付结算的性质和任务决定的。这条原则不仅保护了银行对其资金的所有权和支配权，而且促使单位和个人必须对其债务负责，而不得将自己的债务风险转嫁给银行。

四、支付结算的纪律

为了规范支付结算行为，保障支付结算当事人的合法权益不受侵犯，在办理支付结算的过程中，必须认真贯彻执行《中华人民共和国票据法》《票据实施管理办法》《支付结算办法》《支付结算业务代理办法》《人民币银行结算账户管理办法》《人民币银行结算账户管理办法实施细则》《银行卡业务管理办法》和《国内信用证结算办法》等法律法规。

▶ 1. 单位、个人应遵守的结算纪律

（1）不准违反规定开立和使用账户。

（2）不准签发没有资金保证的票据，套取银行信用，如空头支票、远期支票。

（3）不准签发、取得、转让没有真实交易和债权债务的票据，套取银行与他人资金。

（4）不准无理拒绝付款，任意占用他人资金。

▶ 2. 银行应遵守的结算纪律

（1）不准以任何理由压票、任意退票、截留挪用客户和他行资金。

（2）不准无理拒绝支付应由银行支付的票据款项。

（3）不准受理无理拒付、不扣少扣滞纳金。

（4）不准违章签发、承兑、贴现票据，套取银行资金。

（5）不准签发空头银行汇票、空头银行本票和办理空头汇款。

（6）不准在支付结算制度之外规定附加条件、影响汇路畅通。

（7）不准违反规定为单位和个人开立和使用账户。

（8）不准拒绝受理、代理他行正常结算业务。

（9）不准放弃对企事业单位和个人违反结算纪律的制裁。

（10）不准逃避向中国人民银行转汇大额汇划款项。

五、支付结算的管理体制

目前，我国的支付结算实行集中统一和分级管理相结合的管理体制。中国人民银行总行负责制定统一的支付结算制度，组织、协调、管理、监督全国的支付结算工作，调解、处理银行之间的支付结算纠纷。中国人民银行分行根据统一的支付结算制度制定实施细则，报中国人民银行总行备案；可以根据需要制定单项支付结算办法，报中国人民银行总行批准后执行。中国人民银行分、支行负责组织、协调、管理、监督本辖区的支付结算工作，调解、处理辖区内银行之间的支付结算纠纷。

政策性银行、各商业银行总行可以根据统一的支付结算制度，结合本行的实际情况，制定具体管理实施办法，经中国人民银行总行批准后执行。政策性银行、各商业银行总行负责组织、管理、协调本行内部的支付结算工作，调解、处理本行内部分支机构之间的支付结算纠纷。

六、支付结算业务的基本规定

（1）支付结算是指单位、个人在社会经济活动中使用票据和其他结算方式进行货币给付及其资金清算的行为。支付结算方式主要包括票据和其他结算方式，其中，票据指汇票（银行汇票、商业汇票）、银行本票和支票，其他结算方式指信用卡、汇兑、托收承付、委托收款、国内信用证等。

（2）票据和结算凭证是办理支付结算的工具。单位、个人办理支付结算业务，必须使用中国人民银行统一规定印制的票据凭证和结算凭证。未使用中国人民银行统一规定印制的票据，票据无效；未使用中国人民银行及各银行统一规定格式的结算凭证，银行不予受理。

（3）单位、个人签发票据、填写结算凭证，应按照《票据法》《票据管理实施办法》及《支付结算办法》的有关规定记载，单位的名称应当记载全称或者规范化简称。

（4）票据和结算凭证上的签章应为签名、盖章或者签名加盖章。单位在票据和结算凭证上的签章为该单位的公章或财务专用章加其法定代表人或其授权的代理人的签名或盖章。个人在票据和结算凭证上的签章应为个人本名的签名或盖章，如为个人支票的，还应当记载支付密码。

① 银行汇票的出票人在票据上的签章，应为经中国人民银行批准使用的银行汇票专用章加其法定代表人或其授权经办人的签名或盖章。

② 办理银行承兑汇票、商业汇票转贴现、再贴现时的签章，应为经中国人民银行批准使用的银行汇票专用章加其法定代表人或其授权经办人的签名或盖章。

③ 银行本票的出票人在票据上的签章，应为经中国人民银行批准使用的银行本票专用章加其法定代表人或其授权经办人的签名或盖章。

④ 商业汇票贴现、转贴现、再贴现到期收款行的签章，应为贴现、转贴现、再贴现行的结算专用章加其法定代表人或其授权经办人的签名或盖章。

⑤ 支票的出票人和商业承兑汇票的承兑人在票据上的签章，应为其预留银行的签章。

（5）票据和结算凭证上的金额、出票或签发日期、收款人名称不得更改，更改的票据无效。对于票据和结算凭证上的其他记载事项，原记载人可以更改，由原记载人在更改处签章证明。

（6）票据和结算凭证上的金额以中文大写和阿拉伯数字同时记载的，两者必须一致，两者不一致的票据无效。少数民族地区和外国驻华使领馆根据实际需要，金额大写可以使用少数民族文字或者外国文字记载。

（7）票据和结算凭证上的签章和其他记载事项应当真实，不得伪造、变造。票据上有伪造、变造签章的，不影响票据上其他当事人真实签章的效力。

伪造是指无权限人假冒他人或虚构人名义签章的行为。签章的变造属于伪造。

变造是指无权更改票据内容的人，对票据上签章以外的记载事项加以改变的行为。

（8）办理支付结算需要交验的个人有效身份证件是指居民身份证、军官证、警官证、文职干部证、士兵证、户口簿、护照、港澳台同胞回乡证等符合法律、行政法规及国家有关规定的身份证件。对客户提交的能通过联网核查公民身份信息系统进行核查的有效身份证件，应通过联网核查公民身份信息系统核验其身份的真实性。

（9）票据的背书及转让。

① 背书是指在票据背面或粘单上记载有关事项并签章的票据行为。票据的背书人应当在票据背面的背书栏依次背书。背书栏不敷背书的，可以使用统一格式的粘单，粘附于票据凭证上规定的粘接处。粘单上的第一记载人，应当在票据和粘单的粘接处签章。注明"现金"字样的银行汇票、银行本票、用于支取现金的支票不得背书转让。

② 票据背书转让时，由背书人在票据背面签章、记载被背书人名称和背书日期。背书日期对应记载事项，背书未记载日期的，视为在票据到期日前背书。

③ 持票人委托银行收款或以票据质押的，除按规定记载背书外，还应在背书人栏记载"委托收款"或"质押"字样。在票据融资业务时，通常要在票据上作成卖出回购背书和回购到期背书。

④ 票据出票人在票据正面记载"不得转让"字样的票据不得转让，其直接后手再背书转让的，出票人对其直接后手的被背书人不承担保证责任。对被背书人提示付款或委托收款的票据，银行不予受理。

⑤ 票据背书人在票据背面背书人栏记载"不得转让"字样的，其后手再背书转让的，记载"不得转让"字样的背书人对其后手的被背书人不承担保证责任。

⑥ 票据被拒绝承兑、拒绝付款或者超过付款提示期限的，不得背书转让。背书转让的，背书人应当承担票据责任。

⑦ 背书应当是单纯的，不得附有条件，附有条件的背书条件无效。以背书转让的票据，背书应当连续。持票人以背书的连续证明其票据权利。背书连续是指票据第一次背书转让的背书人是票据上记载的收款人，前次背书转让的被背书人是后一次背书转让的背书人，依次前后衔接，最后一次背书转让的被背书人是票据的最后持票人。背书连续的法律效力，一是能实现票据的转移，二是背书连续能证明持票人是合法持票人，三是背书人要承担保证其后手获得票款的责任。

⑧ 依法背书转让的票据，任何单位和个人不得冻结票据款项，但是法律另有规定的除外。

（10）票据的挂失。

① 已承兑的商业汇票、支票、银行本票、注明"现金"字样和代理付款人的银行汇票的丧失，可以由失票人通知付款人或者代理付款人挂失止付。

② 未注明"现金"字样和代理付款人的银行汇票不得挂失止付，但可公示催告，对于法院依法送达的此类止付通知，各行无正当理由不得拒绝签收，也不得擅自解付，以防止引发相应的法律纠纷和法律责任。

③ 允许挂失止付的票据丧失，失票人需要挂失止付的，应填写挂失止付通知书并签章。挂失止付通知书应记载以下事项：票据丧失的时间、地点、原因；票据种类、号码、金额、出票日期；付款日期、付款人名称、收款人名称；挂失止付人的姓名、营业场所或住所及联系方法。欠缺上述记载事项之一的，银行不予受理。

④ 付款人或代理付款人收到挂失止付通知书后查明挂失票据确未付款时，应立即暂停支付。付款人或代理付款人自收到挂失止付通知书之日起 12 日内没有收到人民法院的止付通知书的，自第 13 日起，持票人提示付款并依法向持票人付款的，不再承担责任。

⑤ 付款人或者代理付款人在收到挂失止付通知书之前，已经向持票人付款的，不再承担责任。但是，付款人或者代理付款人以恶意或者重大过失付款的除外。

⑥ 公示催告和挂失止付同属法律规定的失票救济措施，两者的不同在于：公示催告是持票人在票据丧失后采取的司法救济措施，属于司法程序。银行应依据相关法律规定，妥善处理两者的关系。

（11）银行依法为单位、个人在银行开立的基本存款账户、一般存款账户、专用存款账户和临时存款账户的存款保密，维护其资金的自主支配权。对单位、个人在银行开立上述存款账户的存款，除国家法律、行政法规另有规定外，银行不得为其他任何单位或者个人提供查询服务；除国家法律另有规定外，银行不得代任何单位或者个人冻结、扣款，不得停止单位、个人存款的正常支付。

（12）办理支付结算应准确、及时、安全，并做到恪守信用，履约付款；谁的钱进谁的账，由谁支配；银行不垫款。

（13）支付结算代理是指金融机构间通过签订代理协议，由一方委托另一方办理其支付结算业务的行为。支付结算代理业务的种类和范围由总行相关部门与运行管理部门共同研究确定。下级机构需要增加代理业务种类必须逐级报总行审批；增加代理范围由一级（直属）分行运行管理部门审批。

第二节 银行汇票

一、银行汇票的概念

银行汇票是出票行签发的，由其在见票时按照实际结算金额无条件支付给收款人或者持票人的票据。银行汇票的出票银行为银行汇票的付款人。银行汇票一式四联：第一联卡片，第二联汇票，第三联解讫通知，第四联多余款收账通知。银行汇票的出票金额与实际结算金额可能不相符，此时，应满足以下公式：

$$出票金额－实际结算金额＝多余款$$

二、银行汇票的基本规定

（1）单位和个人的各种款项结算均可使用银行汇票。银行汇票可以用于转账，注明"现金"字样的银行汇票可以用于支取现金。

（2）企业单位不得使用现金银行汇票，银行不得为企业单位签发和解付现金银行汇票。签发现金银行汇票的，申请人和收款人必须均为个人，并交存现金。

（3）银行汇票必须记载以下事项：表明"银行汇票"字样、无条件支付的承诺、出票金额、收付款人名称、出票日期及出票人签章。欠缺记载上列事项之一的银行汇票无效。

（4）银行汇票的代理付款人是代理本系统出票行或跨系统签约银行审核支付汇票款项的银行。代理付款人不得受理未在本行开立存款账户的持票人为单位直接提交的银行汇票。跨系统银行签发的转账银行汇票的付款，应通过同城票据交换将银行汇票和解讫通知提交给同城的有关银行审核支付后抵用。

（5）收款人可以将银行汇票背书转让给被背书人。银行汇票的背书转让以不超过出票金额的实际结算金额为准。未填明实际结算金额和多余金额，或实际结算金额超过出票金额的银行汇票不得背书转让。

（6）持票人向银行提示付款时，必须同时提交银行汇票和解讫通知，缺少任何一联，银行不予受理；申请人缺少解讫通知联要求退款的，出票行应在汇票提示付款期满一个月后按规定办理。

（7）银行汇票的提示付款期限自出票日起 1 个月。持票人超过付款期限提示付款的，代理付款行不予受理。银行汇票的权利时效期为自出票日起 2 年，持票人应当在自出票日起的 2 年内行使票据权利。

（8）收款人提示付款时，未填明实际结算金额和多余金额或实际结算金额超过出票金额的，银行不予受理。银行汇票实际结算金额不得更改，更改实际结算金额的银行汇票，银行不予受理。

（9）持票人向开户银行提示付款时，应在汇票背面"持票人向银行提示付款签章"处签章，签章必须与预留银行印鉴相符。未在银行开立存款账户的个人持票人，可向选择的任何一家银行机构提示付款，提示付款时应在汇票背面"持票人向银行提示付款签章"处签章，填明本人的身份证件名称、号码、发证机关，并要求其提交身份证件和复印件。

（10）持票人对注明"现金"字样的银行汇票，需要委托他人向银行提示付款的，应在银行汇票背面背书栏签章，记载"委托收款"字样、被委托人姓名和背书日期，以及委托人的身份证件名称、号码、发证机关。被委托人向银行提示付款时，也应在银行汇票背面"持票人向银行提示付款签章"处签章，记载身份证件名称、号码、发证机关，银行应校验委托人和被委托人身份证件，并留存委托人和被委托人身份证件复印件备查。

三、银行汇票的核算

银行汇票的核算可以分为出票、付款、结清三个环节。

（一）出票行签发银行汇票

▶ 1. 申请人提交银行汇票申请书

申请人需要使用银行汇票时，应填写一式三联银行汇票申请书：第一联申请人留存；第二联出票行作为借方传票；第三联出票行作为汇出汇款贷方传票。可以填写备注"不得转让"。申请人在第二联加盖预留印鉴，将第二、三联提交给银行。交存现金办理汇票的，大写金额前注明"现金"字样，第二联作为附件。

▶ 2. 出票行受理申请书

出票行受理申请人提交的申请书第二、三联时，应认真审查：①申请书所填要素是否齐全、正确、清晰，联次是否完整，各联次要素是否一致，业务类型是否注明"银行汇票"；②办理现金银行汇票，是否在大写金额前注明"现金"字样，收款人和申请人是否均为个人，是否填明代理付款行名称，并交存现金；③大小写金额是否一致、正确；④申请人名称、账号是否相符，签章是否与预留银行印鉴一致；⑤存款账户是否有足额存款；⑥是否注明"不得转让"字样。

▶ **3. 账务处理**

经审查无误后，收取资金(收取手续费此处省略)，处理账务。设置"汇出汇款"科目，为负债类，核算金融企业接受企事业单位或个人的委托汇往外地的款项，应按汇款单位或个人设置明细账。签发时借记有关科目，贷记本科目；汇入行将款项解付，将汇票划回，结清时借记本科目，贷记有关科目，期末余额在贷方。业务较多的银行本科目余额较大，相对较稳定，但不得用于贷款、投资等，且不支付利息。

(1) 转账交付的，以申请书第二联作为借方传票，第三联作为贷方传票，会计分录如下：

借：单位活期存款——申请人户

　　贷：汇出汇款

同时，登记汇出汇款登记簿。

(2) 现金交付的，以申请书第二联作为附件，第三联代现金收入传票，登记现金收入日记簿。会计分录如下：

借：现金——库存现金

　　贷：汇出汇款

同时，登记汇出汇款登记簿。

▶ **4. 签发银行汇票**

出票行在办好转账或收妥现金后，签发银行汇票。

(1) 手写或用打印机一次套打四联凭证。

(2) 出票日期、出票金额必须大写；现金银行汇票的出票金额栏先写"现金"两字再填大写金额，并填写本系统的"代理付款行"名称；签发转账银行汇票，不得填写代理付款人名称；申请书注明"不得转让"的应在备注栏注明。出票小写金额可使用压数机压印(近年来已逐渐取消使用压数机具)、计算机打印或手工记载在实际结算金额栏的小写金额上端。

(3) 汇票经审核无误后，在汇票第一联上加盖经办人、复核员名章，逐笔登记汇出汇款账并注明汇票号码后，连同第四联一并专夹保管。在汇票第二联上加盖汇票专用章并由授权的经办人签章，加编密押，然后连同汇票第三联解讫通知一并交申请人自带使用。

(二) 代理付款行付款

银行汇票是以纸质汇票形式发出的。汇票解付后，出票行与代理付款行之间的资金清算是通过各商业银行行内电子汇兑系统处理的。此处以直接参加电子汇划系统的异地汇票解付为例。

▶ **1. 持票人(收款人)在代理付款行开户**

(1) 持票人(收款人)提示付款。在银行开立存款账户的持票人(收款人)向开户银行提示付款时，按实际结算金额填写一式三联进账单，在汇票上填写实际结算金额及多余款金额，应在汇票背面"持票人向银行提示付款签章"处签章，签章须与预留银行印鉴相同，并将银行汇票第二联和第三联解讫通知、进账单送交开户银行。未在银行开立存款账户的个人持票人，应同时提交本人身份证件，并在"持票人向银行提示付款签章"处填明本人身份证件名称、号码及发证机关，留存身份证件复印件。

(2) 代理付款行审查。代理付款行接到在本行开户的持票人直接交来的汇票、解讫通知和三联进账单，应着重审查汇票的真实性、正确性、及时性，审查的具体内容包括：

①汇票和解讫通知是否齐全，内容是否一致，汇票是否真实，是否超过提示付款期限；②是否是本行受理的银行汇票，填明的持票人是否在本行开户，持票人名称是否为该持票人，与进账单上的名称是否相符，现金银行汇票上记载的代理付款行是否为本行；③汇票必须记载的事项是否齐全，出票金额、实际结算金额、出票日期、收款人名称是否做过更改，其他记载事项的更改是否由原记载人签章证明；④使用密押的，密押是否正确；⑤汇票的出票金额大小写是否一致；⑥出票行的签章是否符合规定，加盖的汇票专用章是否清晰、与印模是否相符，汇票专用章上的现代化支付系统行号与汇票出票行行号栏的现代化支付系统行号是否一致；⑦汇票的实际结算金额大小写是否一致，是否在出票金额以内，与进账单所填金额是否一致，多余金额结计是否正确，如果全额进账，必须在汇票和解讫通知的实际结算金额栏内填入全部金额并在多余金额栏填写"—0—"；⑧持票人是否在汇票背面"持票人向银行提示付款签章"处签章，其签章与进账单上的收款人和预留银行印鉴是否相符；⑨背书转让的汇票是否按规定的范围转让，其背书是否连续，签章是否符合规定，背书使用粘单的是否按规定在粘接处签章；⑩填明"现金"字样和记载"不得转让"字样的汇票是否转让。

（3）转账划款。审查无误后，出票行为本系统银行的，代理付款行直接为持票人进账。以进账单第二联作为贷方传票，打印借方传票（汇票第二联作为借方传票附件）为持票人进账，并按照有关规定妥善保存相关凭证。会计分录如下：

借：待清算辖内往来
　　贷：单位活期存款——持票人户

第一联进账单加盖受理凭证专用章和柜员名章作为受理证明退持票人，第三联进账单加盖转讫章和柜员名章作为收账通知交给持票人。

通过资金汇划清算系统，将已解付银行汇票的借报数据信息传送到出票行。手工核算模式下，代理付款行编制联行借方报单附加盖转讫章的汇票第三联解讫通知邮寄给出票行。现在的系统自动将已解付银行汇票的借报数据信息传送至出票行，出票行相当于收到联行借方报单及汇票第三联。

（4）代理付款行对审查有误的银行汇票应拒绝受理，并向持票人出具拒绝受理通知书。出票银行拒绝付款的，由代理付款行根据出票银行的拒绝付款回执代为向持票人出具退票理由书。

代理付款行应将银行汇票凭证连同拒绝受理通知书或退票理由书一并退交持票人。

▶ **2. 持票人（收款人）未在代理付款行开户**

（1）审查并验证。未在银行开立存款账户的个人持票人，可以向选择的任何一家银行机构提示付款。提示付款时，除在汇票背面"持票人向银行提示付款签章"处签章外，还应填明本人身份证件名称、号码及发证机关。

代理付款行接到未在本行开户的持票人（个人）交来汇票第二联和第三联解讫通知及三联进账单时，应认真审查，审查内容参照前述"持票人在代理付款行开户"的审查内容，无误后，验明持票人身份证件，将复印件留存。

（2）将票款转入"应解汇款及临时存款"科目。办理留行待取汇款的，未在银行开立银行结算账户的收款人提取汇款前，银行在应解汇款科目下设立收款人户过渡暂收款项。在应解汇款科目下以持票人姓名开立临时存款账户，并在该分户账上填明汇票号码以备查考，第二联进账单作为贷方传票，打印借方传票，办理转账。会计分录如下：

借：待清算辖内往来

贷：应解汇款及临时存款——持票人户

"应解汇款及临时存款"科目下核算的资金均属于待划转的临时性过渡资金，用于核算此类资金的分户不属于银行结算账户，仅仅是为了方便未在本行开立银行结算账户的单位和个人的款项划转。进行过渡性会计账务核算的内部会计核算账户，与存款人因结算需要主动到银行申请开立的临时存款账户具有本质区别。该科目下设立的账户只付不收，付完清户，不计付利息。

通过资金汇划清算系统，将已解付银行汇票的借报数据信息传送到出票行。

（3）原持票人需要一次或分次办理转账支付的，应由其填制支款凭证，并向银行交验本人的身份证件，会计分录如下：

借：应解汇款及临时存款——原持票人户

　贷：××科目

（4）原持票人需要支取现金的，代理付款行经审查汇票上填写的申请人和收款人确为个人并按规定填明"现金"字样，以及填写的代理付款行名称确为本行的，可办理现金支付；未填明"现金"字样，需要支取现金的，由代理付款行按照现金管理规定审查支付，另填制一联现金付出传票。会计分录如下：

借：应解汇款及临时存款——原持票人户

　贷：现金——库存现金

▶ 3. 兑付跨系统银行汇票

为扩大票据的使用，增强中小金融机构的结算功能，畅通汇路，中国人民银行规定部分因分支机构少，兑付汇票难的中小金融机构可以实行代理制。代理兑付他行银行汇票，应严格执行"收妥抵用"制度。

（1）持票人开户行的处理。银行接到本行开立账户的持票人交来的跨系统银行签发的银行汇票、解讫通知及三联进账单时，应认真审查。经审查无误后，通过同城票据交换将汇票和解讫通知提交给同城有关的代理付款行审核支付后抵用，提出交换。会计分录如下：

借：清算资金往来

　贷：其他应付款——待抵用票据款项

超过退票时间未收到退票时，会计分录如下：

借：其他应付款——待抵用票据款项

　贷：单位活期存款——持票人户

（2）代理付款行的处理。出票行系统内有关的代理付款行收到通过票据交换提入的汇票和解讫通知时，认真审查。审查无误，支付票款。会计分录如下：

借：单位活期存款——出票人户

　贷：清算资金往来

通过资金汇划清算系统，将已解付银行汇票的借报数据信息传送到系统内出票行。

（三）出票行结清银行汇票

出票行接到代理付款行通过资金汇划系统划回的已解付银行汇票借报数据信息后，打印出借方补充报单和收报清单，经核对确属本行出票，借报数据信息与实际结算金额相符，多余金额结计正确无误后，抽出原专夹保管的汇票第一、四联，根据不同情况分别进行处理。

▶ 1. 汇票全额付款的

在汇票第一、四联的实际结算金额栏填入全部出票金额，在汇票第四联多余款收账通知的多余金额栏填写"—0—"以示结平。汇票第一联卡片作为借方传票(第三联解讫通知和第四联多余款收账通知作为借方传票的附件),打印的借方补充报单一联作为贷方传票,办理转账,会计分录如下:

借:汇出汇款

贷:待清算辖内往来

同时,销记"汇出汇款登记簿"。

▶ **2. 汇票有多余款的**

在汇票第一、四联的实际结算金额栏填入实际结算金额,在汇票第四联多余款收账通知的多余金额栏填写多余款金额,根据不同情况分别进行处理。

(1)申请人在本行开户。汇票第一联卡片作为借方传票,打印的借方补充报单一联作为贷方传票、一联作为多余款贷方传票,进行账务处理,会计分录如下:

借:汇出汇款　　　　　　　　　　　　　　　　　　　　(出票金额)

贷:待清算辖内往来　　　　　　　　　　　　　　　　　(实际结算金额)

单位活期存款——申请人户　　　　　　　　　　　　(多余金额)

同时,销记"汇出汇款登记簿"。汇票第四联多余款收账通知加盖转讫章及柜员名章,交申请人。

(2)申请人未在本行开户。将多余金额先转入其他应付款科目,并通知申请人。同时销记"汇出汇款登记簿",会计分录如下:

借:汇出汇款　　　　　　　　　　　　　　　　　　　　(出票金额)

贷:待清算辖内往来　　　　　　　　　　　　　　　　　(实际结算金额)

其他应付款——申请人户　　　　　　　　　　　　　(多余金额)

申请人持汇票申请书第一联存根及本人身份证件来行办理领取手续时,填制其他应付款科目现金付出传票,汇票第四联作为多余款收账通知,会计分录如下:

借:其他应付款——申请人户

贷:现金——库存现金

(四)银行汇票退款

▶ **1. 申请人退款**

申请人由于汇票超过付款期限或其他原因要求退款时,应将银行汇票和解讫通知同时提交到出票银行,并按照支付结算办法的规定提交证明或身份证件。

(1)申请人在本行开户。出票行经与原专夹保管的汇票第一联卡片核对无误后,即在汇票和解讫通知的实际结算金额大写栏填写"未用退回"字样,汇票第一联卡片作为借方凭证,第二联作为附件,解讫通知作为贷方凭证(如系退付现金,则作为借方凭证的附件)办理转账。会计分录如下:

借:汇出汇款

贷:单位活期存款——申请人户

或

贷:现金——库存现金

同时,销记"汇出汇款登记簿"。汇票第四联多余款收账通知的多余金额栏填原出票金额,并加盖转讫章作为收账通知交申请人。

(2)申请人未在本行开户。会计分录如下:

借:汇出汇款

  贷：其他应付款——申请人户

▶ **2. 逾期付款（超过付款期限付款）**

如果收款人或持票人在规定的提示付款期限内提示付款的，付款人必须于见票日时足额支付票款。持票人超过付款期限不获付款的，可在票据权利时效内请求付款时，向出票行说明原因，并提交汇票和解讫通知。持票人为个人的，还应交验本人身份证件。出票行经与原专夹保管的汇票卡片核对无误，多余金额结计正确无误，即在汇票和解讫通知的备注栏填写"逾期付款"字样，办理付款手续，并一律通过"应解汇款及临时存款"科目核算，根据不同情况分别进行处理。

（1）汇票全额付款，应在汇票卡片的实际结算金额栏填入全部金额，在多余款收账通知的多余金额栏填写"—0—"，汇票卡片作为借方凭证，解讫通知作为贷方凭证，多余款收账通知作为贷方凭证附件。会计分录如下：

  借：汇出汇款
    贷：应解汇款及临时存款——持票人户

同时，销记"汇出汇款登记簿"，由持票人填写信（电）汇凭证或银行汇票申请书并签章，委托银行办理汇款或签发银行汇票。

  借：应解汇款及临时存款——持票人户
    贷：××科目

（2）汇票有多余款的，应在汇票卡片和多余款收账通知上填写实际结算金额，汇票卡片作为借方凭证，解讫通知作为多余款贷方凭证，另填制一联特种转账传票。会计分录如下：

  借：汇出汇款
    贷：应解汇款及临时存款——持票人户

或

    贷：××科目——申请人户

同时，销记"汇出汇款登记簿"。多余款收账通知多余金额栏填写多余金额加盖转讫章，通知申请人。向持票人办理付款的其余手续参照汇票全额付款的手续处理。

（3）持票人提交填明"现金"字样的银行汇票，应做如下处理：①汇票全额付款的，参照汇票全额付款的手续处理，并按照汇兑结算方式和银行汇票的规定在汇兑凭证或银行汇票上填明"现金"字样；②汇票有多余款的，应将多余金额转入其他应付款科目申请人户，及时通知申请人来行办理取款手续，其余手续参照汇票有多余款的手续处理。向持票人办理付款参照汇票金额付款的手续处理。

（五）有缺陷银行汇票的处理手续

密押错误、加盖的钢印、经办人名章及标识码残缺不清的银行汇票。应向持票人出具受理证明并说明情况，然后向出票行发出查询，收到出票行的查复后依据查复办理汇票解付。

缺少第三联解讫通知的银行汇票、钢印残缺不清的银行汇票，付款行不予受理，持票人必须回出票行办理。申请人应当备函向出票行说明短缺原因，并交回持有的汇票，出票行于提示付款期满一个月后（即自出票日起2个月后）参照退款手续办理退款。

银行汇票丧失或缺少第二联时，失票人可以凭人民法院出具的其享有票据权利的证明，向出票银行请求付款或退款。填明"现金"字样的银行汇票丧失，持票人可到原出票行或者代理付款行申请挂失，不管哪一方银行受理挂失，都要通知对方行。待挂失汇票在付款期届满一个月后，确实未支付时，凭有关证明到出票行办理退款手续。会计分录同汇票退款业务的处理。

第三节 商业汇票

一、商业汇票的概念

商业汇票是企事业单位等签发的，委托付款人在付款日期无条件支付确定金额给收款人或持票人的一种汇票。

商业汇票适用于企业单位先发货后付款或双方约定延期付款的商品交易。这种汇票经过购货单位或银行承诺付款，承兑人负有到期无条件支付票款的责任，对付款人具有较强的约束力。购销双方根据需要可以商定不超过6个月的付款期限。购货单位在资金暂时不足的情况下，可以凭承兑的汇票购买商品。销货单位急需资金时，可持承兑的汇票向银行申请贴现。销货单位也可以在汇票背面背书后转让给第三者，以支付货款。

商业汇票一般有三个当事人：出票人、付款人和收款人。商业汇票的承兑人是商业汇票的付款人，负有到期无条件支付票款的责任。

按照承兑人的不同，商业汇票可分为银行承兑汇票和商业承兑汇票。由银行承兑的汇票为银行承兑汇票，由银行以外的企事业单位等承兑的汇票为商业承兑汇票。按照形式不同，商业汇票还可分为纸质商业汇票和电子商业汇票两种（无特别说明的，均以纸质商业汇票为例）。

电子商业汇票是指出票人依托电子商业汇票系统，以数据电文形式制作的，委托付款人在指定日期无条件支付确定金额给收款人或者持票人的票据。电子商业汇票分为电子银行承兑汇票和电子商业承兑汇票。电子银行承兑汇票由银行业金融机构、财务公司（以下统称金融机构）承兑；电子商业承兑汇票由金融机构以外的法人或其他组织承兑。电子商业汇票的付款人为承兑人。

电子商业汇票系统是经中国人民银行批准建立，依托网络和计算机技术，接收、存储、发送电子商业汇票数据电文，提供电子商业汇票货币给付、资金清算行为等相关服务的业务处理平台。电子商业汇票的出票、承兑、背书、保证、提示付款和追索等业务，必须通过电子商业汇票系统办理。电子商业汇票的付款期限，最长不得超过1年。

二、商业汇票的基本规定

（1）凡是在银行开立账户的法人及其他组织之间，根据购销合同进行商品交易和清偿债权债务，均可使用商业汇票。

（2）出票人不得签发无对价的商业汇票用于骗取银行或者其他票据当事人的资金。

（3）商业承兑汇票的出票人为在银行开立存款账户的法人及其他组织，与付款人具有真实的委托付款关系，具有支付汇票金额的可靠资金来源。银行承兑汇票的出票人必须具备下列条件：①在承兑银行开立存款账户的法人及其他组织；②与承兑银行具有真实的委托付款关系；③资信状况良好，具有支付汇票金额的可靠资金来源。未在银行开户的法人及其他组织不能使用商业汇票,个人不能使用商业汇票。

(4)签发商业汇票必须记载下列事项:①注明"商业承兑汇票"或"银行承兑汇票"的字样;②无条件支付的委托;③确定的金额;④付款人名称;⑤收款人名称;⑥出票日期;⑦出票人签章。欠缺记载上述事项之一的,商业汇票无效。

(5)商业汇票的付款期限最长不得超过6个月,分为以下三种情形。

① 定日付款:定日付款的商业汇票自出票日起按日计算付款期限,在汇票上记载具体的到期日,例如,4月10日出票,9月1日到期。

② 出票后定期付款:出票后定期付款的商业汇票自出票日起按月计算付款期限,在汇票上记载具体的到期日。商业汇票可以在出票时向付款人提示承兑后使用,也可以在出票后先使用再向付款人提示承兑。

定日付款或者出票后定期付款的商业汇票,持票人应当在汇票到期日前向付款人提示承兑。

③ 见票后定期付款:见票后定期付款的商业汇票,持票人应当自出票日起1个月内向付款人提示承兑。见票指承兑人见票。见票后定期付款的汇票付款期限自承兑或拒绝承兑日起按月计算,并在汇票上记载。

汇票未按照规定期限提示承兑的,持票人丧失对其前手的追索权。商业汇票的付款人接到出票人或持票人向其提示承兑的汇票时,应当向出票人或持票人签发收到汇票的回单,记明汇票提示承兑日期并签章。付款人应当在自收到提示承兑的汇票之日起3日内承兑或者拒绝承兑。付款人拒绝承兑的,必须出具拒绝承兑的证明。

未在汇票上记载具体的到期日的视为见票即付。

(6)商业汇票的提示付款期限为自汇票到期日起10日。持票人应在提示付款期限内通过开户银行委托收款或直接向付款人提示付款。对异地委托收款的,持票人可匡算邮程,提前通过开户银行委托收款。持票人超过提示付款期限提示付款的,持票人开户银行不予受理。对于商业汇票来说,承兑人不得在票据到期日之前支付票款,即所谓期前付款。如因付款人期前付款而造成损失的,由付款人承担。

(7)符合条件的商业汇票的持票人可持未到期的商业汇票连同贴现凭证向银行申请贴现。贴现银行可持未到期的商业汇票向其他银行转贴现,也可向中国人民银行申请再贴现。

(8)商业汇票允许背书转让。已承兑的商业汇票丧失,可以由失票人通知付款人挂失止付。

(9)保证是票据债务人以外的第三人担保票据债务履行的行为。在正面应为承兑人或出票人保证,在背面应为背书人保证。

三、商业承兑汇票的核算

商业承兑汇票是由付款人或收款人签发并由银行以外的付款人承兑的商业汇票,核算手续如下。

(一)出票及承兑

使用商业承兑汇票的交易双方按约定签发商业承兑汇票,付款人出票的自己承兑,收款人出票的交付款人承兑。承兑时,承兑人应在第二联注明"承兑"字样,并加盖预留银行印鉴。该汇票一式三联,第一联由承兑人留存;第二联由承兑人承兑后交收款人留存;第三联由出票人留存。

（二）持票人开户行受理商业承兑汇票

▶ 1. 持票人提交委托收款凭证及商业承兑汇票

持票人在提示付款期内委托开户行收款时，应填制托收凭证五联，并注明"商业承兑汇票"及其汇票号码，连同汇票第二联一并送交开户行。

▶ 2. 银行审查并处理凭证

银行按规定审查凭证内容，无误后，在托收凭证各联上加盖"商业承兑汇票"戳记，第一联作为回单交持票人，第二联专夹保管并登记"发出托收结算凭证登记簿"，第三、四、五联连同商业承兑汇票一并转寄付款人开户行，付款人如在同城，则通过票据交换处理。

（三）付款人开户行收到商业承兑汇票

收到持票人开户行寄来的托收凭证第三、四、五联及汇票时，应对有关内容认真审查，确认付款人在本行开户，且承兑人在汇票上的签章与预留银行签章相符时，第三、四联托收凭证在登记"收到委托收款凭证登记簿"后专夹保管，第五联托收凭证交给付款人签收。付款人审查无误同意付款的，应当填制付款通知及时通知开户银行。

▶ 1. 付款人同意付款

付款人同意付款的，付款人开户行应按规定的划款日期办理划款。根据付款人存款账户资金足够与否，分别做出处理。

（1）付款人的存款账户有足够款项支付的，以托收凭证第三联代借方传票（汇票作为附件），另填制转账贷方传票，办理转账。会计分录如下：

借：单位活期存款——付款人户

贷：待清算辖内往来

销记"收到托收凭证登记簿"，在"收到托收凭证登记簿"上填明转账日期。

向收款人开户行发送相关贷报业务信息。

（2）付款人的存款账户不足支付的，银行在托收凭证备注栏注明"付款人无款支付"字样，并填制三联付款人未付款项通知书，将一联通知书和第三联委托收款凭证留存备查，将第二、三联通知书连同第四联托收凭证及汇票寄持票人开户行转交持票人。

▶ 2. 付款人拒绝付款

付款人拒绝付款的，在签收付款通知的次日起 3 天内，向银行提交四联拒绝付款理由书。银行在托收凭证和"收到托收凭证登记簿"备注栏注明"拒绝付款"字样，将第一联拒付理由书加盖业务公章作为回单退还付款人，将第二联拒付理由书连同第三联托收凭证一并留存备查，将第三、四联拒付理由书和第四、五联托收凭证连同汇票一并寄持票人开户行转交持票人。

（四）持票人开户行收到划回款项或收到退回凭证

▶ 1. 收到划回款项

持票人开户行收到付款人开户行发来的贷报业务信息和第四联托收凭证，应将留存的第二联托收凭证抽出同第四联托收凭证进行核对，无误后，在第二联托收凭证上填注转账日期，作为贷方传票，另填制转账借方传票，办理转账。会计分录如下：

借：待清算辖内往来

贷：单位活期存款——收款人户

转账后，将第四联托收凭证加盖转讫章作为收账通知交给收款人，并销记"发出托收凭证登记簿"。

▶ **2. 收到退回凭证**

持票人开户行如果收到付款人开户行寄来的未付票款通知书或拒绝付款理由书、汇票，以及托收凭证，经核对无误，应在原专夹保管的第二联托收凭证和"发出托收凭证登记簿"上进行相应记载后，将托收凭证、未付票款通知书或拒绝付款理由书及汇票退给持票人并由其签收，如有异议由持票人与付款人自行交涉解决。

四、银行承兑汇票的核算

在票据使用中，为了获得收款人的认可，往往需要经过银行承兑，以提升票据信用等级，进而增强变现能力和流通性，经过银行承兑的商业汇票称为银行承兑汇票。银行承兑汇票是由在承兑银行开立账户的存款人签发，并由银行承兑的汇票。

空白银行承兑汇票凭证属于重要空白凭证。会计部门负责保管银行承兑汇票空白凭证和汇票专用章，集中统一管理，实行领用、登记和销号制度。

(一) 承兑银行承兑汇票的处理

银行承兑汇票的出票人必须是在承兑银行开立存款账户的法人及其他组织。汇票签发后，可由出票人或持票人向汇票上记载的付款行(出票人的开户行)申请或提示承兑。此处以出票人申请承兑为例。

▶ **1. 出票并申请承兑**

承兑申请人向承兑银行提交购销合同、发票、发货单等，一般承兑银行同意承兑后，按份卖给承兑申请人银行承兑汇票，并由承兑银行监督使用。

承兑申请人提出承兑申请时，应向银行提供下列资料：①汇票承兑申请书；②营业执照、贷款证(卡)、法人代码证和法人代表身份证；③已经审计的上年度年报及近期财务报表、资信状况文件；④商品交易合同和提货单据等；⑤担保企业法人营业执照(经年检)复印件、企业税务登记复印件、企业法人代表或授权人身份证明，以及有关企业法人变更资料等；⑥其他相关资料。

银行承兑汇票一式三联，第一联为卡片，由承兑行留存备查，到期支付票款时作为借方凭证附件；第二联为汇票，由收款人开户行随托收凭证寄付款行作为借方凭证附件；第三联为存根，由出票人存查。

出票人持银行承兑汇票，向汇票上记载的付款银行申请或提示承兑时，银行的信贷部门按照有关的规定和审批程序，对出票人的资格、资信、购销合同和汇票记载的内容进行认真检查，必要时由出票人提供担保。对符合规定和承兑条件的，与出票人签订承兑协议。承兑协议一式三联，一联留存，另两联和第一、二联银行承兑汇票一起交本行会计部门。

▶ **2. 会计部门审查凭证**

会计部门接到信贷部门提交的银行承兑汇票和合同文本，应审查、复核以下内容：①汇票是否是统一规定印制的凭证；②出票人是否在本行开立存款账户；③汇票必须记载的事项是否齐全、正确，大小写金额是否相符，汇票付款期限是否超过规定的期限；④出票人签章是否符合规定；⑤出票人名称、账号是否相符；⑥银行承兑汇票承兑合同上"承兑人签章"处是否加盖规定的公章；⑦"承兑协议编号"栏编号是否与合同文本编号一致；⑧审查银行承兑汇票记载事项与相关协议、文本申请内容是否一致。

▶ **3. 审查无误，处理凭证、账务**

(1) 签章、编押。按有关规定在第二联汇票"承兑人签章"处加盖汇票专用章和经授权的经办人名章。编押柜员根据规定生成密押,将密押用碳素墨水填写在银行承兑汇票第二联上。

(2)收手续费、保证金。票面处理完毕,柜员按规定向出票人收取承兑手续费、保证金,按规定办理核算手续。每笔按照出票金额的万分之五且不低于10元向出票人收取承兑手续费。

为防止汇票到期时出票人无力支付汇票款,银行在承兑时要求申请人交存汇票金额一定比例的保证金。银行承兑汇票保证金存款是商业银行在办理银行承兑汇票等融资业务时,为降低风险而按客户信用等级和信贷管理规定收取的业务保证金。需要交存保证金的,由信贷部门按照审批确定的保证金比例通知出票人到会计部门办理保证金交存手续,由出票人通过现金或转账方式将保证金转入保证金专户。

① 收取全额保证金,即收取票面金额100%的保证金。会计分录如下:

借:单位活期存款(或库存现金)——承兑申请人户

　　贷:手续费及佣金收入——承兑手续费户

　　　　保证金存款——承兑申请人户

"保证金存款"科目为负债类科目,支付利息。银行承兑汇票保证金账户必须实行封闭管理,用于支付对应到期的银行承兑汇票。严禁发生保证金专户与客户结算户串用等行为。

② 收取差额保证金,即汇票保证金的金额根据承兑申请人在银行的信誉额度确定。如有的行收取60%保证金,其余40%为敞口部分,要求由承兑申请人提供足值有效的担保。

(3)汇票交付。将汇票第二联交给出票人或其授权委托人,并办理汇票交接登记手续。银行承兑汇票第二联复印件交客户部门经办客户经理作为信贷档案管理。

(4)根据第一联汇票卡片,填制银行承兑汇票表外科目收入传票,登记"表外科目登记簿"。

(5)第一联银行承兑汇票卡片、承兑合同和审批表复印件,按出票人及汇票到期日顺序排列,专夹保管,并经常检查银行承兑汇票的到期情况。会计人员对在"银行承兑汇票登记簿"中登记的银行承兑汇票,与保管的第一联汇票卡片进行核对,保证账证相符。

由出票人申请承兑的,将第二联汇票和一联承兑协议交给出票人;由持票人提示承兑的,将第二联汇票交给持票人,一联承兑协议交给出票人。

(二)承兑银行到期收取票款

出票人应于汇票到期前将票款足额交存其开户行。承兑银行于到期日(法定节假日顺延)向出票人收取票款。承兑银行柜员应每天查看汇票的到期情况,对到期的汇票应于到期日(法定节假日顺延)抽出原专夹保管的汇票卡片,另行专夹保管,并凭以向出票人收取票款。

▶ 1. 收取全额保证金的

全额保证金支付票款时,填制特种转账传票,在"摘要"栏注明"根据××号银行承兑汇票划转票款"字样,将该笔银行承兑汇票对应的保证金转入待兑付银行承兑汇票款项账户。会计分录如下:

借:保证金存款——承兑申请人户

　　贷:应解汇款及临时存款——承兑申请人户(或××号银行承兑汇票户)

▶ 2. 收取差额保证金的

非全额保证金支付票款时，对到期汇票扣除保证金后的款项，承兑银行会计部门应于到期日（法定休假日顺延）向承兑申请人收取。

（1）承兑申请人（出票人）账户有足够款项，到期能足额支付票款的，会计分录如下：

借：单位活期存款——承兑申请人户（差额部分）

　　保证金存款——承兑申请人户

　　贷：应解汇款及临时存款——承兑申请人户（或××号银行承兑汇票户）

（2）到期部分支付票款的，不足部分的票款作为该承兑申请人的承兑汇票垫款处理，会计分录如下：

借：单位活期存款——承兑申请人户（能支付的差额部分）

　　保证金存款——承兑申请人户

　　银行承兑汇票垫款——承兑申请人户（不能支付的差额部分）

　　贷：应解汇款及临时存款——承兑申请人户（或××号银行承兑汇票户）

"银行承兑汇票垫款"科目核算银行承兑汇票到期后，出票人无款或款项不足支付时银行垫付的款项。垫付款项记借方，收回垫付款项时记贷方。在资产负债表中，填列在"逾期贷款"项目中。

（3）汇票到期承兑，申请人无款支付时，柜员填制两联记账凭证，并在"摘要"栏注明"××汇票无款支付转入单位票据垫款户"，经会计主管审批后，根据不同情况分别处理。会计分录如下：

借：银行承兑汇票垫款——承兑申请人户（不能支付的差额部分）

　　保证金存款——承兑申请人户

　　贷：应解汇款及临时存款——承兑申请人户（或××号银行承兑汇票户）

▶ 3. 保证金的退还

银行承兑汇票到期不使用保证金解付或未使用注销时，承兑银行按照规定审核符合保证金撤销条件后，会计部门将该笔银行承兑汇票对应的保证金退还客户。

当银行承兑汇票到期结清或未使用注销后，要及时将对应的银行承兑汇票保证金专户进行销户。根据与客户约定的利率对账户进行清息后，将结计的利息转入出票人的结算账户，并将账户注销。

（三）持票人开户行受理托收汇票款

▶ 1. 持票人提交托收凭证及银行承兑汇票

如果付款人在异地，持票人在提示付款期内凭汇票委托开户行向承兑银行收取票款时，应当提前匡算邮程，填制托收凭证，在"托收凭据名称"栏注明"银行承兑汇票"及其汇票号码后，连同汇票（作成委托收款背书）一并送交开户行。

▶ 2. 银行审查凭证

柜员接到收款人或持票人提交的银行承兑汇票及五联托收凭证时，应审查以下内容：①是否在托收凭证的"托收凭据名称"栏注明"银行承兑汇票"字样及汇票号码；②汇票是否是统一规定印制的凭证，是否超过提示付款期限；③汇票上填写的持票人是否在本行开户；④出票人、承兑人的签章是否符合规定；⑤汇票必须记载的事项是否齐全，出票金额、出票日期、收款人名称是否更改，其他记载事项的更改是否由原记载人签章证明；⑥是否作成委托收款背书，背书转让的背书是否连续，签章是否符合规定，背书使用粘单的是否按规定在粘接处签章；⑦托收凭证的记载事项是否与汇票记载的事项相符。

▶ 3. 受理委托、处理凭证

银行按规定审查无误后，在托收凭证各联上加盖"银行承兑汇票××号"戳记，第一联加盖业务受理章作为回单交持票人；第二联专夹保管，并登记"发出托收登记簿"；第三、四、五联连同银行承兑汇票一并寄承兑银行。其余按照发出委托收款的操作程序办理。

付款人如在同城，则通过票据交换处理。

（四）承兑行支付票款

▶ 1. 审查凭证

承兑行接到持票人开户行寄来的托收凭证第三、四、五联及汇票时，应按照受理委托时的有关内容认真审查，并抽出原来专夹保管的汇票卡片和承兑协议，认真审查以下内容：①该汇票是否为本行承兑的，与汇票卡片的号码和记载事项是否相符；②持票人是否作成了委托收款背书，背书转让的汇票背书是否连续，签章是否符合规定，背书使用粘单的是否按照规定在粘接处签章；③委托收款凭证的记载事项与汇票的有关内容是否相符。

▶ 2. 转账划款

经审查无误后，将收到的托收信息在收到托收登记簿进行登记。应当于到期日或到期日以后的见票日，将款项划出（按照委托收款付款人开户行的付款手续处理）。以托收凭证第三联作为借方凭证，银行承兑汇票作为附件，会计分录如下：

借：应解汇款及临时存款——承兑申请人户

　　贷：待清算辖内往来

向持票人开户行传送贷报业务信息。

另填银行承兑汇票表外科目付出传票，销记"银行承兑汇票表外科目登记簿"。

（五）持票人开户行收到划款

持票人开户行根据收到的贷报业务信息打印贷方补充报单，将款项收入持票人账户。会计分录如下：

借：待清算辖内往来

　　贷：单位活期存款——持票人户

转账后，将托收凭证第四联加盖转讫章作为收账通知交给收款人，并销记"发出托收凭证登记簿"。

若承兑行拒绝付款，要出具拒绝付款理由书，持票人可行使追索权。

第四节　银行本票

一、银行本票的概念

本票是出票人签发的，承诺自己在见票时无条件支付确定的金额给收款人或者持票人的票据。本票可以分为商业本票和银行本票。目前，在我国流通并使用的本票只有银行本票一种。

银行本票是由银行签发的，是申请人将款项交存银行，由银行签发给其凭以办理同一票据交换区域内转账或支取现金的票据。本票的基本当事人有两个，即出票人和收款人。

银行本票见票即付，当场抵用，付款保证程度高。

二、银行本票的基本规定

（1）单位和个人在同一票据交换区域需要支付的各种款项，均可使用银行本票。

（2）银行本票可以用于转账，注明"现金"字样的银行本票，可以用于支取现金。现金银行本票的申请人和收款人必须均为个人。现金银行本票仅限系统内银行兑付。

（3）银行本票的提示付款期限为自出票日起最长不超过 2 个月，持票人超过提示付款期限提示付款的，代理付款人不予受理。

（4）银行本票的出票人，限于在中国人民银行开立清算账户、参加票据交换，经当地中国人民银行批准办理银行本票业务的金融机构。银行本票的代理付款银行是同一交换区域内代理出票银行审核支付银行本票款项的银行。

（5）在银行开立存款账户的持票人向开户银行提示付款时，应在银行本票背面"持票人向银行提示付款签章"处签章，签章须与预留银行印鉴相同。未在银行开立存款账户的个人持票人，持填明"现金"字样的银行本票向出票银行支取现金时，应在银行本票背面签章，记载本人身份证件名称、号码及发证机关。

（6）出票银行签发银行本票必须记载下列事项：①注明"银行本票"字样；②无条件支付的承诺；③确定的金额；④收款人名称；⑤出票日期；⑥出票人签章。欠缺记载上述事项之一的，银行本票无效。

（7）银行本票可以在其票据交换区域内背书转让，注明"现金"字样的银行本票不能背书转让。

（8）银行本票丧失，失票人可以凭人民法院出具的享有票据权利的证明，向出票银行请求付款或退款。

三、银行本票的核算

依托小额支付系统办理银行本票业务简称小额支付系统银行本票业务，是指代理付款行与出票银行依托小额支付系统实现银行本票信息的实时比对和资金清算的业务。

2008 年 5 月，小额支付系统银行本票业务在全国正式开通。采用小额模式处理银行本票后，银行本票出票信息全部转化为电子信息，录入出票行行内系统；银行本票的兑付由代理付款行采集票据信息和密押后，通过小额支付系统转发出票行行内系统进行自动比对兑付。小额支付系统银行本票业务不仅实现了本票信息的电子化传递，采用密押代替印鉴提高资金清算的安全性，而且有利于提高行际间银行本票资金的清算效率，加速资金的周转，提高社会效益。

小额支付系统银行本票业务的流程可以分为四个环节：出票行签发银行本票、代理付款行发出银行本票信息、出票银行核验本票信息、代理付款行解付本票。

代理付款行受理持票人提交的银行本票，对本票进行审查后，通过小额支付系统发送银行本票相关信息至出票银行，并根据出票银行实时返回的业务回执办理银行本票兑付的业务，代理付款行与出票银行间的银行本票资金清算统一纳入小额支付系统处理。

依托小额支付系统办理银行本票业务处理的程序可以分为出票、付款、结清三部分。

（一）出票行签发银行本票的处理

▶ 1. 申请人需要使用银行本票时，应填写本票申请书

本票申请书一式三联：第一联存根；第二联借方传票；第三联贷方传票。第一联申请

人留存；第二、三联提交给出票行。银行受理申请人提交申请书时，应认真审查其填写的内容是否齐全、清晰。申请书注明"现金"字样的，应审查申请人和收款人是否均为个人，经审查无误后，才能受理其签发银行本票的申请。

(1) 转账交付的（此处收取手续费省略），申请书第二联作为借方传票，第三联作为贷方传票，在申请书上加盖业务办讫章，打印交易信息，会计分录如下：

　　借：单位活期存款——申请人户

　　　贷：开出本票

(2) 现金交付的（收取手续费省略），会计分录如下：

　　借：现金——库存现金

　　　贷：开出本票

▶ **2. 出票行在办理转账或收妥现金以后，签发银行本票**

本票凭证一式两联：第一联卡片，第二联本票。签发本票的具体要求是：①本票的出票日期和出票金额必须大写，如果填写错误应将本票作废。②使用压数机压印、计算机打印或手写方式将小写金额记载在"人民币（大写）"栏右端。③用于转账的本票，须在本票上划去"现金"字样；用于支取现金的本票，须在本票上划去"转账"字样。本票上未划去"现金"和"转账"字样的，一律按照转账银行本票办理。④按规定程序加编本票密押，密押记载在"出纳 复核 经办"栏内。⑤申请书注明"不得转让"的，出票行应当在本票正面注明。

经复核无误后，在本票第二联上加盖本票专用章并由授权的经办人签名或盖章后交给申请人。第一联卡片上加盖经办、复核名章后留存，专夹保管，并在出票后将银行本票出票信息实时录入本行本票业务处理系统。

（二）银行本票付款的处理

(1) 代理付款行接到在本行开户的单位持票人交来的转账银行本票和三联进账单，应当认真审查：①本票是否是按照统一规定印制的凭证，本票是否真实，是否超过提示付款期限；②持票人是否在本行开户；③持票人名称是否为该持票人，与进账单上的名称是否相符；④出票行签章是否符合规定，加盖的本票专用章是否与印模相符；⑤银行本票是否填写密押，大小写金额是否一致；⑥本票必须记载事项是否齐全，出票金额、出票日期、收款人名称、本票密押是否更改，其他记载事项的更改是否由原记载人签章证明；⑦持票人是否在本票背面"持票人向银行提示付款签章"处签章，背书转让的本票是否按规定的范围转让，其背书是否连续，签章是否符合规定，背书使用粘单的是否按规定在粘接处签章。

审查无误后，代理付款行应将本票信息录入计算机系统，电子信息通过小额支付系统发送出票行进行确认，收到确认成功信息并打印业务回执后方可办理本票解付手续，进行账务处理。

出票银行应在 10 秒内向小额支付系统返回"处理成功"的回执包。出票银行返回确认付款回执的，本票由记账、复核人签章并记载兑付日期后，与打印的业务回执一起作为解付银行本票科目凭证附件，第二联进账单作为贷方凭证。将银行本票款项解付给持票人，并将银行本票凭证按照有关规定妥善保存。会计分录如下：

　　借：待清算支付款项（或通存通兑往来、清算资金往来）

　　　贷：单位活期存款——持票人户

本票和进账单第二联加盖业务处理讫章，第一联进账单加盖受理凭证专用章和柜员名章作为受理证明退出票人，第三联进账单加盖转讫章和柜员名章作为收账通知交给持票人。

小额支付系统银行本票资金清算时，代理付款行行内系统收到小额支付系统发来的已清算通知后自动进行账务处理，借记"存放中央银行款项"科目。

（2）代理付款行接到个人持票人交来的转账银行本票，除按接到本行开户的单位持票人交来的转账银行本票的各项要求认真审查外，还必须认真审查持票人的身份证件，以及是否在本票背面签章并注明证件名称、号码和发证机关，并要求提交持票人身份证件复印件留存备查。持票人委托他人提示付款的，还要审查被委托人的身份证件，并留存复印件备查。

审查无误后，代理付款行应将本票信息录入计算机系统，电子信息通过小额支付系统发送出票行进行确认，收到确认成功信息并打印业务回执后办理本票解付手续。会计分录如下：

借：清算资金往来
　　贷：应解汇款及临时存款科目——持票人户

或

　　贷：活期储蓄存款——持票人户

小额支付系统银行本票资金清算时，代理付款行行内系统收到小额支付系统发来的已清算通知后进行账务处理。

（3）出票行或出票行的系统内银行接到收款人交来的现金银行本票，抽出专夹保管的本票卡片进行核对，或通过小额支付系统进行本票信息的实时比对。经核对银行本票相关信息相符后，还必须认真审查本票上填写的申请人和收款人是否均为个人，收款人的身份证件，收款人是否在本票背面"持票人向银行提示付款签章"处签章和注明身份证件名称、号码及发证机关，并要求提交收款人身份证件复印件留存备查。收款人委托他人向出票行或出票行的系统行提示付款的，必须查验收款人和被委托人的身份证件，在本票背面是否进行委托收款背书，是否注明收款人和被委托人的身份证件名称、号码及发证机关，并要求提交收款人和被委托人身份证件复印件留存备查。审核无误后，办理付款手续，本票作为借方凭证，进行相应账务处理。

① 到出票行兑付的，会计分录如下：

借：开出本票
　　贷：现金——库存现金

② 到出票行系统内银行兑付的，会计分录如下：

借：清算资金往来（或通存通兑往来）
　　贷：现金——库存现金

银行本票资金清算时，出票行的系统行收到小额支付系统发来的已清算通知后进行账务处理。

（4）代理付款行对审查有误的银行本票，应拒绝受理，并应向持票人出具拒绝受理通知书。出票银行返回拒绝付款回执拒绝付款的，由代理付款行根据其回执代为向持票人出具退票理由书。

代理付款行应将银行本票凭证连同拒绝受理通知书或退票理由书一并退交持票人。

（三）银行本票结清的处理

当出票行收到小额支付系统发来的解付本票电子信息时，出票行将该信息与行内业务处理系统中存储的本票信息进行自动核对，经系统确认无误后发回应答信息。

（1）出票行经核对，确属本行出票，本票信息检查无误且密押核验正常的，进行账务处理，并在 10 秒内向小额支付系统返回"处理成功"的回执包。打印业务回单，同时销记行内业务处理系统中的本票信息，本票卡片作为借方凭证，业务回单作为借方凭证的附件。会计分录如下：

借：开出本票

　　贷：清算资金往来

小额支付系统对业务回执轧差成功的，出票行在收到小额支付系统已清算通知时，自动进行账务处理，贷记"存放中央银行款项"科目。

（2）本票信息检查有误或密押核验失败的，出票银行应在 10 秒内向小额支付系统返回"处理失败"的回执包，并正确填写失败原因。失败原因包括以下九类：①本票号码不符；②收款人名称不符；③出票日期不符；④密押不符；⑤金额不符；⑥超过提示付款期；⑦非本行票据；⑧重复提示付款；⑨银行本票已挂失止付或出票银行已收到法院止付通知书。

（四）银行本票退款、超过付款期限和挂失的处理手续

▶ 1. 退款手续

申请人因本票超过付款期或其他原因要求出票行退款时，应填制一式三联进账单连同本票交给出票行，并按照《支付结算办法》的规定提交有关证明。出票行经与原专夹保管的本票卡片核对无误，即在本票上注明"未用退回"字样。第二联进账单作为贷方凭证，本票作为借方凭证，本票卡片作为附件。会计分录如下：

借：开出本票

　　贷：单位活期存款——申请人户

第一联进账单加盖受理凭证专用章；第三联进账单加盖转讫章作为收账通知一并交给申请人。

▶ 2. 超过付款期限付款手续

持票人超过付款期限不获付款的，在票据权利时效内请求付款时，应当向出票行说明原因，并将本票交给出票行。持票人为个人的，还应交验本人身份证件。出票行经与原专夹保管的本票卡片核对无误，即在本票上注明"逾期付款"字样办理付款手续。

（1）持票人在本行开户的，应填制三联进账单，第二联进账单作为贷方凭证，本票作为借方凭证，本票卡片作为附件。会计分录如下：

借：开出本票

　　贷：单位活期存款——申请人户

第一联进账单加盖受理凭证专用章；第三联进账单加盖转讫章作为收账通知一并交给持票人。

（2）持票人未在本行开户的，填制普通贷记凭证。出票行根据客户委托将本票款项汇划至持票人开户行账户。

（3）持票人提交注明"现金"字样本票的，本票作为借方凭证，本票卡片作为附件。会计分录如下：

借：开出本票

　　贷：现金——库存现金

▶ 3. 挂失手续

未解付的银行本票丧失，失票人可以填写"挂失止付通知书"并签章后，向出票行挂失

止付。出票行接到失票人提交的挂失止付通知书后，应审查挂失止付通知书填写是否符合要求，并抽出原专夹保管的本票卡片核对，确属本行签发并确未注销时方可受理。出票行受理失票人挂失止付申请后，在计算机系统中登记挂失止付信息，凭以控制付款或退款。

第五节 支 票

一、支票概述

（一）支票的概念

支票是出票人签发的，委托办理支票存款业务的银行或者其他金融机构在见票时无条件支付确定的金额给收款人或者持票人的票据。

（二）支票的当事人

支票是一种委付票据，其基本当事人有出票人、付款人和收款人。支票的出票人限于在办理支票存款业务的银行或其他金融机构开立可以使用支票的存款账户的单位和个人，出票人相当于主债务人。支票的付款人为支票上记载的出票人开户银行，是经中国人民银行批准办理支票存款业务的银行或其他金融机构。支票的收款人是在"收款人名称"栏载明的单位或个人，持票人是指从转让人手中取得票据的受让人。支票的出票人与付款人之间必须先有资金关系，才能签发支票。

（三）支票业务的特点

支票使用方便，是我国目前使用最普遍的非现金支付工具。与汇票和银行本票相比，支票具有两个明显的特点：一是支票的付款人有资格限制；二是支票见票即付。

（四）支票的种类

支票分为现金支票、转账支票和普通支票。支票上印有"现金"字样的为现金支票，现金支票只用于支取现金。支票上印有"转账"字样的为转账支票，转账支票只用于转账。支票上未印有"现金"或"转账"字样的为普通支票，普通支票可以用于支付现金，也可用于转账。在普通支票左上角画两条平行线的为划线支票，划线支票只能用于转账，不能支取现金。

二、支票的有关规定

（1）单位和个人之间的商品交易、劳务供应、债务清偿等各种款项的结算，均可以使用支票，同城、异地均可使用。2007 年 6 月，我国已建成全国支票影像交换系统，企事业单位和个人持任何一家银行的支票均可在境内所有地区办理支付。全国支票影像交换系统是中国人民银行综合运用影像、支付密码等技术，将纸质支票转化为影像和电子信息，实现纸质支票截留，利用信息网络技术将支票影像和电子清算信息传递至出票人开户行进行提示付款，从而实现支票全国通用的系统。

（2）支票必须记载下列事项：①注明"支票"字样；②无条件支付的委托；③确定的金额；④付款人名称；⑤出票日期大写；⑥出票人签章。欠缺记载上述事项之一的，支票无效。支票的使用范围很广，有时很难准确确定收款人名称、使用金额，因此我国《票据法》

有条件地承认空白授权支票，允许支票的出票人签发支票时，可以先不记载确定的金额、收款人名称，可授权由收款人补记。但是在未补记之前，不得背书转让和提示付款。

（3）出票人在支票上的签章，必须与预留印鉴相符；签发支票应使用碳素墨水或墨汁填写；大小写金额、出票日期、收款人名称绝对不得更改，更改的支票无效。

（4）不得签发空头支票、签章不符的支票、支付密码错误的支票和远期支票。空头支票是指出票人签发的，由收款人或持票人收受并按照规定向银行提示付款时，出票人银行存款余额不足支付的支票。签章不符的支票，即印鉴与预留银行印鉴不符的支票，是指出票人在签发支票时，所盖印鉴或签名与预留银行的印章或签名不相符合，错盖、漏盖或少盖印章或签名的支票。支付密码有错误的支票是指使用支付密码地区的出票人在签发支票时所填列的支付密码不正确或漏填支付密码的支票。远期支票是指出票人在签发支票时，不填写签发支票的当日，而以实际出票日期之后的未来日期作为支票出票日期，并交给收款人或持票人的支票。

签发空头支票、印鉴与预留银行印鉴不符的支票，以及支付密码错误的支票，出票人开户银行发现上述情况后，应做退票处理，并向中国人民银行报告，由中国人民银行对出票人按票面金额处以 5% 但不低于 1 000 元的罚款；持票人有权要求出票人赔偿支票金额 2% 的赔偿金。对屡次签发空头支票、印鉴与预留银行印鉴不符的支票，以及支付密码错误的支票的出票人，银行应当停止其签发支票。

（5）支票的提示付款期自出票日起 10 天（到期日遇法定节假日顺延）。超过提示付款期限的，付款人不予付款。支票的票据权利时效期限为自出票之日起 6 个月，持票人在自出票之日起的 6 个月内未行使票据权利的，将不再享有支票的付款请求权和追索权。

（6）用于支取现金的支票仅限于收款人向付款人提示付款，收款人持现金支票向付款人提示付款时，应在支票背面"收款人签章"处签章，持票人为个人的，还需交验本人身份证件，并在支票背面注明证件名称、号码及发证机关。转账支票的持票人委托开户银行收款时，应进行委托收款背书，在支票背面背书人栏签章，记载"委托收款"字样、背书日期，并在被背书人栏记载开户银行名称。转账支票也可以直接向付款人提示付款。

（7）支票可以背书转让，现金支票不能背书转让。

（8）支票圈存业务是指借助支付密码技术，由收款人在收受支票时，通过 POS、网络、电话等受理终端，经由小额支付系统向出票人开户行发出圈存指令，预先从出票人账户上圈存支票金额，以保证支票的及时足额支付。

三、转账支票的核算

以同城转账支票的核算为例，同城转账支票的核算分为持票人（收款人）与出票人在同一网点开户、持票人（收款人）与出票人不在同一网点开户两种情况。

（一）持票人（收款人）与出票人在同一网点开户

持票人（收款人）或出票人将转账支票连同三联进账单送交开户银行。

▶ 1. 受理出票人送交支票的处理（俗称支票倒存）

出票人出票后直接代收款人送存，不存在背书转让，不需要进行委托收款背书。

（1）柜员接到出票人送交的支票和进账单等收款凭证时，应认真审查：①支票是否是统一规定印制的凭证，是否真实，是否超过提示付款期限；②出票人的签章是否符合规定，与预留银行印鉴是否相符，使用支付密码的，其密码是否正确；③出票人账户是否有足够支付的款项；④支票的大小写金额是否相符，与进账单的金额是否相符；⑤支票必须记载的事项是否齐全，出票金额、出票日期、收款人名称是否更改，其他记载事项的更改是否由原记载人签章证明。

（2）账务处理。审查无误后，以支票作为出票人存款账户借方传票，第二联进账单作为收款人存款账户贷方传票。会计分录如下：

借：单位活期存款——出票人户

　　贷：单位活期存款——收款人户

支票和进账单第二联加盖业务处理讫章，第一联进账单加盖受理凭证专用章和柜员名章作为受理证明退出票人，第三联进账单加盖转讫章和柜员名章作为收账通知交给持票人。

▶ **2. 受理持票人（收款人）送交支票的处理（俗称正送支票或顺进账）**

柜员接到持票人送来的支票和进账单等收款凭证时，除按受理出票人送交支票的有关规定审查外，还应审查以下内容：①支票填明的持票人是否在本行开户，持票人的名称是否为该持票人，与进账单上的名称是否一致；②背书转让的支票是否按规定的范围转让，其背书是否连续，签章是否符合规定，背书使用粘单的是否按规定在粘接处签章；③持票人是否在支票的背面进行委托收款背书。

进账单第一联、第三联分别加盖受理凭证专用章、转讫章和柜员名章作为受理证明、收账通知退给持票人。其他操作同出票人送交支票的处理。

（二）持票人（收款人）与出票人不在同一网点开户

持票人（收款人）与出票人不在同一网点开户，包括双方开户银行属于同一银行系统、跨系统两种情况。

▶ **1. 双方开户银行属于同一银行系统，但不在同一网点开户的**

（1）持票人持进账单和转账支票到收款人开户行办理通存通兑收款。柜员审核转账支票和进账单内容是否完整、齐全，账号、户名是否填写正确，大小写金额是否一致，核对预留银行印鉴和支付密码无误后，柜员进行记账，进账单与转账支票分别加盖转讫章，进账单第一联交客户，进账单第二联作为贷方凭证，进账单第三联作为客户收账通知，支票加盖附件章作为借方通兑凭证的附件。

收款人开户行的会计分录如下：

借：通存通兑往来

　　贷：单位活期存款——收款人账户

付款人开户行的会计分录如下：

借：单位活期存款——出票人账户

　　贷：通存通兑往来

（2）持票人持进账单和转账支票到付款人开户行办理通存通兑收款。柜员审核转账支票和进账单内容是否完整、齐全，账号、户名是否填写正确，大小写金额是否一致。柜员记账完毕后，进账单与转账支票分别加盖转讫章，进账单第一联交客户，进账单第二联加盖附件章作为贷方通兑凭证的附件，进账单第三联作为客户收账通知，支票作为借方凭证。

付款人开户行的会计分录如下：

借：单位活期存款——出票人户

　　贷：通存通兑往来

收款人开户行的会计分录如下：

借：通存通兑往来

　　贷：单位活期存款——收款人户

▶ 2. 双方开户银行属于跨银行系统的

当持票人（收款人）与出票人在不同银行开户时，则需要通过票据交换收取支票款项。

（1）支票提交持票人（收款人）开户行。

① 持票人（收款人）开户行的处理。持票人进行委托收款背书，将支票和填制的进账单送交开户银行。柜员接到持票人送交的支票和三联进账单时，按有关规定审查（同上），无误后，在第二联进账单上按票据交换场次加盖"收妥后入账"的戳记与第三联进账单暂存，第一联进账单加盖受理凭证专用章交给持票人（收款人）。

持票人开户银行受理客户提交的支票及进账单，由于支票的出票人不在本行开户，当时无法从其账户付款，为贯彻银行不垫款的结算原则，银行应通过同城票据交换或支票影像交换系统收妥后入账。同城票据交换是同一城市（包括郊区县和毗邻地区）各商业银行相互代收、代付的票据，定时、定点集中相互交换并清算资金存欠的方法。同城票据交换由中国人民银行集中监督，并轧记往来行之间应收应付差额，各商业银行都在中央银行开有准备金账户，由中国人民银行以转账方式进行资金清算。各参加票据交换的银行按规定的交换场次和时间参加票据交换。

将支票按同城票据交换（或支票影像交换）的规定及时提出交换，会计分录如下：

借：清算资金往来

　　贷：其他应付款——待抵用票据款项户

超过退票时间，未收到退票时，再从其他应付款账户中转入收款人存款账户，以第二联进账单作为贷方传票，另编制转账借方传票。会计分录如下：

借：其他应付款——待抵用票据款项户

　　贷：单位活期存款——持票人户

将第三联进账单盖转讫章作为收账通知交持票人。

退票是指持票人开户行已经受理并提出交换的支票，在下一场票据交换中，出票人开户行又将其退回。属于退票范围的支票包括空头支票、内容填写有误的支票、印鉴不符或缺少印鉴的支票、支付密码错误的支票、背书不连续的支票、已逾提示付款期的支票等。收到退票时，会计分录如下：

借：其他应付款——待抵用票据款项户

　　贷：清算资金往来

② 出票人开户行的处理。收到票据交换提入的支票（或支票影像交换系统的影像），按有关规定认真审查无误后，参照有关操作规定处理。

对不予退票的，以支票作为借方传票，另编制转账贷方传票，进行账务处理，会计分录如下：

借：单位活期存款——出票人户

　　贷：清算资金往来

出票人开户行从票据交换所提入支票，按有关规定认真审查后，发现属于退票范围的支票，须在约定时间内通知持票人开户行。将应退支票专夹保管，待下次交换时退回。对于本次交换提入的所退票据款项应作为暂付款，通过"其他应收款"科目进行核算。退票时，会计分录如下：

借：其他应收款——暂付款

    贷：清算资金往来

出票人签发的空头支票、签章与预留银行印鉴不符的支票、使用支付密码地区其密码编制错误的支票，不以骗取财物为目的的，应做退票处理。出票人开户银行发现上述情况后，应立即填制《空头支票报告书》，将支票复印件、出票人有签发空头支票行为时的账户余额表、分户账、印鉴卡、退票理由书、付款时点的存款余额等有关资料复印件，加盖经办人员名章和行名业务公章，同时注明"与原件核对一致"字样，于当日至迟次日（节假日顺延）报送中国人民银行分支机构支付结算管理部门。

（2）支票提交出票人开户行。持票人（收款人）持转账支票向付款人提示付款时，应在支票背面背书人签章栏签章，并将支票和填制的进账单交送出票人开户银行，也可由出票人交存支票和进账单。这种直接向支票付款人（出票人开户银行）提示付款的情形俗称倒存。

① 出票人开户行的处理。出票人开户行接到持票人或出票人交来的支票和三联进账单时，按有关规定认真审查无误后，进账单第一联加盖受理凭证专用章、柜员名章作为受理证明退交出票人，根据不同情况分别处理。

以支票作为借方传票，另编制转账贷方传票，进行账务处理，会计分录如下：

    借：单位活期存款——出票人户

        贷：清算资金往来

提出贷方票据应遵循"转账业务，先借后贷"原则，即先扣收客户款项，再做提出票据处理。第二联进账单加盖业务公章连同第三联进账单按票据交换规定及时提出交换。

② 持票人（收款人）开户银行的处理。收款人开户行提入第二、三联进账单，经审查无误后，第二联进账单加盖转讫章作为贷方传票，另编制转账借方传票，办理转账，会计分录如下：

    借：清算资金往来

        贷：单位活期存款——持票人（收款人）户

第三联进账单加盖转讫章作为收账通知交给持票人（收款人）。

四、支票的领购

存款人领购支票，必须在"收费凭证"上填写购买的凭证名称和份数并签章，签章应与预留银行的签章相符。同时一并提供结算证，对客户身份的真实性进行确认。经银行核对无误后收取工本费和手续费，并在"重要空白凭证登记簿"上登记领用日期、存款人名称和支票起讫号码。第一联领用单交给存款人，第二联作为借方传票，第三联作为工本费贷方凭证的附件。银行发售支票，一般一次一本，业务量大的单位可适当放宽。出售支票时，应当在支票上加盖本行行名和存款人账号的戳记，并记录支票号码。存款账户结清时，必须将全部剩余空白支票交回。

五、支票的挂失

支票丢失，由失票人向付款银行请求挂失止付，并提交一式两联的挂失止付通知书。付款银行按照规定审查无误后，在第一联挂失止付通知书上加盖业务公章作为受理证明退交失票人，凭第二联挂失止付通知书，登记"支票挂失止付登记簿"后专夹保管。

在出票人存款账户账首明显处用红字注明"××××年×月×日第×号支票挂失止付"字样，凭以掌握止付。

第六节 汇兑

一、汇兑的概念和种类

汇兑是汇款人委托银行将款项汇给收款人的结算方式。汇兑业务的适用范围广，便于汇款人向收款人主动付款。

汇兑按凭证传递方式的不同分为信汇和电汇。信汇是汇款人委托银行以邮寄凭证的方式将款项汇给收款人的一种结算方式。电汇是汇款人委托银行以拍发电报、电传或通过专用计算机网络电子汇款的方式通知汇入行付款的一种结算方式。实际上，在各商业银行广泛运行行内电子汇兑系统、现代化支付系统后，这样的划分已无意义。目前，国内银行的汇兑业务主要以依托网络技术的电子汇兑为主，又称电子汇兑业务、电子汇款业务等。手工模式下的信汇方式基本不被采用。

二、汇兑业务的基本规定

（1）汇兑结算方式适用于单位和个人的各种款项结算。

（2）汇兑结算凭证必须记载的事项：①注明"信汇"或"电汇"字样；②无条件支付的委托；③确定的金额；④汇款人的名称；⑤收款人的名称；⑥汇入地点、汇入行名称；⑦汇出地点、汇出行名称；⑧委托日期；⑨汇款人签章。汇兑凭证上欠缺记载上述事项之一的，银行不予受理。汇兑凭证记载的汇款人名称、收款人名称，其在银行开立存款账户的，必须记载其账号，欠缺记载的，银行不予受理。委托日期是指汇款人向汇出银行提交汇兑凭证的当日。

（3）汇款人和收款人均为个人，需要在汇入银行支取现金的，应在汇兑凭证的"汇款金额"大写栏先填写"现金"字样再填写汇款金额，由汇出行审查。未注明"现金"字样而需在汇入行支取现金的，由汇入行按现金管理的规定审查支付。

（4）收款人为个人需要自行到汇入行领取汇款的，汇款人应在汇兑凭证上注明"留行待取"字样。

（5）收款人在汇入行可以对汇款申请转汇。汇款人确定不得转汇的，应在汇兑凭证备注栏注明"不得转汇"字样。

（6）汇款人对汇出银行尚未汇出的款项可以申请撤销，对汇出银行已经汇出的款项可以申请退汇；汇入银行对收款人拒收的汇款或经过两个月无法交付的汇款，应主动办理退汇。

三、汇兑业务的核算

汇兑的核算过程分为汇出行汇出款项和汇入行解付汇款两个阶段，汇出行和汇入行之间的资金清算是通过各商业银行行内电子汇兑系统处理的。此处以直接参加工商银行电子汇划系统的异地汇兑为例。

（一）汇出行汇出款项

▶ 1. 汇款人提交电汇凭证

汇款人委托银行办理电汇时，应按要求向银行填送一式三联电汇凭证，第一联为给汇款人的回单；第二联汇出行作为借方传票；第三联汇出行凭以汇出汇款（发电依据）。现在有的银行要求填写一份结算业务申请书，上面注明"电汇"，须在原始凭证上加注"普通"或"加急"标志。

▶ 2. 汇出行审查

汇出行经办人员收到客户提交的电汇凭证后，应认真审查：①凭证必须记载的各项内容是否齐全、正确、清晰。②单位银行结算账户或个人支票账户的申请人是否在凭证第二联签章；约定使用支付密码的，是否在"附加信息及用途"栏记载支付密码；未使用支付密码的，其签章与预留银行印鉴是否相符。③汇款人账户是否有足够支付的款项。④注明"现金"字样的汇兑凭证，汇款人和收款人是否均为个人。⑤汇款人确定不得转汇的，是否在凭证"附加信息及用途"栏注明。⑥属于汇款人派人到汇入行领取汇款的，汇款人是否在汇兑凭证各联的"附加信息及用途"栏注明"留行待取"字样。"留行待取"的汇款需要指定单位的收款人领取汇款的，是否注明收款人的单位名称。⑦属于个人汇兑的，汇款人申请将汇款通知单送达或电话通知收款人时，是否在汇兑凭证上"附加信息及用途"栏填写汇款人联系电话、收款人住址或联系电话，及"送达"或"电话通知"字样。

▶ 3. 账务处理

审查无误后，按照相应收费标准向申请人收取费用（收费手续省略），并根据不同情况分别进行账务处理。

（1）转账交付的，第二联作为借方传票办理转账，会计分录如下：

借：单位活期存款——汇款人户

　　贷：待清算辖内往来

第一联电汇凭证加盖转讫章退给汇款人。

（2）现金交付的，会计分录如下：

借：现金——库存现金

　　贷：应解汇款及临时存款——汇款人户

借：应解汇款及临时存款——汇款人户

　　贷：待清算辖内往来

（3）处理账务后，根据第三联电汇凭证，通过资金汇划清算系统，向汇入行发送贷报业务数据信息。

（二）汇入行解付汇款

汇入行接到汇出行发送的贷报业务数据信息，应认真审查。无误后，根据不同的解付方式分别进行处理。

▶ 1. 直接收账

收款人在汇入行开有存款账户的，作为直接收账处理。打印交易凭证，转账，会计分录如下：

借：待清算辖内往来

　　贷：单位活期存款——收款人户

一联加盖转讫章代收账通知交给收款人。

▶ 2. 不直接收账

收款人未在汇入行开立存款账户，汇款无法直接解付给收款人，按照不直接收账处理。

（1）将汇款转入"应解汇款及临时存款"科目，会计分录如下：

借：待清算辖内往来

　　贷：应解汇款及临时存款——收款人户

打印交易凭证，在凭证上编列应解汇款顺序号，凭以登记"应解汇款登记簿"，妥善留存保管相关凭证，另以便条通知收款人来行办理取款手续。

（2）解付应解汇款。收款人持便条来行办理取款时，抽出相关凭证，并认真审查收款人的身份证件，看凭证上是否注明其证件名称、号码及发证机关，以及收款人是否在"收款人签章"处签章。"留行待取"的向收款人问明情况，如系凭签章付款的，收款人签章必须同预留签章相符。审查无误，按收款人的要求支付款项。

需要支取现金的，信汇凭证上有银行按规定注明的"现金"字样，应一次办理现金支付手续；未注明"现金"字样，需要支取现金的，由汇入银行按照现金管理规定审查支付。会计分录如下：

借：应解汇款及临时存款——收款人户

　　贷：现金——库存现金

同时，销记"应解汇款登记簿"。

（三）退汇的处理

汇款人对汇出银行尚未汇出的款项可以申请撤销；对汇出银行已经汇出的款项，可以申请退汇。

汇款人办理退汇时，对在汇入银行开立账户的收款人，必须达成一致退汇意见，否则银行不办理退汇手续。对在汇入行开立存款账户的收款人，汇款人申请退汇时，必须出具正式函件或本人身份证件及原信、电汇回单，由汇出行通知汇入行，经汇入行核实汇款确未支付，并将款项退回汇出行时方可办理退汇，否则，不得办理退汇。

汇入银行应在收款人拒绝接受汇款时立即办理退汇。汇入银行已向收款人发出取款通知，经过 2 个月无法支付的汇款，应主动办理退汇。

第七节　托收承付

托收承付是根据购销合同由收款人发货后委托银行向异地付款人收取款项，由付款人向银行承诺付款的结算方式。托收承付分为托收和承付两个环节。

一、基本规定

（一）托收

（1）使用托收承付结算方式的收款单位和付款单位，必须是国有企业、供销合作社，以及经营管理较好，并经开户银行审查同意的城乡集体所有制工业企业。

（2）办理托收承付结算的款项，必须有商品交易或属因商品交易而产生的劳务供应的款项。

（3）收付双方使用托收承付结算必须签有符合《经济合同法》的购销合同，并在合同上注明使用托收承付结算方式。

（4）收款人对同一付款人发货托收累计 3 次收不回货款的情况，收款人开户银行应暂停收款人向该付款人办理托收；付款人累计 3 次提出无理拒付的情况，付款人开户银行应暂停其向外办理托收。

（5）收款人凭商品确已发运的证件（包括铁路、航运、公路等运输部门签发运单、运单副本和邮局包裹回执）办理托收。对没有发运证件的，属于下列情况的可凭其他有关证件办理托收：

① 内贸、外贸部门系统内商品调拨，自备运输工具发送或自提的；易燃、易爆、剧

毒、腐蚀性强的商品，以及电、石油、天然气等必须使用专用工具或线路、管道运输的，可凭付款人确已收到商品的证明(粮食部门凭提货单及发货明细表)。

② 铁道部门的材料厂向铁道系统供应专用器材，可凭其签发注明车辆号码和发运日期的证明。

③ 军队使用军列整车装运物资，可凭注明车辆号码、发运日期的单据；军用仓库对军内发货，可凭总后勤部签发的提货单副本，各大军区、省军区也可参照办理。

④ 收款人承造或大修船舶、锅炉和大型机器等，生产周期长，合同规定按工程进度分次结算的，可凭工程进度完工证明书。

⑤ 付款人购进的商品，在收款人所在地转厂加工、配套的，可凭付款人和承担加工、配套单位的书面证明。

⑥ 合同规定商品由收款人暂时代为保管的，可凭寄存证及付款人委托保管商品的证明。

⑦ 使用铁路集装箱或将零担凑整车发运商品的，由于铁路只签发一张运单，可凭持有发运证件的单位出具的证明。

⑧ 外贸部门进口商品，可凭国外发来的账单、进口公司开出的结算账单。

⑨ 如果提供的发运证件需要取回的，收款人在托收凭证上要注明发运日期和证件号码。对提供发运证件有困难的，要符合托收承付结算方式规定的其他条件。

(6) 托收承付结算每笔金额起点为 1 万元。新华书店系统每笔的金额起点为 1 千元。

(二)承付

承付货款分为验单付款和验货付款两种，由收付双方商量选用，并在合同中明确规定。

▶ **1. 验单付款**

验单付款的承付期为 3 天，从付款人开户银行发出承付通知的次日(付款人来行自取的，为银行收到托收凭证日的次日)算起(承付期内遇法定休假日顺延)，必须邮寄的应加邮寄时间。付款人在承付期内未向银行表示拒绝付款，银行即视作承付，并在承付期满的次日上午银行开始营业时，将款项主动从付款人的账户内付出，按照收款人指定的付款方式划给收款人。

▶ **2. 验货付款**

验货付款的承付期为 10 天，从运输部门向付款人发出提货通知的次日算起。对收付双方在合同中明确规定，并在托收凭证上注明验货付款期限的，银行从其规定。

付款人在银行发出承付通知的次日起 10 日内，未收到提货通知的，应在第 10 天将货物尚未到达的情况通知银行。在第 10 天付款人没有通知银行的，银行即视作已验货，同意付款。在第 10 天付款人通知银行货物未到，而以后收到提货通知没有及时送交银行，银行仍按 10 天期满的次日作为划款日期，并按超过的天数计扣逾期付款赔偿金。采用验货付款的，收款人必须在托收凭证上加盖"验货付款"字样戳记。未注明验货付款的，经付款人提出合同证明是验货付款的，银行可按验货付款处理。

无论是验单付款或验货付款，付款人都可以在承付期内提前向银行表示承付，并通知银行提前付款。因商品的价格、数量或金额变动，付款人应多承付款项的，须在承付期内向银行提出书面通知，银行据以划付款项。付款人不得在承付货款中扣抵其他款项或以前托收的货款。

(三)逾期付款

付款人在承付期满日银行营业终了时，如无足够资金支付，其不足部分，即为逾期未付款项，按逾期付款处理。

(1) 付款人开户行对付款人逾期支付的款项，应当根据逾期付款金额和逾期天数，按每天万分之五计算逾期付款赔偿金。

（2）赔偿金实行定期扣付，每月计算一次，于次月3日内单独划给收款人。

（3）付款人开户银行对付款人逾期未能付款的情况，应当及时通知收款人开户银行，由其转告收款人。

（4）付款人开户银行要随时掌握付款人账户逾期未付的资金情况，账户有款时，必须将逾期未付款项和应付的赔偿金及时扣划给收款人，不得拖延扣划。

（5）付款人开户银行对不履行合同规定、三次拖欠货款的付款人，应当通知收款人开户银行转告收款人，停止对该付款人办理托收。

（6）付款人开户银行对逾期未付的托收凭证，负责进行扣款的期限为3个月（从承付期满日算起）。

（四）拒绝付款

付款人在承付期内，对下列情况可以向银行提出全部或部分拒绝付款：

（1）没有签订购销合同或购销合同未订明使用托收承付结算方式的款项；

（2）未经双方事先达成协议，收款人提前交货或因逾期交货，付款人不再需要该项货物的款项；

（3）未按合同规定到货地址发货的款项；

（4）代销、寄销、赊销商品的款项；

（5）验单付款，发现所到货物的品种、规格、数量价格与合同规定不符，或货物已到，经查验货物与合同规定或发货清单不符的款项；

（6）验货付款，经查验货物与合同规定或与发货清单不符的款项；

（7）货款已经支付或计算有错误的款项。

外贸部门托收进口商品的款项，在承付期内，订货部门除因商品的质量问题不能提出拒绝付款，应当另行向外贸部门提出索赔外，属于上述其他情况，可以向银行提出全部或部分拒绝付款。不属于上述情况的，付款人不得拒绝付款。

（五）重办托收

收款人对被无理拒绝付款的托收款项，在收到退回的结算凭证及其所附单证后，需要委托银行重办托收。

二、业务处理

（一）收款人开户行受理托收承付的处理

（1）客户办理托收承付业务时，填写托收凭证，在托收凭证第二联上加盖其预留银行签章，并选择邮划或电划后，连同发运证件或其他符合托收承付结算的有关证明和交易单证提交其开户银行。

（2）收款人开户行审核托收凭证、有关单证及要素真实、完整、合规后登记"发出托收承付/委托收款登记簿"，并更新表外应收托收款项。对收款人向银行提交发运证件需要带回保管和自寄的，应在各联托收凭证和发运证件上加盖"已验发运证件"戳记后将发运证件退给收款人。

（3）托收凭证第一联加盖受理凭证专用章后退给收款人，第二联留存专夹保管，第三联借方凭证加盖结算专用章连同第四联、第五联和所附交易单证，一并寄交付款人开户银行。

（4）对于军品托收，有驻厂军代表检验产品或有指定专人负责财务监督的，收款人还应当填制盖有驻厂军代表或指定人员印章（要在银行预留印模）的结算通知单，将交易单证和发运凭证装入密封袋，并在密封袋上填明托收号码。同时，在托收凭证上填明结算通知单和密封袋的号码，然后将托收凭证和结算通知单送交银行办理托收。没有驻厂军代表使用代号明件办理托收的，不填结算通知单，但应在交易单证上填写保密代号，按照正常托收办法处理。

（二）付款人开户行的处理

付款人开户行接到收款人开户行寄来的第三、四、五联托收凭证及相关单证时，应审查付款人是否在本行开户，所附单证的张数与凭证记载是否相符。对非属本行开户的托收凭证误寄本行的应代为转寄，并将情况通知收款人开户行。如不能肯定收款人开户行时，则退回原托收行。

审核无误的，在凭证上填注收到日期和承付期，手工登记"收到托收登记簿"同时填制内部记账凭证，将付款人应承付的款项计入"代收托收款项"科目。将第三、四联托收凭证专夹保管，将第五联托收凭证加盖结算专用章，连同交易单证一并及时交给付款人。

付款人开户行根据收付款人约定的验单付款或验货付款确定承付期限，在承付期限到期日次日开始营业时，视付款人账户存款余额及有无办理拒付手续，分别进行以下处理。

▶ 1. 全额付款的处理

（1）付款人在承付期满日开户行营业终了前，账户有足够资金支付全部款项的，付款人开户行应在次日上午（遇法定休假日顺延）从付款人存款账户扣划托收款项，以第三联托收凭证作为借方凭证，以第四联托收凭证作为发报依据，在第三联托收凭证上加盖核算用章。会计分录如下：

借：××存款科目

　　贷：待清算辖内往来

（2）转账后手工销记"发出托收承付/委托收款登记簿"，填制内部记账凭证，并销记表外应收托收款项，在内部记账凭证加盖核算用章。

（3）跨系统托收承付付款后，应按照"跨行款项，相互转汇"的办法办理。双设机构地区，第四联托收凭证填注支付日期，并加盖结算专用章及当地中国人民银行规定加盖的印章随转汇清单和划收凭证交转汇行。

▶ 2. 提前承付的处理

付款人在承付期满前通知银行提前付款，银行划款可按全额付款的手续办理。

▶ 3. 多承付的处理

付款人要求多承付托收款项时，应填制四联《托收承付、委托收款结算全部（部分）拒绝付款理由书》提交开户行。开户行审查《托收承付、委托收款结算全部（部分）拒绝付款理由书》及要素真实、完整、合规后，在托收凭证及收到托收登记簿备注栏注明多承付的金额。在《托收承付、委托收款结算全部（部分）拒绝付款理由书》第一、二联上加盖核算用章，第一联作为回单交给付款人；第二联作为借方凭证并以第三联托收凭证作为其附件；第三、四联寄送收款人开户行。第四联托收凭证作为辖内往来科目凭证的附件。

▶ 4. 逾期付款的处理

（1）付款人在承付期满日银行营业终了时，如无足够资金支付，其不足部分，即为逾期未付款项，按逾期付款处理。

（2）付款人开户行对付款人逾期支付的款项，应当根据逾期付款金额和逾期天数，按每天万分之五计算逾期付款赔偿金。逾期付款天数从承付期满日算起。承付期满日银行营业终了时，付款人如无足够资金支付，其不足部分，应当算作逾期1天，计算1天的赔偿金。在承付期满的次日（遇法定休日，逾期付款赔偿金的天数计算相应顺延，但在以后遇法定休假日应当照算逾期付款天数）银行营业终了时，仍无足够资金支付，其不足部分，应当算作逾期2天，计算2天的赔偿金，依此类推。银行审查拒绝付款期间，不能算作付款人逾期付款，但对无理由的拒绝付款而增加银行审查时间的,应从承付期满日起计算逾期付款的赔偿金。

(3)赔偿金实行定期扣付,每月计算一次,于次月3日内单独划给收款人。在月内有部分付款的,其赔偿金随同部分支付的款项划给收款人,对尚未支付的款项,月终再计算赔偿金,于次月3日内划给收款人;次月又有部分付款时,从当月1日起计算赔偿金随同部分支付的款项划给收款人,对尚未支付的款项,从当月1日起至月终再计算赔偿金,于第3月3日划给收款人。第3月仍有部分付款的,按照上述方法计扣赔偿金。

(4)赔偿金的扣付列为企业销货收入扣款顺序的首位。付款人账户余额不足全额支付时,应排列在工资之前,并对该账户采取"只收不付"的控制办法,待一次足额扣付赔偿金后,才准予办理其他款项的支付。

(5)付款人开户银行对付款人逾期未能付款的情况,应当及时通知收款人开户银行,由其转告收款人。付款人开户银行要随时掌握付款人账户逾期未付的资金情况,当账户有款时,必须将逾期未付款项和应付的赔偿金及时扣划给收款人,不得拖延扣划。在各单位的流动资金账户内扣付货款,要严格按照国务院关于国有企业销货收入扣款顺序的规定(即从企业销货收入中预留工资后,按照应缴纳税款、到期贷款、应偿付货款、应上缴利润的顺序)扣款;同类性质的款项按照应付时间的先后顺序扣款。

(6)付款人开户银行对不履行合同规定、三次拖欠货款的付款人,应当通知收款人开户银行转告收款人,停止对该付款人办理托收。收款人不听劝告,继续对该付款人办理托收,付款人开户银行对发出通知的次日起1个月之后收到的托收凭证可以拒绝受理,注明理由,退回原件。

(7)付款人开户银行对逾期未付的托收凭证,负责进行扣款的期限为3个月(从承付期满日算起)。在此期限内,银行必须按照扣款顺序陆续扣款。期满时,付款人仍无足够资金支付该笔尚未付清的欠款,银行应于次日通知付款人将有关交易单证(单证已进行账务处理或已部分支付的,可以填制应付款项证明单)在2日内退回银行。银行将有关结算凭证连同交易单证或应付款项证明单退回收款人开户银行转交收款人,并将应付的赔偿金划给收款人。对付款人逾期不退回单证的,开户银行应当自发出通知的第3天起,对尚未付清欠款的金额,每天处以万分之五但不低于50元的罚款,并暂停付款人向外办理结算业务,直到退回单证为止。具体处理手续如下。

① 付款人在承付期满日开户行营业终了前,账户无款支付的,付款人开户行应在托收凭证和登记簿备注栏分别注明"逾期付款"字样或注销登记簿并填制一式三联托收承付结算到期未收通知书(以支付结算通知书/查询查复通知书代,以下简称通知书),并加盖结算专用章。将第一、二联通知书寄收款人开户行;第三联通知书留存。当付款人账户有款时可以一次或分次扣款,将逾期付款的款项连同赔偿金一并划给收款人。会计分录同全额付款。

② 每月单独扣付赔偿金时,付款人开户行应填制特种转账借方凭证两联、特种转账贷方凭证一联,并注明原托收号码及金额,在转账原因栏注明第×个月逾期付款的金额及相应扣付赔偿金的金额,并在特种转账凭证上加盖核算用章。一联特种转账借方凭证作为借方凭证,另一联特种转账借方凭证作为回单交付款人,并在凭证备注栏注明第×个月扣付赔偿金的金额。一联特种转账贷方凭证作为贷方凭证。会计分录同全额付款。

③ 逾期付款期满,付款人账户不能全额或部分支付该笔托收款项,开户行向付款人发出索回单证的通知一式四联(以支付结算通知书/查询查复通知书代,以下简称通知书),并加盖结算专用章。一联通知书给付款人,一联通知书与第三联托收凭证一并留存备查,将两联通知书、第五联托收凭证及有关单证一并寄收款人开户行。

▶ 5. 部分付款的处理

(1) 在承付期满日开户行营业终了前，付款人账户只能部分支付款项的，付款人开户行应在托收凭证上注明当天可以扣付的金额。特种转账借方凭证两联、特种转账贷方凭证一联，并在凭证备注栏分别注明已承付和未承付的金额，批注"部分付款"字样并加盖核算用章。一联特种转账借方凭证作为借方凭证，另一联加盖核算用章作为回单交给付款人。会计分录同全额付款。

(2) 付款人开户行要随时掌握付款人账户余额，以便将未承付部分款项及时地分次划转到收款人开户行，同时应逐次扣收逾期付款赔偿金。其余手续与上述相同。最后清偿完毕，应在托收凭证上注明"扣清"字样，托收凭证作为借方凭证的附件，并销记"收到托收登记簿"。

▶ 6. 全部拒绝付款的处理

(1) 付款人提出拒绝付款时，必须填写一式四联《托收承付、委托收款结算全部（部分）拒绝付款理由书》并签章，注明拒绝付款理由，涉及合同的，应引证合同上的有关条款；属于商品质量问题，需要提交商品检查部门的检验证明；属于商品数量问题，需要提交数量问题的证明及有关数量记录；属于外贸部门进口商品，应当提交国家商品检验或运输等部门出具的证明。

付款人将《托收承付、委托收款结算全部（部分）拒绝付款理由书》、有关的拒付证明、第五联托收凭证及所附单证送交开户行。

(2) 付款人开户银行要严格按照支付结算办法有关托收承付拒绝付款的规定对付款人提出的拒绝付款进行认真审查。对拒绝付款的手续不全、依据不足、理由不合规定和不属于支付结算办法有关托收承付中七种可以拒绝付款情况的，以及超过承付期拒付或应部分拒付却提出全部拒付的，均不得受理。对于军品的拒付，银行不审查拒付理由。

(3) 对符合规定同意拒付的，必须经业务主管人员审查，金额较大的要报经主管行长（主任）批准后方可办理拒付。未经批准，任何人不得擅自受理拒付或自行拒付退票，受理拒付时应在拒付理由书上签注意见，由经办和业务主管人员签章，经行长（主任）审批的，应由其签章，并在托收凭证和登记簿备注栏注明"全部拒付"字样。

(4) 销表外账，将第一联拒付理由书加盖核算用章作为回单退交付款人，将第二联连同第三联托收凭证一并留存备查，将第三、四联连同有关拒付证明和第四、五联托收凭证及有关单证一并寄收款人开户行。

▶ 7. 部分拒绝付款的处理

(1) 付款人在承付期内提出部分拒绝付款时，应填制一式四联拒绝付款理由书并签章，连同有关的拒付证明、拒付部分商品清单送交开户银行。开户行应按照全部拒付的审查程序和要求审查。对不符合规定的不予办理拒付。对符合规定同意拒付的，依照全部拒绝付款的审查手续办理，并在托收凭证备注栏注明"部分拒付"的字样及部分拒付金额。

(2) 对同意承付部分，在各联拒付理由书上加盖核算用章，第一联拒付理由书作为回单交给付款人；第二联拒付理由书作为借方凭证，并将第三联托收凭证作为借方凭证附件；将第三、四联拒付理由书连同拒付部分的商品清单和有关证明一并寄收款人开户行。第四联托收凭证作为"辖内往来"科目凭证的附件。会计分录同全额付款。

(三) 收款人开户行办理托收款项划回的处理

▶ 1. 全额划回的处理

(1) 收款人开户行收报记账确认后，系统自动将托收款项计入收款人账户。

（2）收款人开户行打印一式两联资金汇划补充凭证或中国人民银行支付系统专用凭证，将留存的第二联托收凭证抽出同资金汇划凭证进行核对。在资金汇划凭证各联上加盖核算用章，第二联托收凭证作为资金汇划凭证记账联的附件，资金汇划凭证回单联作为收账通知交给收款人。同时手工核销发出托收登记簿，填制内部记账凭证销记表外应收托收款项，并在凭证上加盖核算用章。会计分录如下：

借：待清算辖内往来

贷：××存款科目

▶ **2. 多承付款划回的处理**

（1）收款人开户行接到付款人开户行第三、四联多承付理由书后，收款人开户行打印一式两联资金汇划补充凭证或中国人民银行支付系统专用凭证，抽出留存的第二联托收凭证，在备注栏注明多承付的金额。

（2）在资金汇划凭证各联上加盖核算用章，第三联多承付理由书作为资金汇划凭证记账联的附件，资金汇划凭证回单联及第四联多承付理由书交给收款人。会计分录同全额划回。

▶ **3. 逾期划回、无款支付退回凭证或单独划回赔偿金的处理**

（1）逾期划回参照部分划回的有关手续处理。对于单独划回赔偿金的，在留存的第二联托收凭证上注明第×个月划回的赔偿金的金额。

（2）收款人开户行在逾期付款期满后收到两联无款支付通知书和有关单证，经审核无误后，手工销记发出托收登记簿和"应收托收款项"科目分户账。同时抽出第二联托收凭证，并在该联凭证备注栏注明"无款支付"字样，然后将第四、五联托收凭证（部分无款支付系第四联托收凭证）及一联无款支付通知书和有关单证退给收款人。收款人在另一联无款支付通知书上签收，连同第二联托收凭证一并留存备查。会计分录同全额划回。

▶ **4. 部分划回的处理**

收款人开户行接到部分划回的款项信息，打印一式两联资金汇划补充凭证或中国人民银行支付系统专用凭证，并加盖核算用章，一联作为贷方记账凭证；另一联作为回单交给收款人。在第二联托收凭证和登记簿上注明部分划回的金额。最后清偿完毕，在第二联托收凭证上注明结算终了日期，并手工销记发出托收登记簿。会计分录同全额划回。

▶ **5. 全部拒绝付款的处理**

收款人开户行接到第四、五联托收凭证及有关单证和第三、四联全部拒绝付款理由书及拒绝证明，经核对无误后，抽出第二联托收凭证，并在该联备注栏注明"全部拒付"字样，销记发出托收登记簿和应收托收款项。将第四、五联托收凭证及有关单证和第四联拒付理由书及拒付证明退给收款人，第三联拒绝付款理由书由收款人签收后，连同第二联托收凭证一并留存备查。

▶ **6. 部分拒绝付款的处理**

收款人开户行接到通过实时清算系统或跨行支付系统划回的部分拒付的承付额，打印一式两联资金汇划补充凭证或中国人民银行支付系统专用凭证，并加盖核算用章，与第三、四联部分拒绝付款理由书及拒付部分的商品清单、证明核对相符后，抽出第二联《托收凭证》，并在该联备注栏注明"部分拒付"字样、日期和部分拒付金额。如部分拒付，将部分承付金额分次划回时，对划回的款项应参照部分划回的有关手续处理，并将每次划回的金额在托收凭证上注明。会计分录同全额划回。

（四）重办托收的处理

收款人对付款人无理拒绝付款的托收款项，如需委托银行重办托收，应填写四联重办托收理由书，将其中三联连同购销合同、有关证据和退回的原第四、五联托收凭证及交易单证一并送交开户行。经审查同意，手工登记发出托收登记簿，填制内部记账凭证更新表外"应收托收款项"科目，并在凭证上加盖核算用章。在第二联托收凭证上注明"重办"字样，将一联重办托收理由书与第二联托收凭证一并保管，然后将两联重办托收理由书连同第四、五联托收凭证，交易单证和有关证据邮寄付款人开户行。付款人开户行收到后，登记收到托收登记簿，同时应在第四联托收凭证上注明"重办"字样，将一联重办托收理由书与第三联托收凭证一并保管，交易单证和有关证据交给付款人。付款人在承付期内没有提出拒绝付款的，按照付款人开户行有关付款的手续处理；如付款人仍提出拒绝付款，按照付款人开户行有关拒绝付款的手续处理。

第八节　委托收款

一、委托收款的概念

委托收款是收款人向银行提供收款依据，委托银行向付款人收取款项的结算方式。收款人开户行受理后，需将结算凭证及债务证明邮寄给付款行（或付款人开户行），待款项收妥划回后，再收入收款人账户。从业务流程来看，委托收款属于双程结算方式。委托收款便于收款人主动收取款项，不受同城与异地及金额起点的限制。

按照委托收款结算款项的划回方式，分为邮寄和电报两种，由收款人选用。目前，不论客户委托电划或邮划，各行一律通过电子汇兑系统进行委托收款结算。

二、委托收款的基本规定

（1）委托收款在同城、异地均可以使用，适用于收款单位和个人凭已承兑的商业汇票、债券、存单等付款人的债务证明委托银行收取款项，以及同城公用事业费的收取。

（2）收款人办理委托收款应向银行提交托收凭证和有关的债务证明。

（3）付款人对收款人委托收取的款项需要拒绝付款的，可以办理拒绝付款。拒绝付款的，付款人应在收到托收凭证及债务证明或在收到通知日的次日起3日内出具拒绝证明。

（4）在同城范围内，收款人收取公用事业费，如水电、邮电、电话等费用，或根据有关规定，可以使用同城特约委托收款，但必须具有收付双方签订的经济合同，由付款人向开户银行授权，并经开户银行同意，报经当地中国人民银行批准才能办理。银行应从付款单位账户主动付款转入收款人账户。

三、委托收款业务的核算

（一）收款人开户行受理委托收款

▶ 1. 收款人提交托收凭证及债务证明

收款人签发托收凭证必须记载下列事项：①注明"委托收款"字样；②邮划或电划；③确定的金额；④付款人名称；⑤收款人名称；⑥委托收款凭据名称及附寄单证张数；⑦委托日期；⑧委托人（收款人）在第二联托收凭证上签章；⑨委托收款以银行以外的单位为付款人的，必须记载付款人的开户银行名称；⑩以银行以外单位为收款人的，必须记载收款人开户银行的名称；⑪未在银行开立账户的个人为收款人的，必须记载被委托的银行名称。委托收款凭证欠缺记载上述事项之一的，银行不受理。

托收凭证一式五联：第一联作为收款人开户银行给收款人的受理回单；第二联收款人开户银行作为贷方凭证；第三联付款人开户银行作为借方凭证；第四联付款人开户银行凭以汇款或收款人开户银行作为收账通知；第五联作为付款人开户银行给付款人按期付款的通知。

▶ **2. 收款人开户行审查、处理各联凭证**

（1）审查的主要内容：①托收凭证各栏要素是否齐全、完整、准确；②托收凭证所附的债务证明是否符合委托收款结算要求；③债务证明与托收凭证的金额是否相符；④债务证明名称与"委托收款"注明的债务证明的名称是否一致；⑤以商业承兑汇票办理委托收款的，要审查汇票承兑日期及有关背书是否符合规定；⑥收款人是否在第二联托收凭证上签章，签章是否与预留印鉴一致；⑦必要时，还应查验收付款人签订的购销合同。审查时间不得超过次日。

（2）审查无误后，在托收凭证第一联加盖受理凭证专用章退给收款人；依据托收凭证第二联登记发出托收登记簿，在第二联留存凭证上编号，第二联专夹保管；第三联加盖结算专用章，将托收凭证第三、四、五联连同有关债务证明（交易单证）一并寄交付款人开户行。

发出托收登记簿包括业务类型为发出委托收款和发出托收承付的业务明细。发出委托收款的种类包括发出商业承兑汇票委托收款业务、发出银行承兑汇票委托收款业务和发出的其他委托收款业务。

（二）付款人开户行办理付款

付款人开户行收到收款人开户行寄来的第三、四、五联托收款凭证及有关债务证明（交易单证）时，应审查：①是否属于本行应当受理的凭证；②委托收款凭证所附债务证明的种类、张数与凭证的记载是否相符；③托收凭证第三联上是否有联行结算专用章，是否真实有效。

审查无误后，在各联凭证上填注收到日期，依据第三、四联托收凭证逐笔登记收到托收凭证登记簿后专夹保管。收到托收登记簿中登记业务类型为收到商业承兑汇票托收、收到银行承兑汇票托收和收到其他托收的业务明细。付款人为单位的，将第五联托收凭证加盖结算专用章作为付款通知，连同单证一并及时交给付款人。

▶ **1. 付款人承认付款**

（1）银行作为付款人的，如银行承兑汇票的承兑行付款，收到托收凭证及债务证明，应在债务证明到期时办理付款手续，以第三联托收凭证作为借方传票（有关债务证明作为借方传票附件），打印贷方传票，会计分录如下：

借：应解汇款及临时存款——承兑申请人户

　　贷：待清算辖内往来

同时，销记"收到托收凭证登记簿"。

手工核算方式下，属于邮划的，编制联行邮划贷方报单及第四联托收凭证（填注支付日期）寄交收款人开户行；属于电报划款的，根据第四联托收凭证填制电划贷方报单，向收款人拍发电报。目前，均为向收款人开户行发送相关贷报业务信息。

（2）以银行以外的开户单位为付款人的，付款人应当按照规定及时通知开户银行付款，即付款人应于接到通知的当日通知银行付款，付款人在接到付款通知的次日起3日内未通知银行付款的，银行视同付款人同意付款。银行应当于付款人接到通知的次日起第4日上午营业开始，将款项划给收款人或持票人。如果第4日仍然在债务证明到期日之前的，银行应当于到期日付款。银行应根据付款人账户资金的情况分别进行处理。

① 付款人账户足够支付全部款项的，以第三联托收凭证作为借方传票（如留存债务证

明的，其债务证明和付款通知书作为借方传票附件)，打印贷方传票，会计分录如下：

借：单位活期存款——付款人户

贷：待清算辖内往来

同时，销记"收到托收凭证登记簿"，在"收到托收凭证登记簿"上填明转账日期。

向收款人开户行发送相关贷报业务信息。

② 付款人账户上没有资金或没有足够的资金支付全部款项的，即按无款支付处理，批注托收凭证和登记簿，填寄未付款项通知书。具体做法是：付款人开户行在付款期满日填制一式三联付款人未付款项通知书，并在托收凭证和登记簿备注栏内注明"无款支付"字样及退回日期，将通知书第一联和第三联委托收款凭证留存备查，将通知书第二、三联连同托收凭证第四联邮寄收款人开户行。付款人开户银行留存债务证明的，应当将债务证明一起退回收款人开户银行。

▶ **2. 付款人拒绝付款**

以开户单位为付款人的，付款人拒绝付款，必须在签收日次日起 3 天内，向开户银行提交一式四联拒绝付款理由书、第五联托收凭证及债务证明。银行不审查拒付理由，与第三联委托收款凭证核对无误后，在托收凭证和登记簿备注栏内注明"拒绝付款"字样，然后做如下处理：第一联拒付理由书加盖受理业务公章，作为回单退还付款人；第二联拒付理由书与第三联托收凭证一起留存备查；第三、四联拒绝付款理由书连同债务证明和第四、五联托收凭证一并挂号邮寄收款人开户银行。

银行作为付款人拒绝付款时，参照上述手续处理。

(三) 收款人开户行收到划回款项

收款人开户行收到付款人开户行发送的相关贷报业务信息，应将留存的第二联托收凭证抽出进行核对。经核对无误后，以第二联托收凭证(填转账日期)作为贷方传票，打印借方传票，会计分录如下：

借：待清算辖内往来

贷：单位活期存款——收款人户

收款人开户行转账后，销记"发出托收凭证登记簿"，将第四联托收凭证加盖转讫章作为收账通知交给收款人。

如果收款人开户银行接到付款人开户银行寄来的第三、四联未付款项通知书(或拒绝付款理由书)和所附第四联托收凭证及债务证明，经核对无误，应在原专夹保管的第二联托收凭证备注栏注明"无款支付"(或"拒绝付款")字样，销记"发出托收凭证登记簿"。然后将一联未付款项通知书(或拒绝付款理由书)与第二联托收凭证留存，另一联未付款项通知书(或拒绝付款理由书)、第四联托收凭证及债务证明退给收款人并由其签收。

第九节　国内信用证

一、国内信用证的相关概念

国内信用证是指开证行依照申请人的申请开出的，凭符合信用证条款的单据支付的付款承诺。

信开信用证是指开证行开出信用证、信用证修改书后，以邮寄的方式把信用证、信用证修改书送给通知行。

电开信用证是指开证行开出信用证、信用证修改书后，通过计算机网络，将信用证、信用证修改书等内容传递给通知行，并由通知行还原、打印信用证、信用证修改书等凭证。

开证申请人是指提出开立信用证申请，并承担支付信用证款项义务的法人或其他经济组织。

受益人是指有权收取信用证款项的法人或其他组织，一般为买卖合同的卖方。

信用证的开证行是指接受开证申请人的申请，开立国内信用证并承担审单付款义务的营业机构。

信用证的通知行是指受信用证开证行委托向受益人发出信用证通知书的营业机构。

议付行是指接受议付申请人申请，向受益人办理信用证议付的营业机构。

委托收款行是指按照信用证受益人委托，向信用证开证行办理委托收款的营业机构。

二、基本规定

（1）国内信用证为不可撤销、不可转让的跟单信用证。

（2）国内信用证只限于转账结算，不得支取现金。

（3）国内信用证必须以人民币计价。

（4）国内信用证适用于国内企业之间商品交易的信用证结算，开立国内信用证必须具有真实、合法的商品交易背景。

（5）国内信用证与作为其依据的买卖合同相互独立，银行在处理国内信用证业务时，不受买卖合同的约束。

（6）银行做出的付款、议付或履行国内信用证项下其他义务的承诺不受申请人与开证行、申请人与受益人之间关系的制约。

（7）受益人在任何情况下，不得利用银行之间或申请人与开证行之间的契约关系。

（8）在国内信用证结算中，各有关当事人处理的只是单据，而不是与单据有关的货物。

（9）信用证一经开出，不得更换受益人。

（10）开证申请人应具备以下条件：① 在银行开立人民币基本存款账户或一般存款账户，并依法从事经营活动的法人或其他经济组织；②资信良好，具有支付信用证票款的可靠资金来源和能力；③近两年在银行无不良贷款、欠息及其他不良信用记录。

（11）开证行公司业务部门应与开证申请人逐笔或一次性签订《国内信用证开证合同》，办理每笔业务时应要求开证申请人提交《国内信用证开证申请书》及《开证申请人承诺书》。需要申请人提供担保的，应按照银行担保管理规定及时办理有关手续。

三、业务处理

略。

本章小结

　　支付结算是指单位、个人在社会经济活动中使用票据、银行卡和汇兑、托收承付、委托收款等结算方式进行货币给付及资金清算的行为。按支付工具的不同，可以分为票据结算和非票据结算。票据是指银行汇票、商业汇票、银行本票和支票。非票据结算包括汇兑、委托收款、托收承付、银行卡和信用证结算等。

　　单位、个人和银行办理支付结算必须遵守支付结算原则，遵守结算纪律。在我国，目前支付结算实行集中统一和分级管理相结合的管理体制。办理结算必须使用中国人民银行统一规定的支付结算凭证和票据，按照《支付结算办法》的规定正确记载。

　　票据是出票人签发，由出票人自己或委托他人在见票时或在票据到期日无条件支付确定的金额给收款人或持票人的有价证券。狭义的票据是一个专用名词，专指汇票、本票和支票。票据的当事人指参加票据法律关系，享有票据权利、承担票据义务的人，可以分为基本当事人和非基本当事人。票据行为是能够产生票据上的债务关系的法律行为，包括出票、承兑、背书、保证等。其中，出票、背书是所有票据都有的票据行为，承兑、保证是商业汇票独有的票据行为。

　　汇票是出票人签发的，委托付款人在见票时或者在指定日期无条件支付确定的金额给收款人或者持票人的票据。汇票分为银行汇票和商业汇票。银行汇票是出票行签发的，由其在见票时按照实际结算金额无条件支付给收款人或者持票人的票据，其核算程序可以分为出票、付款、结清三个环节。商业汇票是企事业单位等签发的，委托付款人在付款日期无条件支付确定金额给收款人或持票人的一种汇票。按照承兑人的不同，商业汇票分为商业承兑汇票和银行承兑汇票。

　　本票是出票人签发的，承诺自己在见票时无条件支付确定的金额给收款人或者持票人的票据。依托小额支付系统办理银行本票业务，处理手续可以分为出票、付款、结清三部分。

　　支票是出票人签发的，委托办理支票存款业务的银行或者其他金融机构在见票时无条件支付确定的金额给收款人或者持票人的票据。支票分为现金支票、转账支票和普通支票。

　　汇兑是汇款人委托银行将款项汇给收款人的结算方式。汇兑的适用范围广，便于汇款人向收款人主动付款，其核算过程分为汇出行汇出款项和汇入行解付汇款两个阶段。

　　托收方式包括托收承付和委托收款两种。托收承付结算方式因为要求较高，符合使用要求的方可办理，否则不得使用，所以当前使用数量和频率较低。委托收款是收款人向银行提供收款依据，委托银行向付款人收取款项的结算方式。委托收款便于收款人主动收取款项，不受同城与异地及金额起点的限制。

本章习题

第八章
电子银行

学习目标

1. 掌握网上银行的定义，了解网上银行的基本规定。
2. 了解网上银行办理的主要业务。
3. 了解电话银行、手机银行的基本规定。

伴随当前网络信息技术的深入发展和金融市场的日益创新，电子银行业务已逐渐成为各大银行发展的焦点。电子银行是依靠先进的网络信息、电子技术，为客户提供的一种自助式金融服务，主要包括网上银行、自助银行、电话银行、手机银行等类型。随着网络技术的广泛应用及消费金融的日渐兴起，电子银行业不但通过创新消费模式拓展出全新的市场空间，而且逐渐对传统金融服务业形成不可忽视的挑战与冲击。为满足广大客户的需求，适应国际金融业的发展趋势，各商业银行都非常重视发展电子银行业务。

第一节 POS 业务

POS(销售点终端)是指具有通信功能，能够接收银行卡信息，并接收收银员的指令而完成金融交易信息和有关信息交换的设备。

一、收单账户的规定

(1) 非个体工商户不得使用个人银行结算账户作为收单账户。

(2) 个体工商户原则上应使用凭营业执照以字号或经营者姓名开立的单位银行结算账户作为收单账户。

(3) 对于无法提供单位银行结算账户的小商户，允许使用个人银行结算账户作为收单账户，但不得受理信用卡。

二、POS 消费

POS 消费是特约商户在出售商品或提供服务时，通过 POS 终端渠道完成消费者用卡付款的过程。会计分录如下：

借：个人借记卡存款

　　贷：清算资金往来——银联资金往来

借：清算资金往来——银联资金往来

　　贷：手续费收入

预授权是特约商户通过 POS 终端，根据持卡人预计支付金额向发卡机构索取付款承诺的过程。预授权完成是指特约商户对已取得预授权的交易，在预授权金额或超过预授权金额一定比例的范围内，通过 POS 等终端或手工方式完成持卡人付款的过程。会计分录同 POS 消费。

三、预授权撤销

预授权撤销是指特约商户在取得预授权后的有效期内，通过 POS 等终端或手工方式通知发卡机构取消付款承诺的过程。预授权完成撤销是指特约商户由于各种原因对已经成功的预授权完成交易，于当日当批主动发起的取消。会计分录如下：

借：个人银行卡存款——个人借记卡存款（红字）

　　贷：清算资金往来——银联资金往来（红字）

借：清算资金往来——银联资金往来（红字）

　　贷：手续费收入（红字）

四、消费撤销

消费撤销是指特约商户由于各种原因对已经通过 POS 联机完成的成功交易，于当日当批主动发起取消的过程。会计分录同预授权完成撤销。

五、退货

退货分为当日退货和隔日退货。对消费完成后当日当批次的全额退货，采用消费撤销处理；对当日当批次部分退货和隔日退货的，采用手工方式进行处理。会计分录如下：

借：个人银行卡存款——个人借记卡存款（红字）

　　贷：清算资金往来——银联资金往来（红字）

借：清算资金往来——银联资金往来（红字）

　　贷：手续费及佣金收入—— POS 手续费收入（红字）

预授权完成（手工）是指特约商户对已取得预授权交易，在预授权金额或超出预授权一定比例的范围内，通过差错处理平台以手工提交方式完成持卡人付款的过程。

第二节　网上银行业务

网上银行是指以互联网为主要媒介，为客户提供账户查询、转账结算、在线支付等金融服务的电子银行业务。网上银行业务包括企业网上银行业务和个人网上银行业务。

一、企业网上银行业务

企业网上银行业务是指银行通过互联网或专线网络，为企业客户提供账户查询、转账结算、在线支付等金融服务的网上银行业务。

企业网上银行业务主要包括定向汇款、网上外汇汇款、网上收款、集团理财、网上信用证、网上通知存款、网上协定存款、网上基金、国债、网上银行贵宾室、网上支付结算代理、网上代缴学费、银企互联、企业财务室、网上企业年金、网上委托贷款、网上票据、网上信息应答、定期存款、在线缴费、网上银财通、网上银企对账、网上银证转账、企业网上理财、企业网上银行代理实物黄金、集团国际结算与贸易融资集中处理、网上全球现金管理、会员与交易所转账等业务。

（一）基本规定

（1）企业网上银行业务的功能包括基本功能和特定功能。基本功能是指办妥基本注册手续就能使用的各项功能，包括账户管理、网上汇款、在线支付等；特定功能是指需要另行签署协议或另行审批开通后方可使用的业务功能，包括贵宾室、网上支付结算代理、网上收款、网上信用证、网上票据和账户高级管理等。

（2）企业网上银行服务对象为通过开立账户等方式与银行建立业务关系、信誉良好的企业客户。如无特殊说明，本书中的客户是指已在银行开立账户的客户。企业网上银行客户分为一般客户和集团客户。一般客户是指没有开设任何分支机构的企业或总部不需要通过网上银行查询、管理分支机构账户，也不需要从分支机构账户转出资金的企业客户。集团客户是指总部通过开立账户等方式与银行建立业务关系，其分支机构也在银行或合作银行营业网点开立结算账户，且总部需要通过网上银行查询、管理分支机构账户，或从分支机构账户划转资金的企业客户。

（3）企业网上银行客户的身份认证采用客户证书认证机制。

（4）办理企业网上银行业务应按相关规定做好柜员管理、参数维护、收费管理等工作。

（5）办理企业网上银行业务的网点根据业务分工不同，分为开户网点、业务代理网点、证书代理网点和打印代理网点。

开户网点是指客户的账户开立网点。开户网点负责受理客户提交的有关申请材料并进行审批，收取客户证书工本费等有关费用，发放企业客户证书、处理主机或报表返传系统中的网上银行交易指令等。

业务代理网点是指负责被代理开户网点客户注册资料录入及维护等业务的网点（部门）。具备电子验印系统的业务代理网点可承担开户网点的客户资料审核等职责，直接受理所代理开户网点企业客户的注册变更申请。

证书代理网点是指负责被代理开户网点客户证书制作等相关业务的网点（部门）。

打印代理网点是指负责被代理开户网点网上银行内部管理系统电子付款指令打印和批复等工作的网点（部门）。

（二）业务受理要点

▶ 1. 网上银行注册

（1）一般客户注册。客户申请注册企业网上银行应向开户网点提交注册申请表，开户网点与客户签订电子银行企业客户服务协议，收取手续费，会计分录如下：

借：库存现金或其他科目

　　贷：手续费及佣金收入——网上银行业务收入

审批工作应在收到客户申请后的 2 个工作日内完成。客户申请材料未审核通过的，应将全部申请材料退还客户。业务代理网点根据申请表录入客户注册信息资料，打印客户信息表作为制证依据。注册信息录入工作应在收到开户网点提交的申请材料后的 2 个工作日内完成。

（2）集团客户注册。集团总部的开户网点、业务代理网点按照一般客户注册的规定办理申请审批、注册信息录入等工作。集团客户注册使用网上银行，应提供其分支机构的《电子银行客户授权书》。集团客户分支机构的业务代理网点应在每个工作日查询并及时打印《电子银行客户授权书》。集团客户分支机构的业务代理网点应在 1 个工作日内完成《电子银行客户授权书》授权批复工作。

▶ **2. 客户注册信息变更**

客户注册信息变更内容包括开通或撤销特定业务功能，增删分支机构或分支机构账号，续交证书年服务费，变更客户证书权限，客户证书新增、作废、挂失、解挂、更换、展期及密码重置等。

客户主申请账户户名或账号发生变更的，一般应先注销，再重新办理注册手续。户名或账号变更后的客户能够继承变更前客户所有与网上银行相关的权利义务。

▶ **3. 网上银行的注销**

客户如需进行网上银行的注销，应向开户网点提交申请，业务代理网点依据申请表办理注销手续，申请表送监督中心。客户证书和读卡器由客户自行处理。客户主动撤销银行结算账户的，或因被撤并、解散、宣告破产等原因而撤销主申请账户的，或者存在违反《银行电子银行企业客户服务协议》情况的，开户网点在其负责人批准后，应删除该客户企业网上银行注册账户或注销其企业网上银行。

▶ **4. 定向汇款**

定向汇款是银行通过网上银行为企业客户提供的向指定收款账户付款的业务。

▶ **5. 网上外汇汇款业务**

网上外汇汇款业务是银行通过网上银行向企业客户提供的境内、银行系统内外汇汇款业务。

▶ **6. 网上收款业务**

网上收款业务是指在银行开立结算账户的收费单位通过网上银行主动收取其企业或个人客户（以下简称缴费客户）各类应交费用的业务。网上收款业务根据缴费客户的不同分为批量扣企业业务与批量扣个人业务。收费单位可同时开通以上两项业务。为收费单位开通网上收款业务，必须直接取得缴费客户的授权。

▶ **7. 集团理财业务**

集团理财业务是银行通过网上银行为集团客户提供的集团内部资金上收、下拨与平调等业务。

▶ **8. 网上信用证业务**

网上信用证业务是银行通过网上银行向企业客户提供的进口信用证开证与修改申请、进口信用证查询、出口信用证查询等业务。

▶ **9. 网上通知存款业务**

网上通知存款业务是银行通过网上银行向企业客户提供的通知存款开立、通知支取等业务。网上通知存款的种类、金额限定和计息标准与营业网点通知存款业务相同。网上开立的通知存款可到营业网点补打实物证实书。补打实物证实书后，该通知存款即转为营业网点开立的通知存款；营业网点开立的通知存款只能在网上银行进行查询。

▶ **10. 网上协定存款业务**

网上协定存款业务是指客户在线通过指定结算账户开立协定存款账户，当指定结算账户中的存款超过或不足指定存款额度时，由银行自动在指定结算账户和协定存款账户间划转资金,并按不同利率计付利息的一种人民币存款业务。

此外,网上银行还有网上银行贵宾室业务、网上支付结算代理业务、网上代缴学费业务、银企互联业务、企业财务室业务、网上企业年金业务、网上委托贷款业务、网上票据业务、网上信息应答业务、定期存款业务、在线缴费业务、网上银企对账业务、网上银证转账业务、企业网上理财业务、网上金融期货转账业务等。

网上银行的账务处理的会计分录及资金清算的会计处理与 POS 业务相同。

二、个人网上银行业务

个人网上银行业务是指通过银行互联网,为个人客户提供账户查询、转账汇款、投资理财、在线支付等金融服务的网上银行业务。

(一)基本规定

(1)个人网上银行客户分为注册客户和非注册客户两大类。注册客户按注册方式分为柜面注册客户和自助注册客户,按身份确认方式分为自设密码客户、动态密码客户和证书客户。动态密码字符信息的存储介质为电子银行口令卡,客户证书的存储介质为 U 盾。电子银行口令卡和 U 盾统称身份确认工具。

(2)个人网上银行根据注册方式和申请项目的不同,为客户提供相应业务功能,包括账户管理、个人理财、转账汇款、在线缴费、外汇买卖、网上保险、网上证券、网上黄金、信使服务、个人质押贷款,以及 B2C、C2C 在线支付等。

(3)客户通过网上银行办理向非本人注册账户转移资金等风险较高业务时,应使用 U 盾或电子银行口令卡进行身份认证,办理投资理财等业务时可以选择使用 U 盾或电子银行口令卡进行身份认证。使用 U 盾可以办理单笔金额 1 000 元、日累计金额 5 000 元以上的大额支付业务;使用密码办理的支付业务,其支付限额按中国人民银行和中国银行业监督管理委员会的相关规定及银行风险控制需要进行设置。

(4)客户应凭在本地开立的银行卡办理网上银行的注册。客户在柜面申请注册网上银行业务,必须申领 U 盾或电子银行口令卡。

(5)客户注册网上银行后,可将本人其他未注册网上银行的账户介质添加为网上银行注册账户。通过网上银行自助添加账户介质应进行 U 盾签名。

(6)各行应在各城市为个人网上银行汇款、基金、国债、个人网上质押贷款、网上保险等业务分别指定业务集中代理网点,负责相应业务的核算、对账、错账查找、可疑指令处理等工作。在满足业务处理条件时,可设置为同一网点。

(7)客户通过个人网上银行除可实时办理业务外,还可预约办理转账汇款、缴费等业务。

(二)业务处理

▶ 1. 客户注册

客户在申请注册个人网上银行时,应提供申请人本人有效身份证件和所需注册的账户介质,填写电子银行个人客户注册申请表,并与银行签订电子银行个人客户服务协议。

客户同时申请开立账户和注册个人网上银行的,应填写相应申请表,营业网点在办妥账户开户手续后为其注册网上银行。

年满 18 周岁的客户办理个人网上银行注册、变更业务应由客户本人办理,严禁他人代为办理;不满 18 周岁的客户应由其监护人代为办理,办理时应出具客户本人所需注册的账户介质、客户本人和监护人的有效身份证件,以及证明其监护关系的户口簿或当地公安机关出具的其他有效证明材料。

▶ 2. 客户注册信息变更

客户注册信息变更包括对注册账户、功能权限、认证方式等的变更。客户申请变更时，应填写电子银行个人客户变更(注销)事项申请表并提供本人身份证件。

柜员应认真审核申请表内容，核对客户身份，并验证账户是否为客户本人所有。办理增加账户业务时，必须验证原账户与新增账户是否为客户本人所有，且验密时使用的原账户必须为客户在柜面注册的账户。

▶ 3. 客户注销

客户到营业网点申请注销时，应填写电子银行个人客户变更(注销)事项申请表，并提供本人有效身份证件。客户委托他人办理注销手续的，还应提供被委托人身份证件和委托书。

柜员认真审核申请表内容并核对客户身份后，为客户办理网上银行注销。委托他人办理注销手续的，网点经办柜员还应审核被委托人身份证件和委托书。

▶ 4. 个人客户证书

个人客户申领 U 盾的应到营业网点办理。柜员审核客户提供的本人身份证件和账户介质(如银行卡、存折等，下同)后，向客户收取证书工本费，启用并发放 U 盾。U 盾的启用和发放必须换人审核。

个人客户申领电子银行口令卡应到营业网点办理。审核客户提供的本人身份证件和账户介质无误后，向客户收取电子银行口令卡工本费，启用并发放电子银行口令卡。

▶ 5. 可疑指令处理

个人网上银行可疑指令是指因通信故障等原因导致处理状态不明确的业务指令。

个人网上银行可疑指令包括汇款可疑指令、代缴学费可疑指令、工行信使缴费可疑指令、证书自助缴费可疑指令、个人质押贷款可疑合同指令、网上个人跨境汇出汇款可疑指令等。

▶ 6. 网上个人理财业务

网上个人理财业务是银行通过网上银行向个人客户提供的理财产品购买、赎回、终止及信息查询等服务的业务。

▶ 7. 网上协议转账业务

网上协议转账业务是银行通过网上银行为个人客户提供的协定金额转账、预约周期转账、T+0 理财等服务的业务。办理网上协议转账业务必须持有 U 盾。

▶ 8. 网上外汇买卖业务

网上外汇买卖业务是银行为网上银行注册客户提供的在线办理外汇买卖交易服务的业务。网上外汇买卖分为实盘交易和保证金交易。

▶ 9. 网上证券业务

网上证券业务是业务银行与证券机构等单位合作，通过网上银行为个人客户提供的第三方存管、银期转账、基金、国债交易等业务。个人客户办理网上证券业务，应在银行办理第三方存管、银期转账、基金、债券等相关业务的开户手续。

▶ 10. 网上保险业务

网上保险业务是银行代理保险机构为个人注册客户提供的在线投保、续期缴费、保单查询等服务的业务。

▶ 11. 网上个人贷款业务

网上个人贷款业务是银行通过网上银行或门户网站为个人客户提供的在线办理质押贷款、在线申请其他个人贷款及在线申请贷款期限、还款方式等要素变更服务的业务。客户办理网上个人质押贷款业务必须使用 U 盾。

网上个人质押贷款的质物可以为网上银行注册账户中的无折定期存款、记账式国债、储蓄国债(凭证式),以及银行规定可以出质的其他财产权利,贷款的到期日不得晚于质物的到期日。

客户通过网上银行渠道提交的个人住房贷款、个人商用房贷款、汽车消费贷款、综合消费贷款等贷款在线申请和贷款期限、还款方式等要素变更在线申请等业务指令,须按照柜面业务处理流程办理。

▶ 12. 网上个人跨境汇出汇款业务

网上个人跨境汇出汇款业务是指银行为个人网上银行客户提供的,向境外或港澳台地区收款人汇出外汇资金的业务。网上个人跨境汇出汇款的汇出账户必须为客户本人网上银行注册卡中的活期多币种钞户或汇户,汇款手续费缴款账户必须为注册卡中的人民币账户,客户汇款时须使用 U 盾对汇款指令进行数字签名。

网上个人跨境汇出汇款业务实行交易限额控制,汇户和钞户的单笔汇出最大金额均为等值 2 000 美元(不含)、每日累计汇出最大金额均为等值 10 000 美元(不含)。客户汇出汇款时,如选择钞户作为付款账户,系统将自动进行钞转汇,并收取钞转汇差价费(差价费＝现汇卖出价－现钞买入价)。

▶ 13. 网上个人跨境汇入汇款业务

网上个人跨境汇入汇款业务是指 VISA 国际卡持卡人在发卡行开通 VBV(Verified By VISA)功能,预留密码和验证信息后,利用银行门户网站提供的汇入汇款功能,向在银行开户的个人汇入人民币的业务。汇款人以可自由兑换货币与发卡行结算,银行按照汇款人所汇人民币金额为收款人解付汇款,并以等值美元通过 VISA 国际组织与发卡行进行清算。

网上个人跨境汇入汇款业务实行交易限额控制,单笔汇款最低限额 1 000 元人民币,单笔汇款最高限额 15 000 元人民币,付款账户的日累计汇款限额 100 000 元人民币,收款账户日累计收款限额 100 000 元人民币。

除以上业务之外,个人网上银行还可以办理网上小额账户销户业务、网上账户黄金买卖业务、银行卡自动还款业务、网上代理实物黄金业务、网上托管账户业务、网上境内个人售汇业务、网上纳税业务等。

网上银行的账务处理及资金清算的会计分录与日常的业务处理相同。

第 三 节　电 话 银 行

电话银行是指使用计算机电话集成技术,利用电话自助语音服务和人工服务方式为客户提供业务咨询、账户查询、转账汇款、投资理财、代理业务等金融服务的电子银行业务。银行使用统一的电话号码,提供 24 小时对外服务。电话银行业务包括个人转账业务、个人行内汇款业务、基金业务、国债业务、外汇买卖业务、黄金业务、银期转账业务等。

自助语音服务是指客户按照电话银行语音提示,通过电话键盘选择服务功能,并输入业务处理所需要的各项数据,自助完成业务处理的服务方式。人工服务是指由业务代表通过电话为客户提供业务咨询、代客操作等服务的方式。电话银行客户按客户类型不同分为个人客户和企业客户,按注册方式不同分为自助注册客户和柜面注册客户,按注册卡类型不同分为信用卡客户和非信用卡客户。个人电话银行业务根据客户类型、注册方式、注册卡类型和申请项目的不同，为客户提供相应业务功能。企业电话银行业务包括账户服务、传真服务、客户服务、金融信息、票据业务、企业年金业务等。

一、基本规定

（1）客户通过电话银行办理小额账户的销户，应知悉并确认《银行小额账户电话销户须知》。

（2）各级行通过电话银行开办个人转账汇款业务，其服务对象应限定于电话银行柜面注册客户，转入账户应限于客户注册卡内相关账户或客户在柜面设定的约定转账账户；若客户设定的约定转账账户不是本人账户，则不得通过电话银行对该户进行查询和转出资金等操作。

（3）通过电话银行开办外汇买卖、基金、国债、黄金买卖等投资业务，其服务对象应限定于电话银行注册客户，且仅能为本人购买。

（4）各级行通过电话银行开办代理缴费、B2C 在线支付业务，业务种类必须为受益人明确且可追溯的业务。

（5）各级行通过电话银行开办代理保险业务，其服务对象应限定于电话银行注册客户，且保险投保人与被保险人必须为注册客户本人。

（6）客户通过电话银行办理转账、缴费、在线支付等业务的交易限额由总行按我国相关监督管理部门的规定及银行风险控制需要统一设定。如需采用特殊交易限额方式开展在线支付或缴费业务，必须事先将具体业务申请事项逐级报总行批准。

二、业务处理

（一）企业电话银行

客户申请注册开通企业电话银行应向其开户网点提交电子银行企业客户注册申请表，与客户签署电子银行企业客户服务协议。

（二）个人电话银行

客户注册个人电话银行业务的，按照个人网上银行注册相关规定办理。个人客户电话银行注册信息变更包括对注册账户、功能权限等的变更。

客户变更、注销个人电话银行业务的，按照个人网上银行变更、注销相关规定办理。

相关业务的会计分录同网上银行。

第 四 节 ┃ 手 机 银 行

手机银行业务包括手机银行短信业务、手机银行 STK 业务等。

手机银行短信业务是指银行按照客户通过手机发送的短信指令，为客户办理查询、转账、汇款、捐款、消费、缴费等业务，并将交易结果以短信方式通知客户的金融服务方式。

手机银行 STK 业务是指银行通过移动通信网络，为具有专用 STK 卡的手机客户提供账户查询、转账、缴费付款等金融服务的电子银行业务。

一、基本规定

（一）手机银行短信业务

（1）非注册客户只能办理查询公共信息业务；自助注册客户只能办理查询账户信息和公共信息、捐款等业务；柜面注册客户可以办理各项手机银行业务。

（2）应指定一个集中代理网点，负责客户注册信息查询、手机银行短信支付指令查询和可疑支付指令处理等业务。手机银行短信可疑支付指令处理与个人网上银行相应业务的处理一致。

（3）各行应在各城市指定一个集中收费网点，负责核算由总行划转的手机银行短信业务信息服务费收入。

（4）凡在银行开立账户，并持有由银行合作移动通信运营商提供号码的手机的个人客户均可申请成为手机银行短信业务注册客户。

（5）客户注册手机银行短信业务的，按照个人网上银行注册相关规定办理。

（6）手机银行短信业务客户注册信息变更包括对注册账户、功能权限、认证方式等的变更。客户变更、注销手机银行短信业务的，按照个人网上银行变更、注销相关规定办理。

（二）手机银行 STK 业务

（1）手机银行 STK 业务服务对象为银行卡的持卡人。

（2）客户注册、变更、注销手机银行 STK 业务的，按照个人网上银行注册、变更、注销相关规定办理。

二、业务处理

（1）手机银行短信转账、汇款、捐款等业务的后台资金汇划、报表打印、对账、错账查找、手续费核算等工作与个人网上银行转账、汇款、B2C 等相应业务的核算处理一致。

（2）银行开办手机银行短信缴费业务，应与收费企业签订代理缴费协议，协议须经本行法律事务部门审核。已签署中间业务代理协议中的相应条款可同等适用。

（3）相关业务的会计分录同网上银行。

本章小结

电子银行业务是指通过网络和电子终端为客户提供自助金融服务的离柜业务。电子银行业务服务对象应为与银行有业务往来、信誉良好的个人和企业客户。电子银行主要包括网上银行、电话银行、手机银行业务等。办理电子银行业务应遵循"事权划分、岗位牵制"的原则。柜员管理、参数设置、客户注册（变更）、证书管理、落地指令处理等业务应进行审核授权。各类柜员岗位设置要确保操作权限和授权权限相互分离，并建立明确的岗位职责。

本章习题

第九章
外汇业务

学习目标

1. 理解并掌握外币业务核算的特点，外币分账制的含义、内容和方法。
2. 掌握"外汇买卖"科目的使用、"外汇买卖"科目传票和账簿的编制方法。
3. 掌握外汇存款、国际结算业务及国际贸易融资的核算手续。

我国的外汇业务由经批准的外汇指定银行经营。金融企业做好外汇业务的经营与核算工作，不仅对扩大商业银行经营范围与规模、改善收益结构具有重要意义，而且对于促进国际间经济交往、扩大进出口贸易具有重要作用。外汇业务与本币业务在核算环节和核算方法等方面都存在区别。随着我国经济的发展，外汇买卖、国际结算、国际贸易融资等都将会有大的发展。

第一节 外汇业务概述

一、外汇

（一）外汇的含义

《中华人民共和国外汇管理条例》中将外汇定义为："外汇是指以外币表示的可以用作国际清偿的支付手段和资产，包括外币现钞、外币支付凭证或者支付工具、外币有价证券、特别提款权和其他外汇资产。"

（二）外汇的种类

按照不同的标准，外汇可以划分为不同的种类。

按照外汇的形态，可以分为现钞和现汇。按照外汇的来源和用途，可以分为贸易外汇和非贸易外汇。贸易外汇是指来源于或用于进出口贸易的外汇，即由于国际间的商品所形成的一种国际支付手段。非贸易外汇是指贸易外汇以外的一切外汇，即一切非来源于或非用于进出口贸易的外汇，如劳务外汇、侨汇和捐赠外汇等。

按照外汇的交割期限，可以分为即期外汇和远期外汇。即期外汇又称现汇，是指在外汇买卖成交后2个营业日内进行交割的外汇。远期外汇又称期汇，是指按远期外汇合同约定的日期在未来办理交割的外汇。远期外汇的交割期限多数是1～6个月，也可长达1年以上。

按照外汇能否自由兑换，分为自由外汇和非自由外汇。自由外汇是指无需货币发行国货币管理当局批准，就可以随时自由兑换成其他国家的货币或者向第三国办理支付的外汇，如美元、欧元、日元、瑞士法郎、港元等。非自由外汇是指不经货币发行国货币管理当局批准，不能自由兑换成其他货币或对第三国进行支付的外汇。

二、汇率

(一) 汇率及其标价方法

汇率又称汇价、牌价或外汇行市，是指一国货币折算成另一国货币的比率，或者说是一国货币相对于另一国货币的价格。

将两国货币兑换比率表示出来的方法叫汇率标价法，目前国际上使用的汇率标价方法有两种：直接标价法和间接标价法。直接标价法是指以一定单位的外国货币作为标准，折算成若干单位的本国货币来表示汇率，如 USD100＝RMB683。包括我国在内的世界上大多数国家都采用直接标价法，其特点是当汇率发生变动时，作为标准的外国货币不变，本国货币数额发生相应变化。间接标价法是指以一定单位的本国货币为标准，折算成若干单位的外国货币来表示的汇率。英国一直采用间接标价法，美国从1978年9月1日也改用间接标价法，但美元对英镑等少数货币则使用直接标价法。间接标价法的特点是当汇率发生变化时，作为标准的本国货币不变，外国货币的数额发生相应的变化。

(二) 银行买卖外汇使用的汇率

从银行买卖外汇的角度划分，汇率可分为五种：钞买价、汇买价、钞卖价、汇卖价和中间价。

钞买价是指银行向客户买入外汇现钞时使用的汇率；汇买价是指银行向客户买入外汇时使用的汇率；钞卖价是指银行卖出外汇现钞时所使用的汇率；汇卖价是指银行向客户卖出外汇时使用的汇率；中间价是指外汇买入价和卖出价的平均价，通常用作银行间的外汇买卖。其中，钞买价略低于汇买价，钞卖价和汇卖价相同。

三、外汇业务的核算

(一) 外汇分账制

银行经营外汇业务涉及外币和本币之间的交易。本外币的货币单位既不相同，货币价值又不一致，因此银行的外汇业务除以本币为计量单位外，还要以外币为计量单位，以核算和监督各种不同币种的外币收、付情况。金融企业会计制度规定，金融企业外汇业务可以采用统账制核算，也可以采用分账制核算。为了适应这种核算和监督本、外币资产负债增减变化及其结果的需要，就必须采用专门的核算方法，银行一般采用外汇分账制对外汇业务进行核算。

外汇分账制又称原币记账法，就是在业务发生时，对有人民币外汇汇率的外币，都直接按原币币种分账核算，每种外汇从明细核算到综合核算都自成一套独立的账务系统，每一种分账货币都按原币金额填制凭证，记载账簿。

日常核算时，以各种原币分别设账，即人民币与各种外币分别设账。也就是说，各种外币都自成一套独立的账务系统，平时每一种分账货币都按原币金额填制凭证、记载账簿、编制报表，国内银行间进行外汇划转也应填制原币报单、记原币账，如实反映各外币的数量和价值。

年终并表，以本币统一反映经营状况和成果。年终决算时，各种分账货币应分别编制各外币和人民币资产负债表。各外币资产负债表应按照年终决算牌价折合人民币，然后与原人民币资产负债表汇总合并成各货币合并的资产负债表。

(二) 科目设置

为了核算外汇业务，设置"外汇买卖"科目，该科目为资产负债共同类科目，是由外汇业务会计采用外汇分账制的特点决定的。根据复式记账原理，为了保持账务平衡，凡因外汇业务活动而发生的两种或两种以上货币相互兑换时，必须通过"外汇买卖"这个特定的科目进行核算，在本币账和外币账上同时等值反映。买入外汇时，"外汇买卖"科目外币金额记贷方，人民币金额记借方；卖出外汇时，"外汇买卖"科目外币金额记借方，人民币金额记贷方。从余额来看，如果外币为贷方余额，人民币为借方余额，则表示买入外汇大于卖出外汇；如果外币为借方余额，人民币为贷方余额，则表示买入外汇小于卖出外汇。

需要注意的是，"外汇买卖"科目虽然定性为资产负债共同类科目，但是它不具有资产负债共同类科目的性质，其使用方法、余额的结计方法，以及余额性质均不同于其他资产负债共同类科目，仅仅是本外币兑换的桥梁。

根据目前银行业务经营的需要，"外汇买卖"科目一般设经常项下和资本项下两个分户账，经常项下的账户核算企业进行贸易结算和非贸易结算，如果是贸易结算还应设置关联方账户，即待核查账户；资本项下的账户核算企业、单位办理国际投资等业务时使用。

"外汇买卖"科目总账使用的是一般总账的格式，按币种分别设置，每日营业终了根据科目日结单登记总账发生额，然后结出本日余额。

根据外汇管理局的规定，我国外汇指定银行经营的外汇业务主要包括：①外汇存、贷款；②外汇汇款、外币兑换和国际结算；③同业外汇拆借、外汇票据的承兑与贴现；④外汇借款、外汇担保；⑤结汇、售汇；⑥发行或代理发行股票以外的外币有价证券、买卖或者代理买卖股票以外的外币有价证券等。

第 二 节　代客外汇买卖业务

代客外汇买卖业务是指银行接受客户委托，依据其委托指示买入或卖出外汇的经营活动。代客外汇买卖业务按客户对象分为单位和个人外汇买卖，按种类分为即期和远期外汇买卖。远期外汇买卖业务属于衍生金融工具业务，因篇幅所限不加论述。

代单位即期外汇买卖业务是指银行接受依法成立的企事业法人的委托，为使其达到避险、保值的目的，将其所拥有的一种外国货币转换成另一种外国货币，并于成交日后 2 个工作日内按成交时的汇率实行交割的交易行为。

代个人即期外汇买卖业务是指银行接受居民个人的委托，将其合法拥有的外汇存款、外币现钞，利用国际市场上的外汇汇率波动，把一种外国货币转换成另一种外国货币，以避免汇率风险，达到使外汇保值、增值目的的行为。

银行根据所辖行每天外汇买卖所买入或卖出的各币种外汇汇总，按币种轧差后及时平盘。当甲币种为长头寸，乙币种为短头寸时，应卖出甲币种长头寸，买进乙币种短头寸；反之，亦然。

一、基本规定

（一）代单位即期外汇买卖业务

银行开办代客外汇买卖业务须报中国人民银行审批备案。即期外汇买卖交割日分三种类型：标准交割日，在交易成交后的第二个工作日交割；次日交割，在交易成交后的第一个工作日交割；当日交割，交易成交与交割同日进行。

单位外汇买卖有四种方式：现钞兑换现汇是指一种外币的现钞兑换成同一币别或另外一种外币的现汇的交易；现汇兑换现汇是指不同外币币种的现汇之间的折算；现钞兑换现钞是指不同外币币别的现钞之间的折算；现汇兑换现钞是指一种外币的现汇兑换成另一种外币的现钞的交易。

（二）代个人即期外汇买卖业务

银行对个人外汇买卖实行"现钞买卖现钞、现汇买卖现汇"的原则。目前，银行个人外汇买卖币种包括美元、日元、港币、英镑、欧元、加元、澳元、瑞士法郎等可自由兑换币种。

个人申请办理即期外汇买卖业务可选择柜台、非柜台交易方式。非柜台交易包括电话银行交易、多媒体终端交易和网上银行交易。电话银行交易是指客户在银行开立电话银行账户后，在规定的交易时间内，使用电话机通过银行电话交易系统，提示客户自己按键操作进行的个人外汇买卖。

多媒体终端交易和网上银行交易是指客户利用放置在银行各营业网点的多媒体计算机或个人计算机，通过互联网等各种方式，与银行的网上银行服务系统联结而进行的个人外汇买卖交易。

客户可持有效身份证件及外币现钞或外币存单、存折、银行卡等以柜台交易方式办理即期外汇买卖业务。需要通过电子银行手段办理外汇买卖业务的客户，须办妥电子银行相关注册手续后，方可进行交易。如接受客户的电话委托，应安装录音电话设备，以备查询。

个人外汇买卖柜台交易方式仅限于成交即时交割的实时交易和委托交易，不接受远期外汇买卖委托，客户账户不得透支。

客户选择个人外汇买卖柜台交易，必须填写个人外汇买卖申请书，同时提供本人身份证（代理人须同时出示本人及被代理人的有效证件）和现钞或资金账户折、卡。

（三）外汇买卖平盘

资金交易员应根据国际市场汇率波动情况，选择合适的汇率通过总行或境外金融市场抛出或购入外汇资金，以规避汇率风险。在境外直接进行外汇买卖平盘，必须经过总行授权同意。外汇买卖平盘由全功能银行系统自动处理。发生人工平盘时，账务处理部门必须根据资金部门提供的经有权人签章的外汇买卖交易委托书、交易确认书等进行外汇买卖平盘的账务处理。

二、业务处理

（一）代单位即期外汇买卖业务

经办行柜面办理代单位外汇买卖业务时，应认真审核单位提供的有效单据、外币付款凭证及外币付款凭证上的预留银行印鉴，并落实单位外汇资金。

外汇买卖汇率选择当日公布的标准汇率或资金部门提供的浮动、特殊汇率，套汇方式选择"境内/境外套汇"。境内套汇是指外汇间折算通过人民币牌价过渡；境外套汇是指外汇间折算时采用国际市场汇率，根据两种外币在国际市场上的价格直接进行交易。

当现钞折现钞或现汇折现钞时，若折算出的现钞无相应的券别时，将该外汇零头折算成人民币支付给客户。业务处理后打印的外汇会计凭证加盖核算用章，外币付款凭证作为外汇会计凭证的附件。以单位卖出甲币种、买入乙币种，境内套汇为例，会计分录如下：

借：单位活期存款——某单位户（甲币种）

或

借：库存现金（甲币种）

贷：外汇买卖——外币兑换（甲币种）

借：外汇买卖——外币兑换（乙币种）

贷：单位活期存款——某单位户（乙币种）

或

贷：库存现金（乙币种）

【例9-1】6月18日，某商业银行应某客户的要求，将1万美元现汇兑换为等值日元现汇。当日的汇率为 USD100＝RMB660，LPY100＝RMB6。商业银行核算的会计分录如下：

借：单位活期存款——某客户 　　　　　　　　　　　　　　USD100 000

贷：外汇买卖——外币兑换 　　　　　　　　　　　　　　　USD100 000

借：外汇买卖——外币兑换 　　　　　　　　　　　　　　　RMB66 000

贷：外汇买卖——外币兑换 　　　　　　　　　　　　　　　RMB66 000

借：外汇买卖——外币兑换 　　　　　　　　　　　　　　　JPY1 100 000

贷：单位活期存款——某客户 　　　　　　　　　　　　　　JPY1 100 000

（二）代个人即期外汇买卖业务

个人外汇买卖外汇时，应当填写申请书，要求内容正确、完整、无涂改。经办人员审核外汇买卖申请书、身份证件及客户提交的资金账户折、卡无误或清点款项正确后办理。

交易成功后打印一式三联个人外汇买卖即时交易证实书，交客户签字确认，加盖核算用章。将第一联个人外汇买卖即时交易证实书、身份证件，连同客户买入货币金额、折零人民币金额或交易存折一同交给客户。第二、三联个人外汇买卖即时交易证实书分别作为收、付方轧账凭证，个人外汇买卖申请书作为证实书附件。

银行卖出币种如无相应券别时，系统提供自动结汇功能将其零头折为人民币，连同卖出币种一起交于客户。办理外汇买卖业务必须经过授权，授权人员应认真审核系统提示的全部授权内容。以客户卖出甲币种、买入乙币种为例，会计分录如下：

借：活期储蓄存款（甲币种）

或

借：库存现金（甲币种）

贷：外汇买卖——代客外汇买卖（甲币种）

借：外汇买卖——代客外汇买卖（人民币）

贷：外汇买卖——代客外汇买卖（人民币）

借：外汇买卖——代客外汇买卖（乙币种）

  贷：活期储蓄存款（乙币种）

或

  贷：库存现金（乙币种）

（三）外汇买卖平盘

外汇经办银行于周末或节假日前，应当检查外汇头寸，如果发现外汇敞口头寸，为避免汇率变动损失，交易员经上报批准之后，通常做平盘交易，即卖出长头寸，买进短头寸。以甲币种为长头寸，乙币种为短头寸为例，会计分录如下：

  借：境外存放同业（或境外同业存款）（乙币种）

   贷：外汇买卖——外汇买卖平盘（乙币种）

  借：外汇买卖——外汇买卖平盘（甲币种）

   贷：境外存放同业（或境外同业存款）（甲币种）

【例9-2】某银行于6月7日（周五）出现外汇敞口头寸，其中多头欧元EUR1 000 000，空头USD900 000，汇率为欧元/美元＝0.900 0。该银行当天平盘的操作为在国际市场上卖出1 000 000欧元，买入900 000美元，会计分录如下：

  借：存放境外同业或境外同业存款   USD900 000

   贷：外汇买卖——外汇买卖平盘   USD900 000

  借：外汇买卖——外汇买卖平盘   EUR1 000 000

   贷：境外存放同业或境外同业存款   EUR1 000 000

第三节　结售汇业务

结汇是指客户将其所有的外汇出售给银行，银行按一定汇率付给等值的人民币的行为。售汇则是指银行将外汇卖给客户，按一定汇率收取人民币的行为。结售汇业务按客户对象分为单位结售汇和个人结售汇两种，按种类分为即期结售汇和远期结售汇两种。本书不对远期结售汇进行论述。

一、结汇业务

银行经营结汇业务需要上级行核准并通过当地外汇管理局审批方可进行。凡属于规定范围的境内企事业单位、机关和社会团体、外商投资企业的外汇收入，以及有外汇收入的境内居民、来华外国人、港澳同胞自愿结汇，银行应办理买入外汇（币）支付人民币手续。

银行办理结汇业务时应当遵循的原则：银行对境内机构的外汇收入必须区分经常项目与资本项目，经常项目外汇收入可以按照国家有关规定保留或者卖给经营结汇、售汇业务的金融机构；资本项目外汇收入保留或者卖给经营结汇、售汇业务的金融机构，应当经外汇管理机关批准，但国家规定无需批准的除外。

对于属于国家规定应该结汇的款项，银行收妥后应主动通知单位，单位外汇结算账户余额超出国家外汇管理局规定的限额，同时超限额时间超出国家外汇管理局规定的期限，银行可以强行结汇，并告知单位。

经办行柜台办理单位结汇业务时，应认真审核单位提供的有效商业单据和外币付款凭证及外币付款凭证上的预留银行印鉴，并落实单位外汇资金。

办理个人柜面结汇业务时，应认真审核客户的有效身份证件，并留存身份证复印件。

办理结汇业务，应登录个人结售汇管理信息系统，查询客户结汇情况并逐笔录入客户结汇业务数据，审核结汇申请书、结汇通知单填写内容是否正确、完整，无误后办理结汇。

办理结汇业务时，系统有三种汇率选择方式：标准汇率、浮动汇率和特殊汇率。标准汇率是指本行每日营业挂牌牌价；浮动汇率是指在标准汇率的基础上加浮动率或浮动点数；特殊汇率是指根据具体业务特定汇率，浮动率特定的汇率不得超过上级行的有关汇率规定。使用浮动汇率和特殊汇率必须经有权人授权。

凡涉及现金结汇业务，经办柜员对客户结汇所提供的外币现钞应认真鉴别真伪。结汇的会计分录如下：

借：单位活期存款（或活期储蓄存款）——××人户（外币）

或

借：现金——库存现金（外币）

　贷：外汇买卖——代客结汇（外币）

借：外汇买卖——代客结汇（人民币）

　贷：单位活期存款（或活期储蓄存款）——××人户（人民币）

或

　贷：现金——库存现金（人民币）

二、售汇业务

经办行受理售汇业务时，应认真审核并留存客户提供的购汇证明材料，确保符合国家外汇管理局的规定，并确定已收妥相应人民币资金后再办理售汇。办理个人售汇业务时，应认真审核客户的有效身份证件。

办理售汇业务时，系统有三种汇率选择方式：标准汇率、浮动汇率和特殊汇率。使用浮动汇率和特殊汇率必须经有权人授权。会计分录如下：

借：单位活期存款（或活期储蓄存款）——××人户（人民币）

或

借：现金——库存现金（人民币）

　贷：外汇买卖——代客售汇（人民币）

借：外汇买卖——代客售汇（外币）

　贷：单位活期存款（或活期储蓄存款）——××人户（外币）

或

　贷：现金——库存现金（外币）

三、结售汇平盘

经办银行办理结售汇出现敞口头寸时，应当平仓以避免汇率变动损失。长头寸卖出，短头寸买进。以外币为长头寸为例，结售汇平盘的会计分录如下：

借：外汇买卖——代客结售汇平盘（外币）

　贷：存放境外同业或境外同业存款（外币）

第 四 节 国际结算业务

国际结算业务是指不同国家(地区)之间的企业之间,通过银行办理相互间由于商品交易而引起的货币收付或债权债务的结算。

根据结算方式的不同分为现汇结算和记账结算两类。现汇结算是指国际间贸易直接收付外汇(如外钞、外汇),收进的外汇可以自由转移、调拨、兑换使用,现汇结算一般有信用证、托收、汇款三种结算方式;记账结算是由双方国家签订贸易协定和支付协定,在双方国家银行分别开立对方国家清算账户,彼此通过清算账户进行相互贷款的结算,通过这种方式取得的外汇资金只能根据协定在两国间使用,不能转让给第三国,也不能自由兑换为其他货币。本节所介绍的为现汇结算。

一、信用证项下进出口业务

进口信用证是指银行有条件的付款承诺,即开证银行依照开证申请人的要求和指示,承诺在符合信用证条款的情况下,凭规定的单据,向第三者(受益人)或其指定人进行承付,或授权另一银行进行承付,或授权另一银行议付。

承付是指在即期付款信用证项下的即期付款,在延期支付信用证项下做出的延期付款承诺并到期付款,在承兑信用证项下凭承兑受益人出具的汇票并于汇票到期日付款。

议付是指指定银行在相符交单前提下,在其应获偿付的银行工作日当天或之前向受益人预付或者同意预付款项,从而购买汇票(不以指定银行为付款人的)及/和单据的行为。

信用证是对外贸易结算中的主要结算方式。

(一) 进口信用证核算

进口信用证是国内银行根据国内进口企业开证申请书,向国外银行开立信用证,并凭国外银行寄来的信用证中规定的单据,按照信用证规定的条款对国外出口商付款的结算方式。

▶ 1. 开立信用证

进口单位申请开立信用证,应根据与国外出口商签订的贸易合同填具开证申请书,提交银行,作为开立信用证的依据。信用证根据不同的传递方式,分为邮寄信用证和电开信用证两种。邮寄信用证由有权签字人签字后才能寄发,电开信用证需加密押才能发电,并需另寄电报证实书。

在开出信用证前,业务操作人员应对开证申请书中的相应条款进行认真审核,明确银行所承担的责任,保证开出的信用证条款合理、内容完整。

(1)信用证条款应符合以下要求:①开证条款应与开证申请书中的相应条款保持一致;②信用证通知行应优先选择银行海外机构;③信用证应明确寄单要求和清楚地注明收单的详细地址;④开立可保兑信用证应选择银行的海外机构或与银行合作良好的代理行作为保兑行;⑤开立可转让信用证应选择银行的海外机构或与银行合作良好的代理行作为通知行和转让行。

(2)收取信用证保证金与开证手续费。开证行可要求进口单位缴纳保证金,开证保证金可以收取外汇现汇或人民币。保证金所存币种与信用证币种为不同货币时,应考虑两种货币的国际市场汇率浮动因素,酌情加收保证金并要求开证申请人保证承担在实际付汇日因汇率变动需增加的付款金额,以控制该信用证项下的付汇风险。保证金可以从进口单位的外汇账户中收取,也可以由进口单位购买外汇缴纳,通过外汇买卖处理。从外汇账户中收取保证金的会计分录如下：

借：单位外汇活期存款——进口单位户(外币)

贷：保证金存款——信用证短期保证金(外币)

开证行按规定向开证申请人收取开证手续费，会计分录如下：

借：单位活期存款——进口单位户(外币或人民币)

贷：手续费及佣金收入——开证手续费户(外币或人民币)

（3）开出套打信用证，格式一般为一式六联，各联用途如下：第一联为信用证正本，经有权人签字后航邮国外转递行；第二联为信用证副本，第二次寄转递行；第三联为信用证副本，由开证行代统计卡；第四联、第五联为信用证副本，加盖进口业务专用章后退进口单位；第六联为信用证留底，随开证行申请书留存。

开证行开出信用证后，开证行就拥有了对进口商收取货款的权益，并承担了对国外银行付款的责任，需做如下账务处理：

借：开出信用证应收款项(外币)

贷：开出信用证应付款项(外币)

（4）修改与撤销信用证。进口公司要求信用证余款或金额时，应由公司提出申请，开证行缮打修改通知书，以电改或信改方式通知国外银行。信用证的修改与撤销应符合以下条件：①信用证修改申请书的内容必须完整，并能准确、清楚地表述修改后的内容、条款与词句；②开证申请人在信用证修改申请书上的印章应与开证申请书上的印章保持一致；③对变更受益人等涉及贸易背景修改的，还应要求开证申请人提交经修改的进口合同或补充协议，并重新审核贸易背景；④对超过有效期180天以上的信用证(远期承兑未付信用证除外)应做注销处理，对已注销的信用证不得再延长有效期；⑤对于已过有效期30天以上但尚未注销的信用证，如需延长，经审查批准后方可办理；⑥信用证在有效期内的撤销，如由开证申请人提出书面申请，银行应去电向原通知行发出撤证通知，在得到通知行证实受益人同意撤销信用证的回电后，原信用证才可撤销。如由受益人明确提出撤证要求，银行应在征得开证申请人的同意后，向原通知行发出信用证撤销证实通知，原信用证才可撤销。

确认信用证可注销或撤销时，已收取的保证金余额亦可退还给开证申请人。

信用证增额时，会计分录如下：

借：开出信用证应收款科目

贷：开出信用证应付款科目

信用证减额或撤销时，会计分录如下：

借：开出信用证应付款科目

贷：开出信用证应收款科目

保证金退还时，会计分录如下：

借：保证金存款——信用证短期保证金(外币)

贷：单位外汇活期存款——进口单位户(外币)

▶ 2. 审单付款

开证行收到国外银行寄来全套出口单据，核对单据与原信用证的条款相符后，缮打进口信用证单据通知书一式三联。第一联为收到单据通知书；第二联为付款赎单通知书；第三联由银行留存备查。第一联、第二联随进口全套单据送进口商，进口商审核单据后，在第二联上签注确认承付或拒付理由，并加盖公章退银行。

　　银行在进口商承付后即办理付汇,应填制特种转账传票,并从保证金账户支付,不足部分再从结算账户支付。

　　(1) 即期信用证付款。

　　① 单到国内付款。在收到国外议付行寄来单据,并经进口商审核确认承付后,国内付款行(开证行)缮制付款报单寄议付行或拍发电报,并向进口方售汇,会计分录如下:

　　　　借:单位外汇活期存款——申请人户(外币)
　　　　　　保证金存款——信用证短期保证金(外币)
　　　　　贷:存放境外同业或境外同业存款(外币)

　　若进口商被批准以本币购汇支付,则通过"外汇买卖"科目核算。同时,转销或有资产、或有负债科目。会计分录如下:

　　　　借:开出信用证应付款科目(外币)
　　　　　贷:开出信用证应收款科目(外币)

　　一般情况下,国外银行应收的银行费用,如通知费、议付费、修改费等,都由进口单位负担,因此,付汇金额应包括货款与银行费用两部分。

　　② 国外审单借记。国外议付行审单后,主动借记我方银行在国外付款行开立的账户后,将单据与借记报单寄开证行,开证行把进口单据交进口商后,不必等进口商承付即可向进口商收取货款。同时,从国外议付行主动借记开证行账户的当天起,到国内银行向进口商收取货款之日的垫款利息,应由开证行一并向进口商收取。

　　收取利息的会计分录如下:

　　　　借:单位活期存款——进口商户(人民币)
　　　　　贷:外汇买卖(人民币)
　　　　借:外汇买卖(外币)
　　　　　贷:利息收入——垫付资金利息收入户(外币)

　　③ 国外审单电报索汇。国外议付行审单后,用加押电报向开证行索汇,由我国开证行核押相符后对外付款,并向进口单位办理收汇手续。这种方式没有垫付利息问题,其转账分录与单到国内审单付款相同,国外寄来单据再转送给进口商。

　　④ 授权国外议付行向账户行索汇。在这种方式下,国外议付行不是开证行的账户行,由开证行授权国外议付行在议付单据后,直接向开证行指定的国外代理行索偿进口信用证货款,开证行凭国外账户行的借记报单计算垫款利息。会计分录与国外审单主动借记开证行账户相同。

　　(2) 远期信用证付款,分为承兑和到期支付两个阶段。

　　① 承兑。开证行收到远期信用证项下单据,经审核符合要求后,办理远期汇票承兑手续(可以采用发加押承兑电报对外承兑)并寄国外议付行,由议付行到期凭以索汇,或另缮制承兑通知书寄国外议付行以确认付款。已承兑的远期信用证项下单据需从"开出信用证应收款"科目和"开出信用证应付款"科目转出,通过"应收承兑汇票款"和"承兑汇票"科目核算。会计分录如下:

　　　　借:开出信用证应付款科目(外币)
　　　　　贷:开出信用证应收款科目(外币)
　　　　借:应收承兑汇票款(外币)
　　　　　贷:承兑汇票(外币)

　　② 到期支付。远期汇票到期日,银行应抽出"承兑汇票"科目卡片账注明销账日期后办理转账。会计分录如下:

借：承兑汇票（外币）

    贷：应收承兑汇票款（外币）

借：单位外汇活期存款——进口单位（外币）

    贷：存放国外同业（或其他科目）（外币）

若进口单位被批准以本币支付，则通过"外汇买卖"科目办理。

▶ 3. 背对背信用证与循环信用证业务

(1) 背对背信用证业务是指银行凭客户提供的，以银行为通知行的正本信用证（以下称原证，master L/C）对外开立以该证为基础的独立的信用证（以下称背对证，back to back L/C）。

开立背对证应参照进口信用证业务的授权授信管理及保证金收取及担保规定，原则上不得以原证作为新开信用证的付款保证。开出背对证前应对开证申请人资信状况、贸易背景及信用证条款等进行严格审查。

背对证的开立、修改、撤销、注销、来单的审核、承付均参照进口信用证办理。对原证条款的要求如下：①原证必须是以银行为通知行的不可撤销信用证，且不能在他行议付；②不得为转让信用证；③信用证条款简明合理，条款中无非单据化条款或软条款，不含受益人在开立背对证时无法提供的单据；④开证行保证付款责任明确；⑤不含其他银行认定属于风险的因素。

背对证开证条款的要求如下：①背对证有效期到期地点为银行；②背对证有效期至少早于原证有效期 15 天；③背对证货物与原证货物一致；④背对证不接受电索；⑤背对证单据条款与原证匹配，最迟装运期、交单期不得晚于原证最迟装运期和交单期，并要求将单据一次性送达银行。

(2) 循环信用证（revolving L/C）业务是指银行应开证申请人的要求开出可循环的进口信用证。可循环信用证按照金额是否可以累计，分为可累计循环信用证和不可累计循环信用证；按照是否自动循环，分为可自动循环信用证和非自动循环信用证。

① 开立循环信用证应参照进口信用证业务办理。开立可自动循环的信用证时，应按循环的总次数和累计金额进行审批并扣减授信额度或收取保证金；开立非自动循环信用证时，在每次发出通知前，要按当次通知循环的金额进行审批并扣减授信额度或计收保证金。

② 循环信用证的修改、撤销、注销、来单的审核、承付均参照进口信用证办理。

③ 自动循环信用证的手续费在开立时按累计金额收取；非自动循环信用证在开立时按单次循环金额收取单次手续费，通知循环时按当次循环金额收取手续费。

▶ 4. 收费管理

进口信用证各项手续费的收取时机应按照如下原则掌握：①当开立信用证时，银行应在开证时立即收取开证费用；②当信用证的开证修改需对外发报文时，银行应在发报时收取电报费；③当信用证需要修改时，银行应在修改时立即收取修改手续费；④当信用证需对外付汇时，银行应在付汇时收取开证审单费、偿付费或不符点费；⑤当信用证需对外承兑时，银行应在承兑时收取承兑费，即期付款的可免收承兑费，按约定期限付款的，融资期间可免收承兑费；⑥当进口商或银行对外拒付时，银行应在退单时收取退单手续费；⑦当进口商要求信用证在有效期内撤销时，银行应在撤证时收取信用证撤证费。以上所有的手续费收入全部计入信用证业务收入科目。会计分录如下：

借：××存款科目

    贷：手续费及佣金收入——信用证业务收入科目

（二）出口信用证结算

出口信用证是指出口企业根据国外进口商通过银行开来的信用证，按其条款规定，待货物发出后，将出口单据及汇票送交国内银行办理审单议付，向国外银行收取外汇后，对国内出口企业办理结汇的结算方式，主要包括受证与通知、审单议付和出口结汇三个环节。

▶ 1. 受证与通知

在受证与通知阶段，议付行收到国外开来的信用证，对进口方的资信及信用证本身进行审查后，认为可以接受时，即编列信用证通知流水号，将信用证正本通知出口商，然后根据信用证副本缮制"国外开来保证凭信记录卡"，登记"国外开来保证凭信"表外科目。会计分录如下：

收入：国外开来保证凭信（外币）

对信用证中所提出的不能接受的条款、无法办到的条款、在执行中有风险的条款，以及对信用证金额有变动等都必须通知开证行并进行修改。例如，接到国外开证行通知，修改信用证增额时，计入国外开来保证凭信收入栏，减额、转让、退证、逾期注销的，用红字计入收入栏，冲销发生额。

▶ 2. 审单议付

出口企业根据信用证规定，办妥出口手续，将全套出口单据提交银行，银行应逐项进行审查，达到"单单一致，单证一致"的要求。

国内银行审核无误后，填制"出口寄单议付通知书"连同信用证要求的单证寄国外开证行索偿货款及有关费用，"出口寄单议付通知书"一式四联：第一联为正本联；第二联为副本联，附有关单据分次寄开证行；第三联为副本联，向开证行指定的账户行索汇时寄偿付行；第四联为副本联，由议付行留存，按地区、币别、即期、远期分别加以保管。

根据权责发生制的原则，出口银行在寄出议付单据后，一方面对国外银行拥有了收取货款的权益；另一方面对出口商承担了付款的责任。对收款的权益和付款的责任应进行账内反映。会计分录如下：

借：应收信用证出口款项（外币）

　贷：代收信用证出口款项（外币）

同时，销记"开来保证凭信"表外科目，会计分录如下：

付出：开来保证凭信

▶ 3. 出口结汇

议付行在接到国外开证行划来出口货款时，对出口商办理人民币结汇。具体做法是议付行按当日外汇牌价买入外汇，折算成人民币支付给出口商。出口结汇采取收妥结汇，凭国外联行或代理行的已贷记报单、电报或借记授权书办理。

对出口公司办理结汇的会计分录如下：

借：存放境外同业或其他科目（外币）

　贷：外汇买卖（外币）

　　　手续费及佣金收入——议付手续费户（外币）

借：外汇买卖（人民币）

　贷：单位活期存款（或其他）——出口单位户（人民币）

同时，销记原来计入应收及代收信用证出口款项，会计分录如下：

借：代收信用证出口款（外币）

　贷：应收信用证出口款（外币）

▶ 4. 可转让信用证业务的处理

收到可转让信用证时,除按上述规定进行审查外,还应对来证进行以下特别审查:①来证应注明"可转让"(transferable)字样;②来证应授权银行为转让行;③来证规定的转让范围和方式应符合信用证规定适用的《跟单信用证统一惯例》。

办理信用证转让业务,应要求第一受益人提交转让委托书。该委托书应明确以下事项:①对可转让信用证项下修改的处理意见(如对信用证增、减额的修改处理,是否保留不通知第二受益人权利等);②是否保留以自身的汇票及发票替换第二受益人的汇票及发票的权利;③是否要求单据中开证申请人名称被替换为第一受益人名称(原证限制的除外);④在原证适用 UCP600 的情况下,除非原证另有规定,第二受益人必须在转让信用证规定的效期内通过转让行交单;⑤转让费及邮电费的承担方;⑥是否全额或部分金额转让,通过何种方式(电转或信转)转让给第二受益人;⑦保证在银行作为转让银行首次通知其换单时及时办理有关手续等。

银行应根据客户的转让委托书,选择资信良好的受让行,开立转让信用证(transferred L/C)。如银行对原证没有加具保兑,则应在转让信用证条款中加列"银行只有在收到开证行的付款后才能将款项付给第二受益人"的条款。同时,转让信用证条款中应根据客户的转让委托书加列第一受益人是否保留允许银行将信用证项下的修改通知第二受益人权利的条款。

信用证转让应按照信用证规定适用的《跟单信用证统一惯例》规定办理,信用证被转让后,银行应及时通知开证行信用证已被转让的事实。

信用证被转让后,若开证行要求撤销原信用证时,应立即通知转让人、受让行(或受让人),在征得转让人和受让人明确的书面同意后,电告开证行信用证被撤销。

如第一受益人要求换单,在收到转让信用证项下的单据时,银行应填写转让信用证换单通知书,通知第一受益人更换有关单据。如第一受益人未能于首次通知后,在银行规定的换单时间(在信用证效期内的合理期限,最长不得超过通知之日起 10 个工作日)内换单,银行有权将第二受益人提交的单据,包括第二受益人出具的单据和票据(汇票)径交开证行,并不再对第一受益人负责。被替换的单据应留档备查,专卷保管。

会计分录略。

二、托收项下进出口业务

托收结算方式是由债权人或收款人开立汇票或提供索汇凭据,委托银行向债务人或付款人收取款项的一种结算方式。

托收结算方式由于没有信用证作为付款保证,通常又称无证托收,属于商业信用。托收根据是否附有货运单据,又分为跟单托收和光票托收两种。跟单托收是收款人(出口单位)开立汇票并附有货运单据,凭跟单汇票委托银行向付款人(进口方)收取货款的一种贸易结算方式。根据交单条件的不同,又分为付款交单和承兑交单两种方式。光票托收是不附货运单据,仅凭收款人开立的汇票办理托收,或虽有发票、收款清单等交易单据但无货运提单。光票托收通常用于收取出口货物尾款、样品费、各种佣金、代垫费用等各种贸易从属费用,进口索赔款项,以及其他非贸易结算。

(一)托收项下出口业务

▶ 1. 发出托收单证

出口单位备货出运并取得货运单据后,应填写出口托收申请书一式两联,连同全部出口单据一并送交银行办理托收。银行审单后，编开托收号码，将申请书的一联退给出口单位作为回单，另一联留存，并据以填制出口托收委托书。

托收行发出托收凭证时，为了反映托收行的权责关系，会计分录如下：

　　借：应收出口托收款项（外币）

　　　贷：代收出口托收款项（外币）

如出口托收寄单后，因情况变化需增加托收金额时，会计分录同上；需减少托收金额时，会计分录相反。如进口商拒付，也应反方向注销托收金额。

▶ **2. 收妥进账**

出口托收款项一律实行收妥进账的做法，即根据国外银行的已贷记报单或授权借记通知书办理收汇或结汇。会计分录如下：

　　借：代收出口托收款项（外币）

　　　贷：应收出口托收款项（外币）

　　借：存放国外同业等（外币）

　　　贷：单位外汇活期存款（外币）

结账入汇的会计分录如下：

　　借：存放国外同业等（外币）

　　　贷：外汇买卖（外币）

　　借：外汇买卖（人民币）

　　　贷：单位活期存款——出口商户（人民币）

（二）托收项下进口业务

▶ **1. 交单方式**

按照国际惯例，为了保障出口商的利益，代收行必须在进口单位付款或承兑后，才能将代表货物的单据交给进口单位。因此，跟单托收货款的收取与单据的转移通常分为付款交单和承兑交单两种方式。

▶ **2. 收到单据**

代收行收到国外银行寄来的进口代收单据后，由代收行编列顺序号，缮打进口代收单据通知书，随同有关单据送交进口单位。为了反映代收行与进口商及国外银行的权责关系，会计分录如下：

　　借：应收进口代收款项（外币）

　　　贷：进口代收款项（外币）

如果进口单位不同意承付，应提出拒付理由，连同单据退交代收行，由代收行转告国外委托行，如部分拒付，应征得委托行同意后，再按实际金额付款。

▶ **3. 进口单位确认并对外付款**

进口单位对进口单据确认付款，或是远期承兑汇票已到付款日，代收行即按有关规定办理付汇手续。会计分录如下：

　　借：单位外汇活期存款——进口商户（人民币）

　　　贷：外汇买卖（人民币）

　　借：外汇买卖（外币）

　　　贷：存放国外同业等（外币）

如从进口商外汇存款账户支付款项，则不通过"外汇买卖"科目，同时转销对应的"进口代收款项"和"应收进口代收款项"科目。

（三）光票托收

外币光票是指不附带商业单据的外币票据，是具有一定格式的书面债据，在一定的日期内，持票人可向出票人或其指定的付款人按所记载的外币金额索兑款项的凭证。

光票托收是指银行将委托人委托收款的光票寄到境外代收行或出票行，待收到托收款项后，为委托人办理票据兑现的业务。光票托收业务表外采用"出口托收款项"科目核算，具体做法参照跟单托收办法。

三、汇款业务

外汇汇出汇款业务是指银行应汇款人的要求将外汇资金汇给收款人的一种结算方式，包括：境内对国外或我国港、澳、台地区的外汇汇款；境内对保税区、出口加工区等特殊经济区域的外汇汇款；保税区、出口加工区等特殊经济区域对境外的外汇汇款及对境内特殊经济区域外的外汇划转；保税区、出口加工区等特殊经济区域之间的外汇划转；深加工结转贸易项下、离岸银行业务项下的外汇划转。

外汇汇入汇款业务是指国外及我国港、澳、台地区汇款人通过境外银行，采用电汇、票汇的方式将款项汇入境内银行，由境内银行根据境外银行汇款指示，将款项解付给指定收款人的结算方式。

外汇汇款经办行是指经国家外汇管理部门批准，具备办理外汇业务资格的业务经办网点。外汇汇款业务或头寸调拨的发报行称为发报经办行；外汇汇款业务或头寸调拨的收报行称为收报经办行。

汇款是债务人或付款人委托银行运用某种信用工具，将款项汇给境外或异地债权人或收款人的一种结算方式，在国际贸易中主要用于支付贸易从属费用或某些先款后货的贸易结算，单位、个人均可委托银行办理。按汇款通知方式和使用结算工具的不同，分为电汇、信汇、票汇三种方式，由汇款人根据需要选用。

（一）国外汇入汇款

▶ 1. 信汇和电汇

汇入行接到汇出行的电报、电传或信汇委托书之后，填制汇入汇款凭证，收妥头寸解付的，会计分录如下：

借：存放国外同业等（外币）
　　贷：汇入汇款（外币）

解付汇款时，以原币入账或结汇入账。原币入账的会计分录如下：

借：汇入汇款（外币）
　　贷：单位外汇活期存款——收款人户（外币）

结汇入账的会计分录如下：

借：汇入汇款（外币）
　　贷：外汇买卖（外币）
借：外汇买卖（人民币）
　　贷：单位活期存款——收款人户（人民币）

有的汇款头寸未收妥，但按规定可以垫付，在这种情况下，解付行如与汇出行有账户关系，应在相应科目下设立"未达户"核算；如无账户关系，应通过"应收及暂付款项"科目核算。垫付时，会计分录如下：

借：存放国外同业等（或应收及暂付款项）（外币）

　　贷：汇入汇款（外币）

　　▶ 2. 票汇

　　收到汇款行寄来以本行为付款行的票汇通知书，经核对，出票行印鉴、签发有效期、付款金额及收款人背书等内容无误，并与汇票通知书核对相符后，再办理汇款解付手续，会计分录与信汇、电汇相同。如汇款头寸尚未收妥，可以垫款解付处理，亦与信汇、电汇相同。

　　（二）汇出国外汇款

　　汇款人填交汇款申请书一式两联，一联盖章退交汇款人，另一联汇出行留作传票。汇出国外汇款业务的会计分录如下：

　　　借：单位外汇活期存款——汇款人户（外币）
　　　　　贷：汇出汇款（外币）

　　从人民币账户汇出，应通过"系统外买卖"科目处理。

　　收到汇入行解付通知书，销记汇出汇款账。会计分录如下：

　　　借：汇出汇款（外币）
　　　　　贷：存放国外同业等（外币）

四、旅行支票

　　旅行支票是指由世界知名、资信良好的银行或旅行支票公司等机构发行，由持票人购买并携带，备作支付旅行费用或其他消费的一种固定面额的有价证券。旅行支票业务包括代售旅行支票和兑付旅行支票两部分。代售旅行支票业务是指由银行各经办网点代理销售旅行支票，将销售所得款项划拨给发行机构的业务。兑付旅行支票业务是指由银行各经办网点先行买入客户旅行支票，并定期与发行机构进行款项结算的业务。

　　（一）基本规定

　　各行代售的旅行支票仅限于与总行签有代售旅行支票协议的机构发行的旅行支票。旅行支票是重要的有价证券，其系统内调拨和保管应视同现金管理。旅行支票票样应参照人民币票样管理，入库妥善保管。经办行办理代售、兑付旅行支票业务后，应及时做好与发行机构的资金清算工作，确保资金及时划拨、收回。

　　客户购买旅行支票时，应在每张支票上"持票人签字式样"处当面预留签字样式，称"初签"；持票人直接用于消费或到银行兑取现金时，持票人应当面在"持票人取款时签字"处签字，称"复签"。兑付银行核对"复签"与"初签"相符后，方可办理旅行支票兑付。办理旅行支票业务，应按照外汇管理及反洗钱规定，记录、监控大额或可疑交易，并按照有关程序进行报告。

　　（二）会计科目设置

　　旅行支票业务代收、代付款项应通过"待清算过渡垫款""待清算外汇资金"科目核算。旅行支票凭证应通过"有价单证"表外科目按币种面额核算。

　　办理旅行支票业务收取的手续费列入"其他国际结算业务收入"科目核算，兑付旅行支票收取的贴现利息列入"贴现利息收入"科目核算。

　　（三）业务处理

　　▶ 1. 旅行支票的领取

　　经授权批准开办代售旅行支票业务的银行，可直接向境外委托机构索取旅行支票。索取函件（委托机构提供）应注明所需旅行支票的币别、面额、张数、总金额，并由对方预留的有权签字人签字。

收到委托机构寄来的旅行支票后，应立即组织清点，经点收无误，在随附的回执上由有权签字人签字后，按指定的方式寄回委托机构。会计分录如下：

收：其他有价单证科目

旅行支票调出，会计分录如下：

付：其他有价单证科目

▶ 2. 代售旅行支票

旅行支票的购买对象为合法拥有外汇来源的公司、机构或个人。代售旅行支票应严格按照国家外汇管理局和总行有关规定办理。客户购买外币旅行支票时，应填写由委托机构提供的一式四联的购票旅行支票协议书（PURCHASE AGREEMENT），详细填写所需的旅行支票的币种、面额、张数、金额、合计数，以及购票日期、购票人姓名、地址，并由购票人在协议书上签字。

审查客户的购票旅行支票协议书填写无误后，收取购票款项和手续费，手续费可收取外币或人民币。

以人民币购买旅行支票，须按照国家外汇管理局和总行有关因公、因私出国售汇管理规定和手续，审核客户提供的相关证明文件，符合规定的方可办理售汇及出售旅行支票手续。同时要做汇兑业务统计申报。

以外币现钞或现钞存款购买旅行支票，应做钞买汇卖处理，按照外币现汇的金额出售旅行支票，同时要做国际收支申报。在2个工作日内，根据出售旅行支票汇结单上注明的结算方式，将购买外币旅行支票头寸汇出。

以人民币购汇的会计分录如下：

借：××存款科目（人民币）

或

借：现金科目（人民币）

贷：待清算外汇资金科目（外币）

以外币现钞或现钞存款购买的会计分录如下：

借：××存款科目（外币）

或

借：现金科目（外币）

贷：待清算外汇资金科目（外币）

以同种外币现汇购买的会计分录如下：

借：××存款科目

贷：待清算外汇资金科目

以不同币种外币现汇购买的会计分录如下：

借：××存款科目（客户卖出币种）

贷：待清算外汇资金科目（客户买入旅行支票币种）

收取客户手续费时，会计分录如下：

借：××存款科目

或

借：现金科目

贷：手续费收入——其他国际结算业务收入科目

　　出售旅行支票表——其他有价单证科目

▶ 3. 兑付旅行支票

兑付旅行支票是银行垫付资金买入旅行支票的行为，在兑付中要防止冒领、假票，又要给正当持票人以必要的方便。银行仅受理与总行签有代理兑付旅行支票协议的境外发行机构发行的旅行支票。兑付旅行支票的币种必须是银行外汇牌价中挂牌的币种。根据旅行支票的票样，对持票人提交的旅行支票的发行机构名称、货币、面额、版面、纸质，以及戳记等要素逐一进行鉴别，对于无票样或已被挂失的、已过有效期的、列有支付范围的旅行支票，一律不得兑付。

兑付旅行支票时，必须要求持票人提交身份证件（护照等），并在外汇兑换凭证留底联记录旅行支票的发售行名、地点、日期、编号、身份证件（护照等）名称和号码等相关内容，以备参考。

兑付各种外币旅行支票，一律按现汇买入价折算，按 0.75%（最低 1 美元或等值的其他外币）计收贴现息，贴息扣收原币，实际支付的金额＝票面金额×（1−0.75‰）。打印外汇会计凭证，将凭证交客户核对并签名确认。经办柜员审核客户签名无误后，在外汇会计凭证上加盖核算用章，外币兑换凭证第一联作为外汇会计凭证附件随当日传票送监督中心；第二联留存网点专夹保管并定期装订，按会计档案要求进行保管；第三联加盖"有追索权"字样的戳记后与外汇会计凭证回单联退客户收执。

兑付的旅行支票要及时办理索偿，以便尽早收回银行垫付的资金。会计分录如下：

借：待清算过渡款项科目
  贷：××存款科（外币）
     利息收入——贴现利息收入科目

▶ 4. 兑付旅行支票的清算

略。

第五节 国际贸易融资

国际贸易融资是指银行对进口商或出口商提供的与进出口贸易结算相关的短期融资或信用便利，主要有外汇贷款、进出口押汇、福费廷、打包放款等业务，为了叙述上的方便，本节将外汇贷款与买方信贷一起介绍。

一、外汇贷款

外汇贷款是指银行将外汇资金贷给企业单位，用于支持出口生产，促进进口创汇，并以外汇收入归还的一种贷款。外汇贷款是银行外汇资金运用的重要形式之一，业务种类较多，划分也比较复杂，常用的主要有短期外汇贷款、买方信贷等。

与本币贷款相比，外汇贷款有以下特点：①借什么外汇还什么外汇；②实行浮动利率，根据国际金融市场利率的变化而调整；③借款单位必须有外汇收入或其他外汇来源；④政策性强，涉及面广，工作要求高；⑤取得贷款后，从贷款账户直接对外支付，而不转作存款，因此不会形成派生存款。

（一）短期外汇贷款

短期外汇贷款是指银行发放期限在 1 年以内的现汇贷款。凡生产出口产品，有偿还外汇能力的企业，都可以向银行申请短期外汇贷款。贷款的币种根据银行本身的资金情况而定，一般有美元、英镑、日元、港元、欧元等。短期外汇贷款通过"短期外汇贷款"科目进行核算，有固定利率贷款和浮动利率贷款，以下仅介绍外汇浮动利率贷款。

▶ 1. 贷款的发放和使用

短期外汇贷款的使用和发放联系紧密，在对外实际进口付汇时才能够申请发放和支付。如果短期外汇贷款采用信用证结算方式，接到国外银行寄来的单据时，经审核同意付款办理；如果采用进口代收或汇款方式，在企业申请对外汇出款项时办理。借款时，由借款单位填制短期外汇贷款借款凭证，经银行审核凭证有关内容与借款契约规定相符后，办理转账，会计分录如下：

借：短期外汇贷款——借款人户（外币）
　　贷：存放同业——存放国外同业（或其他科目）（外币）

如果短期外汇贷款的发放和支付为不同的货币，则通过套汇处理。

▶ 2. 贷款利息的计算

外汇贷款采用浮动利率，由总行根据国家政策和国际金融市场利率变动情况确定并公布；短期外汇贷款按季结息，每季度末月的 20 日为结息日，按浮动利率分段计息；对于届时不能支付利息的，银行将应收利息转入贷款户，计算复利。

▶ 3. 贷款的收回

借款人使用短期外汇贷款，应按期归还，如果借款人有外汇收入，则由借款人以自由外汇归还贷款本金，会计分录如下：

借：单位外汇活期存款——借款人户（外币）
　　贷：短期外汇贷款——借款人户（外币）

如果借款人不能直接以外汇偿还的，经批准也可以将所生产的产品委托外贸公司出售所得的人民币偿还贷款本息，但必须凭外贸公司签发的还款凭证通过外汇买卖办理。

（二）买方信贷

买方信贷是出口国政府支持本国出口方银行直接向进口商或进口方银行提供的信贷，以供进口商购买技术和设备，并支付有关费用，是我国利用外资的一种常用形式。买方信贷需要签订两个合同，一是由买卖双方签订进出口贸易合同；二是由出口商银行与进口商银行签订贷款合同，贷款金额不得超过贸易合同金额的 85％，其余 15％ 由进口商以现汇支付定金，然后才能使用买方信贷。买方信贷由四个环节组成：对外签订协议、支付定金、使用贷款、贷款本息的偿还。

▶ 1. 对外签订协议

我方进口商使用买方信贷，在向国外借入前，先由总行统一对外签订总协议，总协议下每个项目的具体协议由总行或总行授权分行对外签订。总行根据协议金额纳入表外科目进行控制，会计分录如下：

收入：买方信贷用款限额（外币）

▶ 2. 支付定金

借款人使用现汇支付时，银行的会计分录如下：

借：单位外汇活期存款——存款人户（外币）
　　贷：存放同业——存放国外同业（外币）

▶ 3. 使用贷款

买方信贷项下的进口支付方式一般采用信用证结算，贷款的借入使用与进口对外支付同时进行。

(1) 总行对外开证并直接办理贷款，总行的会计分录如下：

借：外汇贷款——买方信贷(外币)

　　贷：拆入资金——拆入买方信贷(外币)

(2) 分行对外开证并办理贷款，分行的会计分录如下：

借：外汇贷款——买方信贷(外币)

　　贷：清算资金往来——全国联行外汇往来(外币)

总行收到分行上划的全国联行往来贷方报单时，会计分录如下：

借：清算资金往来——全国联行外汇往来(外币)

　　贷：拆入资金——拆入买方信贷(外币)

▶ 4. 贷款本息的偿还

买方信贷项下借入款的本息由总行统一对外偿还，同时由经办行向国内借款人收回相应的本息，根据借款人在总行或分行开户的不同，应分别按不同会计核算手续办理，下面以借款人在分行开户为例来说明。

(1) 总行支付国外贷款利息，并以全国联行外汇往来借方报单划付有关分行。会计分录如下：

借：利息支出——借入买方信贷利息支出(外币)

　　贷：存放国外同业(外币)

借：清算资金往来——全国联行外汇往来(外币)

　　贷：利息收入——金融企业往来收入(外币)

(2) 分行收到总行报单后，办理转账，并向借款人收取利息。会计分录如下：

借：利息支出——金融企业往来支出(外币)

　　贷：清算资金往来——全国联行外汇往来(外币)

借：吸收存款(外币)

　　贷：利息收入——买方信贷利息收入(外币)

(3) 总行偿还国外贷款本金，并以全国联行往来借方报单划付有关分行，会计分录如下：

借：拆入资金——借入买方信贷(外币)

　　贷：存放同业——存放国外同业(外币)

借：同业存放——××分行(外币)

　　贷：清算资金往来——全国联行外汇往来(外币)

(4) 分行收到总行报单后，办理转账，并向借款人收回本金，会计分录如下：

借：清算资金往来——全国联行外汇往来(外币)

　　贷：存放同业——存放总行款项(外币)

借：吸收存款(外币)

　　贷：外汇贷款——买方信贷(外币)

(5) 如借款人在总行开户，则由总行向国外支付贷款利息和本金后，分别直接向国内借款人收回贷款利息和本金。

▌二、进出口押汇

进出口押汇是银行以国际贸易在途商品作为抵押对进出口商融资的行为，分为出口押汇和进口押汇两种。

（一）出口押汇

出口押汇是指出口商将全套出口单据交议付行，由该行买入单据并按票面金额扣除自议付日起到预计收汇日止的利息及有关手续费，将净额预先付给出口商的一种出口融资方式。简单地说，就是出口商发运货物后，以提货单据作为抵押，向银行融通资金的一种业务。由于出口商银行要预先垫款买入一笔尚未受托的外汇，如果进口国政局、经济等不稳定，就有一定的收汇风险。

$$出口押汇利息＝票面金额×预计收到票款所需天数×押汇日利率$$

银行接受出口商提交的信用证和单据，办理出口押汇时，会计分录如下：

借：国际贸易融资——出口押汇（外币）

贷：利息收入（外币）

单位外汇活期存款——押汇申请人（外币）

收回押汇贷款时，会计分录如下：

借：存放同业——存放国外同业（外币）

贷：国际贸易融资——出口押汇（外币）

手续费及佣金收入（外币）

（二）进口押汇

进口押汇是指进口商以进口货物权作为抵押，向银行申请的短期资金融通。根据进口商的押汇申请，先行贷款对外支付，转而向进口商办理付款赎单手续收回垫款，包括信用证项下的进口押汇和托收项下的进口押汇。

办理进口押汇时，银行接受进口商申请对外开出信用证时，要向申请人收取一定数量的保证金，保证金按开证金额的一定比例收取。由于进口货物的对外付汇金额往往大于保证金，所以进口押汇就是垫付实际付汇金额与预付保证金本息的差额。进口商银行收到国外联行寄来的信用证或托收项下的汇票、单据及议付报单时，如果进口商要求做进口押汇，银行则办理手续，并对外付款。会计分录如下：

借：存入保证金——信用证申请人户（外币）

国际贸易融资——出口押汇（外币）

贷：存放同业——存放国外同业（外币）

收回押汇本息时，进口商向银行偿还进口押汇本息，赎取单据时，银行应抽出保管的有关凭证，计算并扣除自押汇日至还款日的利息，收回押汇本息。会计分录如下：

借：单位外汇活期存款——存款人户（外币）

贷：国际贸易融资——出口押汇（外币）

利息收入（外币）

三、福费廷业务

福费廷业务也称票据包买或票据买断，是指银行应出口商或持票人的申请，对持票人无追索权地买入已承兑（通常由进口商所在地银行承兑）的汇票或本票业务，从本质上讲，福费廷业务是一种票据贴现业务，相关计算公式如下：

$$贴现利息＝票据承兑金额×福费廷业务利率×承兑到期天数÷360$$
$$票据买入价格＝票据承兑金额－贴现利息$$
$$支付客户款项＝汇票买入价格－受益人承担费用－银行议付手续费等$$

福费廷业务按性质不同，可分为买断型、转售型和回购型三种。

（一）买断型

买断型即买断汇票并持有至到期的业务，会计分录如下：

借：贴现资产（外币）

　　贷：利息收入（外币）

　　　　手续费及佣金收入（外币）

　　　　单位外汇活期存款——存款人户（外币）

到期收到承兑行款项时，会计分录如下：

借：存放国外同业（外币）

　　贷：贴现资产（外币）

（二）转售型

转售型即买断汇票后必须转售给第三方代理行的业务。买断汇票向申请人办理付款时，会计分录如下：

借：贴现资产（外币）

　　贷：利息收入（外币）

　　　　手续费及佣金收入（外币）

　　　　单位外汇活期存款——存款人户（外币）

收到代理行款项时，会计分录如下：

借：存放国外同业（外币）

　　利息支出（外币）

　　贷：贴现资产（外币）

（三）回购型

回购型即回购本行已承兑的汇票的业务。回购办理时，会计分录如下：

借：贴现资产（外币）

　　贷：利息收入（外币）

　　　　存放国外同业（外币）

承兑汇票到期，办理购汇和进口付汇核算手续时，会计分录如下：

借：单位外汇活期存款——存款人户（外币）

　　贷：手续费及佣金收入（外币）

　　　　贴现资产（外币）

四、打包放款

打包放款是指银行以出口商收到的信用证项下的预期收汇款项作为还款来源，用于解决出口商装船前，因支付收购款、组织生产、货物运输等资金需要而发放给出口商的短期贷款。

（一）基本规定

申请打包贷款的借款人应符合以下条件：①必须是银行评定信用等级为"A－"（含）以上的法人客户或经营正常、经营活动现金净流量为正值的未评级法人客户；②信誉良好，具有按期偿付贷款本息的能力；③能及时、准确地向贷款人提供相关贸易背景资料和财务报告，主动配合贷款人的调查、审查和检查；④提供银行认可的合法、有效担保。

用于抵押打包放款的信用证正本，信用证开证行原则上是银行Ⅰ、Ⅱ类代理行；如开证行不属于银行Ⅰ、Ⅱ类代理行，须由银行Ⅰ、Ⅱ类代理行加具保兑。

打包放款的期限为自放款之日起至信用证有效期后1个月，最长不超过1年。打包放款金额原则上不超过信用证金额的80％。人民币打包放款，贷款利率按人民币银行同档次短期贷款利率执行；外币打包放款，贷款利率按银行外汇贷款利率的有关规定执行。

(二) 业务处理

▶ **1. 贷款的发放**

贷款行与企业签订出口打包放款合同、质押担保合同等有关合同，填写借款凭证。打包放款应在"国际贸易融资——打包放款"科目中核算，会计部门依据信贷管理部门的放款通知单、电子准贷证和借款凭证(一式五联)进行记账处理。借款凭证中，一联作为借方凭证，一联作为贷方凭证，一联作为回单交与客户，一联交予信贷部门备查，一联留底。会计分录如下：

借：国际贸易融资——打包放款
　　贷：××存款

▶ **2. 计息**

若打包贷款计息方式为按季、按月计息，则在结息日确认利息收入，会计分录如下：

借：应收未收利息——国际贸易融资利息收入
　　贷：利息收入——国际贸易融资利息收入

结息日次日收取利息，会计分录如下：

借：××存款
　　贷：应收未收利息——国际贸易融资利息收入

▶ **3. 打包放款的收回**

会计部门填制特种转账凭证(一式两联)，加盖核算用章，一联作为贷方凭证，一联作为回单交予客户。会计分录如下：

借：存放境外同业或境外同业存款等
　　贷：国际贸易融资——打包放款
　　　　利息收入——贸易融资利息收入
　　　　××存款——借款人户(多余款项)

若打包放款币种为人民币，则先办理结汇后，再归还贷款本息。

企业用自有资金归还打包放款，会计分录如下：

借：单位活期存款——借款人户
　　贷：国际贸易融资——打包放款
　　　　利息收入——国际贸易融资利息收入

从出口押汇或出口贴现中归还贷款本息，会计分录如下：

借：国际贸易融资——出口押汇

或

借：国际贸易融资——出口贴现
　　贷：单位活期存款——借款人户
借：单位活期存款——借款人户
　　贷：国际贸易融资——打包放款
　　　　利息收入——国际贸易融资利息收入

本章小结

外汇是指以外币表示的可以用作国际清偿的支付手段和资产，包括外币现钞、外币支付凭证或者支付工具、外币有价证券、特别提款权和其他外汇资产。汇率又称汇价、牌价或外汇行市，是指一国货币折算成另一国货币的比率，或者说是一国货币相对于另一国货币的价格。从银行买卖外汇的角度来看，汇率可分为五种：钞买价、汇买价、钞卖价、汇卖价和中间价。

银行一般采用外汇分账制对外汇业务进行核算。外汇分账制又称原币记账法，是指在业务发生时，对有人民币外汇汇率的外币，都直接按原币币种分账核算，每种外汇从明细核算到综合核算都自成一套独立的账务系统，每一种分账货币都按原币金额填制凭证，记载账簿。银行通过设置"外汇买卖"科目来核算外汇买卖，该科目为资产负债共同类科目。"外汇买卖"传票分为外汇买卖借方传票、贷方传票和套汇传票。

外汇存款是指单位或个人将外汇资金（国外汇入汇款、外币现钞及其他外币票据）存入银行，随时或约定期限支取的一种存款业务。外汇贷款是指银行将外汇资金贷给企业单位，用于支持出口生产，促进进口创汇，并以外汇收入归还的一种贷款，包括短期外汇贷款和买方信贷。

国际结算业务是指不同国家（地区）之间的企业之间，通过银行办理相互间由于商品交易而引起的货币收付或债权债务的结算，一般有信用证、托收、汇款三种结算方式。信用证是银行承诺付款的书面文件，所以也称银行信用证，是开证银行根据申请人（进口商）的要求和指示向出口商（受益人）开立的一定金额、在一定期限内凭议付行寄来规定的单据付款或承兑汇票的书面承诺，也就是说，信用证是银行有条件保证付款的凭证，是对外贸易结算中的主要结算方式；托收结算方式是由债权人或收款人开立汇票或提供索汇凭据，委托银行向债务人或付款人收取款项的一种结算方式；汇款是债务人或付款人委托银行运用某种信用工具，将款项汇给境外或异地债权人或收款人的一种结算方式，在国际贸易中主要用于支付贸易从属费用或某些先款后货的贸易结算，单位、个人均可委托银行办理。按汇款通知方式和使用结算工具的不同，可分为电汇、信汇、票汇三种方式，由汇款人根据需要选用。

国际贸易融资是指银行对进口商或出口商提供的与进出口贸易结算相关的短期融资或信用便利，主要有外汇贷款、进出口押汇、福费廷、打包放款业务等。进出口押汇是银行以国际贸易在途商品作为抵押对进出口商融资的行为，分为出口押汇和进口押汇两种；福费廷业务也称票据包买或票据买断，是指银行应出口商或持票人的申请，对持票人无追索权地买入已承兑（通常由进口商所在地银行承兑）的汇票或本票业务，从本质上讲是一种票据贴现业务；打包放款是指在国际贸易中，银行以该出口商为受益人的信用证作为抵押，向该出口商提供的用于生产、备货、装船的贷款。

本章习题

第十章 资金清算

学习目标

1. 理解资金清算的意义、基本关系与原理。
2. 掌握辖内往来的核算手续。
3. 掌握资金汇划与清算的基本做法、科目设置与核算程序。
4. 掌握票据交换的原理及核算方法。
5. 了解现代化支付系统运行的原理及相关规定。

资金汇划与清算是经济发展与商品交易的基础，准确、快速的资金划拨与清算是金融企业的重要职责。随着经济的发展，金融企业之间资金划拨的规模迅速增长，客观上对资金划拨和清算的要求不断提高。虽然电子化核算在金融企业的广泛应用使得金融企业之间的资金清算方式不断改革并更加科学和快捷，但是多元化的金融机构体系使得资金划拨关系更加复杂化。充分利用现代科学技术，实现金融机构之间资金划拨的安全、快速、科学、严谨，成为金融企业不断改革、完善资金清算体系的原动力。目前，中国人民银行和各商业银行均建有自己的清算系统，但各行的资金清算做法差异很大，形成了明显的多样化和差异性的特点。一般来说，同城系统内通常采用通存通兑的方式，跨系统之间的往来多数采取票据交换的方式来清算差额；异地间系统内一般采用联行解决资金汇划问题，异地跨系统大多采取中国人民银行转汇的方式进行清算。

第一节 资金清算概述

一、资金清算的意义

金融机构之间由于办理结算和资金调拨等业务而汇划资金必然引起相互代收、代付的资金往来。清算业务是指通过业务处理系统，清算本行系统内各级行处之间、本行与外部金融机构之间由于办理客户款项收付、进行内外部资金交易所引起的债权债务关系，以及计算应收应付差额的过程。

办理清算业务必须遵循"资金安全、处理高效、核算准确、及时清算"的原则。

金融企业是国民经济资金活动的枢纽，承担为社会各部门、各单位之间商品交易、劳务供应进行货币结算，以及财政预算资金上缴、下拨进行划拨清算的责任。在办理这些业务时，如果收付款人在同一银行开户，那么资金从付款人账户划转到收款人账户，在一个行处内即可以完成；如果收付款人在不同的行处开户，资金则需要在两个行处之间划拨，并对由此而形成的相互之间资金代收代付进行清偿。可见，资金清算是金融机构之间办理资金调拨、划拨支付结算款项，并对由此引起的资金存欠进行清偿。所以，资金清算要从以下两个层面上理解。

（1）完成支付结算的款项从一个行处向另一个行处的划拨，从而实现支付结算业务，即所谓的实现支付结算的工具。

（2）对于划拨支付结算款项而形成的行与行之间的资金存欠进行清算。从这一层面上来理解，资金清算是由支付结算引起的，支付结算是资金清算的原因，资金清算是实现支付结算的工具，是清偿行与行之间资金存欠的手段。支付结算已经在前文介绍过，本章所述是指第二层面的资金清算。

按照参与资金清算的银行机构划分，资金清算可以分为系统内资金清算与跨系统资金清算。支付结算涉及的收付款人在同一银行系统内不同行处开户的，结算款项需在系统内行处之间划拨，由此引起的对资金存欠进行的清偿，属于系统内资金清算。支付结算涉及的收付款人在不同银行系统开户的，结算款项需在跨系统行处间划拨，并由此引起的对资金存欠的清偿，属于跨系统的资金清算。

二、系统内资金清算

比较传统的资金清算做法是通过联行往来实现资金划拨。目前，随着现代通信手段的运用，系统内资金划拨办法发生了很大的变化，各行的做法差异较大，采取的实现方式各不相同，尽管如此，一些原理及专业术语依然保留了联行往来的用法。因此，为了更好地理解资金清算的原理，依然以联行往来作为切入点。

系统内人民币汇划业务主要包括：汇兑、托收承付、委托收款、银行汇票、银行卡、内部资金划拨、代收学费等款项的汇划及其资金清算；储蓄、对公异地通存通兑业务及外卡 ATM 取现业务、信用卡异地业务、金卡业务、跨行支付业务的资金清算；有关的查询、回复业务及差错冲账和补账处理。

联行往来是同一银行系统内行与行之间由于办理结算业务等款项划拨，相互代收、代付而引起的资金账务往来。

（一）联行往来的基本原理

（1）同一笔业务相互往来的行处分为发报行和收报行，资金汇划业务的发生行为发报行，收受汇划资金业务的银行为收报行。

（2）划分为往账、来账两个账务系统，发报行处理往账，收报行处理来账。

（3）分别设置联行往账系统和联行来账系统的会计科目或账户联行，核算往账与来账。发报行发出资金汇划业务，记载往账系统的有关科目；收报行收受汇划资金业务后，记载来账系统的有关科目。往账和来账的关系：有往账必有来账，同一笔业务的往账与来账必相等，往账与来账的记账方向相反。

（4）联行往账与联行来账之间的账务由专用的会计凭证——报单连接起来，资金划拨通过报单实现资金在发报行与收报行之间的划拨。报单分为借方报单和贷方报单两种。发报行根据发生业务性质决定使用借方或贷方报单。发生代收业务时使用贷方报单，实务中把使用贷方报单业务叫作贷报业务；发生代付业务时使用借方报单，通常把使用借方报单的代付业务叫作借报业务。

（5）制定专门的账务核对方法，通过往账与来账的账务核对，确保联行往来的正确无误。

（二）联行往来的特点

联行往来是联行之间的资金账务往来，它随有关业务的发生而发生，但在核算上又具有与各项业务核算不同的特点。

▶ **1. 联行往来的产生由行与行之间的资金划拨业务所引起**

联行往来产生的直接原因是各行处间办理的资金划拨业务。每发生一笔资金划拨业务，一方面是收付款单位间的结算；另一方面是收付款单位开户银行间的资金往来。

▶ **2. 联行往来有着完整的往来账务核算系统**

联行往来是在两个划拨资金的行处间的资金往来，按照一般的联行往来关系，联行往来发生后，发报行记往账，收报行记来账，联行往账、联行来账分别是发报行、收报行账务的组成部分。同时，联行的往来账务又相互联系，构成完整的核算体系，有往账必有来账，有来账必有与之相对应的往账，往账和来账必然相等。但从某一个经办行来看，既有发报的往账业务，又有收报的来账业务，为了保持往账、来账核算系统的完整性，各行需要对往账、来账系统分别核算，严格划分，不得混淆。

▶ **3. 联行往来账务处理的时间、空间差决定着联行核算方法的特殊性**

从联行往来产生的原因来看，其发生在有资金往来关系的两个行处之间，即使将这种横向的往来关系转化为纵向的往来关系，其资金划拨仍为两个行处之间的往来关系。而双方行处资金的收付不可能在同一时间、同一地点进行。当发报行处理往账的时候，收报行不可能同时处理来账。这样，为了保证联行账务的正确、及时，各联行管理部门都制定严格的有关制度和办法，确保联行往来账务正确无误。例如，账务划分为往账和来账两个系统，采用特定的往来账核对方法；账务的记载划分年度，并按年度进行未达账的清查等。

▶ **4. 及时清偿联行往来所形成的资金存欠**

联行之间的账务往来会形成相互之间资金的代收、代付关系，这种代收代付所形成的资金存欠需要及时清偿。目前，各联行系统采取的做法不尽相同，对各行处之间由于联行往来形成的资金存欠的清偿方法也不一样，主要有两种：一是汇差清偿，联行汇差是指联行往来各科目借方、贷方发生额的差额。联行往来经办行定期或每天对发生的联行往来账务，分别加计借方、贷方发生额，并轧算差额进行清算。二是逐笔清偿，采取逐笔清算联行资金存欠的，其基本做法是联行往来清算行在总行开立清算账户，资金往来采取纵向划拨，往账发生行将往账业务发送到总行，总行在往账行与来账行清算账户之间清算资金，然后将款项划给来账行，从而实现资金存欠清偿与资金划拨的同步，避免了相互占用资金的情形。

（三）联行往来核算的基本环节

从联行往来核算方法发展的历史过程来看，由于不同时期的业务量、管理要求及核算技术手段不同，联行往来的核算方法也不同，尤其是近年来，随着现代科学技术的发展，各行系统内联行往来的核算系统不断更新，承载业务量不断加大，资金划拨速度不断提高，账务核对更加及时、严密，在途资金明显下降，资金清算更加及时。但不论哪种联行核算方法，其处理过程一般都可以分为发、收报行日常往来，往来账核对，资金存欠清偿和年终结平四个环节。

▶ 1. 发、收报行日常往来

发、收报行日常往来是由有关业务引起的发、收报行之间资金的相互往来，双方行处的主要处理内容是编制报单、收受报单，以及分别记载往账和来账，这是联行往来核算的基础环节。日常往来是发、收报行之间横向的资金往来，但反映在联行往来的核算上，不同的资金汇划方法有所不同。一般主要有两种做法：一是横向往来，即发报行直接向收报行填发报单；二是纵向往来，即业务发生后，发报行向联行往来的管理行填发报单，报告资金汇划信息，由管理行将资金汇划信息转发给收报行，发、收报行之间不直接发送汇划信息，但账务仍分别按往账、来账处理。

▶ 2. 往来账核对

联行往账、联行来账核对是确保联行账务正确的关键环节。采用一定的对账方法，通过对联行往来账的核对，及时发现差错并予以纠正，可以确保联行往来账务的正确无误。对账的方法是区别不同联行往来制度的一个重要方面，同时，对账方法与日常往来的核算方法密切相关。日常往来采用横向往来做法的，其往来账的核对一般分散由收报行办理；日常往来采用纵向往来做法的，其往来账的核对一般由管理行集中办理。采用计算机网络进行资金清算后，对账多为集中对账。

▶ 3. 资金存欠清偿

资金存欠清偿是对行与行之间由于资金汇划所引起的资金存欠进行的清偿。联行往来发生后，必然引起行与行之间的资金存欠。一般来说，贷记联行往来，为应付他行资金；借记联行往来，为应收他行资金。对联行之间资金存欠进行清偿的方法有逐笔清偿和轧差清偿之分。

采用逐笔清偿资金存欠的，各联行往来清算行需要在管辖行开立清算账户并存入资金，同步实时清算资金。应付他行资金时，如代收业务，管辖行将减少经办行的备付金存款，所以借记该行的清算账户；应收他行资金时，如发生代付业务，管辖行在处理汇划业务的同时将该应收款项收回，从而增加在管辖行的备付金存款，因而贷记该行的清算账户。

采用轧差清算资金存欠办法的亦称汇差清算，各联行往来经办行将一定时间（一天）内联行往来的借贷方发生额进行汇总后轧计差额。当联行各科目的贷方发生额合计大于借方发生额合计为应付汇差，表明当日该行发生的代收业务大于代付业务；当联行各科目的借方发生额合计大于贷方发生额合计为应收汇差，表明当日该行发生的借报业务大于贷报业务。对于轧计的汇差采用抵拨或实拨资金的方式进行清算，从而结清联行之间的资金存欠。

▶ 4. 年终结平

年终结平是为了验证年内全部联行往账和来账数字是否一致，而在年度终了以后按规定处理的一个环节。联行往来账务一般要划清年度，每年年终截至当年的往账，新年度收到的上年的来账应当设置来账上年户进行核算。在未达账项查清后，将上年联行往来划转管辖行，予以汇总结平。

三、跨系统资金清算

（一）跨系统资金清算的意义

跨系统资金清算指的是不同系统金融机构之间的资金往来，以及由此而产生的资金存欠的清偿，跨系统资金往来通常称为金融机构往来。狭义的金融机构往来仅指金融企业跨系统机构间的资金、账务往来和金融企业与中央银行之间的资金、账务往来，亦即跨系统往来。广义的金融机构往来包括同一金融企业内部各机构间的资金、账务往来，不同金融企业跨系统机构间的资金、账务往来，以及金融企业与中央银行之间的资金、账务往来。

在多元化金融机构体制下，金融机构往来既是必然的，也是必要的。首先，商业银行办理的结算业务，除一部分能在同一银行系统内实现资金划拨外，还有的要涉及不同的商业银行系统之间的资金划拨；其次，金融企业需相互融通资金，以调剂资金余缺；最后，中国人民银行行使中央银行职能，运用货币政策工具进行宏观调控，必然引起与金融企业之间的往来。所以，金融机构往来既是实现金融企业间资金划拨与清算的手段，又是中央银行行使职能所必需的。

（二）跨系统资金清算的方法

金融机构跨系统进行资金清算可以采用相互之间调拨现金和转账的方法，现时的做法是采用后者。转账有两种：一是相互往来的金融机构在中央银行开立准备金账户，当相互之间资金往来业务发生时，通过各自的准备金账户清算资金，可以逐笔清算，也可以轧差清算；二是在往来的对方行开立清算账户，当资金往来业务发生时，由开户行主动通过清算账户清算资金。

第二节　辖内往来业务

辖内往来是指一个地区清算行(管辖行)范围内清算行与经办行(支行)之间办理往来款项及清算行与经办行之间的资金清算活动。

一、基本规定

辖内往来的基本做法：相互往来，及时清算；集中对账，分级管理。相互往来是指清算行及经办行资金汇划业务和同城行处之间的资金往来；及时清算是指清算行当日将辖属各经办行辖内汇划资金往来应收应付差额进行及时逐级清算处理；集中对账是指通过同城辖内往来划转的款项由清算行负责对账；分级管理是指辖内往来由清算行负责制定辖内往来办法，并对执行情况进行监督和管理，经办行负责对辖内往来办法进行贯彻落实，办理辖内往来清算、对账和监督。

（1）辖内往来业务必须认真执行换人复核制度。

（2）及时处理往来账务，做到不积压、不延误，并坚持印、押、证分管分用，辖内往来报单必须加编密押或加盖规定辖内往来专用章。

（3）严密控制核算环节，严格账务核对，确保核算正确无误和资金安全；辖内往来清算必须采用"实存资金，当日清算"的方式，同城行处的辖内往来应遵循上下级行之间往来（纵向往来）的原则，各支行在清算行开立活期存款用来清算应收应付差额。

二、科目设置

（一）待清算辖内往来

"待清算辖内往来"科目用来核算清算行与经办行之间的各种资金往来业务，属于资产负债共同类科目，经办行、清算行均使用。当发生代收业务即发出贷报业务、收到借报业务时，记该科目的贷方；当发生代付业务即发出借报业务、收到贷报业务时，记该科目的借方。日终，借贷双方轧差并清算。

（二）上存辖内款项

"上存辖内款项"科目核算各经办行在清算行的存款，主要为上存辖内备付金，属于资产类科目。当辖内往来借差（应收差）或上存现金等款项时，记该科目借方；当辖内往来贷差（应付差）或支取现金等款项时，记该科目贷方。余额在借方。

（三）辖内款项存放

"辖内款项存放"科目用于清算行核算各经办行的上存辖内备付金，属于负债类科目，余额在贷方，按经办行设置账户。

三、业务处理

（一）经办行的业务处理

▶ 1. 借报业务

发报经办行兑付银行汇票、通存通兑的本代他付或他代本收等发出借报业务，以及收报经办行收到其他经办行的贷报业务，会计分录如下：

借：待清算辖内往来
  贷：单位活期存款——××存款账户

▶ 2. 贷报业务

经办行办理汇兑、委托收款资金划回、通存通兑的本代他收和他代本付等业务，以及收报经办行收到其他经办行的借报业务，会计分录如下：

借：单位活期存款或有关科目——××存款账户
  贷：待清算辖内往来

▶ 3. 日终轧差

营业结束，经办行待清算辖内往来借贷双方发生额轧差，贷差时上存辖内款项减少，会计分录如下：

借：待清算辖内往来
  贷：上存辖内款项——上存辖内备付金

轧差为借差时，增加上存辖内款项，会计分录相反。每日清算差额后，待清算辖内往来科目余额为零。

（二）清算行的业务处理

清算行与收、发报经办行要每日做好待清算辖内往来、其他应收款、其他应付款等过渡科目的清算结转情况，待清算辖内往来营业机构往来科目必须日终结零。出现未结转余额时，要认真查找原因并及时处理，在工作日志中做好问题产生原因及处理情况的记载工作。清算行要做好与辖属经办行辖内存放备付金的核对工作，确保资金清算的准确性。

（1）收到发报经办行贷报业务，会计分录如下：

借：待清算辖内往来——发报经办行户
  贷：待清算辖内往来——收报经办行户

（2）收到经办行借报业务，会计分录相反。

（3）清算各经办行的差额，如为借差（经办行此时为贷差），会计分录如下：

借：辖内款项存放——××经办行辖内存放备付金

　　贷：待清算辖内往来——××经办行(经办行贷差)

贷差时，会计分录相反：

借：待清算辖内往来——××经办行(经办行借差)

　　贷：辖内款项存放——××经办行辖内存放备付金

第三节　资金汇划清算系统

资金汇划清算系统是利用计算机网络系统，将发、收报行之间横向的资金往来转换成纵向的资金汇划，通过各自在总行开立的备付金存款账户清算双方行处的资金存欠的资金汇划系统。资金汇划清算系统办理系统内人民币汇划清算、资金调拨业务清算、存款准备金调缴、债券业务清算、基金理财业务清算、资金市场业务清算等业务。

一、资金汇划清算概述

（一）资金汇划清算系统的结构

资金汇划清算系统由汇划业务经办行(以下简称经办行)、清算行、省区分行及总行清算中心组成，各行间通过计算机网络连接。经办行是办理结算和资金汇划业务的行处。汇划业务的发生行为发报经办行，汇划业务的接收行为收报经办行。清算行是在总行清算中心开立备付金存款账户的银行，各直辖市分行和二级分行(包括省区分行营业部)均为清算行，清算行负责办理辖属行处汇划款项的清算。省区分行也在总行清算中心开立备付金户，但不用于汇划款项的清算，只用于办理系统内资金调拨和内部资金利息的汇划。总行清算中心主要是办理系统内各经办行之间的资金汇划、各清算行之间的资金清算及资金拆借、账户对账等。

（二）资金汇划清算的基本做法

资金汇划清算采取"实存资金、同步清算、头寸控制、集中监督"的做法。以清算行为单位在总行清算中心开立备付金存款户，用于汇划款项时的资金清算；当发报经办行通过其清算行经总行清算中心将款项汇划给收报经办行的同时，总行清算中心每天根据各行汇出、汇入资金情况，从各清算行备付金账户付出资金或存入资金，从而实现各清算行之间的资金清算。可见，各清算行在总行清算中心开立的备付金账户对实现资金划拨和清算非常重要。为此，各清算行必须保证该备付金账户有足够的存款，如果存款不足，二级分行可向管辖省区分行借款，省区分行和直辖市分行可向总行借款。在资金汇划清算系统中，总行清算中心对汇划往来数据的发送、资金清算、备付金账户资信情况和行际间查询、查复情况进行管理和监督。

（三）资金汇划清算的基本操作程序

按照上述基本做法，资金汇划清算的基本操作程序如图10-1所示。各发报经办行根据发生的结算等资金汇划业务录入数据，全部及时发送至发报清算行；发报清算行将辖属各发报经办行的资金汇划信息传输给总行清算中心；总行清算中心将发报清算行传输来的汇划数据即时传输给收报清算行；收报清算行当天或次日将汇划信息传输给收报经办行，从而实现资金汇划业务。在这里，清算行处于信息中转的地位，既要向总行清算中心传输发报经办行的汇划信息，又要向收报经办行传输总行清算中心发来的汇划业务信息，资金汇划的出口、入口均反映在清算行，使其可以控制辖属经办行的资金汇划与清算。

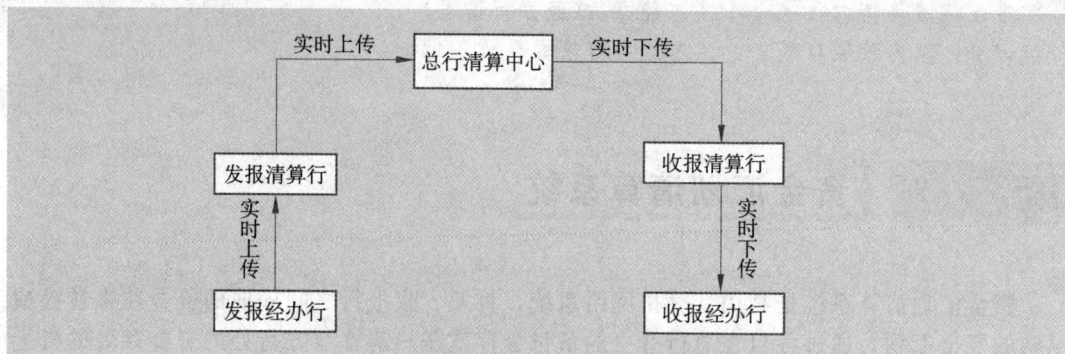

图 10-1　资金汇划清算的基本操作程序

（四）资金汇划清算的科目设置与账户开立

▶ **1. 上存系统内款项**

"上存系统内款项"科目用于核算下级行存放在上级行的资金，凡各清算行和省区分行在总行开立的备付金账户，以及二级分行在省区分行开立的调拨资金户均使用该科目核算，因此，该科目下可以设置"上存总行备付金"和"上存省区分行调拨资金"明细账户。该科目属于资产类科目，余额反映在借方。

▶ **2. 系统内款项存放**

"系统内款项存放"科目是各上级行用于核算下级行备付金存款和调拨资金的科目，属于负债类科目，余额反映在贷方。总行使用该科目按清算行和省区分行设"备付金存款户"，省区分行以该科目核算反映二级分行的调拨资金存款的增减变化，在该科目下按二级分行设置"调拨资金存款户"。

▶ **3. 待清算辖内往来**

"待清算辖内往来"科目用于核算、反映各发、收报经办行与清算行之间的资金汇划往来与清算情况，属于资产负债共同类科目，余额轧差反映。

二、汇划款项及资金清算

（一）发报经办行

发报经办行根据汇划业务种类，由经办人员根据汇划凭证录入有关内容，如汇兑、异地托收承付等贷报业务，会计分录如下：

借：单位活期存款或××科目

　　贷：待清算辖内往来

日终清算，会计分录如下：

借：待清算辖内往来

　　贷：上存辖内款项——上存辖内备付金

如为银行汇票等借报业务，则会计分录相反。

将电子汇兑凭证第三联，邮划异地托收承付、委托收款凭证第四联，银行卡凭证、银行汇票、银行承兑汇票的第二、三联作为"待清算辖内往来"科目凭证的附件；对做"信汇付款指令"处理的信汇业务,应在信汇凭证第三联上加盖用于全国结算业务的结算专用章后连同第四联邮寄收报经办行。

【例10-1】济南市历城支行开户单位宏达公司向兰州市榆中县支行开户单位汇出款项60 000元,经审核无误后,历城支行向济南市分行营业部发送汇划款项信息。会计分录如下:

借：单位活期存款——宏达公司户　　　　　　　　　　　　　　　　　　60 000
　　贷：待清算辖内往来　　　　　　　　　　　　　　　　　　　　　　　60 000

业务数据经复核并按规定授权无误后,产生有效汇划数据,发送至清算行。

每日营业终了,发报经办行应打印待清算辖内往来汇总记账凭证,并打印资金汇划业务清单作为其附件,然后核对当天原始汇划凭证的笔数、金额合计,资金汇划业务清单发送借贷方笔数、合计数及"待清算辖内往来"发报汇总借贷方凭证笔数及发生额。

日终,经办行清算辖内往来差额,将"待清算辖内往来"科目的借贷方发生额轧差,余额在借方为应收汇差,轧差后余额在贷方则为应付汇差。

【例10-2】承例10-1,假定当天该行只发生一笔业务,会计分录如下:

借：待清算辖内往来　　　　　　　　　　　　　　　　　　　　　　　60 000
　　贷：上存辖内款项——上存辖内备付金　　　　　　　　　　　　　　60 000

(二) 发报清算行

发报清算行收到发报经办行传输来的跨清算行汇划业务数据后,计算机自动记载"上存系统内款项"科目和"待清算辖内往来"科目有关账户。如收到发报经办行发来的贷方汇划业务,会计分录如下:

借：待清算辖内往来——某发报经办行
　　贷：上存系统内款项——上存总行备付金户

日终,与经办行清算差额,经办行为贷差时,会计分录如下:

借：辖内款项存放——某发报经办行辖内存放备付金
　　贷：待清算辖内往来——某发报经办行

如为借方汇划业务,则会计分录相反。

按规定授权、编押及账务处理后,汇划业务数据由计算机自动传输至总行。

【例10-3】济南市分行营业部收到历城支行发来的汇划信息,经复核无误,计算机自动记载有关账户。会计分录如下:

借：待清算辖内往来——历城支行　　　　　　　　　　　　　　　　　60 000
　　贷：上存系统内款项——上存总行备付金户　　　　　　　　　　　　60 000

如遇清算行在总行清算中心备付金存款不足时,"上存总行备付金"明细账户余额可暂时在贷方反映,但清算行要迅速筹措资金补充备付金头寸。

【例10-4】承例10-3,日终济南营业部与历城支行清算。会计分录如下:

借：辖内款项存放——历城支行辖内存放备付金　　　　　　　　　　　60 000
　　贷：待清算辖内往来——历城支行　　　　　　　　　　　　　　　　60 000

(三) 总行清算中心

总行清算中心收到各发报清算行汇划款项,由计算机自动登记后,将款项传送至收报清算行。每日营业终了,更新各清算行在总行开立的备付金存款账户。如为贷报业务,会计分录如下:

借：系统内款项存放——发报清算行备付金户

贷：系统内款项存放——收报清算行备付金户

如为借报业务，会计分录相反。

(四) 收报清算行

收报清算行收到总行清算中心传来的汇划业务数据，计算机自动检测收报经办行是否为辖属行处，并经核押无误后自动进行账务处理。实时业务即时处理并传至收报经办行，批量业务处理后次日传至收报经办行。具体处理方式分为分散式和集中式两种。

▶ 1. 分散式收报模式

分散式收报模式即业务的账务核算均在各经办行处理，只需经清算行转划。

(1) 收到总行清算中心传来的实时汇划数据后，即时代辖属经办行记账。如为贷报业务，会计分录如下：

借：上存系统内款项——上存总行备付金户
　　贷：待清算辖内往来——某收报经办行
借：待清算辖内往来——某收报经办行
　　贷：辖内款项存放——某收报经办行辖内存放备付金

如为借方汇划业务，则会计分录相反。

(2) 收到总行清算中心传来的批量汇划数据后，日终进行挂账处理。如为贷报业务，会计分录如下：

借：上存系统内款项——上存总行备付金户
　　贷：其他应付款——待处理汇划款项户

如为借方汇划业务，会计分录如下：

借：其他应收款——待处理汇划款项户
　　贷：上存系统内款项——上存总行备付金户

次日，清算行下传经办行，如为贷方汇划业务，会计分录如下：

借：其他应付款——待处理汇划款项户
　　贷：待清算辖内往来——某收报经办行
借：待清算辖内往来——某收报经办行
　　贷：辖内款项存放——某经收报办行辖内存放备付金

如为借方汇划业务，会计分录如下：

借：待清算辖内往来——某收报经办行
　　贷：其他应收款——待处理汇划款项户
借：辖内款项存放——某经收报办行辖内存放备付金
　　贷：待清算辖内往来账——某收报经办行

▶ 2. 集中式收报模式

集中式收报模式即清算行业务处理中心，负责全辖汇划收报的集中处理及汇出汇款等内部账务的集中管理。

(1) 收到总行清算中心传来的实时汇划数据后，要即时传至收报经办行记账。会计分录与分散式基本相同。

(2) 收到总行清算中心传来的批量汇划数据进行挂账处理。会计分录与集中式批量处理收到挂账的会计分录相同，先转入"其他应付款"或"其他应收款"科目，待次日收报经办行确认后，冲减"其他应付款"或"其他应收款"科目并通过"待清算辖内往来"科目传至收报经办行记账。

（五）收报经办行

收报经办行收到清算行传来的批量、实时汇划业务，经检查无误后，打印资金汇划借方补充凭证或资金汇划贷方补充凭证一式两份，并自动进行账务处理。如为贷方汇划业务，会计分录如下：

借：待清算辖内往来

　　贷：单位活期存款或其他有关科目——收款人户

日终，与清算行清理辖内往来差额，如为应收差额，会计分录如下：

借：上存辖内款项——上存辖内备付金

　　贷：待清算辖内往来

如为借方汇划业务，则会计分录相反。

如收到"信汇付款指令"业务，先进行账务处理，会计分录如下：

借：待清算辖内往来

　　贷：其他应付款——待处理汇划款项户

待收到发报经办行邮寄的第三、四联信汇凭证，核对相符后，再从"其他应付款"科目转入客户账户，会计分录如下：

借：其他应付款——待处理汇划款项户

　　贷：××科目

三、系统内资金调拨及利息计算

（一）备付金存款账户的开立与资金存入

清算行和省区分行在总行清算中心开立备付金存款账户时，可通过中国人民银行将款项直接存入总行清算中心。上存时，填制特种转账传票，进行账务处理，会计分录如下：

借：其他应收款——待清算过渡垫款

　　贷：存放中央银行款项

待接到总行清算中心借记信息之后，进行账务处理，会计分录如下：

借：上存系统内款项——上存总行备付金户

　　贷：其他应收款——待清算过渡垫款

各清算行或省区分行通过中国人民银行汇款补足备付金存款、二级分行通过中国人民银行向管辖的省区分行上存用于调拨的资金时，其处理与上述处理相同。

（二）系统内拆借资金

系统内拆借资金分为一般借入和强行借入。银行应设置"系统内借出"科目，并分设"一般借出户""强行借出户"；设置"系统内借入"科目，并分设"一般借入户""强行借入户"。系统内拆借资金亦应计算利息。

清算行如不能通过中国人民银行汇款补足在总行清算中心的备付金存款，经有权人批准，可向管辖行申请借入资金。省区分行接到二级分行（清算行）借款申请书后，经有权人批准，向总行清算中心办理资金借出手续。总行清算中心收到省区分行借出资金信息后，当日自动进行账务处理。清算行收到借款信息后，自动进行账务处理，增加"上存系统内款项"科目余额。

如二级分行在总行备付金不足，日终又不能立即借入资金补足，总行清算中心有权主动代省区分行强行向二级分行借出资金，同时通知二级分行和省区分行。

二级分行在总行清算中心备付金存款足以归还省区分行的借款时，应及时向总行清算中心发出还款通知。二级分行或省区分行借款到期不能归还，到期日营业终了，自动转入该科目逾期贷款户，并自转入日按规定的逾期贷款利率计息。

四、对账

各清算行每日营业终了自动将汇划及资金清算明细数据逐级上传进行明细对账。省区分行收到上传的明细数据后，与辖属各清算行汇划业务明细数据及清算信息配对对账。总行收到传来的明细数据后，与各行在总行的"系统内款项存放"科目有关账户汇划业务明细数据及清算信息配对对账，并将对账结果逐级下传，发现疑问要发出对账差错信息，同时登记对账差错登记簿。各清算行每日将"系统内借入"科目各借款账户清单传至总行和省区分行进行核对。各行每日接收总行发出的对账差错信息后，打印差错清单，必须在 5 个工作日内查清原因，并按规定处理完毕。

第四节　现代化支付系统

一、现代化支付系统概述

中国现代化支付系统(CNAPS)是中国人民银行根据我国支付清算体系建设需要，利用现代计算机技术和网络通信技术开发建设的，能够高效、安全地处理各银行办理的异地、同城各种支付业务及其资金清算和货币市场交易资金清算的应用系统。它是各银行和货币市场的公共支付清算平台，是中国人民银行发挥金融服务职能的重要核心支付系统。中国现代化支付系统主要由大额实时支付系统(HVPS)和小额批量支付系统(BEPS)两个业务应用系统组成。

大额实时支付系统是中国现代化支付系统的重要应用系统和组成部分，处理跨行同城和异地的金额在规定起点(人民币 2 万元)以上的大额贷记支付业务和紧急的小额贷记支付业务。采取逐笔发送支付指令，全额实时清算资金。目前，大额实时支付系统连接境内办理人民币结算业务的中外资银行业金融机构，我国香港、澳门地区人民币清算行等，拥有 1 600 多个直接参与机构，7 万多个间接参与机构，日均处理业务 80 万笔，资金超过 2.5 万亿元。每笔业务实时到账，其功能和效率达到国际先进水平。大额实时支付系统的顺利完成及在全国的推广应用，取代了全国电子联行系统(EIS)，是我国现代化支付结算系统建设上的重要进展。大额实时支付系统的运行时间为每天 8：30—17：00。

在建设大额实时支付系统的同时，中国人民银行同步启动小额批量支付系统的建设，并于 2006 年 6 月完成了在全国的推广应用。小额批量支付系统主要处理跨行同城、异地借记支付业务，以及金额在规定金额以下的贷记支付业务。小额支付系统定时批量发送支付指令，以轧差净额方式清算资金，支撑各种支付工具的应用。小额支付系统的特点是处理的业务金额小、业务笔数多。小额支付系统的建成为社会提供低成本的支付清算服务，特别是与老百姓关系密切的支付服务，如为企事业单位发放工资、公用事业单位收费、税款缴纳、通存通兑等业务提供清算服务，基本适应当前和今后一定时期社会公众日常生活各种支付活动的需要，从而进一步提高整个社会的金融服务水平。

小额支付系统实行 7×24 小时不间断运行，每日 16：00 进行日切处理，即前一日

16：00至当日 16：00 为小额支付系统的一个工作日。小额支付系统在大额实时支付系统工作日间可进行资金清算。小额支付系统日切后仍可正常接收小额业务，但此部分小额业务不再纳入当日核算，而自动纳入次日清算(遇节假日顺延至节假日后的第一个工作日)。

(一) 现代化支付系统的结构

现代化支付系统有两级处理中心，即国家处理中心（NPC）和城市处理中心（CCPC）。国家处理中心设在中国人民银行总行，分别与各城市处理中心连接，其通信网络采用专用网络，以地面通信为主，卫星通信备份。城市处理中心设在各中心城市中国人民银行。

商业银行分支机构在中国人民银行分支行合并开设两个账户，即在同一城市一家商业银行只在当地中国人民银行分支行开设一个统一的清算账户。

(二) 现代化支付系统的参与者

发起行，向支付系统提交支付业务并进行账务处理的银行和城市信用社、农村信用社。

发起清算行，在国家处理中心开设账户的直接参与者，其账户用于发起行和自身发起支付业务的资金清算和账务处理。

发报中心，接受并向国家处理中心发送支付指令的城市处理中心。

国家处理中心，接收、转发支付信息，并进行资金清算处理的机构。

收报中心，接收国家处理中心发来的支付指令并向接收行转发的城市处理中心。

接收清算行，在国家处理中心开设账户的直接参与者，其账户用于接收行、接收人和自身接收支付业务的资金清算和账务处理。

接收行，接收收报中心或清算行发来的支付指令，并进行账务处理的银行和城市信用社、农村信用社。

商业银行省级分行作为支付系统直接参与者，通过前置机系统与支付系统城市处理中心连接；商业银行营业网点作为支付系统间接参与者，通过各自行内系统经前置机系统连接大额实时支付系统处理支付业务。

中国人民银行地市以上中心支行(中央银行会计集中核算系统 ABS)、库(国家金库会计核算系统 TBS)、直接参与者与城市处理中心直接连接，通过城市处理中心处理其支付清算业务；中国人民银行县(市)支行间接参与者通过各自系统经中心支行(库)连接大额实时支付系统处理支付业务。

中央结算公司等特许参与者与大额实时支付系统国家处理中心连接，办理支付交易的即时转账业务。

(三) 现代化支付系统支付业务处理

现代化支付系统处理支付业务，经发起行、发起清算行、发报中心，并由国家处理中心清算资金后，实时转发收报中心、接收清算行、接收行，全过程自动处理，如图 10-2 所示。

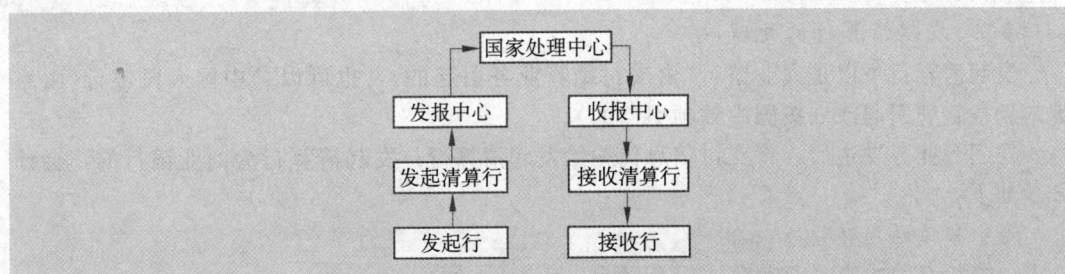

图 10-2 现代化支付系统支付业务处理流程

二、科目设置

▶ **1. 大额支付往来**

"大额支付往来"科目核算支付系统发起清算行和接收清算行通过大额支付系统办理的支付结算往来款项，余额轧差反映，年度终了，本科目余额全额转入"支付清算资金往来"科目，结转后，该科目余额为零。

▶ **2. 小额支付往来**

"小额支付往来"科目核算支付系统发起清算行和接收清算行通过小额支付系统办理的支付结算往来款项，余额轧差反映。年度终了，本科目余额全额转入"支付清算资金往来"科目，结转后，该科目余额为零。

▶ **3. 清算资金往来**

"清算资金往来"科目核算支付系统发起清算行和接收清算行通过大额支付系统办理的支付结算汇差款项。年度终了，"大额支付往来"科目余额对清后，结转至本科目，余额轧差反映。

▶ **4. 汇总平衡（国家处理中心专用）**

"汇总平衡"科目用于平衡国家处理中心代理中国人民银行分支行的账务处理，不纳入中国人民银行的核算。

三、大额实时支付业务

大额实时支付系统是指中国人民银行为信用社、商业银行与中国人民银行之间的支付业务提供最终资金清算的系统，为各银行跨行汇兑提供快速、高效、安全的支付清算服务，即以实时、全额的方式处理每笔金额在规定起点以上的贷记支付业务和紧急的金额在规定起点以下的贷记支付业务的应用系统。具体业务包括汇兑、委托收款（划回）、托收承付（划回）、国库资金汇划（贷记）和银行间同业拆借等。

大额实时支付系统的特点有：①支付速度快，资金在途时间短。申请人委托银行手续处理完毕，最晚在 60 秒内收款人开户行就能收到该笔资金，大大提高了企业的资金使用效率；②金额无上限，2 万元（含）以上的汇款或者申请人选择加急的低于 2 万元的汇款，即可在 60 秒内将款项汇入收款人账户；③可以办理跨行业务；④法定工作日 8：30—17：00 运行；⑤使用单位及范围没有限制，单位和个人、同城和异地均可使用。

此处只介绍发起清算行、发报中心、国家处理中心、接收清算行、接收行的基本处理方法，而发起行与清算行，以及清算行与接收行之间的支付信息传输后的处理，按各行系统内往来的规定处理。

（一）发起大额支付业务

▶ **1. 发起清算行的处理**

发起清算行可以是商业银行（由支付结算业务引起的），也可以是中国人民银行（由系统内划拨款项引起或划拨国库款项引起的）。

发起行业务发生后，将支付信息传输给发起清算行，发起清算行为商业银行的，会计分录如下：

借：单位活期存款

    贷：存放中央银行款项——备付金

【例 10-5】甲地工商银行营业部接到开户单位宏达公司提交的一笔金额为 200 000 元的

跨行电汇委托凭证，汇往乙地建设银行开户单位振华商城。经审核无误后，发起清算行根据开户单位提交的汇款凭证，通过大额实时支付系统发汇款信息，会计分录如下：

借：单位活期存款——宏达公司户 200 000

　　贷：存放中央银行款项 200 000

▶ 2. 发报中心的处理

发报中心收到发起清算行发来的支付信息，审核无误后，逐笔加编全国密押，实时发送国家处理中心。

【例 10-6】承例 10-5，甲地中国人民银行发报中心接到开户的工商银行提交的跨行电汇委托凭证，会计分录如下：

借：工商银行准备金存款 200 000

　　贷：大额支付往来 200 000

▶ 3. 国家处理中心的处理

国家处理中心收到发报中心发来的支付报文，逐笔确认无误后，分别进行账务处理。

(1) 发起清算行、接收清算行均为商业银行时，会计分录如下：

借：××银行准备金存款

　　贷：大额支付往来——中国人民银行××行户

借：大额支付往来——中国人民银行××行户

　　贷：××银行准备金存款

(2) 发起清算行为商业银行，接收清算行为中国人民银行时，会计分录如下：

借：××银行准备金存款

　　贷：大额支付往来——中国人民银行××行户

借：大额支付往来——中国人民银行××行户

　　贷：汇总平衡——中国人民银行××行户

(3) 发起清算行为中国人民银行，接收清算行为商业银行，会计分录如下：

借：汇总平衡——中国人民银行××行户

　　贷：大额支付往来——中国人民银行××行户

借：大额支付往来——中国人民银行××行户

　　贷：××银行准备金存款

(4) 发起清算行、结算行均为中国人民银行时，会计分录如下：

借：汇总平衡——中国人民银行××行户

　　贷：大额支付往来——中国人民银行××行户

借：大额支付往来——中国人民银行××行户

　　贷：汇总平衡——中国人民银行××行户

发起清算行为商业银行的，其清算账户头寸不足时，国家处理中心将该笔业务进行排队处理。国家处理中心处理完成后，将支付信息发往发报中心。

【例 10-7】承例 10-6，国家处理中心接到甲地中国人民银行发报中心发来的信息，审核无误，进行账务处理。会计分录如下：

借：工商银行准备金存款 200 000

　　贷：大额支付往来——甲地中国人民银行户 200 000

借：大额支付往来——乙地中国人民银行户 200 000

　　贷：建设银行准备金存款 200 000

（二）接收大额支付业务

▶ **1. 收报中心**

收报中心接收到国家处理中心发来的支付信息并核对无误后，逐笔加遍密押，实时发送收报清算行。

【例10-8】 承例10-7，乙地中国人民银行收报中心接到国家处理中心发来的信息，审核无误后，编制会计分录如下：

借：大额支付往来   200 000

    贷：建设银行准备金存款   200 000

▶ **2. 接收清算行**

接收清算行可以是商业银行，也可以是中国人民银行。接收清算行收到支付信息后，传输给接收行或对本行业务进行处理。

【例10-9】 承例10-8，乙地建设银行接到乙地中国人民银行收报中心发来的信息，确认无误后，收入收款人振华商城账户。会计分录如下：

借：存放中央银行款项   200 000

    贷：单位活期存款——振华商城户   200 000

四、小额批量支付业务

（一）小额批量支付业务概述

小额批量支付系统是以电子方式批量处理同城和异地纸凭证截留的商业银行跨行之间的定期借记支付业务、中国人民银行会计和国库部门办理的借记支付业务，以及每笔金额在规定起点以下的小额贷记支付业务的应用系统。具体业务包括汇兑、委托收款（划回）、托收承付（划回）等贷记业务和定期借记支付业务。定期借记支付业务是根据发起人与接收人签订的协议，由收款人发起的在约定时间生效的业务。借记支付业务主要包括银行汇票、旅行支票、国库借记业务。对于借记业务，系统设置了严格的控制范围。

小额批量支付系统在物理上分为三层架构：国家处理中心、城市处理中心和商业银行前置系统。

国家处理中心作为小额批量支付系统的最上层节点，负责接收、转发各城市处理中心的支付指令，并对集中开设的清算账户进行资金清算和处理，是整个系统的核心。国家处理中心设在中国人民银行清算总中心北京主站，分别与各城市处理中心相连。城市处理中心作为支付系统的中间节点，分布在各省省会中国人民银行，向上连接国家处理中心，向下挂接商业银行前置系统。中央银行会计集中核算系统（ABS）、国库会计核算系统（TBS）和其他外系统主要负责支付指令的转发和接收。商业银行前置系统分布在各商业银行端，与商业银行行内汇兑系统和综合业务系统连接，和其他系统作为支付系统参与者发起或接收支付指令。国家处理中心和城市处理中心提供了标准的接口规范和接口软件，支持相关业务系统的接入。

小额批量支付业务的功能特点如下：①业务种类多，可批量发送，24小时内入账。客户如一次向同一家收款银行办理多笔电汇，无论笔数多少，只收取一笔的费用。②收费便捷、缴费轻松。收费单位可以仅在一家银行开立账户办理所有收费业务，资金到账时间明显加快，缴费人也可仅在一家银行开立账户办理各种费用的缴纳。③跨行发工资、转账更灵活。企事业单位可以委托开户银行及时向在不同地区、不同银行开户的员工发放工资和养老金等。④通存又通兑，跨行可存取。居民个人可在任何银行机构的营业网点针对自己的存款账户办理存、取、转账业务。

小额批量支付业务的使用对象为：①单位、个人消费金额≤2万元的款项结算，时间要求不高，可以选择该业务；②同城、异地均可使用。

"清算资金往来——小额支付系统往来"科目用于核算商业银行通过以小额支付为网络途径汇划的清算资金往来结算。

（二）小额支付业务核算

▶ 1. 发起行（发起清算行）

发起行的处理与大额支付相同。

▶ 2. 发报中心

发报中心接收的小额支付信息，应当区别本城市处理中心覆盖的业务和非本城市处理中心覆盖的业务。对于非本城市处理中心覆盖的业务，即时发往国家处理中心。对于本城市处理中心覆盖的业务，应在规定的时点轧差后，将支付信息分发接收清算行，轧差结果即时自动发送国家处理中心。

▶ 3. 国家处理中心

国家处理中心收到发报中心发来的小额支付信息，在规定的时间按接收清算行进行清分，并发送收报中心，同时以直接参与者为单位进行轧差，通过清算账户管理系统进行清算。

▶ 4. 收报中心

收报中心接收国家处理中心发来的支付信息，即时转发接收清算行。

▶ 5. 接收清算行

接收清算行收到收报中心发来的支付信息，与大额支付业务的处理基本相同。

▶ 6. 定时轧差清算

城市处理中心可以定时轧算支付信息差额，并通过国家处理中心清算资金。

（1）轧差公式如下：

应收差额＝（借报业务往账金额＋贷报业务来账金额）－
　　　　　　（贷报业务往账金额＋借报业务来账金额）

应付差额＝（贷报业务往账金额＋借报业务来账金额）－
　　　　　　（借报业务往账金额＋贷报业务来账金额）

（2）国家处理中心按清算行清算、轧算资金差额。

商业银行清算行为应收差额的，进行清算的会计分录如下：

借：小额支付往来——中国人民银行××行户
　　贷：××银行准备金存款

商业银行清算行为应付差行的，会计分录相反。

中国人民银行清算行为应收差行的，进行清算的会计分录如下：

借：小额支付往来——中国人民银行××行户
　　贷：汇总平衡——中国人民银行××行户

第五节 同城票据交换

票据交换系统是指中国人民银行建设运营的同城票据清算系统（含同城票据交换所）和

全国支票影像交换系统的统称。我国现代化支付系统建成后，传统的同城票据交换系统仍然在经济领域起着很重要的作用，具有一定的市场空间。现阶段，两个系统都发挥着各自的优势，因此在一定时期内，它们相互依存、相互补充，都是资金清算系统体系中重要的组成部分。

同城票据交换是指在同一城市(区域)范围内，各商业银行之间，按规定的时间，集中到指定的地点(票据交换所)，相互交换代收、代付的票据，然后轧计差额，并清算应收或应付资金的办法。

由于同城结算中，大量业务的收、付款单位都不在同一行处开户，构成同城各银行之间的资金账务往来。通过同城票据交换，各银行之间不必逐笔划转款项和分头传递结算凭证，既简化结算手续，方便单位之间的资金往来，又能加快凭证传递，加速企业资金周转，提高资金使用效益。目前，同城票据交换一般由中国人民银行负责清算，进行集中监督。

一、同城票据交换的相关规定

(1) 同城票据交换一般由当地的中国人民银行主持，即由中国人民银行规定票据交换的时间(一般为上午、下午各一次)和场所(票据交换所)，统一清算差额。

(2) 参加票据交换的行处，需要向当地中国人民银行申请，经批准并发给同城票据交换行号，方能参加票据交换。

(3) 票据交换的核算涉及提出行和提入行两个系统。向他行提出票据的行处为提出行；在票据交换所从他行提回票据的行处为提入行。一般参加交换的行处既是提出行又是提入行，但对提出、提入的票据要分别核算。

(4) 提出交换的票据分为代收(贷方)票据和代付(借方)票据。若提出行提出的是在本行开户的付款人委托银行从其账户中付出的款项，划往在他行开户的收款人账上的各种凭证，称为代收票据，如由签发人提交的支票等；若提出的是在本行开户的收款单位交存的，应由在他行开户的单位付款的凭证，称为代付票据，如收款人送存的支票、银行本票等。对他行付款的票据，应遵循"代收他行票据，收妥抵用"的原则，即付款单位付妥款项后才能为收款单位入账。

(5) 提入行的票据交换员对提入的票据，即他行提出的本行收款凭证和付款凭证，审查无误后，根据提出与提入票据的张数和金额，轧计出本次交换应收应付款项。计算方法如下：

本行应付款＝提出贷方票据＋提入借方票据

本行应收款＝提出借方票据＋提入贷方票据

然后计算本行的应收差额或应付差额，据此编制交换差额报告单(见表 10-1)，送中国人民银行会计部门办理转账。

表 10-1　交换差额报告单

摘　　要	借　　方	贷　　方
提出票据	借方票据	贷方票据
提入票据	贷方票据	借方票据
合　计		
差额	(应收差额)	(应付差额)

（6）参加同城票据交换的银行之间提出提入的票据结算资金，都通过"清算资金往来——同城票据清算"科目核算，该科目属于资产负债共同类科目。

二、同城票据交换的核算

（一）提出行的核算

对于准备提出的代收、代付票据，提出行应首先审核内容是否齐全、正确，审核无误后，根据代收、代付票据逐笔登记代收（代付）票据交换登记簿，并结出金额合计数。登记后，将结算凭证中属于本行记账的凭证留下，交专柜记账，将提出清算的票据，按对方行处清分，并分别加计各对方行处的代收、代付票据的笔数和金额，填制代理收款（付款）计数通知单一式两联，一联留底，另一联连同代收、代付票据提出交换。然后根据代理收款（付款）计数通知单分别加计代收、代付的总笔数、总金额，填入清算总数表的"提出代收款"和"提出代付款"栏。将票据送交换所之前，为保证票据清算的顺利进行，提出行必须对提出的代收、代付票据进行全面核对，保证达到票据、登记簿、计数通知单、总数表四相符，方可将一式三份清算总数表连同代理收款（付款）计数通知单和提出代收、代付的票据，一并交由交换员带往票据交换所进行交换和清算。

▶ 1. 提出贷方票据的处理

按提出票据汇总金额填制一联贷方记账凭证，以客户提交的票据或结算凭证作为借方记账凭证。会计分录如下：

借：单位活期存款——××户

　　贷：清算资金往来——同城票据清算

如果提出的票据被他行退票的，在中国人民银行规定的退票时间内接到对方银行退票理由书时，将一联退票理由书和有关贷方票据一并退收款人，填制借、贷方记账凭证各一联，以退票理由书作为贷方记账凭证附件，会计分录与前面提出贷方票据时的处理相反。

▶ 2. 提出借方票据的处理

按提出票据汇总金额填制借、贷方记账凭证各一联，会计分录如下：

借：清算资金往来——同城票据清算

　　贷：其他应付款

在规定的时间内无退票，填制一联借方记账凭证，以客户提交的结算凭证作为贷方记账凭证，会计分录如下：

借：其他应付款

　　贷：单位活期存款——××户

若在中国人民银行规定的退票时间内接到对方银行的退票理由书，填制借、贷方记账凭证各一联，以退票理由书作为借方记账凭证附件。会计分录如下：

借：其他应付款

　　贷：清算资金往来——同城票据清算

（二）提入行的核算

提入行在交换所收回本行票据时，将票据和计数通知单分开，分别将代收、代付汇总加计票据笔数和金额相互核对。如有不符，则说明提出行工作有误，应及时查找；提入的票据与计数通知单核对一致后，将代收、代付票据的笔数和金额分别登记在清算总数表的"提入代收款"和"提入代付款"栏。

▶ 1. 提入贷方票据的处理

按提入票据汇总金额填制一联借方记账凭证，以提入的票据或结算凭证作为贷方记账，会计分录如下：

借：清算资金往来——同城票据清算

　　贷：单位活期存款——××户

因误提他行票据等原因不能入账的，先贷记"其他应付款"科目，退票或再提出时，编制相反的会计分录冲销。

▶ 2. 提入借方票据的处理

按提入票据汇总金额填制一联借方记账凭证，以提入的票据或结算凭证作为借方记账凭证，会计分录如下：

借：单位活期存款——××户

　　贷：清算资金往来——同城票据清算

因误提他行等原因不能入账的，先借记"其他应收款"科目，再提出时，编制相反的会计分录冲销。

(三) 票据清算差额的处理

▶ 1. 商业银行的处理

参加交换的行处，根据清算总数表收入和付出合计，轧出应收或应付差额并与中国人民银行清算部门核对相符，以结清收款和付款单位开户行代收、代付的结算金额。

如应付款金额大于应收款金额，其差额为应付差额，应向交换所提交中国人民银行存款账户支款凭证，会计分录如下：

借：清算资金往来——同城票据清算

　　贷：存放中央银行款项

如果应收款金额大于应付款金额，其差额为应收差额，应向交换所提交中国人民银行存款账户收款单，会计分录反之。

▶ 2. 中国人民银行的处理

中国人民银行清算部门收齐各参加交换行处送来的计数通知单后，进行总轧平衡，即提出代收票据总计等于提入代收票据总计，提出代付票据总计等于提入代付票据总计，应收差额总计等于应付差额总计。然后，将应收或应付差额与各行处核对相符后，根据各行处送交的凭证办理转账。

同城票据交换的办法由各地中国人民银行自行制定，所以各地的具体核算手续不尽相同，但基本原理是一样的，会计分录如下：

借：××银行准备金存款——应付差行

　　贷：××银行准备金存款——应收差行

三、同城票据交换退票的处理

同城票据交换的退票是指付款人银行根据法规审核通过当次交换提入的借方票据，按照合规事由出具书面证明，在下一次交换时，将借方票据与书面证明退给收款银行的拒绝付款行为。同时，银行之间的票据纠纷也多由同城票据交换的退票引起。

(一) 退票的规定

中国人民银行为了维护同城票据交换秩序及付款人的权益，根据《中华人民共和国票据法》和《票据管理实施办法》等法规，制定关于退票理由的规定。最常见的退票理由如下：

（1）支票付款人账内款项不足；

（2）票据金额大小写不符；

（3）更改票据金额、日期、收款人名称，按规定可更改处，原记载人未签章证明；

（4）出票人或付款人的签章不清楚及预留银行印鉴不符；

（5）票据背书不连续，票面污损、无法辨认；

（6）票据已被失票人挂失止付；

（7）票款已由人民法院通知止付、冻结或提存；

（8）票款已由人民检察院或公安机关冻结；

（9）持票人未给付对价，而以欺诈、盗窃、胁迫等手段取得的票据；

（10）持票人因重大过失，取得不符合票据法规定的票据。

（二）退票的处理

各行在办理退票时，应在规定的退票时间内通知原提出行，并将待退票据视同提出的票据列入下次清算。由于待退票款已列入本次清算差额，为了保持本次"清算资金往来——同城票据清算"科目余额与清算差额一致，便于账务平衡，对待退票款项应列入"其他应收款"或"其他应付款"科目核算。退票时，填制退票理由书一式三联，一联留存本行作为应收或应付科目的转账传票，另两联附退票票据于下次票据交换时退回原提出行。原提出行接到退回的票据后，核对票据交换登记簿确认属于本行提出的票据后，在登记簿上注明退票理由和时间，收到退票行退票理由书时，据以填制特种转账传票。

▶ 1. 退票行的处理

退回借方票据时，会计分录如下：

借：清算资金往来——同城票据清算

　　贷：其他应收款——退票专户

退回贷方票据时，会计分录如下：

借：其他应付款——退票专户

　　贷：清算资金往来——同城票据清算

▶ 2. 原提出行的处理

退回借方票据时，会计分录如下：

借：其他应付款——退票专户

　　贷：清算资金往来——同城票据清算

退回贷方票据时，会计分录如下：

借：清算资金往来——同城票据清算

　　贷：活期存款——原付款人户

本章小结

　　资金汇划与清算是实现社会资金流通与周转的系统工具。随着经济规模的发展与经济关系的多元化，资金清算的需求越来越大，并且要求便捷、快速、安全、科学，而现代科技手段的应用使得这种要求成为可能。横向的资金往来可以通过纵向的清算系统进行汇划并清算，远程的资金流通和运动可以在瞬间从一地流向另一地，从而大量节约在途时间。

资金汇划与清算毕竟是资金在不同行处之间的划拨，相关双方行处的账务处理也存在时间差，为保证账务处理的正确，系统设计的安全性尤为重要，一般都设计往来账的核对环节。现代电子操作条件下，系统均设计信息接收回执功能并需定期或每日核对，以保证发起行和接收行信息一致、账务处理完全相符。

现代化技术手段的应用，使资金汇划与清算系统的科技含量和业务容量不断扩大，大大提高了资金汇划的速度和效率，但是资金汇划的特殊性决定了风险防范应在首要考虑之列，特别是现代化支付系统中小额支付系统的轧差清算，更应当注重风险防范。

本章习题

第十一章
代理业务

学习目标

1. 了解代理业务的种类。
2. 掌握代保管业务、代收代付业务、代理证券业务。
3. 掌握代理支付结算业务。

代理业务是指银行接受客户委托，利用自身的经营职能和先进的网络信息技术手段，代为办理客户指定的经济事务、提供金融服务并收取一定费用的业务。代理业务是典型的中间业务，银行充分利用自身的信誉、技能、信息等资源代客户行使监督管理权、提供各项金融服务。

代理业务主要包括代保管业务、保管箱业务、代理支付结算业务、代收代付业务、代理证券业务、代理国库业务、代理保险业务、代理财政支付业务、银关通业务、代理证券期货业务、开放式基金业务、代理信托投资计划业务、代收大专院校学杂费业务和结算业务上门服务等。本章重点介绍几项主要的代理业务。

第一节 代保管业务和保管箱业务

一、代保管业务

代保管业务是指商业银行接受单位或个人委托，代为保管贵重物品、有价证券、重要文件等的业务。委托人应与银行签订代保管协议。

（一）受理代保管业务的核算

经办人员填制一式三联代保管凭证，同时填制收款凭证收取代保管手续费。

收到客户委托代理保管的贵重物品或有价证券时，登记表外科目：

收入：代保管有价单证（或代保管贵重物品）

商业银行向委托人收取保管手续费，会计分录如下：

借：现金——库存现金（或单位活期存款、活期储蓄存款）

　　贷：手续费及佣金收入

填制入库票，将物品入库保管。

（二）委托人领取代保管品的核算

经办人员审核无误后，根据代保管凭证填制出库票办理代保管物品的出库手续，并填制表外科目传票，销记代保管有价单证或代保管贵重物品登记簿，进行表外核算：

付出：代保管有价单证（或代保管贵重物品）

将代保管的物品交委托人开封查收。委托人在代保管有价值品登记簿上签收确认。

二、保管箱业务

（一）保管箱租用时的处理

客户委托商业银行代理保管贵重物品和有价证券时，应持有效证件，填写租箱申请书一式两份，经办行对申请书及有关证件审核无误后，一份交由申请人收执；一份留存。保管箱柜台经办人收取租用人保证金和租金，填制保管箱业务收费凭证一式三联和保管箱保证金收据一式三联，并加盖保管箱业务专用章。租金收据和保证金收据的第一联均作为租箱申请书附件与租箱申请书专夹保管，第二联交给会计部门分别作为租金和保证金的转账贷方凭证，第三联交由租用人收执。转账收款的，同时将收取的票据交会计部门办理收款。会计分录如下：

借：现金——库存现金（或单位活期存款、活期储蓄存款）

　　贷：手续费及佣金收入

　　　　其他应付款——保管箱保证金户

收取租金和保证金后，柜台经办人登记保管箱租箱、退箱登记簿。

（二）保管箱续租和退租时的处理

租用人续租保管箱时，经保管箱柜台经办人审核受理，取出原资料卡加盖"续租"戳记续用，另填制保管箱租金收据向租用人收取续租租金。

租用人在保管箱租约到期需要退租或因故提前退租时，柜台经办人根据其填制的保管箱退租书，登记保管箱租箱、退箱登记簿，并从租箱申请书专夹内取出原留存的保证金收据第一联作为借方记账凭证交会计部门记账。转账支付的，同时加填两联特种转账贷方凭证，保证金收据第一联作为借方凭证，一联特种转账凭证作为贷方记账凭证，一联特种转账凭证作为退租人收款通知。会计分录如下：

借：其他应付款——保管箱保证金户

　　贷：现金——库存现金（或单位活期存款、活期储蓄存款）

（三）滞纳金的处理

保管箱租用人因逾期缴纳滞纳金时，柜台经办人填制保管箱业务收费凭证一式三联，并加盖保管箱业务专用章。会计分录如下：

借：现金——库存现金（或单位活期存款、活期储蓄存款）

　　贷：营业外收入——保管箱滞纳金收入户

（四）赔偿金的处理

租用人因损坏箱体、丢失钥匙缴纳赔偿金时，柜台经办人应填制保管箱业务收费凭证一式三联，并加盖保管箱业务专用章。会计分录如下：

借：现金——库存现金（或单位活期存款、活期储蓄存款）
　　贷：营业外收入——保管箱赔偿金收入户

第二节　代理支付结算业务

代理支付结算业务是指银行委托其他银行或接受其他银行委托，办理银行汇票、汇兑、委托收款、托收承付等支付结算业务的行为。委托方为被代理行，受委托方为代理行。代理支付结算业务包括代理签发银行汇票业务、代理兑付银行汇票业务、代理其他支付结算业务等。代理签发银行汇票业务中，被代理行是本行，代理行是外资银行、城市商业银行、农商银行等；代理兑付银行汇票业务中，被代理行是股份制商业银行、政策性银行、外资银行、城市商业银行、农商银行等，代理行是本行；代理其他支付结算业务中，被代理行是未建立异地联行系统的中小银行，代理行是本行。

一、基本规定

（1）支付结算业务的代理必须坚持统一授权、防范风险、注重效益、长期合作的原则。

（2）办理支付结算业务代理，本行与代理行或被代理行之间应签订代理协议，明确双方权利及义务。

（3）支付结算业务的代理均为有偿代理，应按照中国人民银行规定的费率和双方约定的付款方式收取代理费用。

（4）支付结算业务代理实行集中统一和分级管理相结合的管理体制。

（5）总行负责制定本行统一的支付结算业务代理实施办法，组织、协调、管理全行的支付结算业务代理工作；负责签订支付结算业务代理协议，并报中国人民银行总行备案；逐级授权签订代理协议。

二、业务处理

（一）代理签发银行汇票

代理签发银行汇票是指本行接受委托的其他银行，使用本行的银行汇票凭证、汇票专用章和专用机具，为其开户单位或个人签发银行汇票并由本行机构兑付的行为。

按照规定的权限，与代理行签订代理签发银行汇票协议，双方确立代理关系，表明代理方式为代理签发银行汇票，明确代理行与被代理行的权利和义务、银行汇票资金的移存方式、代理业务手续费标准和付费方式，以及违约责任等。

▶ 1. 出票和移存汇票资金

代理出票行应按照《票据法》《票据管理实施办法》《支付结算办法》，以及本行的有关制度规定代理本行出票。

银行汇票上的"出票行"和"行号"栏应分别填写被代理经办行的行名和行号，在备注栏注明"××行代理"字样。

代理出票行应将当日签发的全部银行汇票按出票金额合计数，于营业终了前至次日（遇节假日顺延）上午通过中国人民银行或同业往来向被代理经办行办理移存。超过次日上午移存的，应按未移存金额和延误天数向被代理经办行支付万分之七的违约金。

代理出票行移存时，应将签发的银行汇票卡片和填写作废的银行汇票凭证随汇票资金一并移交被代理经办行。银行汇票第四联（多余款收账通知）留存，作为汇出汇款的卡片账。

被代理经办行应审查代理出票行签发的银行汇票卡片金额合计数与移存的汇出汇款资金是否一致，以及银行汇票凭证使用是否连续。登记代理签发汇票登记簿。

被代理经办行应在汇出汇款科目下设立"移存代签汇票款"专户，并按代理出票行分别进行明细核算。会计分录如下：

借：同业存款——商业银行存款

贷：汇出汇款——代签汇票款

▶ 2. 代理付款和汇票结清

代理付款行处理持票人直接或通过他行提示付款的代理出票行签发的银行汇票及三联进账单，应视同本行系统内出票，按规定审查汇票各项要素并核对密押，无误后向持票人付款，并向汇票正面出票行行号栏注明的被代理经办行办理资金清算。

借：待清算辖内往来

贷：单位活期存款或应解汇款及临时存款——收款人户

账务处理完毕后，在第二联进账单背面打印交易信息作为贷方凭证，第一联进账单上加盖核算用章作为收款通知交持票人，汇票第二、三联加盖名章后交汇划发报复核柜员复核。

被代理经办行根据代理付款行划回的资金汇划借方补充凭证，销记汇出汇款分户账，汇票卡片作为借方凭证附件。会计分录如下：

借：汇出汇款——移存代签汇票款

贷：待清算辖内往来

若有多余款退回，被代理经办行应打印两联汇票多余款记账凭证、加盖经办名章和转讫章，一联作为代理出票行同业存放账户贷方凭证或提出票据交换清单的附件，一联作为代理出票行收账通知书。会计分录如下：

借：汇出汇款——移存代签汇票款

贷：待清算辖内往来（实际结算金额）

同业存款——商业银行存款（多余金额）

申请人办理银行汇票退款，代理出票行处理后应在汇票正面加盖业务印章和解讫通知一并提交被代理经办行，被代理经办行核实无误后办理资金清算。会计分录如下：

借：汇出汇款——移存代签汇票款

贷：同业存款——商业银行存款

汇票和解讫通知作为借方凭证，汇票卡片作为借方凭证附件，特种贷方凭证加盖经办名章和转讫章作为代理出票行收账通知书。

申请人办理银行汇票退款或持票人超过提示付款期限的，可以按照《支付结算办法》的规定，在票据权利时效内向被代理出票行说明原因，代理出票行处理后，应在银行汇票第二联加盖汇票专用章连同解讫通知提交被代理经办行，凭以办理移存汇票款项退回。被代理经办行审核无误后办理退款或付款手续。

申请人短缺解讫通知要求退款的，应备函向代理出票行说明原因，交回持有的银行汇票第二联，代理出票行处理后，应在银行汇票第二联加盖结算专用章连同申请人的短缺说明提交被代理经办行，被代理经办行于提示付款期满 1 个月后向代理出票行办理移存汇票款项退回。

申请人丢失银行汇票时，代理出票行依据失票人提供的人民法院出具的其享有票据权利，以及实际结算金额的证明提交被代理经办行，被代理经办行经审查确未支付的，向代理出票行办理移存汇票款项退回。

▶ 3. 收取代理业务手续费

被代理经办行应按照协议规定的费率和约定的付费方式向代理行收取代理业务手续费。代理行未按规定支付手续费的，应按延付手续费金额和延误天数的 0.5‰ 向其收取违约金。会计分录如下：

借：同业存款——商业银行存款
　　贷：中间业务收入——代理其他银行结算业务收入

或

　　贷：营业外收入——罚款罚没收入

（二）代理兑付银行汇票

代理兑付银行汇票是指本行接受其他银行的委托，代理兑付其签发的银行汇票的行为。本行各通汇机构均可以解付与本行签约的被代理行签发的银行汇票。

代理经办行应在“汇出汇款”科目下设立“移存代理兑付汇票款”专户，并按被代理行的出票行分别进行明细核算。被代理行的出票行签发由本行代理兑付的银行汇票时，应在银行汇票第二联和解讫通知联注明“请划付本行，行号××××××××××××”标记。

被代理行的出票行应将当日签发的全部银行汇票按出票金额合计数，于营业终了前至次日上午（遇节假日顺延）通过中国人民银行或同业往来向代理经办行办理移存。超过次日移存的应按未移存金额和延误天数向代理经办行支付 0.7‰ 的违约金。

收到移存资金的会计分录如下：

借：同业存款——商业银行存款
　　贷：汇出汇款——移存代理兑付汇票款

一联银行汇票清单、特种转账借方凭证加盖经办名章、转讫章后交被代理的出票行。

代理付款行接到持票人提交的注明“请划付本行，行号××××××××××××”标记的汇票、解讫通知和进账单后，应审查被代理行提供的行名行号簿上是否记载有该笔汇票的出票行，再按照《支付结算办法》的规定逐项进行审查，核对票据、印章、密押等要素无误后办理解付手续，将解付后的银行汇票资金通过资金汇划清算系统向票面上注明的代理经办行清算，并在附言栏内注明“××行出票”的字样。会计分录如下：

借：待清算辖内往来
　　贷：单位活期存款或应解汇款及临时存款——收款人户

第二联进账单加盖经办名章、核算用章作为贷方凭证，银行汇票及解讫通知作为贷方凭证附件，第三联进账单加盖经办名章、核算用章作为收账通知。

本行结清汇票的会计分录如下：

借：汇出汇款——移存代理兑付汇票款
　　贷：待清算辖内往来

若有多余款退回，应将多余款项退还。会计分录如下：

借：汇出汇款——移存代理兑付汇票款
　　贷：同业存款——商业银行存款

（三）代理其他支付结算

代理其他支付结算是指本行接受未建立异地联行系统的其他银行的委托，为其办理汇兑、委托收款、托收承付等支付结算业务的行为。

▶ 1. 代理汇兑

代理汇兑是指本行接受其他银行的委托，为其办理款项汇出和汇入的行为。

（1）代理经办行应按照支付结算制度的规定于处理当日至次日（遇节假日顺延）上午将汇兑款项汇出。存入资金的会计分录如下：

借：待清算辖内往来——同城票据交换

　　贷：同业存款——商业银行存款

汇出款项的会计分录如下：

借：同业存款——商业银行存款

　　贷：待清算辖内往来

（2）汇入行应根据资金汇划贷方补充凭证的内容，当日至次日（遇节假日顺延）将款项划转收款人账户或其开户行，不得任意退汇。会计分录如下：

借：待清算辖内往来

　　贷：××存款——收款人

一联资金汇划贷方补充凭证加盖经办名章、核算用章/转讫章（提出交换的）作为收款人收账通知。

▶ 2. 代理委托收款和托收承付

略。

第三节 代收代付业务

代收代付业务是指银行通过计算机网络技术，代理企事业单位（团体）向其用户（个人或单位）收取公共事业费、教育经费、合作事业基金、代发工资、代付各级财政部门定期下拨的基金、退休养老金、股息等，并按协议或合同履行权利和义务的一项综合性业务。

代收代付业务是银行接受收款单位和付款人（客户）的委托，将付款人在银行账户的资金按约定的时间一次或多次划付给收费单位账户的资金结算业务。代收代付业务是银行利用自身的结算便利，接受客户的委托代为办理指定款项的收付事宜的业务。

代收代付业务按入账时间要求可分为定期代理和不定期代理两种。定期代理是指收缴周期固定、入账日期固定的代收代付业务。不定期代理是指收缴费周期不定，临时性强，随意性大（如实时扣收）的代收代付业务。

银行经办代理业务款项收付过程中，不得替代理单位和个人垫款。

一、代收款业务

办理代收款业务，代收的款项应在全部款项收妥后划入委托单位指定的账户。银行会计部门根据委托单位出具的委托代理收款协议书及收款清单向交款人收取款项，会计分录如下：

借：单位活期存款——交款人户（或××科目）

贷：其他应付款——待划转代收款户

待款项全部收妥，划转委托收款单位账户，同时扣收手续费，会计分录如下：

借：其他应付款——待划转代收款户

贷：单位活期存款——委托收款人户

手续费及佣金收入

如果为个人客户，会计分录如下：

借：个人结算存款

贷：单位活期存款——委托收款人户

中间业务收入——个人其他中间业务收入

二、代付款业务

办理代付业务，银行会计部门根据委托付款单位填制的委托代理付款协议书及代付款清单，在向付款人收妥资金后，办理代付手续。收到委托付款人在约定付款日交付的资金，会计分录如下：

借：单位活期存款——委托付款人户（或××科目）

贷：其他应付款——待划转代付款户

待款项全部收妥后，办理代付，划付收款单位账户，同时扣收手续费，会计分录如下：

借：其他应付款——待划转代付款户

贷：单位活期存款——收款人户（或××科目）

手续费及佣金收入

第四节 代理证券业务

代理证券业务是指银行接受委托办理的代理发行、兑付、买卖各类有价证券的业务，还包括接受委托代办债券还本付息、代发股票红利、代理证券资金清算等业务。银行开办代理证券业务主要代理债券类业务。

一、代理发行证券业务

代理发行证券业务是指商业银行代理发行人发售证券的业务。

（一）代销方式的核算

商业银行收到发行人交来的代销证券，在发行期开始前，作为重要凭证保管。

发售证券后，收到款项时，会计分录如下：

借：现金——库存现金（或单位活期存款或活期储蓄存款）

贷：代理业务资金——代理发行证券款项

发行期结束，将代销证券款项交给委托代销单位，同时应由委托代销单位付给手续费。会计分录如下：

借：代理业务资金——代理发行证券款项

贷：存放中央银行款项

手续费及佣金收入

二、代理兑付证券业务

代理兑付证券业务是商业银行接受国家或企业等债券发行单位的委托，兑付到期债券，兑付结束后，将兑付债券集中交给发行单位，同时向发行单位收取手续费的业务。

商业银行收到发行人的兑付债券款项时，会计分录如下：

借：存放中央银行款项
　　贷：代理业务资金——代兑付债券款

兑付债券时，收回债券，支付资金，会计分录如下：

借：代理业务资金——代兑付债券款
　　贷：库存现金（或单位活期存款、活期储蓄存款）

兑付期结束，将已兑付的债券集中交给发行人，同时收取手续费。

借：存放中央银行款项
　　贷：手续费及佣金收入

第五节 代理国库业务

代理国库业务是指银行利用营业网点和网络、结算等资源优势，代理国家金库预算资金的收入和支出、财政库款收纳报解的业务。

一、基本规定

（1）中华人民共和国国家金库机构，按照国家统一领导，分级管理的财政体制设立，原则上一级财政设立一级国库。国库设总库、分库、中心支库和支库。支库以下的国库经收处业务，由商业银行的分支机构办理，负责收纳报解财政库款。经收处的业务工作受支库领导。

（2）国家金库负责办理国家预算资金的收入和支出：国家的一切预算收入，应按照规定全部缴入国库，任何单位不得截留、坐支或自行保管；国家的一切预算支出，一律凭各级财政机关的拨款凭证，经国库统一办理。

各级国库库款的支拨，必须在同级财政存款余额内支付，只办理转账，不支付现金。国库收纳库款以人民币为限。以金银、外币等缴款，应向当地银行兑换成人民币后缴纳。

各级国库收到财政机关的拨款凭证时，应进行严格审核，发现有下列情况之一的，国库一律拒绝拨付：凭证要素不全，擅自涂改，大小写金额不符，小写金额前不加人民币符号，大写金额前不封顶，前后联次填写内容不一致，拨款金额超过库存余额，预算拨款凭证第一联及信、电汇凭证的第二联未加盖印鉴，或所盖印鉴与预留印鉴不符，以及超预算等。

（3）预算收入的退库，由各级国库办理，国库经收处只办理库款收纳，不办理预算收入的退付。预算收入的退付，应严格按照财政管理体制的规定，在国家统一规定的退库范围内办理，必须从各级预算收入的有关项目中退付。

（4）各征收机关对自收汇缴的税款和其他预算收入，应于当日入库；不得将税款和其他预算收入存入征收机关的经费账户，也不得存入储蓄账户和其他账户。

(5)缴款单位向国库经收处缴纳各项预算收入时，各经收处应按有关规定及时办理，及时将所收项划转国库，不得以任何借口拒收或延解积压，对超过缴款期限的，要按规定加收滞纳金。

(6)国库经收处所收款项属代收性质，不是正式入库，不得办理退库。

(7)国库经收处收纳的各级预算收入，应在当日办理报解手续，如当日交换时间已过确实来不及报解的，于下一个工作日上午办理。

二、业务处理

（一）代理国库支库业务

代理国库支库业务包括预算收入收纳、划分和报解。

国库经收处收到缴款凭证，应审查预算级次、预算科目、征收机关和收款国库等要素是否填写清楚；缴款日期是否超过限缴期限，应计收滞纳金、更改期限的，须由征收机关加盖更正章后，方可处理；大小写金额是否相符，字迹有无涂改；缴款单位名称、账号开户银行填写是否正确、齐全；收、付款联是否加盖印章，印章是否清晰、齐全，与预留印鉴是否相符；缴款单位存款账户是否有足够的余额。

审查凭证无误后，在缴款书各联（一式五联）加盖受理凭证专用章，并进行账务处理。对不符合规定的缴款凭证，国库经收处有权拒绝处理。

缴款单位（人）以转账方式缴纳预算收入款项的，第一联收据联退缴款单位（人），第二联凭证由经收处作为缴款单位（人）账户付款凭证，填制一联转账贷方凭证（可日终汇总编制）作为代理财政性业务资金科目的贷方记账凭证，缴款书第三、四、五联通过中国人民银行交换场或辖内往来提交代理支库。会计分录如下：

借：现金或单位活期存款等
　　贷：待结算财政款项

每日营业终了，国库经收处应将已收纳的缴款书汇总金额与"代理财政性业务资金"科目、待报解预算收入专户余额核对一致后，填制一借一贷特种转账凭证。特种转账借方凭证作为代理财政性业务资金科目的借方记账凭证；特种转账贷方传票与另填制的同城交换清算凭证或辖内往来凭证，随缴款书第三、四、五联划转国库。会计分录如下：

借：待结算财政款项
　　贷：待清算辖内往来等科目

（二）代理支库

收到国库经收处报解的预算收入款项，打印缴款书，核对划款凭证与金额一致。同时，审查缴款书各要素，除按经收处审查凭证的各项要求进行审查外，还要审查所附缴款书是否加盖了国库经收处的有收（转）讫日期的业务印章等。如发现问题，予以退回。

缴款凭证审核无误后，根据缴款书金额总数，与当日国库经收处全部划款凭证的合计金额核对一致后，编制待报解预算收入专户凭证，办理转账。会计分录如下：

借：待清算辖内往来——同城票据交换
　　贷：待结算财政款项

▶ 1. 预算收入报解

通过中国人民银行现代化支付系统进行预算收入报解，进行账务处理，会计分录如下：

借：待结算财政款项

贷：存放中央银行款项或待清算辖内往来

▶ **2. 预算收入退付**

国库部门收到财政部门预算收入退付凭证，将款项退付至客户账户，会计分录如下：

借：财政预算外存款

　　贷：待结算财政款项

将款项退还给单位，会计分录如下：

借：待结算财政款项

　　贷：单位活期存款（或有关科目）

▶ **3. 库款支拨**

库款支拨首先要按照要求认真填写预算拨付凭证，经审核无误后办理。会计分录如下：

借：地方财政库款

　　贷：单位活期存款（或有关科目）

第六节　代理保险业务

商业银行代理保险业务是保险公司和商业银行采取相互协作的战略，充分利用双方的优势资源，通过银行的销售渠道代理销售保险公司的产品，以一体化的经营方式来满足客户多元化金融需求的一种综合化的金融服务。商业银行在保险公司授权的范围内，代理保险公司销售保险产品及提供相关服务，并依法向保险公司收取代理费用的经营活动。银行代理的险种主要包括人身保险、财产保险等，《保险法》规定，银行网点开办保险代理业务，必须取得保险监管机构颁发的保险兼业代理业务许可证，并与保险公司签订代理协议。

业务处理略。

本章小结

代理业务中应用范围最广的是代收代付业务，此类业务几乎涉及家家户户。代收代付业务是指商业银行利用自身结算的便利，接受客户的委托代为办理指定款项收付的业务。代收代付业务的种类繁多，归纳起来可以分为两大类：一是代缴费业务，是指银行代理收费单位向其用户收取费用的一种转账结算业务，如代收电话费、保险费、交通违章罚款等；二是代发薪业务，是指银行受国家机关、行政事业单位及企业的委托，通过其在银行开立的活期存款账户，直接向职工发放工资的业务。

代理证券业务是指银行接受委托办理的代理发行、兑付、买卖各类有价证券的业务，同时还包括代办债券还本付息、代发红利、代理证券资金清算等业务。有价证券主要包括国债、金融债券、公司债券、股票等，银行开办代理证券业务主要代理债券类业务。

代理保险业务是指商业银行接受保险公司委托代其办理保险业务的业务。商业银行代理保险业务，可以受托代个人或法人投保各险种的保险事宜，也可以作为保险公司的代表，与保险公司签订代理协议，代保险公司承接有关的保险业务。代理保险业务一般包括代售保单业务和代付保险金业务，属于兼业代理。代理保险业务是目前我国银行保险发展得最为广泛的种类。

代理政策性银行业务是指商业银行接受政策性银行的委托，代为办理政策性银行因服务功能和网点设置等方面的限制而无法办理的业务，包括代理贷款项目管理等。

代理中央银行业务是指根据政策法规应由中央银行承担，但是由于机构设置、专业优势等方面的原因，由中央银行指定或委托商业银行承担的业务，主要包括财政性存款代理业务、国库代理业务、发行库代理业务等。

代理商业银行业务是指商业银行之间相互代理业务，主要是指代理资金清算业务，如代理银行汇票业务。

其他代理业务包括代理财政委托业务、代理其他银行卡收单业务、基金、期货、证券、存款等。

本章习题

第十二章
银行其他资产业务

学习目标

1. 掌握银行固定资产的含义、分类和核算办法。
2. 掌握银行无形资产的含义、核算办法和摊销办法。
3. 掌握银行其他资产的核算办法。

银行的其他资产是指除信贷资产或金融资产之外的财产。银行的其他资产业务包括银行的固定资产、无形资产和其他资产，都是银行资产的重要组成部分，它们不同于发放的贷款和垫款等在经营过程中形成的资产。本章重点叙述银行的固定资产如何确认及无形资产如何进行摊销等内容，以及固定资产、无形资产和其他资产的管理要求与核算办法。

第一节 固定资产

一、固定资产的确认和分类

(一) 固定资产的确认

▶ 1. 固定资产的定义

按照《企业会计准则第4号——固定资产》规定，银行的固定资产是指同时具有以下特征的有形资产：①为生产商品、提供劳务、出租或经营管理而持有的；②使用寿命超过一个会计年度。

▶ 2. 固定资产的特征

根据固定资产的定义可以看出，固定资产具有以下三个特征。

(1) 为生产商品、提供劳务、出租或经营管理而持有。企业持有固定资产的目的是生产商品、提供劳务、出租或经营管理，即企业持有的固定资产是企业的劳动工具或手段，而不是用于出售的产品。其中，"出租"的固定资产是指企业以经营租赁方式出租的机器设备类固定资产，不包括以经营租赁方式出租的建筑物，后者属于企业的投资性房地产，不属于固定资产。

（2）使用寿命超过一个会计年度。固定资产的使用寿命是指企业使用固定资产的预计期间，或者该固定资产所能生产产品或提供劳务的数量。通常情况下，固定资产的使用寿命是指使用固定资产的预计期间，例如，自用房屋建筑物的使用寿命表现为企业对该建筑物的预计使用年限。对于某些机器设备或运输设备等固定资产，其使用寿命表现为以该固定资产所能生产产品或提供劳务的数量，例如，汽车或飞机等按预计行驶或飞行里程估计使用寿命。

固定资产使用寿命超过一个会计年度，意味着固定资产属于非流动资产，随着使用和磨损，通过计提折旧方式逐渐减少账面价值。对固定资产计提折旧和减值准备，均属于固定资产后续计量。

（3）固定资产是有形资产。固定资产具有实物特征，这一特征将固定资产与无形资产区别开来。有些无形资产可能同时符合固定资产的其他特征，如无形资产为生产商品、提供劳务而持有，使用寿命超过一个会计年度，但是由于其没有实物形态，所以不属于固定资产。

▶ 3. 固定资产的确认条件

固定资产在符合定义的前提下，应当同时满足以下两个条件，才能加以确认。

（1）与该固定资产有关的经济利益很可能流入企业。资产最重要的特征是预期会给企业带来经济利益。企业在确认固定资产时，需要判断与该项固定资产有关的经济利益是否很可能流入企业。如果与该项固定资产有关的经济利益很可能流入企业，并同时满足固定资产确认的其他条件，那么，企业应将其确认为固定资产；否则，不应将其确认为固定资产。

在实务中，判断与固定资产有关的经济利益是否很可能流入企业，主要判断与该固定资产所有权相关的风险和报酬是否转移到了企业。与固定资产所有权相关的风险是指由于经营情况变化造成的相关收益的变动，以及由于资产闲置、技术陈旧等原因造成的损失；与固定资产所有权相关的报酬是指在固定资产使用寿命内使用该资产而获得的收入，以及处置该资产所实现的利得等。

（2）该固定资产的成本能够可靠地计量。成本能够可靠地计量是资产确认的一项基本条件。企业在确定固定资产成本时必须取得确凿证据，但是，有时需要根据所获得的最新资料，对固定资产的成本进行合理的估计。

根据上述规定，银行的固定资产是用于生产经营活动的使用年限超过 1 年或者一个经营周期、价值超过一定标准的有形资产，包括房屋、建筑物、机器、设备、设施、运输工具等。

银行因业务的需要而构建的大、中型计算机网络应作为固定资产。银行的下列物品，不论单位价值大小均作为低值易耗品：密押机、点钞机、铁皮柜、保险柜、打捆机、压数机、记账机、验钞机、印鉴鉴别仪、微机、打印机、打码机、打孔机等。低值易耗品的价值可一次或分次摊销。采用分期摊销低值易耗品成本的，其摊销期限不得超过两年。

（二）固定资产的分类

银行的固定资产种类很多，根据不同的分类标准，可以分成不同的种类。银行应当选择适当的标准对固定资产进行分类，以满足对固定资产的核算和经营管理的需要。

▶ 1. 按照固定资产的经济用途分类

按照固定资产的经济用途分类，可以分为经营用固定资产和非经营用固定资产。经营用固定资产是指直接用于或服务于银行经营过程的固定资产，如日常经营用房屋、建筑物、机器、设备和管理用具等。非经营用固定资产是指不直接用于或服务于银行经营过程的固定资产，如职工宿舍、餐厅、招待所等。

▶ 2. 按照固定资产的使用情况分类

按照固定资产的使用情况分类，可分为使用中的固定资产、未使用的固定资产和不需用的固定资产。使用中的固定资产是指正在使用的经营用固定资产和非经营用固定资产，由于季节性经营或修理等原因暂时停止使用的固定资产，仍然属于使用中的固定资产；银行出租给其他单位使用的固定资产及内部替换使用的固定资产，也属于银行使用中的固定资产。未使用的固定资产是指已完工或已购建的尚未交付使用的固定资产，以及因进行改建、扩建等原因停止使用的固定资产，如购建的尚待安装的固定资产、经营任务变更停止使用的固定资产等。不需用的固定资产是指本单位多余或不适用，需要调配处理的固定资产。

▶ 3. 按照固定资产的所有权分类

按照固定资产的所有权分类，可分为自有固定资产和租入固定资产。自有固定资产是指银行拥有的可供本单位自由支配使用的固定资产；租入固定资产是指银行采用租赁方式从其他单位租入的固定资产。

二、固定资产增加

固定资产按其取得时的成本入账，取得时的成本包括买价、增值税、进口关税、运输和保险等相关费用，以及购建某项固定资产达到预定可使用状态之前所发生的一切合理、必要的支出。固定资产的来源渠道不同，其价值构成的具体内容也有所差异，固定资产取得时的入账价值应当根据具体情况分别确定。

银行核算固定资产通常用到的会计科目主要有固定资产、累计折旧、未确认融资费用、工程物资、在建工程、固定资产减值准备，以及固定资产清理等。

（一）投资人投入固定资产的核算

投资者投入的固定资产，按照各方确认的合同或协议约定价值，作为入账价值。对于投资人投入的房屋、机器设备等固定资产，会计处理上，一方面要反映固定资产的增加；另一方面要反映投资人投资额的增加，即实收资本的增加。会计分录如下：

借：固定资产

　　贷：实收资本（或股本）

　　　　资本公积

（二）构建固定资产的核算

▶ 1. 购入不需要安装的固定资产

银行购置的不需要经过建造过程即可使用的固定资产，按照实际支付的买价、包装费、运输费、安装成本、专业人员服务费、缴纳的有关税金等，作为入账价值。会计分录如下：

借：固定资产

　　贷：存放中央银行款项（或其他有关科目）

　　　　应交税金

▶ 2. 购入需要安装的固定资产

购入的固定资产需要经过安装才能交付使用的，在会计核算上，已购入的固定资产的买价及发生的安装费在"在建工程"科目进行核算，待安装完毕后再由"在建工程"科目转入"固定资产"科目。

购入时，实际支付的价款包括买价、包装费、运输费、增值税、消费税等计入"在建工程"科目。会计分录如下：

借：在建工程
　　贷：存放中央银行款项（或其他有关科目）
　　　　应交税金

发生安装费用时，会计分录如下：

借：在建工程
　　贷：存放中央银行款项（或现金等科目）

固定资产安装完成交付使用时，按照"在建工程"科目的实际成本作为固定资产的原价。会计分录如下：

借：固定资产
　　贷：在建工程

▶ 3. 自行建造的固定资产

采取自行建造方式的，通过"工程物资"科目核算购买的各种工程物资。会计分录如下：

借：工程物资
　　贷：存放中央银行款项

领用工程物资的会计分录如下：

借：在建工程——××工程户
　　贷：工程物资

发生相关费用，按实际发生额入账。会计分录如下：

借：在建工程——××工程户
　　贷：存放中央银行款项

工程完工交付使用的，会计分录如下：

借：固定资产
　　贷：在建工程——××工程户

▶ 4. 采用出包工程方式自制自建的固定资产

采用出包工程方式进行自制自建固定资产的，工程的具体支出由承包单位核算，银行的"在建工程"科目实际上成为与承包单位结算的科目，把与承包单位结算的工程价款作为工程成本。会计分录如下：

借：在建工程
　　贷：存放中央银行款项

工程交付使用时，会计分录如下：

借：固定资产
　　贷：在建工程——××工程户出包工程

由于在建工程项目的工期一般较长，如果有证据证明在建工程已经发生减值的，应设置"在建工程减值准备"科目，计提相应的减值准备和确认减值损失。

（三）租入固定资产的核算

经营性租赁租入的固定资产因其租赁期限较短所以不作为固定资产核算。融资租赁是指向经营融资租赁业务的公司租入固定资产。融资租赁方式的期限比较长，租赁期间基本包括了固定资产的有效使用年限，所以融资租入的固定资产作为银行的固定资产核算。租赁费用包括设备的买价、借款利息等，租赁期满后设备的产权一般转让给承租方。

租入的固定资产，如果不需要安装就可交付使用的，按照规定确定租入固定资产的价值后进行记账。会计分录如下：

借：固定资产——融资租入固定资产

　　贷：长期应付款——应付融资租赁款

融资租入的固定资产，如果需要安装才能使用的，应当通过"在建工程"科目进行核算。安装完成后交付使用时，转入"固定资产"科目。

如果融资租赁资产占企业资产总额比例等于或小于30%，在租赁开始日，企业也可按最低租赁付款额，作为固定资产的入账价值，会计分录如下：

借：固定资产

　　贷：长期应付款——应付融资租赁款

（四）接受捐赠的固定资产

接受捐赠的固定资产，应按以下规定确定其入账价值：捐赠方提供了有关凭据的，按照凭据上标明的金额加上应当支付的相关税费作为入账价值；捐赠方未提供有关凭据的，按以下顺序确定其入账价值：

（1）同类或类似固定资产存在活跃市场的，按同类或类似固定资产的市场价格估计的金额，加上应当支付的相关税费，作为固定资产的入账价值；

（2）同类或类似固定资产不存在活跃市场的，按接受的固定资产的预计未来现金流量现值，作为入账价值。

银行接受捐赠的固定资产，是一种赠予行为，捐赠人不主张对所捐赠资产的所有权，因此，接受捐赠的固定资产，应当作为增加资本公积处理。会计分录如下：

借：固定资产

　　贷：待转资产价值——接受捐赠非货币性资产

借：待转资产价值

　　贷：应交税金——应交消费税

　　　　资本公积——接受非现金资产准备

（五）盘盈的固定资产

银行应当对固定资产定期或者至少每年进行一次实地盘查，以保证固定资产账实相符、安全完整。盘盈的固定资产，按其同类或相同固定资产的市场价格减去按该项固定资产的新旧程度估计的价值损耗后的金额，通过"待处理财产损溢"科目核算。会计分录如下：

借：固定资产

　　贷：待处理财产损溢——固定资产盘盈

　　　　累计折旧

对于盘盈的固定资产，应当及时查明原因，写出书面报告，根据银行的管理权限，经股东大会或董事会、经行长（经理）会议或类似的机构批准后，在期末结账前处理完毕。按照盘盈固定资产的净值，作为当期收益。会计分录如下：

借：待处理财产损溢——固定资产盘盈

　　贷：营业外收入——固定资产盘盈收入

如果在期末结账前仍尚未经批准的，银行应当在对外提供财务会计报表时先进行处理，并在报表的附注中加以说明。如果其后经批准后处理的结果，与已处理的金额不一致，应当按其差额通过"以前年度损益调整"科目调整年初数。

（六）接受债务人以非现金资产抵偿债务而取得的固定资产

银行接受的债务人以非现金资产抵偿债务方式取得的固定资产，按照应收债权的账面价值加上应当支付的相关税费，作为入账价值。如果涉及补价的，按照以下规定确定受让的固定资产的入账价值：收到补价的，按照应收债权的账面价值减去补价，加上应当支付相关税费，作为固定资产的入账价值；支付补价的，按照应收债权的账面价值加上支付的补价和应当支付的相关税费，作为固定资产的入账价值。会计分录如下：

借：固定资产
　　资产减值准备——贷款损失准备
　贷：逾期贷款或损失贷款等
　　　现金或银行存款（支付的费用）
　　　应交税费（支付的相关税金）

三、固定资产折旧

固定资产的折旧是对资产磨损和消耗而转移到产品成本或者构成企业费用的价值的补偿，具体表现为在固定资产使用寿命内，按照一定的方法，将固定资产总价值系统地分摊到各期的成本或费用之中。根据规定，银行可以自行制定固定资产折旧办法，其内容包括固定资产的分类、使用寿命或预计工作量和预计净残值的确定，固定资产折旧方法的选择等。

（一）固定资产折旧方法

固定资产折旧方法主要有年限平均法、工作量法、双倍余额递减法和年数总和法，折旧方法必须由投资者审议批准，一经确定不得随意变更，确需变更的，应说明理由，重新履行审批程序。

▶ 1. 年限平均法

年限平均法是将固定资产的可折旧金额在固定资产使用年限内平均分摊的方法，计算公式如下：

$$年折旧率 = \frac{1-预计残值率}{固定资产使用年限} \times 100\%$$

$$固定资产年折旧额 = \frac{固定资产原值-预计净残值}{固定资产使用年限}$$

计提折旧时，会计分录如下：

借：业务及管理费用——固定资产折旧费
　贷：累计折旧

▶ 2. 工作量法

工作量法是根据固定资产的实际工作量计提折旧的方法，它和年限平均法同属直线法。计算公式如下：

$$单位工作量折旧额 = \frac{固定资产原值-预计残值}{预计总工作量}$$

$$年折旧额 = 年工作量 \times 单位工作量折旧额$$

▶ 3. 双倍余额递减法

双倍余额递减法是在不考虑固定资产预计净残值的情况下,根据每年年初的固定资产净值,以及按直线法计算的折旧率的双倍,计算折旧额的一种方法。

双倍余额递减法的计算公式为

$$年折旧率 = \frac{2}{预计可使用年限} \times 100\%$$

$$固定资产的年折旧额 = 固定资产的年初净值 \times 年折旧率$$

【例 12-1】某银行的一项固定资产的原价为 20 000 元,预计使用年限为 5 年,预计净残值为 200 元。则按照双倍余额递减法计算的折旧额分别为:

双倍直线折旧率 = 2/5 × 100% = 40%

第一年应提的折旧额 = 20 000 × 40% = 8 000(元)

第二年应提的折旧额 = (20 000 - 8 000) × 40% = 4 800(元)

第三年应提的折旧额 = (20 000 - 8 000 - 4 800) × 40% = 2 880(元)

第四年、第五年应提的年折旧额 = (20 000 - 8 000 - 4 800 - 2 880 - 200) ÷ 2 = 2 060(元)

▶ 4. 年数总和法

年数总和法也是常见的加速折旧方法之一。使用年数总和法,是将固定资产的原值减去预计净残值后的金额乘以一个逐年递减的折旧率计算每年的折旧额。计算公式如下:

$$年折旧率 = \frac{尚可使用年限}{预计使用年限 \times (1 + 预计使用年限) \div 2}$$

$$年折旧额 = (固定资产原值 - 预计净残值) \times 年折旧率$$

（二）固定资产折旧的范围

银行一般按月计提折旧,当月增加的固定资产从下月开始计提折旧,当月减少的固定资产从下月停止计提折旧。应当计提折旧的固定资产包括:①房屋和建筑物;②在用的各类设备;③季节性停用、维修停用的设备;④以经营性租赁方式和融资租赁方式租出的固定资产。

不计提折旧的固定资产:①以经营性租赁方式租入的固定资产;②已提足折旧仍然继续使用的固定资产;③提前报废和淘汰的固定资产;④按规定单独估价作为固定资产入账的土地。

四、固定资产减少

固定资产减少主要包括对外出售、因磨损或技术原因而报废、因自然灾害等非正常损失发生毁损。

（一）固定资产清理的核算

银行因出售、报废、毁损等原因减少的固定资产,通过"固定资产清理"科目进行核算。"固定资产清理"科目属于计价对比账户,用来核算因出售、报废、毁损等原因而转入清理的固定资产的净值,以及在清理过程中所发生的清理费用和清理收入。该科目的借方反映转入清理的固定资产的净值和发生的清埋费用,贷方反映清理固定资产的变价收入和应当由保险公司或有关责任人承担的损失等。会计核算可以按以下几个步骤进行。

（1）出售、报废、毁损的固定资产转入清理时,应当冲减该项固定资产的原值和已计提的累计折旧。会计分录如下:

借:固定资产清理

　　累计折旧
　　固定资产减值准备
　　　贷：固定资产

（2）固定资产清理过程中发生的清理费用，如支付清理人员的工资等，应当按照实际发生的金额进行核算。会计分录如下：

　　借：固定资产清理
　　　贷：存放中央银行款项

（3）银行出售固定资产的价款，报废、毁损固定资产的残料价款或变价收入等，应当冲减清理费用支出，按照实际收到的出售价款或残料变价收入等进行转账。会计分录如下：

　　借：存放中央银行款项
　　　贷：固定资产清理

如为出售固定资产，应交的税金也在"固定资产清理"科目列账。

银行计算或收到应当由保险公司或过失责任人赔偿的报废、毁损固定资产的损失时，应当冲减固定资产清理支出。会计分录如下：

　　借：其他应收款
　　　贷：固定资产清理

（4）固定资产清理后发生的净收益或净损失，因为与银行的经营活动无直接关系，如为净收益时，表明该项资产在使用时多计提了折旧，或该项资产维护得好，延长了固定资产的使用寿命和期限；反之，如果为净损失，则相反。但是这一切都会影响银行的以往或现实的经营成果，所以，不论是净收益还是净损失，都应当计入损益。由于出售固定资产不是银行的经营目的，出售固定资产的收入不应列作经营收入及经营利润，所以会计制度规定，处理固定资产发生的净损益作为营业外收支处理。

当"固定资产清理"科目的余额为贷方余额时，应当作为营业外收入。会计分录如下：

　　借：固定资产清理
　　　贷：营业外收入——待处理固定资产净收益

当"固定资产清理"科目的余额为借方余额时，应当作为营业外支出。会计分录如下：

　　借：营业外支出——处置非流动资产损失
　　　贷：固定资产清理

【例12-2】银行将一台不需用的设备出售，该设备的账面原价为120 000元，已提折旧为50 000元，该设备还有减值准备余额20 000元。设备售价为30 000元，已收现金。

（1）注销固定资产账面记录，将固定资产账面价值转入清理，会计分录如下：

借：固定资产清理	50 000
累计折旧	50 000
固定资产减值准备	20 000
贷：固定资产	120 000

（2）取得固定资产售价收入，会计分录如下：

借：库存现金	30 000
贷：固定资产清理	30 000

（3）结转固定资产处置净损益，会计分录如下：

借：营业外支出——处置固定资产净损失	20 000

贷：固定资产清理   20 000

（二）盘亏的固定资产

固定资产因盘亏而造成固定资产减少时，应当查明原因，明确责任，及时处理。发生盘亏时，应先通过"待处理财产损溢"科目核算，报经批准后，转作营业外支出处理。会计分录如下：

借：待处理财产损溢——待处理固定资产损溢（账面价值）
  累计折旧
  固定资产减值准备
 贷：固定资产

报经批准后，列为当期损益。会计分录如下：

借：营业外支出——固定资产盘亏
 贷：待处理财产损溢——待处理固定资产损溢

（三）投资转出固定资产

投资转出的固定资产，按固定资产账面价值（即投出固定资产的原始价值减去累积折旧数额及固定资产减值准备后的净额）加上应支付的相关税费，作为股权投资的初始投资成本，借记"长期股权投资"科目；按投资转出固定资产的已提折旧，借记"累积折旧"科目；按该项固定资产已计提的减值准备，借记"固定资产减值准备"科目；按投资转出固定资产的账面原价，贷记"固定资产"科目；按应支付的相关税费，贷记"应交税金"等科目。

（四）其他方式减少的固定资产

捐赠转出固定资产、以固定资产清偿债务等也会引起固定资产减少，其账务可根据具体情况进行相应处理。

五、固定资产期末计价

会计期末，根据固定资产账面价值和可收回金额孰低的原则，对固定资产计价，按照固定资产的账面价值超过其可收回金额的部分计提固定资产减值准备。借记"资产减值损失——固定资产减值损失"，贷记"固定资产减值准备"。商业银行对于存在下列情况之一的固定资产，应全额计提减值准备：

（1）长期闲置不用，在可预见的未来不再使用或不需用，且无转让价值的；

（2）由于技术上的更新等原因，已不再使用的固定资产；

（3）实质上不再可能给金融企业带来经济利益的固定资产。

由于固定资产减值后，价值回升的机会很小，且为防止人为的资产重估增值和操纵利润，固定资产减值一经确定，在以后的会计期间均不得转回。

第 二 节 无 形 资 产

一、无形资产概述

银行的无形资产是指银行拥有或者控制的，可为其带来经济效益的没有实物形态的、可辨认的、非货币性资产，包括商标权、专利权、专有技术、特许权、土地使用权、著作权、商誉等。

无形资产按照取得方式的不同可以分为外部取得的无形资产和内部自创的无形资产。外部取得的无形资产包括外购无形资产、投资者投入的无形资产、接受捐赠无形资产、通过非货币性交易换入的无形资产、通过重组取得无形资产；内部自创的无形资产主要是指企业通过自行研究和开发取得的无形资产。

二、无形资产的计价

无形资产的取得方式不同，发生的实际成本也不同。取得无形资产时，必须按照取得时发生的实际成本入账。外购无形资产的成本包括购买价款、相关税费，以及直接归属于使该项资产达到预定用途所发生的其他支出，例如，专业服务费、测试无形资产是否能正常发挥作用的费用等，但不包括为引入新产品进行宣传发生的广告费、管理费用及其他间接费用。

自行开发的无形资产，其成本包括自满足无形资产确认条件后至达到预定用途前所发生的支出总额，但是对于以前期间已经费用化的支出不再调整。投资者投入无形资产、非货币性资产交换、债务重组、政府补助和企业合并取得的无形资产的成本，应当分别按照相应的规定进行确认和计量。

▶ 1. 购入无形资产

购入的无形资产，按照实际支付的价款作为实际成本。会计分录如下：

借：无形资产
　　贷：存放中央银行款项

▶ 2. 投资者投入的无形资产

投资者投入的无形资产应按照投资各方确认的价值入账。会计分录如下：

借：无形资产
　　贷：实收资本（或股本）

▶ 3. 接受捐赠的无形资产

接受捐赠的无形资产，按照捐赠方提供的凭据或确认的价值入账，借记"无形资产"，贷记"资本公积"，按银行接受捐赠支付的费用或应付税款，计入存放中央银行款项、应交税金或递延税款等科目。

▶ 4. 自行开发的无形资产

银行自行开发的无形资产，按其依法取得过程中发生的注册费、聘请律师费等费用之和，作为无形资产的实际成本。在研究与开发过程中，区别研究阶段和开发阶段，研究阶段发生的有关支出在发生时应当费用化，计入当期损益；开发阶段的相关支出，如果企业能够证明其满足无形资产的定义及相关确认条件，可进行资本化，确认为无形资产成本。

三、无形资产的摊销

银行使用寿命有限的无形资产应当在预计使用年限内分期平均摊销，无形资产的摊销主要涉及无形资产的成本、摊销开始月份、摊销方法、残值等因素。无形资产的成本即无形资产的入账价值，无形资产的摊销开始月份为该无形资产的取得月份，摊销的方法为直线法，摊销年限为无形资产的预计使用年限。

预计使用年限超过合同规定的受益年限或法律规定的有效年限的，会计制度规定按照以下原则确定无形资产的摊销年限：

（1）合同规定了受益年限但法律未规定有效年限的，摊销期限不应当超过合同规定的受益年限。

（2）合同未规定受益年限但法律规定有效年限的，摊销期限不应超过法律规定的有效年限。

（3）合同规定了受益年限，法律也规定了有效年限的，摊销期限不应当超过受益年限和有效年限两者之中的较短者。

（4）如果合同未规定受益年限，法律也未规定有效年限的，摊销期限不应超过10年。

无形资产的摊销期限一经确定，不得随意变更。因为客观经济环境改变确实需要变更摊销年限的，应当将变更作为会计估计变更处理；否则，应当视为滥用会计估计变更，按重大会计差错处理。

无形资产按月进行摊销时，按其摊销额，借记"业务及管理费用"账户，贷记"待摊费用"账户。

四、无形资产的转让

无形资产的转让方式有两种，一是转让无形资产的所有权；二是转让部分权利，即依照法律法规只让渡无形资产的收益权、使用权等。转让无形资产所有权的，以账面摊余价值作为成本注销无形资产账面价值，取得转让收入扣除应交税金后的净收入作为当期收益列作营业外收入。会计分录如下：

借：存放中央银行款项
　　无形资产减值准备
　　待摊费用
　　贷：无形资产
　　　　应交税费
　　　　营业外收入——处置非流动资产损失

转让无形资产使用权的，不应注销无形资产的账面价值，取得转让收入计入其他业务收入。

借：存放中央银行款项
　　贷：其他营业收入

五、无形资产的期末计价

会计期末，应按照无形资产账面价值与可收回金额孰低计量。当可收回金额低于账面价值时，应计提无形资产减值准备。计提的无形资产减值准备，计入"资产减值损失"科目"无形资产减值损失"账户。会计分录如下：

借：资产减值损失——无形资产减值损失
　　贷：无形资产减值准备

发生下列情况时，应当计提无形资产减值准备：某项无形资产已被其他新技术所替代，其为银行创造经济利益的能力受到重大不利影响；某项无形资产的市价在当期大幅度下跌，在剩余摊销年限内预计不会恢复；其他足以表明该项无形资产的账面价值已超过可收回金额的情形。

当计提减值准备的无形资产一经确认，与固定资产一样，以后会计期间不得转回。

第三节 其他资产

银行的其他资产是指除上述资产以外的其他资产，如低值易耗品、长期待摊费用等。

一、低值易耗品

低值易耗品是指单位价值较低，在日常经营活动中消耗的材料、物资等。低值易耗品的摊销可采用一次或分次摊销法。摊销低值易耗品时，会计分录如下：

借：营业费用——低值易耗品摊销户

　贷：低值易耗品

低值易耗品报废后如有残值，应冲减当期费用。

二、长期待摊费用

长期待摊费用是指银行已经支付的摊销期限在一年以上（不含一年）的各种费用，如以经营租赁方式租入的固定资产发生的改良支出。应当由本期负担的借款利息、租金等，不得作为长期待摊费用。

长期待摊费用发生时，计入"长期待摊费用"科目，摊销的长期待摊费用计入"业务及管理费"科目。

本章小结

> 银行的财产是银行资产的重要组成部分，是银行经营的必要条件。随着金融业务的发展，各银行对于固定资产、无形资产和其他资产的投入及管理变得日益重要。加强银行财产管理，优化结构，有助于提高银行对市场的竞争力，银行各部门应该相互配合，确保财产的有效使用和实现预期经济利益。

本章习题

第十三章
收入、费用与利润

损益是指银行经营各项负债、资产及中间业务所产生的各项财务收入、财务支出及经营成果，具体包括收入、成本费用和利润。银行对于损益的核算原则：及时、准确地核算，全面、真实地反映，合理控制成本费用，以提高经济效益，扩大经营成果。

第 一 节 营业收入与营业外收入

《金融企业会计制度》规定，收入是指企业在日常活动中形成的、会导致所有者权益增加的、与所有者投入资本无关的经济利益的总流入。

一、营业收入的确认原则

银行的营业收入主要包括利息收入、金融企业往来收入、手续费及佣金收入、汇兑收益、公允价值变动收益、投资收益和其他业务收入等，不包括为第三方或客户代收的款项。

收入的确认是对收入进行核算的起点。收入应当按照权责发生制的原则进行核算，在以下条件均能满足时予以确认：第一，与交易相关的经济利益很可能流入企业；第二，收入的金额能够可靠地计量。

二、营业收入的核算

（一）利息收入

利息收入是银行发放各类贷款、办理票据贴现和办理存款（指银行存放在其他金融机构的存款)所取得的利息收入。利息收入应按照让渡资金使用权的时间和适用利率计算确定。商业银行发放的贷款应当按期计算利息并确认收入。贷款及应收利息逾期超过90天以上的，按照制度规定，其应计利息纳入表外科目核算，在实际收到时确认为当期收益。

《企业会计准则》规定，"利息收入"科目专门用于核算银行向客户发放的各类贷款、与其他金融机构之间发生的资金往来业务、买入返售金融资产等实现的利息收入等。但实务中，银行设置"利息收入"和"金融企业往来收入"两个科目。

（二）金融机构往来利息收入

金融机构往来利息收入是指银行与其他金融机构(包括中央银行、联行、同业)，由于资金往来所获得的利息收入。银行的金融企业往来收入，应按让渡资金使用权的时间和适用利率计算确定。

"金融企业往来收入"科目下设置多个明细账户，当发生往来收入时，借记"存放中央银行款项""存放系统内款项""存放银行同业"等科目。

（三）手续费及佣金收入

手续费及佣金收入是银行在办理自营业务或接受委托代理业务时，应当收取的一定费用，如办理结算、咨询、担保、代理等业务时收取的手续费。银行业一般应当设置"手续费及佣金收入"科目，用于核算银行各种手续费及佣金收入。业务发生时，借记有关科目，贷记本科目，期末结转本年利润后，本科目应无余额。

（四）汇兑收益

汇兑收益是银行经营外汇业务时因外币兑换、汇率变动等原因所发生的收入，设置"汇兑收益"科目用来核算经营外汇所发生的收入。银行按期计算汇兑损益时，以外币的余额与该外汇及人民币的中间价计算。"外汇买卖"科目下外币户余额与中间价的乘积，与该科目的余额比较，如果为贷方差额，则为汇兑收益；反之，则为汇兑损失。银行对于发生的汇兑收益，借记"外汇买卖"等科目，贷记本科目；如果为汇兑损失，则做相反的会计分录。

（五）公允价值变动损益

公允价值变动损益是核算银行因投资交易性金融资产、交易性金融负债，以及采用公允价值模式计量的衍生工具、套期保值业务等公允价值变动形成的应计入当期损益的收益或损失。确认公允价值变动收益时，借记"交易性金融资产"等科目，贷记本科目。如为损失，则做相反的会计分录。

（六）投资收益

投资收益是银行对外进行短期或长期投资获得的投资收入。确认为收益则计入贷方，会计分录如下：

借：长期股权投资等
　　贷：投资收益

确认为损失则做相反的会计分录。

（七）其他业务收入

其他业务收入是银行经营的除存款、贷款、投资、中间业务、金融企业往来、外汇买卖以外的其他营业收入，包括租赁收入、无形资产转让收入、抵押物拍卖收入等，确认时，会计分录如下：

借：库存现金等

贷：其他业务收入

三、营业外收入

营业外收入是指银行发生的与其经营业务无直接因果关系，但又有一定联系的各项收入，包括处置非流动资产利得、盘盈利得、捐赠利得、非货币性资产交换利得、政府补助利得等。银行的营业外收入在实际收到款项时予以确认。

第二节 成本和费用

一、成本费用的核算要求

费用是指银行日常活动所发生的、会导致所有者权益减少的、与向所有者分配利润无关的经济利益的总流出。因日常活动所产生的费用通常包括营业成本、职工薪酬、折旧费、无形资产摊销费等。将费用界定为日常活动所形成的，目的是将其与损失相区分，银行非日常活动所形成的经济利益的流出不能确认为费用，而应当计入损失。成本是指银行为提供劳动而发生的各种耗材，不包括为第三方或客户垫付的款项。银行在从事业务活动中，既要为吸收资金而支付利息，又要支付经营管理人员的工资等多项费用，同时耗费一定的物品，与业务经营有关的支出计入成本，无关的不能计入成本。

二、营业支出的核算

银行的营业成本是指在业务经营过程中发生的，与业务经营有关的支出，包括利息支出、金融企业往来支出、手续费及佣金支出、汇兑损失等。

（一）利息支出

利息支出是指银行以负债的方式筹集的各类资金（不包括金融机构往来资金），按照国家规定的适用利率，向企业、个人支付的活期存款和各种定期存款利息。应付利息按季计提，实际支付时从"应付利息"科目列支。

期末结转利息支出核算时，应将"利息支出"账户的借方余额结转到"本年利润"账户中，结转后"利息支出"账户无余额，结转时会计分录如下：

借：本年利润

　　贷：利息支出

（二）金融企业往来支出

金融机构往来支出是指商业银行系统内，以及与中央银行、其他金融机构之间的资金账务往来所发生的支出，主要包括系统内往来支出、同业往来支出、中央银行往来支出等。发生金融机构往来支出，应当借记本科目，贷记有关科目。

（三）手续费及佣金支出

手续费及佣金支出是指商业银行支付给其他受托单位代办金融业务的支出，一般包括储蓄代办手续费支出、结算手续费支出和其他手续费支出等。发生手续费支出时，借记本科目，贷记有关科目。期末结转本年利润后，本科目应无余额。

（四）汇兑损失

汇兑损失是指商业银行进行外汇买卖和外汇兑换业务中发生的各种损失。发生汇兑损失时，借记"外汇买卖"科目，贷记本科目，期末结转本年利润后，本科目应无余额。

三、业务及管理费用

银行的营业费用是指在业务经营及管理工作中发生的各项耗费，包括固定资产折旧、业务宣传费、业务招待费、电子设备运转费、安全防卫费、企业财产保险费、邮电费、劳动保护费、外事费、印刷费、公杂费、低值易耗品摊销、职工工资、差旅费、水电费、租赁费（不包括融资租赁费）、修理费、职工福利费、职工教育经费、工会经费、房产费、会议费、诉讼费、公证费、咨询费、无形资产摊销、长期待摊费用摊销、待业保险费、劳动保险费、取暖费、审计费、技术转让费、研究开发费、绿化费、董事会费、上交管理费、广告费、金融企业结算费等。

上述各项费用通过"营业费用"科目进行明细核算。发生费用时，会计分录如下：

借：营业费用——××费用户
　　贷：有关科目

四、营业外支出

营业外支出是指与业务经营无直接关系的各项支出，主要包括非流动资产损失、非货币性资产交换损失、非常损失、对社团和民政部门的公益救济性捐赠、盘亏损失等。

五、资产减值损失

资产减值损失是银行按照规定提取的各项准备金，包括贷款减值准备、坏账准备、持有至到期投资减值准备、长期股权投资减值准备、固定资产减值准备、无形资产减值准备等。提取准备金时，借记本科目，贷记各减值准备科目。会计分录如下：

借：资产减值损失——提取××准备
　　贷：贷款减值准备（或其他减值准备）

期末应将本科目余额结转利润，会计分录如下：

借：本年利润
　　贷：资产减值损失

第三节　利润与利润分配

利润是银行在一定时期内的经营成果，利润核算能够反映银行的经营业绩和获利能力。

一、利润的构成

利润核算包括营业利润、利润总额和净利润三个核算阶段，具体计算如下。

▶ 1. 营业利润

营业利润＝营业收入－营业成本－营业支出与损失

银行的营业收入主要包括利息收入、金融企业往来收入、手续费及佣金收入、汇兑收益、公允价值变动收益、投资收益和其他业务收入等；营业支出包括营业成本和费用、资产减值损失和其他业务成本等。

▶ 2. 利润总额

利润总额是以营业利润为基础，加上营业外收入，减去营业外支出。计算公式如下：

利润总额＝营业利润＋营业外收入－营业外支出

▶ 3. 净利润

净利润是在利润总额的基础上，减去所得税。计算公式如下：

净利润＝利润总额－所得税

二、所得税

银行应设置"所得税"账户，核定应缴纳所得税的计算。银行按照税法调整后的利润总额，即应纳税所得额，计算应缴纳所得税额。

借：所得税

　　贷：应交税金——应交所得税

上缴所得税时，会计分录如下：

借：应交税金——应交所得税

　　贷：存放中央银行款项

期末将"所得税"账户余额结转到"本年利润"账户，借记"本年利润"账户，贷记"所得税"账户，结转后"所得税"账户无余额。

三、本年利润的核算与结转

银行在会计期末应对利润进行结转，损益类各科目余额转入"本年利润"科目。结账后，"本年利润"科目的余额在贷方表示当期实现净利润；反之，为净亏损。

（1）收入类各科目余额转入"本年利润"科目的贷方，会计分录如下：

借：利息收入

　　金融企业往来收入

　　手续费及佣金收入

　　汇兑收益

　　投资收益

　　公允价值变动损益

　　其他业务收入

　　营业外收入

　　贷：本年利润

（2）支出类各科目余额转入"本年利润"科目的借方，会计分录如下：

借：本年利润

　　贷：利息支出

　　　　金融企业往来支出

　　　　手续费及佣金支出

　　　　营业费用

　　　　主营业务税金及附加

其他业务支出

汇兑损失

资产减值损失

营业外支出

所得税

（3）年度终了时，将"本年利润"账户结平，转到"利润分配——未分配利润"账户。如盈利时，会计分录如下：

借：本年利润

　　贷：利润分配——未分配利润

如亏损时，会计分录如下：

借：利润分配——未分配利润

　　贷：本年利润

本章小结

通过本章的学习，可以充分了解商业银行经营成果的核算过程，进而考虑商业银行应当如何降低成本、减少开支、进行纳税、增加利润，以及安排好利润分配。我国商业银行正处在由传统业务盈利模式向非传统业务类型的盈利模式转变的过渡阶段，部分商业银行做出了很多积极的尝试，科学地管理商业银行的经营成果对于增强商业银行在市场中的竞争能力、提高经济效益，具有重要意义。

本章习题

第十四章
所有者权益的核算

学习目标

1. 掌握银行实收资本的含义和核算方法。
2. 掌握银行资本公积、盈余公积的含义和核算方法。
3. 掌握银行未分配利润的核算方法。

所有者权益是银行资产扣除负债后由所有者所享有的剩余权益。银行所有者权益是所有者对银行净资产的所有权,构成了银行的核心资本。其中,实收资本(股本)、资本公积是投资者投入资本;盈余公积、一般准备及未分配利润是银行的留存收益。所有者投入的资本是指所有者投入银行的资本部分,它既包括构成银行注册资本或者股本部分的金额,也包括投入资本超过注册资本或者股本部分的金额,即资本溢价或者股本溢价,这部分投入资本在我国企业会计准则体系中被计入资本公积,并在资产负债表中的资本公积项目下反映。

直接计入所有者权益的利得和损失是指不应计入当期损益、会导致所有者权益发生增减变动的、与所有者投入资本或者向所有者分配利润无关的利得或者损失。利得包括直接计入所有者权益的利得和直接计入当期利润的利得,直接计入所有者权益的利得是指由企业非日常活动所形成的、会导致所有者权益增加的、与所有者投入资本无关的经济利益的流入。损失包括直接计入所有者权益的损失和直接计入当期利润的损失,直接计入所有者权益的损失是指由企业非日常活动所发生的、会导致所有者权益减少的、与向所有者分配利润无关的经济利益的流出。

第 一 节 实 收 资 本

一、实收资本的概念

实收资本是投资者按照有关章程、合同或协议的约定,实际投入到商业银行的资本。

商业银行可以采用吸收货币资金、实物、无形资产或发行股票等方式筹集。股份制银行的实收资本称为股本。

二、实收资本的计价

(一) 实收资本会计核算的规定

▶ 1. 股份制商业银行股本核算的规定

股份制商业银行的股本应当在核定的股本总数及核定的股份总额的范围内发行股票或股东出资取得。股份制银行按股票面值作为股本入账，超出股票面值发行取得的收入，其超过面值的部分作为股本溢价，计入"资本公积"。

境外上市的股份制银行及在境内发行外资股的上市银行，按确定的人民币股票面值和核定的股份总额的乘积计算的金额，作为股本入账；按收到股款当日的汇率折合成人民币金额与按人民币计算的股票面值总额的差额，作为资本公积进行账务处理。

▶ 2. 非股份制银行实收资本核算的规定

银行接受所有者投入的资本按照规定区别其来源的不同进行计价。

▶ 3. 实收资本(或股本)变动条件

商业银行筹集的资本金，在持续经营期间，投资者除依法进行转让外，不得以任何方式抽走。符合增资条件并经过有关部门批准的，在实际取得时，登记入账。商业银行按法定程序报经批准减少注册资本的，在实际发还投资时登记入账；采用收购本行股票方式减资的，在实际购入时，登记入账。

(二) 实收资本的增加

实收资本的增加途径包括接受所有者投资、发行股票、公积金转增资本、发行股票股利等。

(三) 实收资本的减少

我国《公司法》规定，如果企业发生重大亏损、资本过剩，可以减少注册资本。公司减资后的注册资本不得低于法定的注册资本最低限制。

三、实收资本的核算

(一) 收到投入资本

▶ 1. 收到货币资金投入

收到现钞或银行存款进行投资时，以实际收到的金额记账，会计分录如下：

借：存放中央银行款项(或有关科目)(实际收到的金额)

　贷：实收资本

若收到外币投资时，根据合同、协议约定，按当日国家外汇牌价折合成人民币记账，产生的差额计入"资本公积"账户。会计分录如下：

借：存放中央银行款项(或有关科目)

　贷：实收资本

　　资本公积——外币资本折算差额

▶ 2. 收到固定资产、无形资产等非现金投入

收到投资人以实物方式投入资本的，应当按照评估确认的价值或合同、协议约定的价值入账，会计分录如下：

借：固定资产——××类固定资产户（无形资产等）

　　贷：实收资本

当确认价值超过投入资产账面价值的，按照评估确认的价值作为入账价值。

▶ **3. 股份制银行发行股票筹集资金的核算**

《金融企业财务规则》规定，股份制银行应当在核定的股本总额及核定的股份总额的范围内发行股票。以股票面值乘以核定股份总额的金额入账，超出部分作为股本溢价，计入资本公积，会计分录如下：

借：存放中央银行款项

　　贷：股本

　　　　资本公积——股本溢价

（二）转增资本金

按照规定资本公积、盈余公积可转增资本，会计分录如下：

借：资本公积

　　盈余公积

　　贷：实收资本（股本）

（三）实收资本减少

按法定程序报经批准减少的注册资本，会计分录如下：

借：实收资本（或股本）

　　贷：存放中央银行款项

第二节　资本公积

一、资本公积的概念

资本公积是投资者实际投入超出注册资本的部分，以及其他非正常经营收益形成的积累，是资本的一种储备形式。或是他人投入企业，所有权归属于投资人，并且金额上超过法定资本部分的资本或资产。银行收到投资者出资额超出其在企业注册资本（或股本）中所占份额的差额，称为资本溢价或股本溢价。前者是由于非股份制银行投资者超额缴入资本而形成的，而后者则是由于股份制银行溢价发行股票而导致的。资本公积来源主要有资本（或股本）溢价、财政拨款和执行新会计制度以前形成的接受捐赠非现金资产准备、接受现金捐赠、股权投资准备、关联交易差价、外币资本折算差价等。

二、资本公积的核算

▶ **1. 股本溢价**

当股份制银行溢价发行股票筹集资本时，取得的价款超过股票面值的部分应当作为资本公积处理。同时，所发生的发行费用应当从股票发行溢价中予以扣除。会计分录如下：

借：存放中央银行款项（或有关科目）

　　贷：股本

资本公积——股本溢价

▶ 2. 接受捐赠

接受现金捐赠时，应当按照实际收到的款项金额进行记账。会计分录如下：

借：存放中央银行款项(或有关科目)

贷：资本公积——接受现金捐赠

接受非现金资产捐赠时，按照规定确定资产的价值后，再按照确定的价值与现行所得税率计算未来应交的所得税。会计分录如下：

借：固定资产(或其他有关科目)

贷：资本公积——接受非现金资产准备

递延所得税负债

▶ 3. 股权投资准备

被投资单位由于接受捐赠、增资扩股等原因增加资本公积时，银行在被投资单位的权益也得到相应的增加，银行应当按照其在被投资单位注册资本中所占的比重计算并调整长期投资的账面价值，并相应调增资本公积。会计分录如下：

借：长期股权投资——股权投资准备

贷：资本公积——股权投资准备

▶ 4. 外币折算差额

外币折算差额是指商业银行因接受外币投资所采用的不同汇率而产生的资本折算差额。当合同汇率低于收到投入外资时的汇率，会计分录如下：

借：存放中央银行款项

贷：外汇买卖

借：外汇买卖

贷：资本公积

实收资本

第 三 节　盈 余 公 积

一、盈余公积的概念

盈余公积是指银行按照国家的规定从净利润中提取的公积金，包括法定公积金和任意公积金。法定公积金是商业银行按照规定的比例从净利润中提取的盈余公积。任意公积金是指商业银行经股东大会或类似的机构批准按照规定的比例从净利润中提取的盈余公积，提取比例由投资者决议。盈余公积可用于弥补亏损和转增资本。

二、盈余公积的核算

(1) 计提盈余公积金时，会计分录如下：

借：利润分配——提取盈余公积金户

贷：盈余公积——法定盈余公积金户

　　　　盈余公积——任意盈余公积金户

（2）用法定盈余公积金弥补亏损，会计分录如下：

　　借：盈余公积——法定盈余公积金户

　　　　贷：利润分配——盈余公积补亏户

（3）盈余公积金转增实收资本，会计分录如下：

　　借：盈余公积

　　　　贷：实收资本（股本）

第四节　一般准备金

　　一般准备金是商业银行按照一定比例从净利润中提取的，用于弥补商业银行尚未识别的可能性损失的准备，以提高抵御风险的能力。《金融企业财务规则》规定，从事银行业务的，应当于每年年终根据承担的风险和损失的资产余额的一定比例提取一般准备金。一般准备金的计提比例由银行综合考虑其面临的风险状况等因素确定，原则上一般准备金余额不低于风险资产期末余额的1%。当银行提取一般准备金时，会计分录如下：

　　借：利润分配——提取一般准备金户

　　　　贷：一般准备金

　　按照符合规定的用途使用一般准备金弥补亏损，借记"一般准备金"科目，贷记有关科目。

第五节　利润分配

　　年度利润是银行在一个会计年度内实现的税后净利润，依照《公司法》和金融企业章程等规定，金融企业实现的净利润，归投资者所有，应当依法向投资者分配。利润分配就是将银行的净利润在投资者和银行再投资之间进行分配的过程。银行当期实现的净利润，加上年初未分配利润（或减去年初未弥补亏损）和其他转入后的余额，即为可供分配的利润。

一、分配顺序

▶ 1. 从净利润抵补的项目

　　从净利润抵补的项目抵补已缴纳的在成本和营业外支出中无法列支的有关被罚和被没收的财物损失，如滞纳金或中央银行的罚款等。

▶ 2. 弥补以前年度的亏损

　　银行当年实现的净利润，事先应按照规定弥补以前年度发生的亏损，即经本年度实现的净利润与前期未分配利润或未弥补亏损合并，计算出本年累计盈利或累计亏损。银行在弥补期限（5年）内不能用税前利润弥补完的部分，可用税后利润弥补。银行实现的净利润在以前年度亏损未弥补完之前，不得提取法定公积金。

▶ 3. 提取法定盈余公积金

法定盈余公积金的提取比例一般为当年实现净利润的 10%，但以前年度累计的法定盈余公积达到注册资本的 50% 时，可以不再提取。

▶ 4. 提取一般准备金

银行按规定提取的一般准备金也应作为利润分配处理。

▶ 5. 提取任意公积金

银行提取法定公积金后，应按章程提取任意公积金；没有章程的，可以根据股东大会决议的比例提取任意公积金。

▶ 6. 向投资者分配利润

银行按上述分配顺序分配后的利润，按照"同股同权、同股同利"的原则向投资者分配。银行以前年度未分配的利润，可以与本年度利润一并进行分配。但是，在弥补以前年度亏损、提取法定公积金、提取准备金之前，银行不得向投资者分配利润。

可供投资者分配的利润经过上述分配后，为未分配利润（或未弥补亏损）。未分配利润可留待以后年度进行分配。银行如发生亏损，可以按规定由以后年度利润进行弥补。

二、利润分配的核算

未分配的利润（或未弥补的亏损）应当在资产负债表的所有者权益项目中单独反映。

▶ 1. 盈余公积金提取、补亏

从税后利润提取盈余公积，会计分录如下：

借：利润分配——提取法定盈余公积金户

　　贷：盈余公积——法定盈余公积金户

用盈余公积弥补亏损时，会计分录如下：

借：盈余公积

　　贷：利润分配——盈余公积补亏

按规定提取任意盈余公积金时，会计分录如下：

借：利润分配——提取任意盈余公积金

　　贷：盈余公积——任意盈余公积金户

提取一般准备金的会计分录如下：

借：利润分配——提取一般准备金户

　　贷：一般准备金

▶ 2. 向投资者分配利润

向投资者分配利润的会计分录如下：

借：利润分配——应付利润

　　贷：应付利润

▶ 3. 未分配利润

未分配利润是银行未作分配的净利润。未分配利润的含义有两层：一是这部分利润没有分给投资人；二是这部分净利润未指定用途。

在"利润分配"账户中，专门设置"未分配利润"明细账户。年度终了，商业银行将本年实现的利润（或亏损）总额，从"本年利润"账户转入"利润分配——未分配利润"账户，即借记"本年利润"账户，贷记"利润分配——未分配利润"账户；如为亏损，做相反记录。同时，将"利润分配"账户下其他明细账户的余额转入本明细账户。结转后，本明细账户借方余额为未弥补的亏损，贷方余额为未分配的利润。

年度终了，将"利润分配"账户下所有明细账户的余额转到"未分配利润"明细账户中，会计分录如下：

借：利润分配——未分配利润
　　贷：利润分配——提取盈余公积
　　　　　　　　——应付利润
借：利润分配——盈余公积补亏
　　贷：利润分配——未分配利润

经过利润分配后，如"利润分配"账户还有贷方余额，即为当年未分配利润；如有借方余额，表示未弥补的亏损。

┤ 本章小结 ├

所有者权益是所有者对银行资产的剩余索取权，反映的是银行资产中扣除债权人权益之后应由所有者享有的部分。所有者权益既可反映所有者投入资本的保值增值情况，又体现了保护债权人权益的理念。负债反映的是银行债权人对企业资产的索取权，而且通常债权人对银行资产的索取权要优先于所有者对银行资产的索取权。因此，所有者权益和负债在性质上有本质区别，银行在会计确认、计量和报告中应当严格区分负债和所有者权益，以如实反映银行的财务状况，尤其是银行的偿债能力和产权比率等。在实务中，银行某些交易或者事项可能同时具有负债和所有者权益的特征，在这种情况下，银行应当将属于负债和所有者权益的部分分开处理和列报。

本章习题

第十五章 年度决算

学习目标

1. 掌握银行年度决算工作的内容。
2. 掌握银行会计报表的编制方法。

会计基本假设要求会计核算划分会计期间，银行的会计核算具体分为年度、季度和月份核算。我国《会计法》规定，以公历年度每年的 1 月 1 日—12 月 31 日作为一个会计年度。每年的 12 月 31 日为年度决算日，银行的年度决算是银行会计核算的重要环节，是对银行一年经营及工作情况的总结。本章重点讨论年度决算的工作和会计报表的编制与调整。

第 一 节　年度决算概述

一、年度决算的意义

年度决算是将全年的会计核算资料加以系统、全面地核实和整理，综合反映在年度决算报表之内，对全行一年来的业务活动和财务活动进行总结和说明的一种方式。通过对年度决算会计报表的分析，可以综合地反映银行经营活动和财务成果的情况。在办理年度决算的过程中，需要对银行一年来的资金、财产、账务、损益等进行一次全面的核实和调整，并在此基础上编制数字真实、内容完整的决算会计报表，真实、全面地反映银行经营活动情况和财务成果情况，以便会计报表的阅读者进行正确的决策。因此，对于年度决算，银行应当予以高度的重视和认真对待。

年度决算是一项全行性的工作，涉及面广、工作量大。为了使年度决算在保质保量的基础上顺利进行，各银行应当在行长或主任的统一领导下，以会计部门为主，其他部门密切配合，共同协作，做好年度决算工作。

二、年度决算的内容和步骤

凡是独立核算的各级银行，都应当进行年度决算，附属会计核算单位应当采用并账或并表的方式，通过管辖行进行年度决算。为顺利地进行年度决算，下级行应当在总行或管辖行的统一布置下分别办理决算。一般来说，在进行年度决算之前，总行或管辖行都要下达当年的年度决算的具体要求和有关规定，以统一年度决算的口径，便于汇总并保证年度决算的质量。各个单独进行会计核算的单位，在加强日常会计核算工作的基础上，按照总行或管辖行下达的决算文件精神认真办理年度决算。

各级银行在进行年度决算之前，必须对该单位全年的资金、账务、财务进行一次全面的核实和清理，保证决算数据的真实、准确，不得弄虚作假；及时编制会计报表，并按照规定时间向有关部门报出，不得拖延。

年度决算的工作过程一般分为三个阶段：一是决算前的准备工作；二是决算的实施工作；三是决算报表的编审和汇总。

第 二 节　年度决算的工作

一、年度决算前的准备工作

能否充分地做好决算前的准备工作，是关系到年度决算是否能够顺利进行的关键，因此，各银行需根据年度决算工作的要求，认真做好年度决算的准备工作，保证年度决算工作的顺利进行。银行的决算准备工作一般应当在每年的第四季度开始，着手进行清理资金、核对账务、盘点财产、核实损益等决算前的准备工作，以便通过年度决算使全行的资金、财产、账务和财务得到真实、完整的反映。管辖行一般应当在第四季度召开有关年度决算的工作会议，具体安排、部署年度决算工作。

管辖行应当成立以行长为组长的决算领导小组，以会计主管部门为主，其他部门密切配合，统一组织、领导、协调全辖年度决算工作，各个基层单位应当成立以行长或主任为组长，由信贷主管、营业室主管和会计人员参加的决算工作小组，按照管辖行的要求和安排，将年度决算工作的具体事项明确到人，并制定详细的决算工作日程表。

年度决算的准备工作主要包括以下几个方面。

（一）清理资金

▶ 1. 清理贷款资金

（1）银行在进行决算之前，会计部门与信贷部门应当密切配合，逐笔核对各项贷款、押汇、租赁业务的计息和手续费收入是否落实。

（2）检查各项借据、合同及审批手续是否齐全，利率使用是否正确。

（3）凡是到期贷款应当如期收回；对于逾期贷款应当弄清情况，列出清单，与信贷部门及时沟通，积极组织催收。

（4）会计部门应当根据会计制度和财政税务部门的有关规定，结合贷款逾期情况、应收利息的欠收情况，正确核算表内、表外应收利息。

▶ 2. 清理结算资金

对于各类结算资金，应根据使用票据和结算方式的不同进行全面的清理。如果有超过凭证传递期限、付款期，以及不合理延付、拒付的，应当抓紧时间进行查询查复；对于应解汇款、汇出汇款，应当积极联系解付，如果确实无法解付并超过规定期限的，应当积极办理退回。

▶ 3. 清理存款资金

银行的各类存款账户之中，对于长期未发生业务或资金收付的账户，应主动联系并督促存款人办理并户或销户手续；对于连续一年未发生业务而又无法联系的客户，应于12月21日结息之后，抄列清单，将其转入"其他应付款"科目，列为久悬未取款项。会计分录如下：

借：××存款

　　贷：其他应付款——久悬未取款项

对于上年的久悬未取款项，在新的会计年度应当积极主动地与存款人联系，以便支付，但是经过一年的联系仍然无着落的，经过会计主管人员批准，将该款项作为营业外收入处理。会计分录如下：

借：营业外收入——其他营业外收入

　　贷：其他应付款——久悬未取款项

对于列为久悬未取的款项，如果遇存款人来支取款项时，应当审查存款人的手续是否齐全、合法，如符合规定，应当经过会计主管人员批准后方可支取。客户支取列为久悬未取款项的款项时，会计分录如下：

借：其他应付款——久悬未取款项

　　贷：现金(或其他有关科目)

如果客户支取银行已经转入营业外收入的久悬未取款项时，会计分录如下：

借：营业外收入——其他营业外收入账户(红字)

　　贷：现金(或其他有关科目)

▶ 4. 清理内部资金

银行对于内部资金的清理，应当将重点放在暂收暂付、应收应付款项的清理上。对于应收应付的款项应当一一列出清单，逐笔进行清理，该上缴的应当及时上缴，该上划的应当及时上划，该收回的应当及时收回。对于营业外支出，应当分清明细项目，营业中的出纳长短款要查明原因，逐笔填写报告单，按照规定程序和权限进行审批之后，方可列支。属于各种罚款、滞纳金、赞助、捐赠等事项的支出，应当按照银行财务制度，以及管辖行的有关规定和要求进行处理。

(二) 核对账务

在年度决算之前，银行除按照规定进行定期核对之外，应当对表内各科目总分账户进行认真核对，保证账账、账实、账款、账据、账表、内外账务六相符，为顺利开展年度决算打下基础。

▶ 1. 检查会计科目的使用情况

根据中国人民银行统一制定的会计科目和科目使用说明，以及管辖行的要求，检查会计科目的使用和科目的归属情况，对使用不当的，应当按照规定及时予以调整。

▶ 2. 进行内外账务核对

为保证年度决算的质量，在进行年度决算之前，应当将对外的账户余额进行核对。银行与企业、单位，以及同业和联行往来(包括国际业务的收付往来)年底前需全面发对账单，对各存、贷款账户均进行账务核对，对于发现余额不符的账户，应当及时与对方单位查明原因进行解决。

▶ 3. 内部账务核对

按照银行的账务组织体系，综合核算和明细核算，应对各科目总账与明细账、账款、账实等全面进行核对，做到账账、账款、账据、账表、账实相符。

▶ **4. 核对往来账务**

银行应当将往来账务进行认真核对。对联行往来、中国人民银行往来及同业往来等业务，切实核对账务余额，如系统内资金调拨、上存上级行款项、拆出资金、拆入资金等。同时，相互之间的应收应付利息、欠款、手续费、凭证费用等其他相关费用亦应进行认真核对，并且应当在年度决算之前结清。

（三）清点财产物资

▶ **1. 清点现金和有价证券**

核对库存现金、金银、外币、有价单证和重要空白凭证等，是否与表内、表外科目相符，发现多缺，应当查明原因、明确责任、保证账、卡、实三相符。

▶ **2. 清点各种抵（质）押品、保管品和有关资产**

清点时，必须使之与各种账册的记载数额核对相符，如果发现不符，应当查明原因，及时处理。

▶ **3. 盘点固定资产、低值易耗品**

根据有关规定，各级银行应当以行政部门为主，会计部门协助，在 11 月底之前，对房产、车辆、设备等固定资产，以及各种低值易耗品进行一次全面的清查盘点，列出自查盘点清单，并与有关账簿的记载数额核对相符。对于账外资产应当逐一盘点，经过盘点发现有未入账的资产，应当按照规定在 11 月底之前补办入账手续；如果盘点发现盘亏的，应当查明原因，并按照规定的程序报损列账。

（四）核实损益，正确核算成本

▶ **1. 核实各项业务收支**

在年度决算之前，应当对各项利息收入、金融机构往来利息收入和支出、营业外收入与营业外支出等账户进行核实，重点放在各项利息收入的核实上。首先应全面核实计息范围、利率的使用、天数的计算，以及账务调整所带来的积数调整等是否正确，如果发现差错应当及时更正。对应收利息应当积极采取措施，加大力度清收。对于超过规定期限（如逾期超过 90 天）的应收未收利息，应当按照会计制度和有关财务制度的规定冲减当期利息收入，列表外应收利息，从而减少由于没有真正实现的收入而影响财务成果的计算，以及承担必要的税赋。

▶ **2. 检查各项费用开支**

银行对费用的开支应当检查是否超过规定的标准和指标，是否有计算上的错误，有无违反财经纪律和制度的不合法开支，对于应当计入当年费用的开支，应当按照权责发生制的原则计算后计入，凡是不属于本期承担的费用，应当予以剔除。各项费用是否按照规定的范围和比例进行了计提。有无应计而未计的收入，如发现问题应当及时核实纠正。

▶ **3. 正确核算成本**

对于各项成本开支项目应当按照列支范围逐项清查核实，严格区别本期成本和下期成本，以及成本开支和营业外支出的界限，不得人为地调节成本。应当在成本中列支的各种税金，应在决算之前逐项清查，未交足的应当及时补交。

（五）试算平衡

在上述几项准备工作得到落实或基本完成的情况下，为了进一步检验日常事务处理的正确性，保证年度决算工作的顺利进行及决算报表的数字准确，减轻决算日的工作压力，确保决算工作质量，应当在进行正式决算之前，根据当年 11 月底总账各科目的累计发生额和借贷方余额编制试算平衡表，并与同年 11 个月的月计表发生额合计数进行核对。如果发现差错，则应当采取措施加以解决，为正式编制年度决算会计报表打下基础。

二、年度决算日的工作

银行的年度决算日为每年的 12 月 31 日，会计部门负责人要依据决算工作计划，认真、仔细地检查决算前各项准备工作的完成情况，不得出现遗漏。在决算日，除应当做好当日的各项业务轧平账务之外，还应当着重做好以下几项工作。

▶ 1. 及时处理当天账务

为完整地反映全年各项业务、财务活动的情况，尽可能减少未达账项，决算日受理的联行往来报单应当及时转账，不得跨年度。决算日的票据交换工作应当严格按照中国人民银行的规定办理，本年度受理的票据应当全部处理完毕。决算日对外营业终了，应将各科目总账与所属分户账进行总、分核对，以保证账务准确无误，顺利轧平当日全部账务。

▶ 2. 检查核对各项库存

决算日营业终了，各单位的负责人应当会同会计、出纳主管人员对库存现金、金银、外币、有价单证空白重要凭证等重要库存物资，进行认真核对，全面核实。保证账账、账款、账实相符。

▶ 3. 调整账务、正确核算各项费用

调整金银、外币的记账价格，根据年末日牌价或上级行规定的年末价格调整账面余额。将遗留的待处理的账务在决算日全部调整入账。在决算时，凡应计入本年收入、支出和费用的，必须列入本年账内，并且按照规定的税率核实各项应缴纳的税款。

▶ 4. 结转损益

决算日内部账务处理完毕并轧平之后，将损益类科目账户的余额转入"本年利润"科目。根据损益类各科目分户账的余额，逐户填制与余额方向相反的借贷方传票，结平损益类各账户。将收入类各科目账户的余额转入本年利润科目的贷方，将支出类各科目账户的余额转入本年利润的借方。结转后，损益类各科目的分户账均无余额；本年利润科目的余额如果在贷方，为该单位的净利润，如果为借方余额时，则是该单位本年度的亏损。核对无误后将本年利润转入"利润分配——未分配利润"科目。

▶ 5. 办理新旧账簿结转

决算日结转损益后，应当及时办理新旧账簿结转，结束旧账、建立新账。办理结转时，总账全部结转新账，更换新账页，把各科目年末余额过入次年各科目新账"上年末余额"栏。各分户账，除规定可以继续使用的卡片账、登记簿等可继续沿用外，均更换新账页。具体结转方法在第一章已介绍过，在此不再赘述。

第 三 节 会计报表的编制

一、会计报表概述

会计报表是根据日常会计核算资料归集、加工、汇总而成的一个完整的报告体系，用于反映银行的资产、负债和所有者权益的情况，以及一定时期内的经营成果和财务状况的信息。会计报表是综合反映银行业务发展、财务状况和经营成果的书面文件，是会计核算最终成果的体现。

（一）会计报表的种类

按照会计报表反映的内容，可分为资产负债表、利润表、现金流量表、所有者权益变动表和其他附表。

按照会计报表的编报时间，可分为中期财务报表和年度财务报表。其中，中期财务报表包括月度、季度、半年度财务报表。

按照会计报表的报送对象，可分为外部报表和内部报表。外部报表是向债权人、投资人，以及有关管理部门报送的报表，格式和内容根据《企业财务会计报告条例》和国家统一的会计制度的规定编制；内部报表是根据其内部经营管理需要编制的，供内部管理人员使用的财务会计报表，其格式和内容由银行自行确定。

（二）编制会计报表的一般要求

为了使会计报表的阅读者能清楚地了解银行的财务状况、经营业绩和财务成果的变动情况，银行编制的会计报表应当符合下列要求。

（1）编制会计报表时，在会计计量方法和填报方式上，应当保持前后会计期间的一致性，不得随意变更，以保证各期会计报表的可比性。当情况发生变化使得变更会计方法成为合理和必要时，应当及时变更并在会计报表说明中说明改变的原因和改变后的影响。

（2）银行应当依照有关法律、行政法规规定的结账日进行结账，不得提前或者延迟。年度结账日为公历年度每年的 12 月 31 日；半年度、季度、月度结账日分别为公历年度每半年、每季、每月的最后一天。

（3）会计报表的种类、格式、报表内容等应当做统一的规定，各编报单位应严格按照规定的要求和内容编制会计报表，不得随意变动和增减。

（4）各种会计报表要根据核对无误的会计核算资料如实反映，做到数据真实、计算准确；内容全面、完整；会计报表之间、会计报表各项目之间，凡有对应关系的数字，应当相互一致。会计报表中本期与上期的有关数字应当相互衔接。

（5）加强会计报表的复核，未经复核的会计报表不得报出。报出的电子报表与书面报表的数据必须一致。

二、会计报表的编制方法

（一）资产负债表

资产负债表是反映银行在某一特定日期财务状况的会计报表，如表 15-1 所示。它是根据"资产＝负债＋所有者权益"的会计恒等式，依据一定分类标准和一定的次序，根据银行一定日期的资产、负债和所有者权益的项目予以适当的排列，按照一定的编制要求编制而成。

资产负债表主要提供有关银行财务方面的信息。通过资产负债表，可以提供银行某一日期的资产总额及其结构，表明银行拥有或控制的资源及分布情况，即银行的资产中有多少是流动资产、贷款规模有多大、固定资产有多少、长期投资是多少等；可以提供银行某一日期的负债总额及其结构，表明银行未来需要用资产偿还债务及偿还的时间。资产负债表可以反映所有者权益，据以判断资本的增值保值的情况及对负债的保障程度。通过资产负债表可以表明银行的财务实力、偿债能力、资本结构、经营风险、财务风险等基本情况，从而有助于资产负债表的使用者做出经济决策。

表 15-1 资产负债表

资　　产	行次	年初余额	年末余额	负债和所有者权益	行次	年初余额	年末余额
资产				负债			
现金及存放中央银行款项				向中央银行借款			
存放同业款项				同业及其他金融机构存放款项			
贵金属				拆入资金			
拆出资金				交易性金融负债			
交易性金融资产				衍生金融负债			
衍生金融资产				卖出回购金融资产			
买入返售金融资产				吸收存款			
应收利息				应付职工薪酬			
发放贷款和垫款				应交税费			
应收款项类投资				应付利息			
可供出售金融资产				预计负债			
持有至到期投资				应付债券			
长期股权投资				递延所得税负债			
投资性房地产				其他负债			
固定资产原值				负债合计			
无形资产				所有者权益：			
递延所得税资产				实收资本或股本			
其他资产				资本公积			
				减：库存股			
				盈余公积			
				一般风险准备			
				未分配利润			
				所有者权益(或股东权益)合计			
资产总计				负债和所有者权益总计			

　　资产负债表采用账户式格式、左右对称的结构。左方列示资产，右方列示负债和所有者权益，左右两方平衡。资产负债表的项目按照资产负债的流动性(由大到小或期限由短到长)顺序排列。左方依次为流动资产、长期资产、无形资产及其他资产；右方为流动负债、长期负债、其他负债、所有者权益。

　　下面具体说明资产负债表各项目的内容和填列方法：

"年初余额"应当根据上年年末资产负债表的"年末余额"填列。

"现金及存放中央银行款项"反映本行的库存现金的情况，应当根据"库存现金"和"存放中央银行款项"科目的期末余额填列。

"存放同业款项"反映本行与同业之间因资金往来而存放于同业的资金，应根据"存放同业款项"科目的期末余额填列。

"贵金属"反映本行在国家规定的市场上购入的黄金、白银等贵金属，应根据"贵金属"科目的期末余额填列。

"拆出资金"反映本行与其他金融机构之间的资金拆借情况，应根据"拆放同业款项"科目的期末余额填列。

"交易性金融资产"反映银行持有的以公允价值计量且其变动计入当期损益的金融资产，应根据"交易性金融资产"科目的期末余额填列。

"衍生金融资产"反映银行持有的衍生工具中公允价值累计变动额大于零的衍生工具价值，应根据"衍生工具""套期工具"等项目的期末余额填列。

"买入返售金融资产"反映本行与其他单位签订回购协议或合同而购入的票据、证券、贷款等金融资产所融出的资金，应根据"买入返售金融资产"科目的期末余额填列。

"应收利息"反映银行对发放贷款、存放同业、拆除资金、买入返售金融资产等当期应收取而未收到的利息。

"发放贷款和垫款"反映银行向外发放的各种贷款，包括银团贷款、贸易融资、贴现和转贴现融出资金、信用卡透支和垫款等贷款，应根据有关贷款科目的期末余额填列。

"可供出售金融资产"反映银行持有的以公允价值计量的初始确认为可供出售的债券投资、股票投资等非衍生金融工具，应根据可供出售金融资产科目的期末余额减去减值准备后的余额填列。

"持有至到期投资"反映到期日固定、回收金额固定或可确定，且银行持有至到期的非衍生金融资产，应根据持有至到期投资科目的期末余额减去减值准备后的余额填列。

"长期股权投资"反映银行长期持有的股票投资和其他形式的股权投资，应根据长期股权投资科目的期末余额减去长期投资减值准备后的余额填列。

"投资性房地产"反映银行为赚取租金或资本增值，或者两者兼有而持有的房地产。

"固定资产原值"反映银行所有自用的固定资产减去固定资产折旧和减值准备后的实际价值，应根据有关科目总账的期末余额填列。

"无形资产"反映本行各项无形资产减去摊销后的余额，应根据"无形资产"总账科目的期末余额，扣除按照无形资产的账面余额计提的减值准备后的余额填列。

"递延所得税资产"反映银行当期和以前期间已支付的所得税超过应支付的部分。

"其他资产"反映银行持有的存储保证金、其他应收款、长期待摊费用中将在一年内摊销完毕的部分。

"向中央银行借款"反映银行向中国人民银行借入尚未归还的各种款项，应根据向中国人民银行借款科目总账的期末余额填列。

"同业及其他金融机构存放款项"反映本行与其他金融企业之间的往来中存放于本单位的各种款项，应根据"同业存放款项"科目总账的期末余额填列。

"拆入资金"反映本行从境内外金融机构拆入的资金，应根据"同业拆借"项目中的拆入资金数额填列。

"交易性金融负债"反映银行持有的以公允价值计量且其变动计入当期损益的金融负

债，应根据"交易性金融负债"科目的期末余额填列。

"衍生金融负债"反映银行持有的衍生工具中公允价值累计变动额小于零的衍生工具价值。

"卖出回购金融资产"反映银行与其他单位签订回购协议或合同而卖出的票据、证券、贷款等金融资产所融入的资金。

"吸收存款"反映银行吸收的除同业存放款项以外的各种存款，包括单位存款、个人存款、信用卡存款、特种存款财政性存款等。

"应付职工薪酬"反映银行按照规定应付而未付给职工个人的各种形式的报酬，应根据"应付职工薪酬"科目总账的期末余额填列。

"应交税费"反映银行应交未交的各种税金，应根据应交税金总账期末余额填列。

"应付利息"反映银行因吸收存款及各种借款而发生的当期应付未付的利息。

"预计负债"反映银行确认的预计负债的账面余额。

"应付债券"反映银行持有的尚未偿还的债权金额。

"递延所得税负债"反映银行当期和以前期间应付而未付的所得税的部分。

"其他负债"反映企业存入保证金、其他应付款、应付股利、长期应付款净额等负债的账面余额。

"实收资本或股本"反映银行实际收到的资本（或股本）数额，包括国家投资、个人投资和其他单位投资等，应根据实收资本或股本科目总账的期末余额填列。

"资本公积"和"盈余公积"反映本行的资本公积和盈余公积的数额，应根据资本公积和盈余公积的期末余额填列。

"一般风险准备"反映银行按照规定从净利润中计提的一般风险准备的期末余额。

"未分配利润"反映本行尚未分配的利润，应根据"利润分配"科目总账的"未分配利润"账户的期末余额填列；如果是未弥补的亏损，应在"未分配利润"项目中以负号表示。

（二）利润表

▶ 1. 利润表的概念和作用

利润表是反映银行在一定会计期间经营成果的会计报表，如表 15-2 所示。由于利润表反映的是某一会计期间的经营情况，也称为动态报表、损益表、收益表。

表 15-2　利　润　表

编制单位：　　　　　　　　　　年　月　日　　　　　　　　　　单位：元

项　　目	行次	上年数	本年数
一、营业收入			
利息收入			
金融机构往来利息收入			
手续费及佣金收入			
汇兑收益			
公允价值变动收益			
投资收益			
其他营业收入			

续表

项　　目	行次	上年数	本年数
二、营业成本			
利息支出			
金融机构往来利息支出			
手续费及佣金支出			
营业费用			
汇兑损失			
其他营业支出			
三、营业支出及损失			
主营业务税金及附加			
业务及管理费			
资产减值损失			
四、营业利润			
加：营业外收入			
减：营业外支出			
五、利润总额			
减：所得税			
六、净利润			

会计主管：　　　　　　　　　复核：　　　　　　　　　制表：

通过利润表，可以反映银行一定会计期间的收入实现情况，即实现的利息收入是多少，实现的其他营业收入是多少，实现的投资收益是多少，实现的营业外收入是多少等；可以反映银行一定会计期间的费用情况，即在该会计期间内所发生的营业成本是多少，增值税是多少，营业外支出是多少等；还可以反映银行的经营成果，即净利润的实现情况，根据银行实现的净利润的多少，判断资本的增值、保值情况。将利润表与资产负债表相结合，能够提供进行财务分析的基本资料，便于会计报表的使用者判断银行未来的发展趋势，做出经济决策。

▶ 2. 利润表的编制

我国银行利润表的编制多采用分步式方法，即分步计算利润总额和净利润。表的各列分项列示一定会计期间内因开展业务活动和财务活动等所取得的各种收入，以及与各种收入相对应的费用、损失，并将收入与费用、损失加以对比，结出当期的净利润。其目的是衡量银行在特定会计期间或特定的业务中取得的成果，以及未取得这些成果所付出的代价，为考核经营效益提供必要的数据。

(1) 利润表的平衡关系。在利润表中所反映的平衡关系如下：

营业利润＝营业收入－营业成本－营业支出及损失

利润总额＝营业利润＋营业外收入－营业外支出

净利润＝利润总额－所得税

（2）利润表的编制方法。利润表应当根据有关科目的总账数额进行填列。利润表一般有表首、正表两部分。其中，表首说明报表名称、编制单位、编制日期、报表编号、货币名称、计量单位等；正表是利润表的主体反映形成经营成果的各个项目和计算过程。

"营业收入"反映本行经营业务获取的各种收入总额，应根据"利息收入""金融机构往来利息收入""手续费及佣金收入""汇兑收益""公允价值变动损益""投资收益""其他营业收入"等科目的余额汇总计算填列。

"投资收益"反映本行对外投资，按照合同或协议规定分得的投资利润、股票的股利收入、债券投资的利息收入等，应根据"投资收益"科目期末结转利润科目的数额填列。

"营业成本"反映本行各项营业支出的总额，应根据"利息支出""金融机构往来利息支出""手续费及佣金支出""营业费用""汇兑损失""其他营业支出"等项目分析计算汇总填列。

"主营业务税金及附加"反映本行按照规定缴纳应当由经营收入所负担的各种税金及附加费用，包括增值税、城市建设维护税、教育费附加等，应根据科目期末结转利润科目的数额填列。

"营业利润"反映本行当期的经营利润，本行当年如果为亏损时，也在本项目中反映，但是应当以负号表示。

"营业外收入"和"营业外支出"反映本行营业以外的收支，营业外收支在核算时应当分清营业收支和非营业收支的界限，不得把营业收支的项目混为营业外收支。这两个项目应当根据"营业外收入"和"营业外支出"科目期末结转利润科目的数额填列。

"利润总额"反映本行当期实现的全部利润（或亏损）总额。如果为亏损时，以负号表示。

（三）现金流量表

现金流量表是反映企业一定会计期间内现金和现金等价物流入和流出信息的会计报表，是一张动态的会计报表，如表 15-3 所示。现金是指企业库存现金和可以随时用于支付的存款。现金等价物是指企业持有的期限短、流动性强、易于转换为已知金额现金、价值变动风险很小的投资。商业银行的现金和现金等价物与一般的工商企业的现金和现金等价物的范围有所不同，包括库存现金、存放中央银行可随时支取的备付金、存放同业款项、拆放同业款项、同业间买入返售证券、短期国债投资等。

表 15-3 现金流量表

项　　目	上　期　数	本　期　数
一、经营活动产生的现金流量		
销售商品、提供劳务收到的现金		
收到的税费返还		
收到的其他与经营活动有关的现金		
经营活动现金流入小计		
购买商品、接受劳务支付的现金		
支付给职工及为职工支付的现金		
支付的各项税费		
支付其他与经营活动有关的现金		

续表

项　　目	上　期　数	本　期　数
经营活动现金流出小计		
经营活动产生的现金流量净额		
二、投资活动产生的现金流量		
收回投资所收到的现金		
取得投资收益所收到的现金		
处置固定资产、无形资产和其他长期资产所收回的现金净额		
处置子公司及其他营业单位收到的现金净额		
收到的其他与投资活动有关的现金		
投资活动现金流入小计		
购建固定资产、无形资产和其他长期资产支付的现金		
投资所支付的现金		
取得子公司及其他营业单位支付的现金净额		
支付的其他与投资活动有关的现金		
投资活动现金流出小计		
投资活动产生的现金流量净额		
三、筹资活动产生的现金流量		
吸收投资所收到的现金		
子公司吸收少数股东投资所收到的现金		
发行债券所收到的现金		
筹资活动现金流入小计		
偿还债务支付的现金		
分配股利、利润或偿付利息所支付的现金		
子公司支付给少数股东的股利		
筹资活动现金流出小计		
筹资活动产生的现金流量净额		
四、现金及现金等价物净增加额		
汇率变动对现金的影响		
现金及现金等价物净增加额		
期初现金及现金等价物余额		
期末现金及现金等价物余额		
补充资料：	本　期　金　额	上　期　金　额
1. 将净利润调节为经营活动的现金流量：		

续表

项　　目	上　期　数	本　期　数
净利润		
加：资产减值准备		
固定资产折旧、油气资产折耗、生产性生物资产折旧		
无形资产摊销		
长期待摊费用摊销		
待摊费用减少		
预提费用增加		
处置固定资产、无形资产和其他长期资产的损失		
固定资产报废损失		
公允价值变动损失		
财务费用		
投资损失		
递延所得税资产减少		
递延所得税负债增加		
存货的减少		
经营性应收项目的减少		
经营性应付项目的增加		
未确认的投资损失		
其他		
经营活动产生的现金流量净额		
2. 债务转为资本		
3. 一年内到期的可转换公司债券		
4. 融资租入固定资产		
5. 现金及现金等价物净增加情况：		
现金的期末余额		
减：现金的期初余额		
现金等价物的期末余额		
减：现金等价物的期初余额		
现金及现金等价物净增加额		

现金流量表可以反映经营活动、投资活动，以及筹资活动引起的现金流量的变化。现金流量表是在资产负债表和利润表已经反映了银行财务状况和经营成果信息的基础上，进一步提供银行的现金流量信息，即财务状况变动信息。

在市场经济条件下，银行的现金流量情况在很大程度上影响着银行的生存和发展。充足的现金可以保持金融资产的充分的流动性，可以偿还到期债务、满足客户提取现金的需要、及时支付工资、支付股利和利润、能够随时购买经营所需要的固定资产等。否则，如果银行的现金不足，缺乏足够的流动性，就有可能不能应付正常的支付活动，从而导致挤兑，进而导致银行破产。

现金流量表主要提供银行现金流量方面的信息，编制现金流量表的主要目的是为会计报表的使用者提供一定会计期间的现金和现金等价物流入和流出的信息，以便会计报表的使用者了解银行获取现金和现金等价物的能力，并据以预测银行未来现金流量。所以，现金流量表在评价银行未来前景方面，有着十分重要的作用。

▶ **1. 经营活动产生的现金流量的列报方法**

银行应当采用直接法列示经营活动产生的现金流量。直接法是按现金流入和现金流出的主要类别列示银行经营活动产生的现金流量。在直接法下，一般是以利润表中的营业收入为起算点，调整与经营活动有关的项目的增减变动，然后计算出经营活动产生的现金流量。采用直接法具体编制现金流量表时，可以采用工作底稿法或 T 形账户法。业务简单的，也可以根据有关科目的记录分析填列。

"销售商品、提供劳务收到的现金"反映客户存款和同业存放款项净增加额、向中央银行借款净增加额、向其他金融机构拆入资金净增加额、收取利息和手续费收入净增加额。本项目应根据"吸收存款""同业存放""向中央银行借款""拆入资金""拆出资金""利息收入""手续费及佣金收入""应收利息"等账户分析填列。

"收到的税费返还"反映银行收到返还的各种税费。本项目应根据"库存现金""存放中央银行款项""应交税费"等账户的记录分析填列。

"收到的其他与经营活动有关的现金"反映银行除了上述各项目以外收到的其他与经营活动有关的现金流入，如罚款收入、流动资产损失中由个人赔偿的现金收入等。本项目应根据"营业外收入""营业外支出""库存现金""存放中央银行款项""其他应收款"等账户的记录分析填列。

"购买商品、接受劳务支付的现金"包括客户贷款及垫款净增加额、存放中央银行款项净增加额、存放同业及其他金融机构净增加额、支付利息和手续费收入净增加额。本项目应根据"发放贷款""贴现资产""贴现负债""存放中央银行款项""存放同业""利息支出""手续费及佣金支出""其他业务成本"等账户的记录分析填列。

"支付给职工及为职工支付的现金"反映银行实际支付给职工及为职工支付的工资、奖金、各种津贴和补贴等（含为职工支付的养老、失业等各种保险和其他福利费用），但不含为离退休人员支付的各种费用和固定资产购建人员的工资。本项目应根据"库存现金""存放中央银行款项""应付职工薪酬"等账户的记录分析填列。

"支付的各项税费"反映银行按规定支付的各项税费和有关费用，但不包括已计入固定资产原价而实际支付的耕地占用税和本期退回的所得税。本项目应根据"应交税费""库存现金""存放中央银行款项"等账户的记录分析填列。

"支付的其他与经营活动有关的现金"反映银行除上述各项目外，支付的其他与经营活动有关的现金，包括其他业务支出、差旅费、业务招待费、支付的离退休人员的各项费用等。本项目应根据"业务及管理费用""营业外支出"等账户的记录分析填列。

▶ **2. 投资活动产生的现金流量的列报方法**

"收回投资所收到的现金"反映银行出售、转让和到期收回的除现金等价物以外的交易性金融资产、长期股权投资而收到的现金，以及收回持有至到期投资本金而收到的现金，不包括持有至到期投资收回的利息及收回的非现金资产。本项目应根据"交易性金融资产""长期股权投资""库存现金""存放中央银行款项"等账户的记录分析填列。

"取得投资收益所收到的现金"反映银行因股权性投资而分得的现金股利、分回利润所收到的现金，以及债权性投资取得的现金利息收入。本项目应根据"投资收益""库存现金""存放中央银行款项"等账户的记录分析填列。

"处置固定资产、无形资产和其他长期资产所收回的现金净额"反映处置上述各项长期资产所取得的现金，减去为处置这些资产所支付的有关费用后的净额。本项目应根据"固定资产清理""库存现金""存放中央银行款项"等账户的记录分析填列。如本项目所收回的现金净额为负数，应在"支付的其他与投资活动有关的现金"项目填列。

"收到的其他与投资活动有关的现金"反映除上述各项目以外，收到的其他与投资活动有关的现金流入。本项目应根据"库存现金""存放中央银行款项"和其他有关账户的记录分析填列。

"购建固定资产、无形资产和其他长期资产所支付的现金"反映银行购买、建造固定资产，取得无形资产和其他长期资产所支付的现金。其中，银行为购建固定资产支付的现金，包括购买固定资产支付的价款现金及增值税款、固定资产购建支付的现金，但不包括购建固定资产的借款利息资本化的部分和融资租入固定资产的租赁费。本项目应根据"固定资产""无形资产""在建工程""库存现金""存放中央银行款项"等账户的记录分析填列。

"投资所支付的现金"反映银行在现金等价物以外进行交易性金融资产、长期股权投资、持有至到期投资所实际支付的现金，包括佣金手续费所支付的现金，但不包括银行购买股票和债券时，实际支付价款中包含的已宣告尚未领取的现金股利或已到付息期但尚未领取的债券利息。本项目应根据"交易性金融资产""长期股权投资""持有至到期投资""库存现金""存放中央银行款项"等账户记录分析填列。

"支付的其他与投资活动有关的现金"反映银行除了上述各项以外，支付的与投资活动有关的现金流出，包括银行购买股票和债券时，实际支付价款中包含的已宣告尚未领取的现金股利或已到付息期但尚未领取的债券利息等。本项目应根据"库存现金""存放中央银行款项""应收股利"等账户的记录分析填列。

▶ **3. 筹资活动产生的现金流量的列报方法**

"吸收投资所收到的现金"反映银行收到投资者投入的现金，包括以发行股票、债券等方式筹集资金实际收到的款项净额（即发行收入减去支付的佣金等发行费用后的净额）。本项目可根据"实收资本（或股本）""应付债券""库存现金""存放中央银行款项"等账户的记录分析填列。

"发行债券所收到的现金"反映银行本期发行债券实际收到的现金，可根据"应付债券"等科目填列。

"分配股利、利润或偿还利息所支付的现金"反映银行实际支付的现金股利、支付给投资人的利润或用现金支付的债券利息等。

▶ **4. 现金及现金等价物净增加额的列报方法**

"汇率变动对现金的影响"反映银行的外币现金流量发生日所采用的汇率与期末汇率的差额对现金的影响数额。

"现金及现金等价物的净增加额"是将"经营活动产生的现金流量净额""投资活动产生的现金流量净额""筹资活动产生的现金流量净额"和"汇率变动对现金的影响"四个项目相加得出的。

"期末现金及现金等价物余额"是将计算出来的"现金及现金等价物净增加额"与"期初现金及现金等价物金额"相加得出。本项目应与银行期末的全部货币资金与现金等价物的合计余额相等。

▶ 5."补充资料"的内容和编制方法

除现金流量表反映的信息外，银行还应该在附注中披露将净利润调节为经营活动的现金流量，以及不涉及现金收支的重大投资和筹资活动、现金及现金等价物净变动情况等信息。应按照间接法编制现金流量表的补充资料，将净利润调节为经营活动的现金流量。

银行利润表中反映的净利润是以权责发生制为基础核算的，而且包括了投资活动和筹资活动的收入和费用。将净利润调节为经营活动的现金流量，就是要按收付实现制的原则，将净利润按各项目调整为现金净流入，并且要剔除投资和筹资活动对现金流量的影响。在净利润基础上进行调整的主要项目如下。

"资产减值准备"反映银行的各项资产减值准备，但是计提资产减值准备，并不需要支付现金，即没有减少现金流量。所以应将计提的各项资产减值准备，在净利润基础上予以加回。本项目应根据"资产减值损失"账户的记录分析填列。

"固定资产折旧、油气资产折耗、生产性生物资产折旧"反映银行本期累计提取的固定资产折旧、油气资产折耗、生产性生物资产折旧。本项目应根据"累计折旧"账户的贷方发生额分析填列。

"无形资产摊销"反映银行本期累计摊入成本费用的无形资产的价值。本项目应根据"累计摊销"账户的记录分析填列。

"长期待摊费用摊销"中，长期待摊费用的摊销与无形资产摊销一样，已经计入了损益，但没有发生现金流出，所以本项目应在净利润的基础上予以加回。

"处置固定资产、无形资产和其他长期资产的损失"反映处置固定资产、无形资产和其他长期资产发生的净损益，属于投资活动产生的损益，不属于经营活动产生的损益，但却影响了当期净利润。本项目应根据"营业外收入""营业外支出"等账户所属明细账户的记录分析填列。

"固定资产报废损失"反映银行当期固定资产盘亏后的净损失（或盘盈后的净收益）。本项目应根据"营业外收入""营业外支出"等账户所属明细账户的记录分析填列。

"公允价值变动损失"反映银行持有的交易性金融资产、交易性金融负债、采用公允价值模式计量的投资性房地产等公允价值变动形成的净损失。本项目应根据"公允价值变动损益"科目所属有关明细科目的记录分析填列。

"其他项目"中，"投资损失"项目反映银行发生的投资损益，属于投资活动的现金流量，本项目应根据利润表中"投资收益"项目的金额填列；"递延所得税资产减少"项目反映银行资产负债表"递延所得税资产"项目的年初余额与年末余额的差额，本项目应根据"递延所得税资产"科目分析填列。

不涉及现金收支的投资和筹资活动项目，反映银行一定期间内影响资产和负债但不形成现金收支的所有投资和筹资活动的信息。这些投资和筹资活动虽不涉及现金收支，但对以后各期的现金流量会产生重大影响，所以也应进行列示和披露。不涉及现金收支的投资和筹资活动的具体项目参考现金流量表补充资料表中所列。

（四）所有者权益变动表

所有者权益变动表是反映银行本期（年度或中期）内至截至期末所有者权益变动情况的

报表，如表 15-4 所示。通过所有者权益变动表，既可以为报表使用者提供所有者权益总量增减变动的信息，也能为其提供所有者权益增减变动的结构性信息，特别是能够让报表使用者理解所有者权益增减变动的根源。

表 15-4　所有者权益变动表

项　　目	本　年　金　额						上　年　金　额					
	实收资本	资本公积	盈余公积	一般风险准备	未分配利润	所有者权益合计	实收资本	资本公积	盈余公积	一般风险准备	未分配利润	所有者权益合计
一、上年年末余额												
加：会计政策变更												
前期差错更正												
二、本年年初余额												
三、本年增减变动金额（减少以"－"号填列）												
（一）净利润												
（二）直接计入所有者权益的利得和损失												
1. 可供出售金融资产公允价值变动净额												
（1）计入所有者权益的金额												
（2）转入当期损益的金额												
2. 现金流量套期工具公允价值变动净额												
（1）计入所有者权益的金额												
（2）转入当期损益的金额												
（3）计入被套期项目初始确认金额中的金额												
3. 权益法下被投资单位其他所有者权益变动的影响												
4. 与计入所有者权益项目相关的所得税影响												
5. 其他												
（三）所有者投入和减少资本												
1. 所有者投入资本												
2. 股份支付计入所有者权益的金额												
3. 其他												
（四）利润分配												
1. 提取盈余公积												
2. 提取一般风险准备												
3. 对所有者（或股东）的分配												
4. 其他												
（五）所有者权益内部结转												

右上角：续表

项　目	本 年 金 额						上 年 金 额					
	实收资本	资本公积	盈余公积	一般风险准备	未分配利润	所有者权益合计	实收资本	资本公积	盈余公积	一般风险准备	未分配利润	所有者权益合计
1. 资本公积转增资本												
2. 盈余公积转增资本												
3. 盈余公积弥补亏损												
4. 一般风险准备弥补亏损												
5. 其他												
四、本年年末余额												

所有者权益变动表各项目均需填列"本年金额"和"上年金额"两栏。所有者权益变动表"本年金额"栏内各项数字一般应根据"实收资本（或股本）""资本公积""盈余公积""利润分配""库存股""以前年度损益调整"科目的发生额分析填列。

所有者权益变动表以矩阵的形式列示，包括以下项目：净利润，直接计入所有者权益的利得和损失项目及其总金额，会计政策变更和差错更正的累积影响金额，所有者投入资本和向所有者分配利润等，提取的盈余公积，实收资本或股本、资本公积、盈余公积、未分配利润的期初和期末余额及其调节情况。其中，"直接计入所有者权益的利得和损失"是银行未实现但根据会计准则的规定已确认的收益。

（五）利润分配表

利润分配表是反映银行一定会计期间对实现的净利润，以及期前年度未分配利润的分配或者亏损弥补的报表，如表 15-5 所示。利润分配表包括在年度会计报表中，是利润表的附表。利润分配表一般有表首和正表两部分。其中，表首说明报表名称、编制单位、编制日期、报表编号、货币名称、计量单位等；正表是利润分配表的主体，具体说明利润分配表的各项目内容，每项内容当中还分为"本年实际"和"上年实际"两栏分别填列。

表 15-5　利润分配表

编制单位：　　　　　　　　　　年　　月　　日　　　　　　　　　　单位：元

项　目	行　次	本 年 实 际	上 年 实 际
一、净利润			
加：年初未分配利润			
二、可供分配利润			
加：盈余公积补亏			
减：提取盈余公积			
应付利润			
三、期末未分配利润			

　　利润分配表的"本年实际"栏根据"本年利润"和"利润分配"科目及其所属明细科目的记录分析填列；如果上年的利润分配表的内容与本年的利润分配表的内容不一致时，则应当按照编报当年的口径对上年度报表项目的名称和数字进行调整，然后填入本年报表的"上年实际"栏。如果上年有利润调整事项，则必须按照上年的实际利润加或减上年利润的调整数，以及相应的利润分配数调整后的数额填列。

　　利润分配表中的"本年实际"栏应当按照下列要求填列。

　　"净利润"根据利润表的"净利润"的本年实际填列。

　　"年初未分配利润"根据上年利润表分配表的"年末未分配利润"项目的数额填列。

　　"可供分配利润"根据本表的"净利润"项目加上"年初未分配利润"项目的数额填列。

　　"盈余公积补亏"根据"利润分配"科目中"盈余公积补亏"账户内用盈余公积弥补亏损的金额填列。

　　"提取盈余公积"根据利润分配科目"提取盈余公积"账户中按照规定的比例计提的法定盈余公积金、法定公益金、任意盈余公积金的数额填列。

　　"应付利润"根据"应付利润"科目中应当支付给投资人利润的数额填列。

　　"期末未分配利润"根据"可供分配利润"项目数额加上"盈余公积补亏"项目数，减"提取盈余公积"项目数，再减"应付利润"项目数后的差额填列，该项目应当与"利润分配"科目"未分配利润"账户的余额一致。

　　（六）附注

　　略。

本章小结

　　年度决算是全面总结银行业务、财务活动和考核其经营成果的一项综合性工作，它综合反映银行的财务状况、经营成果和现金流量情况，有利于银行总结经验，改善银行经营管理水平。银行是国民经济的综合部门，它面向全社会的企事业单位和职工居民，是社会货币资金收支和信用活动的枢纽。银行通过年度决算，可以帮助国家有关部门掌握货币、信贷规模总额，外汇及黄金增减、结余等情况，为国家进行宏观调控、制定货币政策提供重要的金融和经济信息。

本章习题

参 考 文 献

[1] 中华人民共和国财政部. 企业会计准则. 2006.

[2] 中华人民共和国财政部. 金融企业财务规则. 2006.

[3] 中国人民银行. 贷款通则. 1996.

[4] 中国金融会计学会. 新企业会计准则下的金融会计理论与实务[M]. 北京：中国经济
出版社，2010.

[5] 商业银行贷款损失准备管理办法(银监发〔2011〕4 号).

[6] 金融企业准备金计提管理办法(财金〔2012〕20 号).

[7] 中华人民共和国会计法.

[8] 中华人民共和国票据法.

[9] 支付结算办法(银发〔1997〕393 号).

[10] 罗熹. 农业银行新编会计实务[M]. 北京：经济管理出版社，2009.

[11] 本书编写组. 现代商业银行会计[M]. 北京：民主与建设出版社，2004.

[12] 宋文瑄. 会计基础工作规范[M]. 长春：吉林人民出版社，2006.

[13] 汪运栋. 银行会计学[M]. 长沙：湖南师范大学出版社，2014.

教师服务

感谢您选用清华大学出版社的教材！为了更好地服务教学，我们为授课教师提供本书的教学辅助资源，以及本学科重点教材信息。请您扫码获取。

≫ 教辅获取

本书教辅资源，授课教师扫码获取

≫ 样书赠送

会计学类重点教材，教师扫码获取样书

清华大学出版社

E-mail: tupfuwu@163.com
电话：010-83470332 / 83470142
地址：北京市海淀区双清路学研大厦 B 座 509

网址：http://www.tup.com.cn/
传真：8610-83470107
邮编：100084